21世纪民商法学系列教材

总主编　王利明

U0874194

劳动与社会保障法教程

（第六版）

黎建飞　著

中国人民大学出版社

· 北 京 ·

作者简介

黎建飞，中国人民大学法学院教授、博士研究生导师。兼任中国人民大学残疾人事业发展研究院副院长，中国人民大学民商事法律科学研究中心劳动和社会保障法研究所所长，海商法、保险法研究所主任；中国劳动保障监察专业委员会副会长，中国社会法学研究会常务理事，中国残疾人事业“十三五”发展纲要重点支撑课题首席专家。主要研究领域：劳动法和社会保障法，商法学。出版《劳动与社会保障法教程》《中华人民共和国社会保险法释义》等著作数十部，公开发表《论社会法责任与裁判的特殊性》《社会保险立法的时机、模式与难点》等论文数百篇。获中国人民大学教学评比一等奖、优秀教材二等奖，教育部高等学校科学研究优秀成果奖，中国法学优秀成果奖，法律硕士专业学位研究生教育优秀教师等奖励。

第六版前言

近年来，平台经济的出现和发展无疑是劳动法诞生以来面临的最大挑战。劳动法产生于特定的土壤，也适用于特定的社会环境。社会环境的巨大变化，必然影响劳动法的实施，影响劳动者权益的实现。平台经济根本性地改变了传统经济的生存模式，也极大地变异了劳动法的生存条件和适用效果。党的二十大报告提出，要加强对灵活就业和新就业形态的劳动者的权益保障。此后，我国不断出台政策和法律，以促进农民工、灵活就业者、新业态从业者等重点群体的就业，让更多灵活就业者和新业态从业者都能为社会贡献自己的力量。

面对平台经济带来的挑战，劳动法应以社会化来回应：

首先是劳动基准社会化。虽然雇主或者用人单位在平台经济中实际消失，但是相对方的劳动风险并没有改变，因此，应当沿用传统经济模式中的劳动基准。只不过，这些劳动基准的义务人不再是雇主或者用人单位，或者说不仅仅是雇主或者用人单位，而是社会本身，即全社会都应当贯彻法定的劳动标准，无论是以什么名义使用劳动者。

其次是劳动保护社会化。劳动保护在任何时候都是不可或缺的，因为它事关劳动者的生命安全和身体健康。虽然在平台经济中由于雇主或者用人单位缺失，关于执行国家劳动保护规定的主体存在疑虑，但国家制定的劳动保护规定是没有任何变化的，全社会都应当遵守这些规定，尤其是当社会成员使用劳动者时。

最后是劳动保险社会化。劳动保险是当劳动者暂时或者永久不能劳动时的生活保障，因此是不可或缺的。“劳动保险”被称为“社会保险”，就表明了这种保险的社会化。但是，我们的社会保险依然以雇主或者用人单位为缴费的主要义务人，在平台经济下必须对此作出改变，即以社会本身为缴费义务人，对平台征收相关的税费。

本次修订时作者重点关注了平台经济对劳动法和劳动关系的影响，增写了“平台经济的劳动形式与劳动要素”“外卖骑手受伤的责任归属”“平台经济的法律调整与变革”等内容，探讨了“女骑手的方便”“外卖骑手的禁忌劳动”等案例。

以人民为中心，建立劳有所得、病有所医、老有所养、住有所居、弱有所扶的劳动和社会保障体系是党的二十大报告的明确要求。为此，要建成优质、高效、整合型医疗卫生服务体系，显著提升重大疫情防控救治和突发公共卫生事件应对水平，显著增强全方位全周期健康服务与保障能力。公共卫生事件的偶发性和不可测性，导致公共卫生事件发生后劳动法的缺位和不适。在调整劳动关系的仓促应对中，劳动法也出现了不应有的错位与失策。由于我们在对冲击劳动关系的公共卫生事件的应对上在事前缺少针对性立法，在事中出台的应对性立法经历了从以传统方式解决劳动关系的不适到相应地修正这种不适。为此，本书讨论了“公共卫生事件对劳动法的冲击与变化”“公共卫生事件中劳动合同的履行与应对”“公共卫生事件中的工资支付与调整”“公共卫生事件中工伤的认定与扩展”等问题，力图为不可预期的突发事件提供劳动和社会保障法方面的相应对策。

习近平总书记强调，无障碍设施建设问题，是一个国家和社会文明的标志，我们要高度重视。残疾人权益保障和无障碍环境建设彰显中国人权发展和社会文明水平。党的二十大报告强调“增进民生福祉，提高人民生活品质”，明确要求“完善残疾人社会保障制度和关爱服务体系，促进残疾人事业全面发展”。本次修订时作者也关注了残疾人事业全面发展、残疾人共同富裕等问题，旨在促进和完善残疾人社会保障制度和关爱服务体系，促进残疾人就业创业和融合发展，努力实现“平等、参与、共享”的发展目标；讨论了残疾人的社会融合与无障碍环境，全面探讨了残疾人的社会融合，论证了无障碍环境的立法基础、立法需求和立法思路。

上述内容的增写，使本教材更加适应新时期新阶段的社会发展，既回应了当前劳动和社会保障法的实践需求，也从理论层面提出了深层次的思考。同时，提出一些前瞻性问题并予以分析，也有助于读者拓展思路，把我国的劳动和社会保障法治引向一个新的发展高度。

黎建飞

2023 年 4 月

前　言

作为高等院校法学院的专业课教材，本书力图简洁地阐述劳动法学的基本原理，系统地介绍劳动法律的体系，既具体描述劳动法律规范中蕴涵的立法背景和立法意图，又冷静地探讨其中的缺憾，引导读者思考未来的发展方向或者现实生活中突出矛盾的解决之道。

劳动法时时表达着社会的需求，既依据劳动关系的质的规定性来规范社会中的劳动关系，又不时地在劳动关系的多样性和丰富多彩的变化中力不从心。因此，本书各章在体系化地讲授本章的基本内容中，穿插了其所不可回避的资料、案例或事例，如劳动立法的目的确定后，如何认识职场性骚扰中的雇主责任？劳动法的调整对象是劳动关系，但对“农民工”“派遣劳动”“非法用工”中的理论分歧和利益争执不得不进行开拓性的探讨。在“理论探讨”和“实务研究”中，不仅要剖析挪用社会保险金的刑事责任、职业介绍中存在的问题，还要关注制裁拖欠农民工工资的法律手段、发达国家的工资与附加工资。

而对于像保险代理人的法律地位、出租汽车司机的劳动关系、演艺合同的法律性质、劳动仲裁前置程序的存废与改革、企业社会责任与劳动权益、女职工特殊保护的国际标准等问题的涉及，不仅能够使学生感受劳动法与社会改革和发展的同步性，也能进一步促使读者思考发生在自己身边形形色色的人和事的现实或者现存意义。

本书付梓之时恰逢《劳动合同法》颁布。不禁想起十多年前在原劳动部的一次会议上所言：劳动合同制的确立是劳动制度改革的关键，劳动合同法律制度的规定是《劳动法》制定的关键。虽然作为调整劳动合同关系的专项立法，《劳动合同法（草案）》的几次修改并不都是趋向劳动者满意的方向，但我们也欣然接受。因为法律是多种社会利益的平衡器，社会利益的差异与冲突决定了法律调整与平衡的相对性。当社会亟待一部法律调整相应的社会关系时，不甚完备的规定也胜于无法可依的窘境。

当然，学问与学术本身就是见仁见智的技能，更何况“能行之者未必能言，能言之者未必能行”。每当写完一点东西，总是想起人们常说的“电影是一门遗憾的艺术”之类的话语，其实，任何探讨和在探讨中得出的结论似乎都可以作该话语的例证。因为生活在继续，明天太阳还会出来，又是新的一天。那么，今天无论如何殚思竭虑也无法穷尽明天的精彩。正如同人们认同电脑从买回家起就已经落后了一样，这本书从读者拿到手中时就需要改进了。好在有读者，读者的批评正是本书的改进之策与完善之道。

黎建飞

2007 年 7 月

目 录

第一章　劳动法的基本原理

导读

本章主要论述了劳动法和劳动的概念，劳动法的主体，劳动法的地位、作用、意义及劳动法的基本原则，回顾了我国《劳动法》的立法过程，并结合我国劳动立法的过程提出了完整的劳动立法体系。

第一节　劳动法的概念与劳动、劳动者的含义

一、劳动法的概念

劳动法是调整劳动关系以及与劳动关系密切联系的某些其他关系的法律规范的总称。劳动法是我国社会主义法律体系中一个重要的独立部门，通过调整劳动关系以及与劳动关系密切联系的关系，保护劳动者的合法权益，确立、维护和发展用人单位与劳动者之间稳定、和谐的劳动关系，促进经济发展和社会进步。

英国《牛津法律大辞典》中劳动法的定义是："与雇佣劳动相关的全部法律原则和规则，大致和工业法相同。它规定的是雇佣合同和劳动或工业关系法律方面的问题。"① 史尚宽在其《劳动法原论》中把劳动法定义为："劳动法为关系劳动之法。详言之，劳动法为规范劳动关系及其附随一切关系之法律制度之全体。"② 在内容上，则包括了劳动关系中的受雇人和雇佣人、劳动合同、集体合同、劳动组织（工会）、劳动争议、劳动保护、劳动调解、劳动救济和劳动保险。

日本劳动法是调整雇佣劳动关系的法律规范的总称，这种雇佣关系在日本经济学中被称为劳资关系，是指劳动者受雇主雇用，并在其指挥下从事劳动的被动性劳动关系。③ 韩国劳动法是以劳动者与使用者之间的劳动关系为调整对象，以确保劳动者的生存为目的的法律。④ 新加坡劳动法调整雇主与雇员之间的劳动关系，适用于在劳动合同下为其雇主工

① 牛津法律大辞典. 北京：光明日报出版社，1988：511.

② 史尚宽. 劳动法原论. 上海：正大印书馆，1934：1.

③ 王益英. 外国劳动法和社会保障法. 北京：中国人民大学出版社，2001：408.

④ 同③487.

作的雇员，但不包括任何受雇的经理行政人员、担任机密职务的人员、海员、家庭用人及受雇于法定机构或政府的人员。[①] 瑞典劳动法适用于所有雇佣工作的雇工和雇主。[②] 俄罗斯劳动法调整全体劳动者的劳动关系，其劳动合同是劳动者与企业、机关和团体之间关于劳动者必须按照专业、技能和职务完成其工作并遵守内部劳动规则，企业、机关和团体必须为劳动者支付劳动报酬并保障劳动法、集体合同和双方协议规定的劳动条件的协议。[③]

美国弗吉尼亚大学法学教授莱斯利在其所著《劳动法》中，实际论述的是调整劳资关系的法律规范，包括《瓦格纳法》颁布前对工会活动的司法管制，如判决工人或工会要求提高工资水平和改善工作条件的活动触犯了刑法；在集体谈判中如何选择谈判代表；国家劳动关系委员会的权限和程序；雇主和雇员间发生争议时和平纠察行为的合法性；雇员以互助和互保为目的而采取联合行动时，雇主采用经济手段直接抵制和采用间接抵制、额外雇工作为对策的合法性；集体谈判的方法和程序及集体合同的履行等。这些内容与传统意义的劳动法相比显然另具特色。[④]

这些解释虽然各自的着眼点不同，但其共性是显而易见的：首先，就“事”而论，或者以法学术语讲，就“行为”而论，劳动法是有关“劳动”的法律；其次，就“人”而言，或者说就“行为人”而言，劳动法是关系“劳动者”与“用人单位”（或者说“雇工与雇主”）的法律；最后，就“法律关系”而言，劳动法是调整“劳动关系”的法律。

二、劳动法中的行为——“劳动”的含义

（一）“劳动”的含义

“劳动”一词是在我们的生活中使用频率极高的字眼，几乎可以用于社会生活中的各个方面，也可以与人的一生相伴随。

在社会学意义上，每个家长总是教育自己的孩子从小就要爱“劳动”，老人们也都以退休后能做一些力所能及的“劳动”为自豪。在哲学意义上，“劳动”是人们利用工具改造客观世界，以使之适应自己主观需求的活动；或者说劳动是人们为创造社会财富所进行的有意识、有目的的活动。在经济学意义上，劳动是人类改造自然界，从中获得生活资料的经济活动，劳动是人类生存的永恒条件。

“劳动”在劳动法中具有不同于其一般意义的含义，它首先要求从事劳动的人具备作为劳动者的法定条件，而且是由劳动者从事的，能够得到劳动报酬，从而用以满足自身及其家庭成员生活需求的劳动；其次，这种劳动的对象必须是除本人和家人以外的他人，具有明显的社会性；最后，这种劳动还必须建立在劳动合同或者雇佣关系的基础上，是从属于一定的用人单位或者雇主的，从事劳动的人须服从用人单位或者雇主的管理。可见，“劳动”的基本要件包括：基于法定义务（区别于一般意义上的助人为乐式的劳动）、基于劳动合同关系（区别于夫妻关系和亲子关系之劳动）、有报酬的（区别于基于道德范畴的义务劳动）、为职业的（以此作为谋生的方式，区别于学生实习等非职业性劳动）。

---

① 王益英．外国劳动法和社会保障法．北京：中国人民大学出版社，2001：578.

② 同①652.

③ 同①676.

④ 莱斯利．劳动法概要．张强，等译．北京：中国社会科学出版社，1997.

（二）“劳动”与“就业”

劳动法中的劳动确实与“就业”几乎完全等同。因为一个人有了职业和收入，也就有了作为劳动者实现劳动权的要义。“作为劳动者的个人，在企业家购买和配置生产要素、吸收就业人员的同时，就选择了自己从事社会劳动的就业场所。人们到达工作岗位上从事劳动（就业），就成为社会生产的起点；人也就从一般的、单纯的消费者，变成社会生产者、就业者和消费者。”① 但作为劳动法另一重要概念的“就业”，是与“失业”相对而言的。

我国人力资源和社会保障部对就业与失业的概念作了重新界定，按照新的标准，“失业人员”指在法定劳动年龄内有工作能力、无业且要求就业而未能就业的人员。虽然从事一定社会劳动，但劳动报酬低于当地城市居民最低生活保障标准的，视同失业。“就业人员”指在 16 周岁以上的法定劳动年龄内，从事一定的社会经济活动，并取得合法劳动报酬或经营收入的人员。其中劳动报酬达到和超过当地最低工资标准的，为充分就业；劳动时间少于法定工作时间，且劳动报酬低于当地最低工资标准、高于城市居民最低生活保障标准，本人愿意从事更多工作的，为不充分就业。② 这一新标准不仅要求“就业”必须劳动，而且对“劳动报酬”有了特定的要求，从而使“劳动”与“就业”的区分更为明显，也更加具有实际意义。

三、劳动法中的行为人——“劳动者”和“用人单位”

（一）“劳动者”和“用人单位”的含义

劳动法上的“行为人”是指劳动关系的当事人，具体地说，即劳动者和用人者。劳动者和用人者这两个概念在劳动立法上有其特定的含义，需要作特殊的理解。

“劳动者”在劳动法意义上为达到法定年龄且有劳动能力的公民。与“劳动者”相对的“用人者”是指招用他人为其劳动的人，包括自然人和法人，也包括为自己经营或代他人经营的人，他们构成使用他人劳动而付给其报酬的劳动关系的一方当事人。在现代社会中，有的自然人可以同时既为“劳动者”，又为“用人者”，在股份制企业尤其如此。但在具体的劳动关系上，特定的人具有特定的身份。

在我国，“劳动者”是为用人单位提供劳动力的自然人，常常也被称为“职工”、“工人”和“雇员”。劳动法律关系所涉及的劳动者，是指依据劳动法律和劳动合同的规定，在用人单位从事体力或脑力劳动，并获取劳动报酬的自然人。

作为劳动者，必须具备法律规定的下列条件。

（1）年龄条件。我国劳动法规定，公民的最低就业年龄是 16 周岁。不满 16 周岁不能就业，不能与用人单位发生劳动法律关系。我国法律禁止用人单位招用未满 16 周岁的公民就业，否则，用人单位将承担相应的法律责任。对于有可能危害未成年人健康、安全的职业或工作，劳动法规定就业年龄不应低于 18 周岁。如劳动法禁止用人单位招用不满 18 周岁的劳动者从事过重、有毒、有害的劳动或者危险作业等。

---

① 姚裕群. 市场经济下的就业理论与就业促进. 北京：中国劳动出版社，1996：4.

② 白天亮. 就业与失业概念重新界定，失业率控制目标 4.5%.（2003-05-13）. 中国新闻网.

（2）劳动能力条件。由于劳动只能由劳动者亲自进行，因而劳动者必须具有劳动能力。对于一些特定的行业，劳动者的劳动能力还必须满足该行业的特殊要求，如患有特定传染病的人不能从事餐饮业。在更广泛的意义上，劳动者的劳动能力还应当包括劳动者必须具备的行为自由。因为有劳动能力的公民，还需要具有行为自由，才能以自己的行为去参加劳动。所以，被依法剥夺人身自由的公民，如被判处有期徒刑的人，不能与用人单位建立劳动关系。

另外，我国法律对劳动者的国籍没有限制性规定，我国公民、外国公民和无国籍人，具备我国劳动法规定的条件时，都可以成为我国的劳动者。

"用人单位"又称用工单位，常常也被称为企业主、资方、雇主、雇佣人等，我国在法律上统一称为"用人单位"。用人单位是指依法招用和管理劳动者，对劳动者承担有关义务者。

我国的用人单位有不同的类型。

（1）在中国境内依法核准登记的企业，包括各种所有制性质、各种组织形式。如国有企业、集体所有制企业、私营企业、外资企业、混合型企业、股份制企业、联营企业、乡镇企业等。

（2）依法核准登记的个体经济组织，即依法取得营业执照的个体工商户。个体工商户可以请帮手、带学徒。

（3）依法成立的事业单位，包括文化、教育、卫生、科研等各种单位，如学校、医院、出版社等，在国家法律规定的权限范围内有权使用劳动者。[①]

（4）依法成立的国家机关。它们在法律规定的权限范围内，有权使用劳动者。

（5）依法成立的社会团体，包括工会、妇联、研究会、协会等社会团体组织。依法成立的社会团体在法律规定的权限范围内，有权使用劳动者。[②]

（二）"劳动者"和"用人单位"的基本义务

对于劳动法上的"行为人"，劳动法除规定最低的劳动年龄外，还规定双方所具有的基本权利和基本义务。需要特别指出的是，这里的基本权利和基本义务不是指公民的宪法权利，也不是一般意义上的劳动权利和义务，而是特指在劳动关系中具有共性的权利和义务。这种权利和义务具有相互对应的关系，即一方的权利通常为另一方的义务，或者与另一方的某项义务相互对应。

就劳动者而言，一般具有下列五种义务。

第一，劳动义务，即劳动者有按照劳动合同提供劳动的义务。这种义务具有专属性，即劳动义务人通常为劳动合同的一方当事人，不得由他人代为劳动。这种专属性在德国等一些国家有两项例外：其一是用人者同意或习惯上允许他人代为劳动，其二是该项劳动由

---

① 民办非企业单位是用人单位中的一个新概念。1996年国家明确事业单位是国家举办的，民间不应再称事业单位。1998年10月，国务院颁布了《民办非企业单位登记管理暂行条例》，将民办非企业单位界定为：企业事业单位、社会团体和其他社会力量以及公民个人利用非国有资产举办的，从事非营利性社会服务活动的社会组织。

② 按照《社会团体登记管理条例》的规定，社会团体是指中国公民自愿组成，为实现会员共同意愿，按照其章程开展活动的非营利性社会组织。社会团体的工作人员除法律规定按照公务员法管理者外，都应当作为劳动者与用人单位订立劳动合同，依照适用劳动法的相关规定进行调整。

他人代为并无差异。

与劳动义务的专属性相对应，用人者享有的劳动请求权也是专属的，未经劳动者本人同意，原则上不得将此权利转让给第三人。但如果用人者一方主体合法变更，而且劳动者的义务内容不发生变化，该项权利也可转让，与此同时，原用人者承担的义务也一并转让。

劳动者履行的劳动义务也应以符合法律规定为界限。如果用人者的要求是出于恶意或违反社会公德、违法或对劳动者身体健康有害，劳动者有权拒绝。再者，除有紧急情形或职业上有特别惯例时，劳动者有权拒绝超越劳动合同规定的劳动义务。劳动义务的履行地也应以劳动合同的约定为界限，如果用人者请求劳动者异地劳动，须经劳动者同意并支付费用。劳动义务的履行时间也是如此，除有紧急情形或职业惯例外，劳动者有权拒绝超过规定时间的劳动。

第二，服从义务，即劳动者在劳动上服从用人者指挥、监督的义务。劳动者劳动的方法、地点、时间除根据法律、劳动合同及特别约定之外，还应服从用人者的指示。但如果其指示有违法、不道德及侵害劳动者合法权益的情形，劳动者有权不服从。一般情况下，劳动时间之外，劳动者无服从义务，紧急情况以及家庭劳动除外。

第三，保密义务，即劳动者不得泄露其所知道的用人者在生产上或商业上的秘密。凡用人者在商事上或技术上有不使第三人知道之内容，劳动者应保守秘密，尤其不得将这些内容有偿或无偿地泄露给用人者的竞争对手。在家庭劳动中，劳动者不得泄露其用人者的家庭秘密，尤其是家庭中的隐私。如果劳动者所从事的是经营或代办工作，非经用人者允许，不得为自己或第三人经营与其所办理之事项同类的事项，也不得为同类用人单位的股东，否则，用人者有权请求将其获利作为赔偿。

第四，增益义务。劳动者对于用人者的业务负有增益义务，即劳动者应尽职尽责工作，对于工作中所知的有利于增加效益或改进工作的意见应报告用人者，以促进改进工作或增加效益；而且不得因收受贿赂或其他原因从事对本业务不利的工作。

这里便涉及一个在劳动法中谓之“附劳动”，在大众词语中为“第二职业”的问题。对此问题，一些国家的劳动法规定，未经用人者同意，不得与第三人订立新的劳动合同，但不损害其原劳动合同履行的除外。特别附加的条件是：“附劳动不属雇用人之营业范围。”这一方面是担心受雇人劳动过多，影响原劳动；另一方面表明只要受雇人从事同范围竞争之劳动，必然损害原雇用人之利益，因而明确禁止。

第五，损害赔偿义务。有学者称之为附随义务，即劳动者不履行或不完全履行其义务时，应赔偿由此造成的损害。同时，劳动者因故意或过失毁损原料、机器、器具，也应赔偿。对此义务有几种不同的立法方式，有的采用民法中的违约金制度，有的由双方当事人约定，也有的由集体合同或行业规则明示。

就用人者而言，也有下列五种义务。

第一，给付义务，即用人者给付劳动者劳动报酬的义务。这是与劳动者的劳动义务相对应的义务，或者说是劳动者在履行劳动义务后应享有的权利。劳动报酬通常由劳动合同或集体合同明确规定。

劳动报酬的客体有货币、实物及二者混合之三种。先前多用实物，渐次发展至今则为货币所取代。货币给付不仅限于现金，还包括债券票据给付；也不仅限于国内货币，外国货币也可为给付。这要依法律而定，我国目前在立法上只以人民币为限，但在“外资”企业，工作者实际上并未受此限制。实物给付也不仅限于现物给付，有的国家把住宅、土地使用、收益机会等都列入其中，但不能和劳动者应得的福利混为一谈，区别在于实物给付是由用人者非常规性提供。混合给付一般用于家庭劳动之中。

第二，保护义务，即用人者对于劳动者有保护义务，包括对于劳动者的生命与健康、家务劳动者的起居设施及饮食条件的保障等内容。这里的保护义务与由国家立法强制的劳动卫生与安全保护有所不同，劳动卫生与安全保护是国家法律明确规定的，用人者的相对方是国家。而这里的保护义务是与劳动者的服从义务相伴随的，是基于劳动合同人身关系的性质而产生的。因此，这里的保护义务之内容一般是按照社会上公认的准则或规则，而不能无限制地随意扩张。

第三，提供劳动条件的义务。这是为劳动者履行劳动义务准备条件，使劳动事实上成为可能。在劳动立法中，劳动条件在广义上包括人为条件和设备条件。在一般情况下，用人者并无为劳动者付出劳动的义务，但在某些特定情况下，须为劳动者提供人为的劳动条件。如为提高某演员的知名度，增加收益，在就赢利分红等条件达成共识的前提下，该演员有权请求用人者为其提供宣传等劳动，以保证其演出达到预期目的。因此，德国的《劳动合同法》便规定：“受雇人因劳动而有特别之利益时，虽无关于此项之约定，雇用人负有使其适当地劳动的义务，即承认雇用人之使用义务。”设备条件是指用人者对于劳动者除有特别约定或特别的行业规则外，应提供劳动场所、劳动上必要的工具及原料等。用人者如违反此义务，劳动者有权请求履行或赔偿损失。[①]

第四，费用偿还义务。劳动者为劳动所支出的必要费用，如无特别约定，用人者应该偿还。这种偿还不同于劳动报酬的给付。如有法律规定：“雇主对于劳动者因企业上之关系，有使其移地服务之必要时，除照给其移转期间之报酬外，并给予相当之旅费。”

第五，给假义务。这是指用人者给予劳动者行使公民权利及履行法律上所命令为证人、鉴定人的义务，行使代表职能的义务或为其他社会公务之义务的必要时间。这类给假不同于法定的带薪休息和休假。它不是普遍性和规则性的，但用人者并不能因此而被免除此项义务。

第二节　劳动法的地位、作用和意义

一、劳动法的地位

劳动法的地位依赖于劳动、劳动者的地位。在“劳动”成为一种社会认可后，伴随着社会历史进程，经历了劳动—劳动权—就业权的过程。与此相应的是，劳动法由附属于私法到从私法中分离出来，再到具有公法的内容而成为一种独立的法律现象。

在人类社会早期，劳动并不是一种社会现象，因为劳动并没有得到社会的承认，劳动

① 史尚宽. 劳动法原论. 上海：正大印书馆，1934：46.

不是作为一种社会存在而为人们认可。伴随着劳动者成为具有独立人格的社会成员，劳动和职业自由便成了劳动者权利的重要内容。在《法国民法典》中出现了劳资双方在劳动租赁契约中处于平等主体地位的法律规范，也开始有了一种专门规定劳动关系双方权利、义务的新的法律形式——工厂法。

工厂法仍然是私法领域的一种法律形式。公法与私法区别的起源可上溯至罗马法，私法长期被认为是法的中心。根据这种划分，公法是为国家而存在的法律，私法是为个人而存在的法律。但这种划分并不能完全适用于劳动法。在劳动法领域，由于劳工运动的作用，大量的劳工行动催动了工会法、集体合同法的产生；在劳动合同的法律规范中，也为双方设定了一系列必须遵循的劳动标准。最突出的是为劳动者提供保护的劳动安全和劳动卫生方面的法律规范，直接把用人单位或者雇主作为单纯的义务主体，国家直接规定了用人单位或雇主必须为劳动者提供的劳动保护和劳动条件；与此相对应，劳动者是单纯的权利主体，无须为劳动保护或者劳动条件支付对价，也不允许用人单位或雇主把这部分支付作为劳动者所得报酬的组成部分。因此，劳动法是一种介于公法与私法之间的法律，是一种融二者的原则和规范于一体的新型法律。这种类型的法律带有明显的私法的印记，却又引入了公法的相关元素，从而适应了现代社会的需求，在现代社会具有广泛的拓展空间和发展前景。

二、劳动法的作用

作为一个法律部门的劳动法调整人们在劳动关系中的行为，在总体上表现为两个方面的作用，即为人们确定劳动行为规范和提供解决劳动纠纷的依据。具体地说，则包括下列四个方面。

（一）确定劳动行为规范，保护劳动者的合法权益

现代意义上的劳动法，从其产生之日起就是以保护劳动者的权利和利益为自己的根本宗旨和主要原则的。

在西方，劳动法的产生是在工业革命以后。随着大工业的兴起，大多数的劳动者由于生产资料被剥夺，在失业和饥饿的现实逼迫下，不得不接受资本家所规定的任何苛刻条件。当时的资产阶级政府对于劳动关系采取“自由放任”的不干预政策，资本家利用经济的强制，把工作时间延长到最大的极限。如英国在 18 世纪后半期到 19 世纪初期，工作日长度为每昼夜 14 小时、16 小时甚至 18 小时。这种远远超过了道德和生理界限的工作日长度，再加上极端恶劣的工作条件，极大地损害了劳动者的健康，工人的平均寿命日趋缩短。

工人以捣毁机器、罢工等斗争向社会表示对超越其生理界限和社会道德准则的劳役的不堪忍受，于是国家出面了，开始以法律的手段对建立在“契约自由”基础上的劳动关系进行干预。1802 年英国议会通过了一项限制工作时间的法律——《学徒健康与道德法》，规定纺织工厂童工的工作时间每天不得超过 12 小时。这是劳动立法的开端。继英国之后，在其他工业发达的资本主义国家，也开始制定劳动法。德国 1839 年颁布了在矿山和工厂限制童工工作时间的法律，普遍禁止雇佣 9 岁以下儿童，并禁止 16 岁以下的工人每日工作 10 小时以上。瑞士 1848 年颁布了第一个限制成年人工作时间的法律。

（二）合理配置社会劳动力资源，组织社会劳动

社会劳动能否得到合理的组织，直接关系到劳动力资源与设备能力的合理配置和利用，关系到劳动生产率的提高。在社会主义市场经济条件下，国家应该在组织社会劳动、管理劳动组织的过程中发挥劳动法律的作用。例如，劳动力迁移是解决劳动力供求结构失调的一种措施，但这需要一系列法律规范来调整。对外劳务输出或利用外籍劳动力都具有相应的就业法律规范。

（三）调节劳动报酬的支付与收入

劳动报酬是劳动者提供劳动所取得的结果。获得劳动报酬是劳动者维持和提高其生活水平的全部或主要手段，也是在劳动关系中用人者所担负的主要义务。

劳动报酬的高低原则上由劳动关系双方自行协商，劳动法律为此确立协商的基本方式与程序，使这种协商能够正常进行。法律还同时规定劳动报酬的支付方式、最长支付日期、紧急支付情况、停工津贴、带薪休假津贴等。同时，为了保证劳动者的最低收入，许多国家都制定了最低工资法或最低劳动条件保障法。在德国，则由具有高于劳动合同效力的集体合同来限定工资的最低数额，雇主只能支付高于这一限额的工资。

劳动法对于劳动报酬不能全盘包揽，但也不能放任自流。它的作用在于：规定确立报酬的基本原则，保证劳动报酬及时、直接并真实地为劳动者所享有，这是其一。其二便是确立最低工资标准，保障劳动者获得基本收入的权利，尤其是在劳动力供大于求的情况下，阻止用人者侵犯劳动者的合法收益权。

（四）解决劳动争议，维护正常的劳动秩序

在劳动关系双方当事人的权利、义务实现过程中，常常会因为主观或客观的原因致使劳动合同的履行受到影响，从而产生劳动纠纷。为了公正、合理地解决纠纷，使劳动关系双方当事人的利益得到维护，从而恢复正常的劳动秩序，必须运用劳动法律规范来解决纠纷，以法律规范为准绳来判别是非曲直，分清责任所在，并追究有关当事人的法律责任。

劳动法律在解决劳动纠纷过程中，通常都体现为以调解为主的原则。这是由劳动关系二重性的特点所决定的，即劳动关系在具有经济属性的同时，又具有强烈的社会属性。双方当事人之间除相辅相成的权利义务关系外，还存在一种合作关系。维护劳动关系的稳定不仅有利于双方当事人，而且直接关系到社会的稳定。因此，即使在发生纠纷时，也不宜简单地采取判决或裁定处理，而应着眼于今后双方的依存与合作关系，保持双方关系的和谐，以利于纠纷解决之后的继续合作。

我国企业一般都设有劳动争议调解委员会作为基层组织，可以有效地预防劳动争议案件的发生，从而缓和双方的矛盾，保持双方劳动关系的稳定。对于劳动争议当事人不愿意申请调解或企业劳动争议调解委员会调解无效，以及不宜由调解委员会调解的劳动纠纷，可由当地劳动争议仲裁委员会仲裁。同样，仲裁委员会首先促成双方达成调解协议，调解不成再进行裁决。当事人对仲裁裁决不服的，可以向人民法院起诉，人民法院依法进行审理。

三、劳动法的意义

我国的第一部《劳动法》出台于我国实行改革开放后。对于劳动法的意义可以从不同

角度归纳出很多，在此论述的是我国《劳动法》出台的社会意义。

在我国长期的计划经济体制下，虽然劳动力的供求和劳动关系的稳定主要通过行政力量实现，但由于劳动法对商品经济历史阶段的本质作用和特殊功能，仍然在客观上形成了我国大量的单行的劳动法律规范。随着社会主义市场经济的确立和完善，依据不同行业、不同所有制性质和不同劳动者身份等形成的劳动法规体系，与市场经济严重不相适应，必须有一个劳动基本法加以协调和统一。

从改革的实际需要看，《劳动法》是劳动制度改革，也是整个经济体制改革的法律保障。1979年以来我国劳动、工资、社会保险制度围绕转换企业经营机制、增强企业活力进行改革，取得了明显的成绩。在劳动制度上，改革了国家统包统配的就业方式，实行了劳动合同制，引入了用人单位和劳动者双向选择的机制。在工资分配上，赋予了企业分配自主权。在社会保险制度上，推行了职工退休养老费用社会统筹和失业、工伤保险制度的改革。这些改革表现为由行政指令转变为运用法律手段来调整劳动关系。

从我国法律体系的要求看，《劳动法》是健全社会主义法制的重要环节。《劳动法》是我国法律体系中一个重要的法律部门，是仅次于宪法的基本法律。劳动法所调整的社会关系非常普遍且十分重要，直接涉及广大劳动者的切身利益，关系到经济发展和社会安定。没有劳动基本法律，既影响法制建设的完善，又导致对劳动关系调整不力；或者因缺乏具体的立法依据出台不了相关的劳动法规，或者出现重复立法、相互矛盾、各不配套的现象。

从国际劳工关系看，尽快颁布《劳动法》是实施《国际劳工公约》的需要。我国是国际劳工组织的创始会员国之一，也已批准了相关的国际劳工公约。按照国际劳工组织章程的规定，各会员国应在国内制定相应的法律，使其被承认的公约得以实施。在国际劳务交流和技术合作中，《劳动法》也是保障我国劳务输出和劳务人员的合法权益所必不可少的。

第三节　我国劳动法的基本原则

劳动法的基本原则对我国的劳动立法活动及立法结果都起着指导作用。不仅劳动法典要体现这些原则，其他种种单行劳动法规也要体现这些原则，因为它们是确定劳动法律规范的依据。就其内容本身而言，这些原则既渊源于我国宪法的规定，也反映了市场经济条件下我国劳动关系的必然要求。

一、充分体现宪法原则，突出对劳动者权益的保护

我国宪法中有十几个条款规定了劳动者的权利和义务，这是制定《劳动法》的基础和依据。《劳动法》作为调整劳动关系的重要法律，应当充分体现宪法原则，并使之具体化，突出对劳动者各项基本权益的保护。

在我国，劳动者的权利具有广泛性和现实性。就广泛性而言，它包括三个方面的权利，即政治上的权利、经济上的权利和人身方面的权利。劳动者的这些广泛的权利，在《劳动法》中具体表现为：劳动权、劳动报酬权、休息权、劳动保护权、职业培训权、社会保险和福利权、提请劳动争议处理权以及法律规定的其他权利。

就劳动者权利的现实性而言，主要通过建立各项保障措施和制度来充分实现。在《劳动法》的内容体系上，几乎劳动者的每一项权利，都有一项具体的劳动法律制度来保证其实现。如劳动者的劳动权主要通过第二章“促进就业”和第三章“劳动合同和集体合同”法律制度来保证实现。在这些权利中，劳动权的实现尤其具有重要的意义。劳动是人们生活的首要的基本条件，也是其他任何权利的基础。劳动权是使有劳动能力的公民获得参加劳动的机会，并且按照劳动的数量和质量取得报酬的权利。因此，劳动法对就业权的保障主要在于保证每位公民平等地享有就业权，禁止任何形式的就业歧视或变相歧视；对特殊群体的就业在法律上予以特殊的保障，如确定企业应招收的残疾人就业比例、妇女就业的平等保护；并对帮助公民就业的服务性机构的法律责任等作出规定。

二、确认劳动力市场的主体资格，规定统一的基本标准和规范

劳动力市场的主体可以在严格的意义和一般的意义上分为两类。就前者而言，构成劳动力市场主体的是用人单位和劳动者。在后者意义上，还包括为二者提供服务的职业介绍者，以及由二者组成的、具有社团法人资格的经营者协会、工会；并包括对二者进行管理的劳动行政部门，以及由其派生的、具有社团法人资格的就业、保险服务机构。这五者在劳动关系中具有不同的地位和作用，因而各自需具备不同的主体资格，劳动法律首先应确认它们的资格条件，从主体上为劳动关系的建立提供保障。

建立统一的社会主义市场必须实行统一的市场规则和法律规范。因此，《劳动法》不宜再按所有制性质或者经济成分分别确定劳动标准和规范。但是，我国社会经济发展很不平衡，各地区的差异、产业的差别、大企业与小企业的差别将长期存在，这是在确定劳动标准时必须重视的客观现实。劳动法规定的是各方面都可以承受的基本劳动标准和规范，各地区和用人单位可以根据各自的实际情况加以调整；没有条件的地区和单位就执行最低标准。这样，既照顾了现实，又初步建立了统一的法律规范，以便为今后的改革和发展奠定基础。

同样，劳动法要坚持从我国国情出发，并尽量与国际惯例接轨。国际劳工组织从 1919 年第一届大会以来通过的国际劳动公约和建议书，大多是改善劳动条件、保护工人健康方面的规定，每一个公约或建议书只涉及某一项劳动问题或问题的某一方面，按内容可分为十类：（1）就业和失业；（2）工作时间和休息时间；（3）工资；（4）职业安全和卫生；（5）女工保护；（6）童工和未成年工保护；（7）社会保障；（8）结社权利；（9）劳动关系的协调与仲裁；（10）劳工检查和劳工行政。除了这十类一般的国际劳工公约和建议书，还有许多适用于如移民工人、土著工人、码头工人、老年工人等特殊类别工人的公约和建议书。而关于海员的为数最多，达五十多个，在国际劳动立法体系中已形成一个相对独立的部分。

我国已批准了国际劳工公约二十余个。对我国已批准或者准备批准的公约，我国在劳动法的规定中尽可能向国际惯例靠拢；对于目前尚不具备批准条件的内容，则依据我国国情作出规定。

三、劳动合同的自由与政府适度的干预相结合

严格意义上的劳动力市场主体应该是相互独立、法律地位平等的个人，任何人均不能

将自己的意志强加于对方以迫使其接受自己的条件，形成他们关系的固定形式就是劳动合同。在现代化市场经济条件下，合同关系是最基本的法律关系，劳动力市场主体的一切活动都是通过缔结、签订劳动合同来进行的，没有劳动合同制度就没有劳动力市场。因此，建立完善的劳动合同制度，维护劳动合同的严肃性是劳动法律体系的首要任务。

没有劳动合同自由，就不可能建立真正的劳务市场；同样，没有政府的适度干预，也不可能形成正常的劳动合同秩序。因为在劳务市场活动中，劳动者需要特殊的保护，在劳动安全、劳动者的健康与卫生条件等方面，政府应强制用人者承担义务，从而形成政府和用人者之间的关系，而且不得以劳动合同降低标准和改变内容。政府的干预是劳务市场本身所必然要求的。

四、体现实行各尽所能、按劳分配的原则

实行各尽所能、按劳分配的原则是我国经济制度和公民基本权利的重要内容。这一原则使劳动者的物质利益收入同他自己的劳动努力密切联系在一起，可以促使劳动者关心自己的劳动成果，关心全社会劳动生产率的提高。

国家对这一原则的保证是通过确立最低工资标准、税收等宏观调控手段来间接发生作用。同时，按劳分配原则包含着同工同酬的内容，即要按照劳动的数量和质量来确定劳动报酬，等量劳动得到等量报酬；在法律上明确规定禁止同工不同酬的行为，并且规定相应的法律责任，以强制这一原则得以贯彻。

五、保护公平竞争与保护弱者权益相结合

保护公平竞争是市场经济法律制度的特征之一。公平不是指结果的公平，而是指一切竞争者应处于平等的法律地位，服从同一法律规则。在劳动法律体系中，主要是对用人者建立公平竞争机制，不因所有制不同或经济实力的强弱而在劳动权利和义务上有偏颇。

保护弱者权益包括两方面内容：一是就用人者与劳动者而言，在现代市场经济条件下，一方是现代化的公司、企业，拥有强大的经济实力，在市场活动中处于有利地位；另一方是劳动者，以分散的个体出现，在市场活动中最容易受到侵害。劳动法律要担负起保护劳动者的责任，通过社会的力量来弥补其经济弱势的不利。二是就劳动者自身而言，其中的妇女、未成年人、残疾人等在竞争中处于弱势，劳动法律要为其提供特别的保护。这种保护，既要体现在建立劳动关系之中，也要体现在完善的社会保障制度之中。对公平竞争和弱者的保护是相辅相成的，既反映了市场经济的本质，又体现出劳动法律对社会公平原则的维护。

第四节　我国的劳动法的制定和体系

一、新中国成立以后至党的十一届三中全会以前的劳动立法

新中国成立前夕制定的起临时宪法作用的《中国人民政治协商会议共同纲领》，对劳动关系的调整作了原则规定，包括劳动者的结社权、企业民主管理、工作时间、最低工

资、劳动保险、工矿检查制度等方面。

1954年《宪法》则更规范化地明确并保证公民所享有的劳动权、休息权、物质帮助权和受教育权等。《工会法》《劳动保险条例》《劳动争议解决程序的规定》等法律、法规也相继颁布。在劳动安全与卫生方面，1956年同时发布了三大规程和一个决定（《工厂安全卫生规程》《建筑安装工程安全技术规程》《工人职员伤亡事故报告规程》《关于防止厂矿企业中矽尘危害的决定》），并开始建立安全卫生监察制度。在劳动保险方面，1958年国务院发布了《关于工人、职员退休处理暂行规定》等文件。在职业培训方面，初步规定了学徒培训制度和技工学校制度。1956年党的八大一次会议上，董必武同志强调要制定劳动法。1957年，劳动部邀请全国总工会及有关院校的同志组成了劳动法起草小组，开始准备《中华人民共和国劳动法（草案）》的起草工作。

但是由于极左思潮错误的干扰，劳动立法受到严重影响。有的法规被错误地停止执行（如有关劳动争议处理的规定、有关计件工资和奖励制度的规定），有的立法工作刚开始就夭折［如《劳动法（草案）》《女工保护条例》等］。在“文化大革命”期间，法律虚无主义盛行，社会主义民主和法制建设遭到践踏，劳动立法不但没有进展，许多行之有效的规定反而被废弃（如计件工资和奖励制度再度被否定、企业职工劳动保险费用统筹制度停止执行），同时，由于有关管理机构或组织停止活动，相应的有关法律法规实际上得不到执行。

粉碎“四人帮”以后，劳动立法开始逐步走上正轨。1978年《宪法》恢复了有关劳动权利的规定，有关劳动法规和规章得到恢复和改进。党的十一届三中全会以后，劳动立法得到党和国家的重视，逐步走向全面发展。

二、党的十一届三中全会至《劳动法》制定前的劳动立法

1982年《宪法》就劳动者享有的劳动权、休息权、获得物质帮助权、接受教育权等作了全面规定，有关劳动方面的条文有二十余条。据此，随着改革开放形势的发展，我国制定了大量劳动法规和规章。

1. 劳动就业

1981年中共中央、国务院颁发的《关于广开就业门路，搞活经济，解决城镇就业问题的若干决定》，确定了“三结合”的就业方针。随后劳动部发布有关规章，初步建立了劳动服务公司管理制度和待业登记制度。1990年1月劳动部发布《关于职业介绍暂行规定》，规定在各地就业服务部门设置职业介绍所，进行职业介绍。此外，劳动人事部、公安部于1987年发布《关于未取得居留证件的外国人和来中国留学的外国人在中国就业的若干规定》，初步规定了有关审批制度、就业许可证及其签发条件、聘雇合同等问题。

在招工制度方面，国务院或有关部门先后发布《关于招工考核择优录用的暂行规定》《国营企业招用工人暂行规定》等文件，规定企业招用工人，贯彻先培训后就业的原则，面向社会、公开招收、全面考核、择优录用；企业不得以任何形式进行内部招工，废除退休工人“子女顶替”的办法；企业招用工人时，凡适合妇女从事劳动的工作，应当招收女工；企业招用的工人应符合年满16周岁等基本条件；各用人单位向农村招收工人时，在同等条件下应当优先录用退伍义务兵。

2. 劳动合同

1986 年 7 月国务院发布的《国营企业实行劳动合同制暂行规定》是我国当时劳动合同制度方面的主要法规，其中规定：企业在国家劳动工资计划指标内招用常年性工作岗位上的工人，除国家另有特别规定者外，统一实行劳动合同制；企业招用 1 年以内的临时工、季节工，也应当签订劳动合同；签订劳动合同，应坚持平等自愿、协商一致的原则；劳动合同一经签订，就受到法律保护，双方必须严格执行。此外，在有关中外合资经营企业、私营企业的法规中，也规定了劳动合同问题。

3. 职业培训

1982 年《宪法》明确规定，国家对就业前的公民进行必要的劳动就业训练。为此有关部门相继修改或制定了一些规章，如《技工学校工作条例》《关于加强和改进学徒培训工作的规定》《关于就业训练若干问题的暂行办法》等。与此同时，为了加强在职培训，发布了《关于加强职工教育工作的决定》《关于举办职工中等专业学校的试行办法》。1990 年 7 月经国务院批准，劳动部发布《工人考核条例》，规定实行工人考核制度，考核与使用相结合，并按照国家有关规定确定其工资待遇，还全面规定了考核种类、内容、方法、组织管理等问题。

4. 工作时间与休息时间

宪法明确规定，劳动者有休息的权利。国家规定职工的工作时间和休假制度；但在这一阶段除在节假日、加班加点方面有规定外，尚无其他有关工时与休息休假的法律规定。

5. 工资

围绕工资制度改革，国务院及有关部门发布了《关于国营企业工资改革问题的通知》及其试行办法、《关于机关和事业单位工作人员工资制度改革问题的通知》及其改革方案等规范性文件。此外，有关法规还就奖金与津贴制度、工资基金管理、限制工资扣除等问题作了规定。

6. 劳动安全与卫生

1982 年 2 月国务院颁发《锅炉压力容器安全监察暂行条例》、《矿山安全条例》和《矿山安全监察条例》。劳动安全监察工作得到很大加强，并逐步形成了国家监察、行业管理和群众监督相结合的体制。1984 年 7 月国务院发出《关于加强防尘防毒工作的决定》，提出各地区、各部门基本建设项目和全厂性的技术改造，其尘毒治理和安全设施必须与主体工程同时设计、审批，同时施工，同时验收、投产使用。1987 年 12 月国务院发布的《尘肺病防治条例》规定，作业场所的粉尘浓度超过国家卫生标准，又不积极治理，严重影响职工安全健康时，职工有权拒绝操作。1988 年 1 月有关部门发布规章，扩大了职业病范围，规定了职业病患者处理办法。此外，1989 年 3 月国务院颁发的《特别重大事故调查程序暂行规定》，专门规定了对特别重大事故的调查办法。1992 年颁布了《矿山安全法》，这是我国第一部专项劳动法律。

7. 女职工劳动保护

1988 年 7 月国务院发布的《女职工劳动保护规定》，为我国首次系统规定女职工劳动保护的专门法规，它就女职工的招收、禁忌从事的劳动、产假及其待遇、有关保护设施等问题，作了全面规定。

8. 未成年工劳动保护

目前尚未制定专门法规对未成年工进行劳动保护，某些保护规定分散在有关法规中。如《尘肺病防治条例》第12条第3款规定：“不满十八周岁的未成年人，禁止从事粉尘作业。”

9. 企业职工奖惩

1982年4月国务院发布的《企业职工奖惩条例》为这方面的主要法规。它明确规定了企业职工奖惩应遵循的基本原则，以及奖惩种类、适用条件、申诉程序等问题。1986年7月国务院又发布了《国营企业辞退违纪职工暂行规定》，作为前项法规的一种补充形式，凡是违反了劳动纪律或犯有某种严重错误，不够开除或除名条件，符合该规定所规定的适用条件即可予以辞退。

10. 社会保险

1978年5月经全国人大常委会批准，国务院于同年6月发布《关于安置老弱病残干部的暂行办法》《关于工人退休、退职的暂行办法》。此外，1986年7月国务院发布《国营企业实行劳动合同制暂行规定》，1993年又发布了《国有企业职工待业保险规定》，初步建立了劳动合同制工人的养老保险制度，以及国有企业职工待业保险制度。

11. 工会和企业民主管理

1988年4月全国人民代表大会通过的《全民所有制工业企业法》规定，“企业工会代表和维护职工利益，依法独立自主地开展工作。企业工会组织职工参加民主管理和民主监督”，“职工代表大会是企业实行民主管理的基本形式”；并且就职工代表大会所享有的职权作了具体规定。

12. 劳动争议处理

国务院1987年7月发布的《国营企业劳动争议处理暂行规定》，后几经修改、于1993年颁布的《企业劳动争议处理条例》，系统规定了劳动争议处理的机构和程序。该规定适用于企业与职工之间因履行劳动合同发生的争议，以及因开除、除名、辞退违纪职工发生的争议。处理程序为调解、仲裁和法院审判。调解程序可由当事人自由选择，仲裁为起诉前的必经程序，法院审判为最终程序。

三、我国《劳动法》的立法过程

《劳动法》的起草经历了两个阶段。

1978年12月，邓小平同志在中共中央工作会议上作的题为“解放思想，实事求是，团结一致向前看”的讲话中指出，应尽快制定“工厂法、人民公社法、森林法、草原法、环境保护法、劳动法、外国人投资法等等”。原国家劳动总局传达了党的十一届三中全会文件后，决定组织力量起草《劳动法》。

1979年1月劳动部成立了起草小组，并邀请了全国总工会、农业部、北京大学、北京经济学院、中国政法大学、中国社会科学院法学所等单位的有关同志和专家学者参加讨论和起草工作。1979年7月，写出了《劳动法（草案）》初稿。至1983年3月，形成《劳动法（草案）》第17稿，并于3月29日由国务院常务会议讨论并原则通过。1983年7月，将修改后的第18稿作为送审稿提交全国人大常委会审议。1984年2月，根据全国人大常委会法制工作委员会有关领导同志的意见作了修改。但由于种种原因，《劳动法（草案）》未能审议，起草工作中断。

但是，现实中的各种劳动关系亟待法律调整，改革的深化更增加了制定《劳动法》的迫切性。许多基层干部和职工群众经常以各种形式呼吁尽早颁布《劳动法》，全国人大和全国政协的代表也多次提出议案，希望《劳动法》尽快出台。

1989 年 2 月，劳动部又重新开始起草工作，分别成立了劳动法研究小组和起草小组。1990 年成立了由劳动部、国务院法制局、全国总工会、国家计委、国务院生产委、国家体改委、卫生部、人事部、机电部、能源部、农业部领导参加的《劳动法》起草领导小组和起草办公室，重新研究确定了《劳动法》起草的基本原则和主要内容，收集整理了近三十万字的国内外资料，翻译出版了五十多个国家的劳动法及单项劳动法律，并形成了新的《劳动法（草案）》。

1989 年 12 月先后召开了由华北、东北、西北、华东四个地区劳动行政部门、工会组织、企业行政代表和职工代表及有关专家二百多人参加的讨论会，在全国劳动系统征求意见，在全国劳动厅局长会议和全国劳动政策法规处长会议上进行了讨论。1990 年 8 月在北京，11 月在成都、重庆、武汉又分别召开了有一百多人参加的论证会，并两次组织有关专家进行了专门论证。同时，还向国务院各部、委、局、公司及社会团体、民主党派等一百五十多个单位征求了意见。在起草领导小组和国务院法制局的具体指导下，反复修改 8 稿，形成了《劳动法（草案）》第 27 稿。1991 年 7 月，经领导小组讨论通过，将《中华人民共和国劳动法（草案）》送审稿报送了国务院。

国务院法制局将送审稿发往各省市征求意见。有关部门对全部意见进行了逐条整理。从各地返回的意见看，认为草案基本可行，希望尽快颁布是主导意见。针对一些需要再修改的问题，又在调查的基础上作了进一步修改，形成了提请国务院常务会议审议的《劳动法（草案）》。

1994 年 1 月 7 日，国务院第 14 次常务会议审议通过了《劳动法（草案）》，认为制定《劳动法》十分迫切和必要，条件已成熟，并提请全国人大常委会审议。全国人大常委会经过认真审议，于 1994 年 7 月 5 日通过了《中华人民共和国劳动法》，并决定于 1995 年 1 月 1 日起实施。

四、保障民生的现行立法

近年来，我国的劳动立法围绕着保障民生而展开，也有了新的突破和发展，既有《社会保险法》的出台，也有《工伤保险条例》的修订 2012 年《女职工劳动保护特别规定》的发布，还有《劳动合同法》对劳务派遣新的限制性规定。这些法律的一个共同指向就是保障民生，这些立法与先前的一些重要立法共同构筑了我国保障民生的劳动立法大厦。

（一）保障民生之本的《就业促进法》

就业乃民生之本。我国人口多，劳动力总量过大，就业压力十分突出。要建立促进就业的长效机制，将促进就业的各项工作纳入法制化轨道，就需要制定《就业促进法》。2007 年 1 月 20 日，国务院向全国人大常委会提请审议《就业促进法（草案）》。2007 年 2 月，十届全国人大常委会第二十次会议对草案进行了初次审议。2007 年 8 月 30 日十届全国人大常委会第二十九次会议通过《就业促进法》，并从2008年1月1日起施行。

实施就业援助，帮助就业困难人员实现就业，是就业促进工作中的一项重要内容。《就业促进法》规定各级人民政府应当建立健全就业援助制度，采取税费减免、贷款贴息、社会保险补贴、岗位补贴等办法，通过公益性岗位安置等途径，对就业困难人员实行优先扶持和重点帮助。

（二）保障特定群体民生的《残疾人保障法》

《残疾人保障法》自1991年5月15日施行，在保障残疾人的合法权益中发挥了重要作用。随着我国经济社会的发展，残疾人特定的民生需要更加充分的保障。为此，民政部、中国残疾人联合会起草了《中华人民共和国残疾人保障法（修订草案）（送审稿）》，于2006年10月报请国务院审议。2008年1月23日国务院第206次常务会议讨论通过《中华人民共和国残疾人保障法（修订草案）》。

2008年4月24日，十一届全国人大常委会第二次会议高票通过修订后的《残疾人保障法》，这是十一届全国人大常委会通过的第一部法律。新修订的《残疾人保障法》进一步明确政府在残疾人事业发展中的主导地位，设立多种途径保障残疾人的民生权利，全面保障残疾人的康复权、教育权、劳动权、文化生活权和社会保障权，充分尊重残疾人的知情权、参与权和决策权。

（三）惠及全民的《社会保险法》

《社会保险法》素有民生基本大法之称，涉及养老、医疗、失业、工伤、生育五大险种，是关乎每个公民的基本生存条件和基本生活保障的法律。

多年来，我国在社会保险领域已经颁布了大量的行政法规、规章和相关文件，但缺少一部统一的基本性法律。1993年进入立法程序的《社会保险法》在2010年10月28日由十一届全国人大常委会第十七次会议通过，自2011年7月1日起施行。该法对社会保险的原则、各险种的覆盖范围、社会保险待遇项目和享受条件、社会保险经办机构、社会保险基金监督、各项社会保险的缴纳领取等作出了明确规定。

（四）保障老有所养的《老年人权益保障法》

2012年12月28日，《老年人权益保障法》由十一届全国人大常委会第三十次会议修订通过，这是这部法律自1996年颁布施行以来的首次修订。16年来，我国政治、经济、社会、文化和人们的思想观念都已经发生了深刻的变化，在为保障老年人的权益提供更好的物质文化条件的同时，也对老年人权益保障工作提出了新的和更高的要求。修订后的《老年人权益保障法》从6章50条扩展到9章86条，新增38条，修改38条，未作修改的仅10条。

五、我国劳动法律体系

我国劳动法律体系在内容上主要由规范劳动力市场主体行为的法律、保护劳动者权益的法律、规范劳动行政管理行为的法律和解决劳动纠纷的法律所构成。在层次上，包括基本法律、法律、行政法规和行政规章。

（一）基本法律

《劳动法》将宪法中有关劳动关系的规定具体化，并为劳动法律的制定提供法律依据。

在内容上表现为规定劳动关系双方当事人的基本权利和义务，以及在劳动关系各主要方面应确立的标准和基本规范。

（二）法律

1. 规范劳动力市场主体行为的法律

（1）劳动就业法。规定就业者的条件、招工规则、不正当招工行为的限制、社会上特殊群体的就业保护等内容，就劳动力市场主体的资格、参与劳动市场活动的前提条件作出法律界定。

（2）劳动合同法。规定劳动合同的订立原则，劳动合同的形式、内容、期限、中止、解除等，为劳动力市场主体建立劳动关系提供法律依据。

（3）集体合同法。规定集体合同的订立原则，集体合同的形式、内容、法律责任等。以集体合同的形式进一步确认劳动者的权益，并运用工会的力量加以保障。

（4）职业介绍法。规定职业介绍者的资格、方式、标准、权利与义务、相应的法律责任。通过中介服务的形式促进劳动关系的建立。

（5）工资法。规定劳动报酬确立的原则和方式，工资给付的形式、时间、地点，特殊情况下的工资支付、实际工资水平的保障、最低工资标准的保障等。

（6）职业培训法。规定国家和用人单位在劳动者职业技能培训方面的权利和义务，以促进社会劳动力素质的提高和劳动者就业能力的增强。

2. 保护劳动者权益的法律

（1）安全生产法。规定用人者在劳动安全卫生方面对劳动者所承担的义务，保护劳动者在劳动过程中的健康和安全。

（2）失业救济法。规定劳动者在失业时应享受的权益，以保障其在此期间的生活来源。

（3）职工福利法。规定用人单位必须提供给劳动者的福利设施，以保障劳动者必需的工作和生活条件。

（4）社会保险法。规定劳动者在工伤、疾病、年老、生育期间应享受的待遇，社会保险金的来源、使用，社会保险管理体制等，从而保障劳动者在上述时期的生活待遇。

3. 规范劳动行政管理行为的法律

（1）劳动监察法。规定劳动监察机构的设置及职能，劳动监察的手段、内容、程序及法律责任等，使监察工作于法有据，不当行为有相应的法律责任。

（2）劳动行政法。规定劳动行政行为的合法性，从层次监督上加强行政执法，既包括对一般行政行为的监督检查，也包括对劳动监察行为的监督检查。在内容上主要规定检查的方式、内容以及相应的法律责任等。

4. 解决劳动纠纷的法律

（1）劳动争议处理法。规定劳动争议的处理原则、机构、方式、调解组织、程序、效力，仲裁的组织、程序、方式与效力等。

（2）劳动诉讼法。规定受理劳动争议案件的司法机构，审理方式、程序，法律责任及法律效力。

案例与事例

一、《劳动合同法》的立法背景

随着工业化、城镇化和经济结构调整进程加快，企业制度改革不断深化，企业形式和劳动关系日趋多样化，劳动用工领域出现了一些新情况、新问题，劳动者合法权益受到侵害的现象时有发生，在一些地区、行业和单位甚至相当严重，影响了劳动关系的和谐稳定。带有一定普遍性的问题主要有以下三个：

(1) 劳动合同签订率低，出现劳动争议时劳动者的合法权益得不到有效保护。2005年全国人大常委会在劳动法执法检查中发现，中小型企业和非公有制企业的劳动合同签订率不到20%，个体经济组织的签订率更低。即使在东南沿海经济发达地区，非公有制经济组织的劳动合同签订率也很低。有些企业只与管理人员、技术人员签订劳动合同，而不与一线工人签订劳动合同。劳动合同签订率低的原因很复杂。许多用人单位不愿签订劳动合同，主要是为了降低用工成本，逃避缴纳社会保险费和解雇工人的法律责任。有些劳动者不敢提出签订劳动合同的要求，主要是由于在劳动力供大于求的形势下，劳动者处于弱势。在没有劳动合同的情况下，一旦出现劳动争议，劳动者就很难主张自己的权利；即使申请仲裁、提出诉讼，由于缺乏有力的证据，他们的合法权益也往往得不到有效保护。

(2) 劳动合同短期化，劳动关系不稳定。劳动关系和谐稳定是社会和谐稳定的重要方面。只有和谐，才能稳定；稳定又是和谐的一个标志。2005年全国人大常委会劳动法执法检查显示，有60%以上的用人单位与劳动者签订的劳动合同是短期合同，多是一年一签，有的甚至一年几签。劳动合同短期化的主要原因是用人单位试图通过短期劳动合同，最大限度地自由选择劳动者，并减少因解除劳动合同而应向劳动者支付的经济补偿。有些企业花最低的用工成本使用工人最有活力的“青春期”。这种状况不仅损害了劳动者的合法权益，也影响了劳动者的职业稳定感和对企业的归属感，影响了他们为企业长期服务的工作热情。劳动合同法草案向社会公开征求意见过程中，许多劳动者反映，每年他们都要为劳动合同到期时还能不能续签而担忧，一旦不能续签，个人及其家庭生活就会陷入困境。正反两面的经验都证明：劳动合同短期化，不仅损害劳动者的合法权益，企业自身发展也最终会受到影响。在现实生活中，有些劳动者因不能从企业的发展中受益而产生与企业的对立情绪，有的在遭受挫折、满心焦虑的情况下甚至作出损害企业利益的行为。由此可见，解决劳动合同短期化的问题，有利于劳动关系的稳定和谐，这不仅关系到劳动者的切身利益，也关系到企业的长远发展。

(3) 用人单位利用自己在劳动关系中的强势地位侵犯劳动者合法权益。劳动力供大于求是我国目前存在而且会长期存在的状况。在这个背景下，用人单位利用自己在劳动关系中的强势地位侵犯劳动者合法权益的现象时有发生。有些用人单位滥用试用期，以劳动者在试用期内达不到录用条件为“理由”，试用期满不予录用。由于劳动者在试用期内的工资待遇较低，又没有其他劳动保障，有些用人单位便通过设定较长时间的试用期规避对劳动者的法律义务。有些用人单位违反法律、法规规定，拖延、克扣工人工资，不按国家规定缴纳社会保险费。有些用人单位不执行劳动定额标准，随意延长劳动时间，不支付加班费。如此等等。有的用人单位甚至对劳动者实行强迫劳动，致使劳动者的合法权益受到严重侵害。

这里有必要讲一下劳务派遣用工问题。这种用工形式发展迅速，各种劳务派遣机构大量涌现。由于缺乏法律规范，劳务派遣中存在不少问题。比如，劳务派遣工大多没有劳动合同。劳务派遣工被“招之即来，挥之即去”，成为劳动力市场上最脆弱的群体。有的用人单位为了压低劳动成本，以“用工制度改革”的名义，把本单位的职工转为劳务派遣工，通过自设的劳务派遣机构再派遣到原岗位工作，工资待遇却比原工资待遇降低很多，严重侵犯其同工同酬的权利。有的用人单位大批解雇原有职工，待空出岗位后再大量使用劳务派遣工，规避对原有职工的法定义务。有的劳务派遣单位从劳务派遣工工资中提取高额管理费，甚至克扣、拖欠他们的工资，也不为他们缴纳社会保险等费用。

产生上述侵犯劳动者合法权益现象的原因很复杂，主要是：用人单位违法用工，劳动监察机关执法不力，劳动者的维权成本较高，劳动争议解决渠道不畅。除此之外，有些地方存在当地政府把吸引投资置于保护劳动者合法权益之上的问题：有的地方把牺牲劳动者合法权益作为招商引资的优惠条件；有的地方对劳动监察机关执法设置重重障碍，规定不得对“重点保护企业”进行监督检查，劳动行政处罚必须经过“投资环境优化办公室”“软环境办公室”批准，等等。有些执法人员对劳动者态度冷漠，不履行保护劳动者合法权益的法定职责。

上述问题已经严重影响到劳动关系的和谐稳定，劳动争议案件和因劳动纠纷引发的群体性事件呈不断上升的趋势。劳动保障部的统计显示，1995—2006 年的 12 年中，劳动争议案件数量增加 13.5 倍；集体劳动争议也大幅增长，12 年中的集体劳动争议案件数量增加 5.4 倍。为了解决这些问题，在总结实践经验的基础上制定《劳动合同法》，完善劳动合同制度，合理规范劳动关系，是迫切需要的。①

二、劳动的形式与判定

案一：小王是一位育龄女工，与牛奶公司签有劳动合同。牛奶公司安排小王到某商场的租赁柜台上班。小王每天与商场员工共进退，着商场之工装，戴商场之工牌。工资和社保由牛奶公司承担。双方相安无事，直到小王怀孕生育和牛奶公司倒闭。小王的律师向商场主张劳动关系，索求孕期、产期和哺乳期的各项权益。

案二：老王是一位外卖骑手，被天马公司招聘后由平台或人工派单。工装和货箱由天马公司提供，上有“×团快递”的字样。老王按照天马公司的要求注册为个体工商户，签订承包协议。双方相安无事，直到老王送外卖时被一辆卡车撞倒，受伤的老王向天马公司主张工伤赔偿。

案一被裁判机构驳回。案二获裁判机构支持。这两个案例有一个共同特征，就是相似的形式和内容，或者说具有相似的法律形式要件和相似的劳动实质内容。二者都具备了法律的形式要件——租赁关系和个体工商户，也都具备了劳动的实质内容——商场售货和外卖送货。当争议发生后，裁判机关能否忽视法律的形式要件——柜台租赁合同和个体工商户证照？

如果裁判机关确认某对持有结婚证的夫妻虽有婚姻之证，并无婚姻之实，是否可以认

---

① 人大法委会主任杨景宇介绍劳动合同法报告全文.（2007-07-23）. 中国新闻网.

定这对夫妻是互不牵扯的两个自然人，均须独立承担各自的民事法律责任？反之亦然？这两个案例中的劳动者都是劳动身份与劳动行为相分离，小王与牛奶公司有劳动合同却在商场上班，老王以个体工商户与天马公司有承包协议并为×团送快递。法院驳回了小王与商场有劳动关系的主张，支持了老王与天马公司是劳动关系的主张。在法理上，前一个裁判更符合法律关系相对性的要求。[①]

三、体面劳动

“体面劳动”是1999年6月国际劳工组织在第87届国际劳工大会上提出来的。体面者，就是要求尊重劳动，尊重劳动者。劳动者有尊严地劳动，在劳动中拥有自己的尊严。国际劳工局局长索马维亚向本次大会提交了题为《体面的劳动》的报告，将“体面劳动”确定为国际劳工组织当前的主要目标：“国际劳工组织当今的首要目标是促进男女在自由、公正、安全和具有人格尊严的条件下，获得体面的、生产性的工作机会。”国际劳工组织追求的不仅是创造就业岗位，而且是创造其质量可以让人接受的就业岗位。1999年1月，时任联合国秘书长科菲·安南在达沃斯世界经济论坛上提出：应当使企业具备人道的面孔。2008年，在“经济全球化与工会”论坛开幕式的致辞中，中国国家主席胡锦涛也指出要体面劳动。2010年9月16日，第五届亚太经合组织人力资源开发部长级会议在北京举行，中国国家主席胡锦涛在致辞中明确提出要促进体面劳动，构建和谐劳动关系。

查手机电量，发智能坐垫，移动考勤定位，用行为感知系统监测员工，在男女厕所安装计时器，监测出差员工的午休时间，监控员工网络使用页面等等把劳动者当贼防的勾当，既是对体面劳动的反动，也是对劳动者尊严的冒犯。

劳动法意义上的劳动原本是家庭劳动，是在雇主的家庭作坊中进行的。先进家，后劳动，由此首先产生了雇主对劳动者的保护义务，当然更首先是雇主从雇工那里获得了信任利益。用中国话说：“不是一家人，不进一家门。”现在虽然不进家了，但是信任和尊重还是必需的。

笔者为起草《劳动法》，随团考察德国拜尔公司时，被告知流水线上的工人每两小时要换下来休息一次，或者换做另外一项不同体位的工作。雇主的考虑是：单调的操作会降低劳动效率，增加生产事故，长时间固定体位也会伤害身体。[②]

四、公共卫生事件对劳动法的冲击与变化

在劳动关系受到公共卫生事件冲击时，由于没有现成的法律调整，仓促地出台应对之策就成了不二之选。在2020年1月23日之后的一个月里，仅国家及各省、直辖市一级政府发布的，与劳动用工和稳定就业相关的政策有70余篇之多。由于是仓促应对，加之其以传统的思维模式思考没有先例可循的新问题、以往常的规则规定调整遭遇冲击的劳动关系，这些新出台的法规和政策既不得不朝令夕改，也不能有效调整现实中劳动关系的新状况。

2020年1月31日，北京市人力资源和社会保障局、北京市教育委员会共同发布了《关于因防控公共卫生事件推迟开学企业职工看护未成年子女期间工资待遇问题的通知》。

① 黎建飞. 劳动法随笔. 社会法学研究，2022（1）.

② 黎说说（微信公众号）. 体面劳动. 2022-04-23.

它的核心内容就是解决公共卫生事件中劳动关系遭遇的重大问题，规定“每户家庭可有一名职工在家看护未成年子女，视为因政府实施隔离措施或采取其他紧急措施导致不能提供正常劳动的情形，期间的工资待遇由职工所属企业按出勤照发。”在一周后的 2020 年 2 月 7 日便进行了纠偏：当日有关机构发布的《关于做好新型冠状病毒感染肺炎公共卫生事件防控期间稳定劳动关系支持企业复工复产的意见》承认“部分行业企业面临较大的生产经营压力，劳动者面临待岗、失业、收入减少等风险，劳动关系不稳定性增加，劳动关系矛盾逐步凸显”，要求企业与职工“共担责任共渡难关”。为了“在兼顾企业和劳动者双方合法权益的基础上，帮助企业尽可能减少受公共卫生事件影响带来的损失”，2020 年 2 月 12 日，相应规定被修正为：“需要在家看护未成年子女的职工，应当落实请假制度。”

我们在公共卫生事件冲击劳动关系的应对上在事前缺少针对性立法，在事中出台的应对性立法经历了以传统方式解决劳动关系的不适，到相应地修正这种不适。这样的变化与发展轨迹，也是社会与法律发展变化的一般规律。正如梅因在《古代法》中所示：“社会的需要和社会的意见常常是或多或少走在‘法律’的前面的。我们可能非常接近地达到它们之间缺口的接合处，但永远存在的趋向是要把这缺口重新打开来。”①

① 梅因. 古代法. 沈景一，译. 北京：商务印书馆，1959：15.

第二章　劳动法的立法目的

导读

本章阐述的劳动法立法目的，贯穿于整个劳动法律规范体系之中，研究和领会劳动法的立法目的和精神，才能准确掌握和运用劳动法。

第一节　劳动法立法目的的意义

一、立法目的的意义

任何法律都有其立法目的，因为立法是人的一项活动。如同人的其他活动一样，立法是人的一项有目的的活动。在立法中，只有立法者首先有了明确的立法目的，才能着手具体的立法活动，使整个立法活动始终围绕着立法目的展开，并根据立法目的对立法活动进行控制和调整。

正是有了立法目的，人们才会为制定这项法律而开展工作，在立法目的指引下，制定出针对特定社会关系的法律规范，告诉社会成员在特定的社会关系中可以怎么样行为，不得怎么样行为，以及应当或者必须怎么样行为。德国的技术合作公司为我国劳动和社会保障部提供的“法律准备与立法技术指南”也表明，立法的第一阶段即“准备阶段”的问题是“分析问题”，即：“法律应该达到什么？什么是法律的目的，要解决的是哪些问题？”[①]

根据立法目的，我们能够准确地理解现存法律规范背后蕴涵的立法者的主观追求，剖析该法律文件的价值取向，确定贯彻实施该项法律规范时的准确含义。立法目的不仅界定了该项法律的基本原则，规定了该项法律的法律制度和全部法律规范的基本内容；而且为该项法律的理解、解释、适用与遵守提供了依据和指南。立法目的贯穿于整个法律文件中，最直接又最准确地体现了立法活动规定的理性标准、确立的目标指向，为社会成员提供评判立法的价值标准，使其在准确理解立法文字的前提下明确自己该做什么、不该做什么，以及在该做什么的时候选择相应的手段具体地做。所以，对于任何一部法律，我们都

① 郎歌娜. 法律准备与立法技术指南//德国技术合作公司，中国劳动和社会保障部. 中德劳动和社会法合作文集(1996—1999). 1999：22.

应当首先明白它的立法目的，这是我们解读、适用和遵守法律的前提条件。[①]

二、劳动法立法目的的意义

我国《劳动法》的立法目的，也同样贯穿于整个劳动法律规范体系之中；各项具体的劳动法律制度和法律规范必须旗帜鲜明地为其立法目的服务。认真研究和领会我国《劳动法》的立法目的和精神，才能在《劳动法》的贯彻实施中准确掌握和运用。

我国《劳动法》第1条规定："为了保护劳动者的合法权益，调整劳动关系，建立和维护适应社会主义市场经济的劳动制度，促进经济发展和社会进步，根据宪法，制定本法。"根据这条规定，我国《劳动法》的立法目的包括保护劳动者的合法权益，确立、维护和发展稳定和谐的劳动关系，促进经济发展和社会进步三个方面。

我国《劳动法》的立法目的的意义首先是在立法过程中的指导作用。把"保护劳动者的合法权益"作为《劳动法》的根本目的是经历了一个认识过程的：在《劳动法（草案）》最初的数稿中，这句话一直表述为"为了保护劳动者和用人单位的合法权益"。应当说，这样的表述更加符合法律的普遍形式，因为调整社会关系的法律是以"公平""正义"为归依的。从表面看，我国《劳动法》把保护劳动关系单方面行为人的权益作为自己的首要目的，对另一方当事人是"不公平的"，但实际上这样才能实现劳动关系双方当事人真正的公平和平等。

《劳动法》把保护劳动者的合法权益作为立法目的才能实现劳动关系双方当事人真正的公平和平等，这是由劳动者的"弱者"地位和法律维护社会公平和正义的方式决定的。

首先，这是劳动法产生的历史背景和劳动法得以面世的理由。劳动法产生于19世纪初叶人类社会完成工业革命，进入资本主义社会之后。正如任何投资都是为了回报，任何回报都追求利润的最大化一样，早期的资本家是以尽可能多地赚取利润为其最高追求的。资本家在同样的劳动时间中选择更为廉价的劳动力，作为廉价劳动力代表的童工和女工首当其冲；在使用同样价格的劳动力中则尽可能地延长劳动时间，把工人完全沦为机器的附属品。这时的英国政府颁布的是延长雇佣劳动者工作时间、限制最高工资额的法律。

随着工人阶级的成长和壮大，工人们不堪忍受机器生产下大大增加了的劳动强度，不堪忍受工时长、工资低等种种恶劣的劳动条件，不断和资本家展开斗争，从自发地、分散地破坏机器，到有组织地、自觉地开展运动并组织工会，进行更为有效的斗争。资本家迫于对劳动力再生产的需要而不得不作出适当让步，资产阶级政府也意识到如果允许资本家不受限制地肆意蹂躏工人，或者以合同自由为据放任不管，甚至以法律规范助纣为虐，必然导致严重的社会后果，也必将付出昂贵的社会代价。

在此背景之下，皮尔勋爵于1802年提出学徒健康与道德法案，并获得国会通过。这是目前公认的最早的劳动法，实际上是第一部保护童工的劳动立法。该法规定：纺织厂不能雇佣9岁以下的学徒；童工每天工作不得超过12小时，而且限于清晨6时至晚间9时之间，禁止做夜工。后经皮尔等人的继续努力，此法案于1819年得到修正，规定纺织业不分对象均禁止雇佣9岁以下儿童，16岁以下儿童每天仅能工作12小时。1833年的《工

---

① 黎建飞. 立法学. 重庆：重庆出版社，1992：1-3.

厂法》进一步规定，13 岁以下儿童每天工作不得超过 9 小时，每周不得超过 48 小时。1847 年修正的《工厂法》规定，女工及 18 岁以下的童工每天工作不得超过 10 小时。

劳动法面世的理由和目的就是保护处于“弱者”地位的劳动者的合法权益，它是以劳动关系一方当事人即作为弱者的劳动者为保护对象的。如果劳动者不需要劳动法的专门保护，劳动法就不会出现在人类社会的生活中；如果劳动法不以劳动者为专门的保护对象，并以此作为自己的根本目的，劳动法也就没有存在的理由和必要，或者说这样的劳动法就不能再称为劳动法了。这或许也就是我国劳动者在呼唤《劳动法》尽早出台时所说的“我们劳动者亟待劳动法的保护”的原始依据吧。

其次，这是因为劳动者相对于用人单位处于“弱者”地位。劳动力市场供需状态和劳动对于劳动者的意义是导致现实中劳动者成为“弱者”的主要原因。劳动力的供大于求几乎是现代社会在世界范围内的普遍现象。“充分就业”无疑是人们期望的美好目标，即便“充分就业”也不意味着每个劳动者都百分之百地找到了工作，其本身就是以一定的失业率为内涵的。① 即使是在一个国家经济高速增长时期，排除由于劳动力绝对过剩而失业的必然性因素，也会由于包括劳动者自身原因在内的其他多种原因产生摩擦性失业、结构性失业、周期性失业、季节性失业等。

失业不仅使失业者本人及其家庭的生活由于收入下降而质量下降，劳动者的劳动技能因为停止工作而退化或过时，而且会使失业者及其家庭成员在精神上蒙受伤害，自信心与成就感因挫折而减退，与社会的沟通由于离开工作单位而疏远，就连家庭的稳定性也面临严峻的考验，失业或下岗者中离婚率偏高，其中又以男性失业或下岗为甚。直白地说：失业影响的是失业者的生存、失业者家庭成员的生存和失业者家庭本身的生存。

劳动力市场供需状态和劳动对于用人单位或者雇主的意义就另当别论了。劳动者找工作难正好意味着用人单位很容易找到自己所需要的劳动者，还可以以尽可能低的代价找到劳动者。而且，即使用人单位或者雇主如同劳动者找不到工作一样找不到劳动者，其所承担的“压力”及其“程度”也不是可以与劳动者相提并论的。因为任何投资都是以生产资料而不是以生活资料进行的，而且绝大多数用人单位或者雇主都只承担“有限责任”，即使是因为劳动者的缺乏而倒闭，所影响的也不是这些投资人的“生计”。可见，劳动者的“弱者”地位再次被“注定”。

由法律维护社会公平和正义的方式决定，劳动法应当担负起维护作为“弱者”一方的劳动者合法权益的任务。对于生存能力相对弱小的社会成员，由法律来帮助其达成平等。法律帮助社会成员达成平等的手段是对侵犯弱者的强者行为进行制约和制裁，从而实现弱者自身不能完成的与强者达成平等或者平衡的社会目标。

在《劳动合同法》起草过程中，草案中立法目的的表述再次引起社会的关注和争议，

---

① 充分就业这一概念始于英国经济学家凯恩斯，是指“在某一工资水平下，所有愿意接受这种工资的人都能得到工作”，即不存在非自愿失业。（凯恩斯. 就业、利息和货币通论. 北京：商务印书馆，1963：19.）理论界对充分就业概念的解释，大致分为两种：（1）充分就业指劳动力和生产设备都达到充分利用状态。（2）充分就业并不是失业率等于零，而是总失业率等于“自然失业率”（弗里德曼首次提出这一概念）。此外，有人用某一具体就业水平指标来描述充分就业。随着时间的推移，用来描述充分就业的自然失业率水平逐步提高，由 20 世纪 50 年代的 3%～4%提高到 20 世纪 80 年代的 6%。国际劳工组织指出，充分就业是指愿意并有能力工作的劳动年龄段男子和妇女能够得到有报酬的、自由选择的、生产性就业的就业水平。（2002－05－08）. 中国劳动力市场网.

即有所谓的“单保护”（“保护劳动者的合法权益”）与“双保护”（“保护劳动者和用人单位的合法权益”）的争论。在《劳动合同法》的草案中，第 1 条的表述是：“为了规范用人单位与劳动者订立和履行劳动合同的行为，保护劳动者的合法权益，促进劳动关系和谐稳定，根据《中华人民共和国劳动法》，制定本法。”争论的结果，相关的表述变成：“为了完善劳动合同制度，明确劳动合同双方当事人的权利和义务，保护劳动者的合法权益，构建和发展和谐稳定的劳动关系，制定本法。”①

第二节　我国劳动法立法目的的内容

一、保护劳动者的合法权益

保护劳动者的合法权益，是我国《劳动法》最基本的目标之一。劳动者的合法权益，是指劳动者依照国家法律、法规的规定，在劳动方面享有的各种权利和利益。劳动者是社会财富的创造者，是社会生活的主体，《劳动法》首先要体现保护劳动者的各种需要和利益。同时，劳动者的利益需要是劳动者从事生产劳动的内在动因和动力。当劳动者的这种利益需要越是得到满足和保护时，劳动者便越有劳动的创造性。《劳动法》正是以法律手段来满足、支持和保护劳动者不断得到这些物质利益的需要。总之，如果不将保护劳动者的合法权益作为《劳动法》的基本立法目的，《劳动法》本身也会失去其制定的意义。

保护劳动者的合法权益，也是实现稳定劳动关系、维护正常劳动秩序、促进社会经济发展和社会进步的前提与保障。劳动者的合法权益得不到有效的保护，和谐和稳定的劳动关系以及正常的劳动秩序便不可能存在。劳动者的合法权益长期不被重视和遭受侵害，必然影响社会经济的发展。而劳动者合法权益受到保护的程度，又是反映一个国家社会进步程度的重要标志。因此，保护劳动者的合法权益，是我国《劳动法》最基本的立法目的。

我国《劳动法》依据宪法的规定，建立了完善的保护劳动者合法权益的法律制度体系，具体包括：（1）法律规范结构体系。具体表现为《劳动法》第 3 条的规定，以及以后各章中有关保护劳动者合法权益的规定。（2）法律规范内容体系。具体表现为《劳动法》中对劳动者就业权益的保护，民主管理权益的保护，休息权益的保护，劳动报酬权益的保护，生命安全和身体健康权益的保护，女职工和未成年劳动者权益的特殊保护，职业教育和职业培训权益的保护，劳动保险和福利方面权益的保护以及权益遭受侵害时的法律救济等。（3）权益保护的法律措施和方法。包括行政保护方法、民事保护方法、经济保护方法、刑事保护方法。

---

① “王全兴认为劳动法第一条关于立法目的的‘单保护’表述，是昭示劳动法本质、涵盖和统率整个劳动法体系的法律条文，不应当为劳动合同法所突破。王全兴说劳动合同虽然具有当事人双方地位平等的合同一般属性，但同时还具有当事人双方地位不平等的特殊性。劳动合同法（或雇用合同法）在有的国家虽然被纳入民法体系，但处于民事特别法的地位，其‘特别’正在于偏重保护劳动者和为实现偏重保护而对契约自由的限制。而在我国，劳动合同法是劳动法的组成部分，更应当强调偏重保护。”劳动合同法：单保护还是双保护.（2015－01－03）[2016－06－01]. http://www.168rc.net/News/7319.html.

二、确立、维护和发展稳定和谐的劳动关系

我国《劳动法》的立法目的，不仅包括保护劳动者的合法权益，而且包括确立、维护和发展用人单位与劳动者之间稳定和谐的劳动关系。

无论从人类劳动法产生、发展的历史角度考察，还是从现实和社会生产方面考察，只要有众多人在一起劳动，即进行社会劳动，就必然要求有一定的劳动规则，以实现正常的劳动秩序。正常的劳动秩序，只能建立在稳定和谐的劳动关系的基础之上。没有稳定和谐的劳动关系，就没有稳定和正常的生产秩序、社会秩序。因此，劳动法从其在人类社会诞生以来，一直肩负着维护正常劳动秩序的重大使命。

在社会主义市场经济中，社会各群体之间存在着各自利益的差别，特别是用人单位和劳动者之间的利益差别。由利益关系决定的各种差别，无时无刻不在威胁着正常的劳动秩序。在非公有制经济中，用工一方与劳动者之间的利益冲突更加明显和突出。因此，将确立、维护和发展用人单位与劳动者之间稳定和谐的劳动关系，作为我国《劳动法》的立法目的，是劳动法的基本功能和我国社会经济的必然要求和结果。

确立、维护和发展稳定和谐的劳动关系，三者之间是既相互独立又相互依赖和联系的辩证统一体。

确立用人单位与劳动者之间稳定和谐的劳动关系，其实质是要求用人单位与劳动者建立劳动关系时，必须在平等自愿、协商一致基础上，充分考虑双方各自的利益要求，依法形成一种良好的、健康的劳动关系，不隐含发生冲突的各种人为因素。这一立法目的，在我国《劳动法》中主要通过第二章“促进就业”和第三章“劳动合同和集体合同”法律制度保证实现。

维护用人单位与劳动者之间稳定和谐的劳动关系，就是指通过各项法律制度和法律措施，保证使已经确立的良好的劳动关系得到巩固。稳定和谐的劳动关系，是《劳动法》立法目的对劳动关系存在质量的一种经常性和长期性的要求，确立良好和健康的劳动关系，仅仅是稳定和谐的劳动关系的存在的良好开端和基础，它并不能保证正常的劳动秩序的实现。

发展用人单位与劳动者之间稳定和谐的劳动关系，是我国《劳动法》确立、维护、发展稳定和谐劳动关系、建立社会主义市场经济劳动制度的立法目的中一个重要目的层次。这一目的不仅将稳定和谐的劳动关系置于发展变化之中，而且使其更切合实际和便于实现；同时，还对稳定和谐的劳动关系提出了更高的要求，即最大限度地激发劳动者的劳动积极性和创造性，以及高涨的劳动热情，不断地提高稳定和谐的劳动关系存在的质量。

三、促进经济发展和社会进步

所有有关市场经济的立法，都直接或间接地在为社会主义经济建设服务，我国《劳动法》将促进经济发展和社会进步作为一项重要的立法目的，不仅符合我国社会主义市场经济的基本要求，而且通过立法确认了经济发展与社会进步之间的辩证关系，即将“效率优先，兼顾公平”的原则在《劳动法》中具体体现出来。

促进社会进步与促进经济发展，是一个国家一定历史时期内的两项最主要的任务。因

此，我国《劳动法》也将促进社会进步作为其重要目的之一。根据这一目的要求，我国《劳动法》在促进经济发展的同时，必须考虑社会进步；在选择促进经济发展、提高劳动生产率的各项具体措施时，必须将是否影响或危害社会进步这一因素作为主要依据，并给予充分考虑；在确立的各项促进经济发展的制度机制实施后影响社会进步或与之不一致时，必须有相应的补救措施，以消除追求经济发展目的所采取措施的不足和不完善。

《劳动法》的三个方面的立法目的，是一个辩证的统一体，三项具体的立法目的，构成了我国《劳动法》立法目的的科学体系。保护劳动者合法权益以及确立、维护和发展稳定和谐的劳动关系这两个方面的立法目的，一方面，反映了《劳动法》的本质和作用，直接地指导和制约着具体的劳动法律规范；另一方面，又服务或作用于促进经济发展和社会进步的立法目的。

案例与事例

一、《劳动合同法》的立法原则和形成过程

2005 年 11 月 26 日，国务院向全国人大常委会提请审议劳动合同法草案。2005 年 12 月，十届全国人大常委会第十九次会议对草案进行了初次审议。

考虑到制定劳动合同法关系亿万劳动者的切身利益，既重要又复杂，为了把草案修改好、完善好，全国人大常委会坚持民主立法、科学立法。委员长会议决定将劳动合同法草案向社会公布，广泛征求意见。从 2006 年 3 月 20 日到 4 月 20 日，在一个月的时间里，全国人大常委会法工委共收到各方面提出的意见 191 849 件，其中来自劳动者的意见占 65%左右，基层劳动者的声音得到了比较充分的反映。山东的一位农民工在历数了自己在外出务工过程中碰到的各种问题后提出：“希望劳动合同法的出台能给广大劳动者带来福音。”一些外国企业和在华商会也对草案提出了意见。在一个月的时间里，收到意见之多，社会各界参与之广，为以往所罕见，充分体现了社会各方面对这部法律的关注和对构建和谐稳定劳动关系的关心。全国人大常委会法工委经对各方面的意见进行综合分析和认真研究，梳理出意见比较集中的若干问题，并就这些问题多次召开座谈会，进行实地调研，认真听取全国人大代表、各地方、各部门、专家学者、各类用人单位和职工群众的意见。

由于劳动合同法涉及各种形式用工单位和不同层次劳动者之间的利益关系，双方各有各的利益诉求，在全国人大常委会审议和向社会征求意见过程中，对同一个问题有截然不同的意见，是正常的。怎样统一认识？关键在于确定正确的立法原则，这既是提高立法质量的重要保证，也是统一认识的前提条件。全国人大常委会在充分发扬民主的基础上确定了制定劳动合同法的立法原则：一是，以邓小平理论和“三个代表”重要思想为指导，全面贯彻落实科学发展观，从我国的国情和实际出发，坚持正确的政治方向；二是，针对现实生活中迫切需要规范的问题，明确劳动合同双方当事人的权利和义务，着眼于构建与发展和谐稳定的劳动关系，促进社会和谐；三是，体现劳动合同法作为社会法的性质和特点，在兼顾用人单位和劳动者各自特殊利益、体现双方共同利益的前提下，重在保护劳动者的合法权益。全国人大法律委员会和全国人大常委会法工委经同有关部门共同研究，依据上述原则，对各方面的意见认真进行研究，对草案反复进行修改，从最初的 65 条增加

到98条。全国人大常委会经过四次审议，最后全票通过了《劳动合同法》。可以说这部重要法律确实是民主立法、科学立法的又一成果，是集体智慧的结晶。[①]

二、再失业的待遇

“现在怕的不是卡捷琳娜·伊万诺芙娜，”他忐忑不安、含含糊糊地说，“也不是怕她揪头发。头发算得了什么！……头发不值一提！这是我说的！要是揪头发，那甚至倒好过些，我怕的不是那个……我……怕的是她的眼睛……不错……是眼睛……她脸上的红晕我也怕……还有——我还怕她的呼吸……你看到过得这种病的人是怎么呼吸的吗……在感情激动的时候？孩子们的哭声我也害怕……因为，要是索尼娅不养活他们……那我真不知道会怎样！真不知道！可挨打我倒不怕……你要知道，先生，这样的殴打不仅不会让我感到痛苦，反倒会让我觉得快活……因为不这么着，我自己就受不了。打倒好些。让她打吧，让她出口气吧……这样倒好些！”

卡捷琳娜·伊万诺芙娜是一个瘦得可怕的女人。她双手紧按着胸口，嘴唇干裂，呼吸时快时慢，若断若续，正在自己那间不大的屋子里踱来踱去。她两眼闪闪发光，好像寒热发作，但目光锐利而又呆板，将要燃尽的蜡烛头最后的微光在她脸上轻轻抖动着，烛光中这张神情激动不安、害肺病的脸，使人产生一种痛苦的印象。

这时看到了跪在门槛上的丈夫，突然大喊一声：“啊！”她气得发狂，大声叫嚷，“回来了！囚犯！恶棍！……钱呢？你口袋里有什么，让我看看！衣服也不是原来那一身了！你的衣服呢？钱呢？说啊！……”

说着，她冲上来搜他身上。马尔梅拉多夫立刻听话而顺从地张开双臂，让她搜他的口袋时更方便些。连一戈比也没有。

“钱呢？”她大声嚷嚷。“噢，天哪，莫非他都喝光了吗！箱子里还有整整十二个卢布呢！……”突然她发疯似的揪住他的头发，把他拖进屋里。马尔梅拉多夫顺从地跟在后面跪着往里爬，好让她拖起来省点儿力气。

他大声叫喊，因为给揪着头发，他全身摇摇晃晃，甚至额头在地板上碰了一下。在地板上睡觉的孩子醒了，大哭起来。墙角落里的小男孩忍不住浑身发抖，吓得要命，几乎是歇斯底里地高声叫喊，扑到姐姐怀里。大女儿仿佛从噩梦中惊醒，全身簌簌发抖，好似一片树叶。

“全喝光了！全都买酒喝了，都喝光了！”可怜的女人绝望地叫喊，“衣服也不是那一件了！他们都在挨饿，都在挨饿呀！（她搓着双手，指指孩子们）。噢，该死的生活！可你们，你们不害臊吗？”[②]

三、再就业的待遇

不错……她们俩，卡捷琳娜·伊万诺芙娜和索涅奇卡刚一得知这一消息，天哪，简直就像进了天堂似的。

从前我只有挨骂的份儿：像畜生一样躺着吧！现在呢：她们踮着脚尖走路，让孩子们安静下来：“谢苗·扎哈雷奇办公累了，他在休息呢，嘘！”上班之前，让我喝咖啡，给我

① 人大法委会主任杨景宇介绍劳动合同法报告全文（2007－07－23）. 中国新闻网.

② 摘自陀思妥耶夫斯基. 罪与罚. 北京：人民文学出版社，2017.

煮凝乳！弄来了真正的乳脂，您听到了吗！我真不明白，她们怎么能积攒下十一个卢布五十戈比，给我置备了一套挺不错的制服？一双靴子，细棉布的胸衣——都是最考究的，还有一套文官制服，所有这一切都是花十一个卢布五十戈比买来的，而且式样都好极了。

第一天早上我下班回来，一看：卡捷琳娜·伊万诺芙娜做了两道菜，汤和用洋姜作配料的腌牛肉，这样的菜，在这以前连想都没想过。她什么衣服都没有……也就是没有什么像样的衣服，这时却穿戴得他要去做客一样，而且这不是说她穿上了什么新衣服，而是没有衣服她也能打扮：她梳了头，衣领换了个干净的，戴上了一副袖套，瞧，简直像换了一个人，显得既年轻又漂亮。

午饭后我回来睡午觉，您猜怎么着，瞧，卡捷琳娜·伊万诺芙娜耐不住了：一星期前刚跟女房东阿玛莉娅·费多罗芙娜大吵了一场，这时却请她来喝咖啡了。她们在一起坐了两个钟头，一直在低声说话儿，她说："谢苗·扎哈雷奇这会儿又有了差事，能领到薪俸了，他去见过大人，大人亲自出来接见，叫所有人都等着，却拉着谢苗·扎哈雷奇的手打他们面前经过，把他领进办公室去。"

六天以前，当我把第一次领到的薪水——二十三卢布四十戈比——全部拿回去的时候，她管我叫小宝贝儿。她说："你真是个小宝贝儿！"而且是只有我们俩在一起的时候，您明白吗？唉，我哪里是个值得赞美的人，又算个什么样的丈夫啊？不，她拧了拧我的面颊。"你真是个小宝贝儿！"她说。[①]

四、保姆受损该谁赔

2020年12月，华阿姨入驻某互联网护工平台，后经平台面试通过，华阿姨被介绍至黎某父母家中，负责照顾患脑萎缩的黎某父母。2021年7月8日上午，华阿姨在黎某父母家发烧，自行服药后并无缓解，体温从38.8℃上升至40℃。上午10点左右，华阿姨在微信群中联系黎某告知自己发烧。约半小时后，黎某妻子回复微信，认为华阿姨身体无法胜任工作并要求换人，黎某将华阿姨发烧事宜及时告知平台。其间，黎某母亲多次提醒华阿姨就医。下午1点左右，黎某及家人、平台员工先后到达现场，在发现华阿姨昏迷后，第一时间拨打120送医，华阿姨经抢救无效死亡，死因是由发热引起的急性呼吸衰竭。

上海奉贤法院经审理认为，首先，平台无须担责。合同约定平台系信息服务提供方，提供的是促成交易的中介服务，故平台不应承担雇主责任。其次，雇主无过错，故雇主不应承担责任。最后，华阿姨自身存在过错，应由其自身承担。根据《民法典》第1192条规定，法院判决驳回华阿姨家属全部诉讼请求。

这是第一个保姆死亡后，中介和事主都不承担责任，由保姆本人自负其责的案件。几十年来，中国社会经历了过如下案件：上海保姆周岱兰坠楼受伤案，普陀区法院判决雇主赔偿6.5万元；上海市首起保姆意外死亡案判决——保姆因为自己不慎撞碎玻璃门受伤致死，雇主虽无过错但仍要承担无过错赔偿责任，赔偿死者家属7万元；北京张先生老父因保姆失火死亡，向中介追责赔偿案。像这样一个中介/平台和雇主双双免责的案件，笔者则是第一次见到。

根源还在1995年8月4日劳动部发布的《关于贯彻执行〈中华人民共和国劳动法〉

① 摘自陀思妥耶夫斯基. 罪与罚. 北京：人民文学出版社，2017.

若干问题的意见》（俗称“100条”）中“适用范围”4：“公务员和比照实行公务员制度的事业组织和社会团体的工作人员，以及农村劳动者（乡镇企业职工和进城务工、经商的农民除外）、现役军人和家庭保姆等不适用劳动法。”

由于这个意见把保姆排除在《劳动法》之外，对雇主与保姆的关系不认为是劳动关系，一系列问题就此产生。仅就在劳动中受到伤害的保姆而言，对其难以适用工伤赔偿中的“无过错赔偿”原则。保姆由中介介绍而来时，能否问责中介一直都是个问题。现在加上了平台，剪不断理还乱的关系又罩上了一层神秘的高科技面纱。[1]

---

① 住家保姆高烧死亡，家属向雇主和平台索赔158万元被法院驳回.（2022-11-23）. 澎湃新闻.

第三章　劳动法的调整对象

导读

任何一个独立的法律部门，都必须有自己特定的调整对象。《劳动法》第 2 条确立我国劳动法的调整对象是劳动关系。正确理解劳动法所调整的劳动关系，就能准确把握《劳动法》的适用范围。本章介绍劳动法的调整对象——劳动关系、劳动法调整的主体范围和空间范围。

第一节　劳动法的调整对象是劳动关系

一、劳动关系的概念

劳动关系是劳动者在运用劳动能力，实现社会劳动过程中与用人单位之间产生的社会关系。劳动推动了人类社会的发展，“为了进行生产，人们相互之间便发生一定的联系和关系；只有在这些社会联系和社会关系的范围内，才会有他们对自然界的影响，才会有生产”①。由法律关系三要素决定，劳动关系也包含了主体、客体和内容三个方面。

1. 劳动者

“劳动者”是为用人单位提供劳动力的自然人，在我国常常也被称为“职工”“工人”和“雇员”。劳动法律关系所涉及的劳动者，是指在用人单位从事体力或脑力劳动，并获取劳动报酬的自然人。

作为劳动者，必须具备法律规定的条件。

(1) 年龄条件。我国劳动法规定，公民的最低就业年龄是 16 周岁。不满 16 周岁不能就业，不能与用人单位发生劳动法律关系。我国法律禁止用人单位招用未满 16 周岁的公民就业，否则将承担相应的法律责任。对有可能危害未成年人健康、安全或道德的职业或工作，劳动法规定就业年龄不应低于 18 周岁。如劳动法禁止用人单位招用不满 18 周岁的劳动者从事过重、有毒、有害的劳动或者危险作业。

国际劳工组织在这方面有一系列的公约，这些公约规定最低就业年龄是 14 岁，后来

---

① 马克思恩格斯选集：第 1 卷. 2 版. 北京：人民出版社，1995：344.

又提高到15岁，对于特别艰苦的工种规定了更高的就业年龄。1973年合并后的第138号公约《准予就业最低年龄公约》，以第146号建议书《准予就业最低年龄建议书》作为补充。公约第1条规定："凡批准本公约的会员国承允奉行一项国家政策，旨在保证有效废除童工，并逐步把准许的最低年龄提高到与未成年人体力、智力最充分发展相适应的水平。"公约批准国应规定准许就业和工作的年龄不应低于完成义务教育的年龄，并在任何情况下应不低于15岁，对于发展中国家可规定为14岁。[①]

劳动年龄主要受劳动者生理条件和受教育程度的影响，但也不排除非生理因素发挥重要作用的可能。比如在我国劳动者的法定劳动年龄偏高。这主要是受我国劳动就业人口众多的制约，规定相对偏高的劳动年龄在一定程度上可以推迟劳动者的就业时间，从而相对延缓社会的就业压力。

与劳动年龄直接相关的还有劳动年龄的上限问题，这个问题常被忽视。劳动年龄的法定化表明一国公民劳动年龄的存续是由法律规定的，法定期限来临，就意味着劳动年龄的终了。一个超过法定劳动年龄的人如同一个未到法定劳动年龄的人，不应当再从事劳动法意义上的劳动，更不能如同一个正常的劳动者那样享受全部的劳动权利，尤其是劳动者的社会保险权利，否则，将会导致一些不合逻辑的结果。

在国际上，退休年龄通常定在65岁以后，有的国家高达69岁。我国现在的退休年龄是20世纪50年代初期确定的，与当时的平均寿命相比，现在我国民众的预期寿命已经延长了二十多岁。因此，我国允许退休人员"返聘"或从事其他职业，这些人在我国社会生活中确实发挥了积极作用，但也引发了一些问题：有的单位停发了本单位发放给退休人员的那部分退休金；也有人在外资企业就职后，不知如何让外企为他缴纳各项社会保险金。更麻烦的还在于，一旦退休人员在工作中死亡或者受伤，是否能享受工伤保险的待遇。这些问题的解决，有待法律的修改与规定，而不能认为："依法享有养老保险待遇或领取退休金的人员再从事劳动的情况在现实中非常普遍，对已达退休年龄亦依法享有养老保险待遇或领取退休金的人员再从事劳动问题，我国相关法律并没有作出限制性规定。"劳动者的退休年龄是劳动者劳动年龄的上限，如同劳动者劳动年龄的下限是16周岁一样，我们不能说法律对没有达到劳动年龄者从事劳动法律并没有作出限制性规定。[②]

（2）劳动能力条件。由于劳动者进行劳动只能由其本人亲自进行，因而要求劳动者必须具有劳动能力。对于一些特定的行业，劳动者的劳动能力还必须满足该行业的特殊要求，如患有特定传染病的人不能从事餐饮业工作。特定劳动关系中的劳动只能由劳动者本人去实行，不能由第三人代理，这与民事法律行为依法可以由他人代理进行的情况完全不同。

而且，特定劳动关系中的劳动没有继承性。劳动能力这种专属性的要求引申出劳动者死亡时，劳动关系归于消灭。史尚宽在《劳动法原论》中叙述道："受雇人死亡时，劳动

---

① 刘有锦. 国际劳工法概要. 北京：劳动人事出版社，1985：64.

② 达法定退休年龄还能建立劳动关系吗.（2016-06-10）[2016-06-16]. 头条网：http://toutiao.com/a6294566767814983938.

契约关系原则上归于消灭。盖劳动义务原则专属于受雇人一身之债务也。”①

在更广泛的意义上，劳动者的劳动能力还应当包括劳动者必须具备的行为自由。因为有劳动能力的公民，还需要具有行为自由，才能以自己的行为去参加劳动。所以，被依法剥夺人身自由的公民，如被判处有期徒刑的人，因其失去人身自由成为用人单位解除劳动合同的法定条件。

2. 用人单位

用人单位又称用工单位，常常也被称为企业主、资方、雇主、雇佣人等，我国在法律上统一称为用人单位。用人单位是指依法招用和管理劳动者，对劳动者承担有关义务者。他们在劳动关系中都是劳动力的使用者。

在美国劳工法中，“雇主”包括与雇员有关的直接或间接地代表雇主利益的人。加拿大法律规定的“雇主”是雇用一个或多个工人的人。西班牙劳工法律规定：“一切责任人或法人，或者财产集团雇用第一条款中涉及的人，或者从某一合法的劳动服务公司为另一用户企业雇用服务人员的，均称雇主。”日本劳动法律规定“雇主”系指企业主、企业经理人或代表企业主处理企业中有关工人事宜的人。韩国劳动法律规定：“本法中‘雇主’一词是指企事业业主，或负责企事业管理的人，或在与工人有关的事宜上为企事业业主效力或代表企事业业主的其他人。”②

各国劳动法都对雇主的责任作出规定。例如，法国《劳动法典》规定雇主的义务为：（1）在招聘前，雇主必须依法向指定的社会保障机构进行记名申报。（2）企业主要负责人应将上下班以及休息时间公布于众。（3）应备置统一的按招聘先后顺序建立的员工登记册，员工登记册应随时供员工代表和负责监督、执行劳动法律的官员进行使用和查阅。（4）在雇员被招聘之时，雇主应向其交付：员工登记册中有关本人的内容；劳动合同或集体合同（订有集体合同时）。（5）备置劳动监督检查登记册，记录劳动监察员巡视时的意见和催告，并随时供劳动监察员和卫生、安全与劳动条件委员会成员、员工代表进行查阅。（6）在雇员可以出入的场所张贴：劳保医生的地址、电话号码；对本机构有管辖权的劳动医疗部门的地址和电话号码；急救部门的地址和电话号码。③

3. 劳动行为

劳动行为是劳动关系权利和义务所指向的对象。劳动者的首要义务是实施劳动行为，完成劳动任务和做好本职工作；用人单位的义务是履行支付劳动报酬的行为。

劳动者和劳动在法律上归于统一，并与劳动者的人权直接相联系，是人类社会进步的结果，也是人类社会进步的标志。对劳动者和劳动在权利层面上认同的实际结果是雇主并非单纯地有偿接受受雇人的劳动行为，而是必须对受雇人在劳动中的安全和健康、保险和福利全面负责。比如，不应当让私人从事职业介绍，因为劳动力不是商品，任何人都不能从事经营并从中获利。无论什么形式的职业介绍都不允许营利。劳动者的加班受到严格限制，即使雇主支付加倍的劳动报酬也不能突破法定的工作时间限度。这些清楚地表明劳动

---

① 史尚宽. 劳动法原论. 上海：正大印书馆，1934：49. 史尚宽援引了瑞士《债法典》第350条的规定：“劳动关系因受雇人之死亡而消灭。雇用人死亡以契约特置重于其身份关系时为限，使契约终了。”

② 常凯. 劳权论. 北京：中国劳动社会保障出版社，2004：137.

③ 王益英. 外国劳动法和社会保障法. 北京：中国人民大学出版社，2001：268-269.

者的劳动并非金钱可以自由交换的。[①]

二、劳动关系的特征

1. 劳动关系只产生于劳动过程之中

劳动过程是劳动关系产生的前提和基础，没有劳动过程，便不可能产生劳动关系；凡不属于劳动过程中产生的关系，都不属劳动关系。根据这一特点，劳动法所涉及的范围只限于劳动过程之中。

《劳动法》作为调整劳动关系的法律规范，从严格意义上讲，不应包括未形成劳动关系之前的就业过程，也不包括超过劳动年龄后的退休养老。但前者是劳动关系得以形成的必经之路，后者是劳动生涯结束后的必然归属，所以，各国劳动法都会涉及并且进行专门的规定。

2. 劳动关系只能在劳动者和用人单位之间产生

在各种社会活动中，劳动者或用人单位都分别与各种社会主体发生着各种不同性质的社会关系，但只有劳动者同用人单位之间在劳动过程中发生的社会关系，才属于劳动关系，并属于劳动法的调整范围。根据我国劳动法的规定，劳动者与用人单位之间的劳动关系还应当具有排他性，即作为自然人的劳动者，在同一时间只能与一个用人单位签订劳动合同、建立劳动关系。任何劳动者都不能与两个用人单位同时签订劳动合同、建立劳动关系；任何两个用人单位也不得同时与一个劳动者签订劳动合同、建立劳动关系，否则，将因违反《劳动法》的规定，承担《劳动法》第 99 条规定的法律责任。

3. 劳动关系的存在，必须以劳动为目的

用人单位与劳动者形成劳动关系，其目的在于实现劳动过程，为社会生产或社会产品提供服务。没有这一特定目的，劳动关系便无存在的价值和意义。因此，依据这一特点，劳动关系中的用人单位，必须依法享有用人的权利，劳动者必须具备一定的劳动权利能力和行为能力。

正是由于劳动关系的这一特征，劳动关系建立后，劳动者一方必须加入用人单位的生产和工作中去，成为该单位的一名职工，对内享受本单位职工的权利、承担本单位职工的义务。用人单位作为生产经营活动的组织管理者，在要求劳动者完成生产工作任务的同时，必须为劳动者完成双方约定的劳动行为提供劳动条件，这些劳动条件既包括生产场所、机器设备和劳动工具，也包括劳动保护装置和安全卫生防护用品。

4. 劳动关系的目的在于劳动过程的实现，而不是劳动成果的给付

劳动者的劳动成果是归属于用人单位的，也就是说，劳动者是在用人单位组织指挥下，为了最终实现用人单位的利益而劳动的。在劳动关系存续期间，劳动者和用人单位之间所形成的关系具有特殊性。比如，劳动者受到伤害或者遭遇困难，无论用人单位是否有过错，都要承担相应的法律责任，如工伤中的无过错赔偿，生育期间的待遇由用人单位负

---

① 与法学家不同，经济学家强调劳动力不是商品的理论：（1）劳动力与劳动者本人是分不开的，不像商品那样，被出卖后就与原所有者脱离关系；（2）劳动力不能由雇主任意处理，不像商品那样，出卖后就成为买主的财产，卖主无权过问；（3）劳动力不具有储存性，不像商品那样，今天卖不出去可以留待明天去卖。西方经济学界对劳动力商品问题的讨论曾经影响了劳动法学，推进了劳动人格论的产生和发展。这些学者们的意见，无疑进一步对丰富劳动法理论研究起到了促进作用。史探径. 劳动法. 北京：经济科学出版社，1990：80.

担等。即使劳动者遭遇的困难与用人单位无关，用人单位也不能就此免责，如应由用人单位负担劳动者患病或非因工负伤期间的治疗费、康复费和工资等。

与此相反，即使是由于劳动者自身的原因给用人单位造成损失，也不能按照民事关系中赔偿实际损失的原则要求劳动者赔偿，而且，在赔偿金的给付上，不宜按照民事赔偿的规则强制劳动者以个人及家庭财产来履行支付义务，而可以采取从劳动者的工资中加以扣除的方式。为了保障劳动者及其家庭成员的基本生活，扣除额还应当严格限定在法律规定的范围内。①

5. 劳动关系既具有法律上的平等性，又具有实现这种关系的隶属性

劳动关系的双方当事人在法律上享有平等的权利，劳动者向用人单位提供劳动或服务，用人单位向劳动者支付劳动报酬，双方在平等、自愿的基础上通过劳动合同约定权利与义务。但是在劳动关系目的的实现过程中，用人单位负有对生产的组织、指挥、协调和监督的职责，劳动者必须接受用工单位的组织和指挥，遵守劳动用人单位制定的各项规章制度和劳动规则。

劳动关系的这一特征不仅产生了劳动者的服从义务，而且为劳动者依附于用人单位提供了依据。既然劳动者是依附于用人单位的，那么，劳动者的许多正常需求也应当依靠用人单位解决。劳动者与用人单位建立劳动关系，从事实际劳动，既是劳动者行使劳动权的具体体现，也是劳动者及其家人赖以生存的保障。劳动者通过劳动所要满足的不仅仅是他自身的需求，也不仅仅是在劳动期间的需求，还必须满足劳动者的家庭成员的需求，必须满足劳动者自身及其家庭成员在劳动者不能劳动时的需求。

6. 劳动关系要保障劳动者完成再生产的过程

由于劳动力本身所具有的再生产特征，劳动者与用人单位建立的劳动关系不仅要规定用人单位与劳动者本人的权利义务关系，而且要涉及劳动者的直系亲属在一定条件下享有的物质帮助权；不仅要考虑劳动者领取工资后的吃饭穿衣问题，而且要考虑解决劳动者及其家属的住房问题、劳动者子女受教育的问题和其他生活困难问题。为了解决劳动者因年老、疾病、工伤、残废、死亡等原因暂时或永久丧失劳动能力，中断劳动而不能获得劳动报酬时的困难，用人单位和社会不仅要负担劳动者本人的相应的社会保险待遇，而且要对劳动者所供养的直系亲属给予一定的物质帮助。

三、劳动法与相关法律部门的联系与区别

1. 劳动法与民法

劳动法与民法的联系不仅在于前者与后者的渊源关系，还在于二者现存的共同点：当事人在签订合同时主体地位都是平等的，合同无效的条件也都包含了违反法律、行政法规的规定和采取欺诈、胁迫手段订立合同②；二者都规定了赔偿损失的办法。但二者也存在

① 黎建飞. 劳动争议案件与民事案件辨析//中华人民共和国最高人民法院立案庭. 立案工作指导与参考：2002年第1卷. 北京：人民法院出版社，2002：304.

② 《民法典》第144条规定："无民事行为能力人实施的民事法律行为无效。"第146条规定："行为人与相对人以虚假的意思表示实施的民事法律行为无效。以虚假的意思表示隐藏的民事法律行为的效力，依照有关法律规定处理。"第153条规定："违反法律、行政法规的强制性规定的民事法律行为无效。但是，该强制性规定不导致该民事法律行为无效的除外。违背公序良俗的民事法律行为无效。"第154条规定："行为人与相对人恶意串通，损害他人合法权益的民事法律行为无效。"

以下不同。

第一，二者调整的社会关系不同。民法调整的社会关系是平等主体之间的财产关系和人身关系，尽管这类关系在个别情形下与劳动相关，如加工承揽、工程承包等，但它并不具备劳动关系应有的特征。

第二，法律关系的主体不同。民事法律关系的主体，双方均可以是法人或自然人，或者一方是法人一方是自然人；劳动法律关系的双方当事人，一方只能是用人单位，另一方只能是劳动者。作为劳动者一方的自然人，还必须年满16周岁，并且在法定退休年龄之内。民事法律关系的主体则可以是年满8周岁以上的未成年人和成年人；即使是未满8周岁的未成年人，也可以由其代理人代理民事活动，而劳动行为是不能代理的。① 民事法律关系双方当事人的法律地位一律平等；劳动法律关系双方当事人既具有法律地位上的平等性，又具有实现这种关系的隶属性。民事法律关系的实现过程中，不要求自然人一方遵守法人一方的内部规章和纪律；劳动法律关系的实现过程中，劳动者必须遵守用人单位的内部规章和各项劳动纪律。民事法律关系通常只涉及当事人自身的权利与义务，而且这种权利和义务主要限于特定的法律关系所限定的内容；劳动法律关系则由劳动力再生产的特征决定，不仅涉及劳动者本人的权利、义务，而且涉及劳动者在劳动中的权利和义务，还必须考虑劳动者本人及其直系亲属在正常情况下和特定条件下的物质帮助权。

第三，调整方法和调整原则不同。民法主要采取民事调整方法和坚持平等、自愿、等价有偿原则；劳动法主要运用行政方法、经济方法，贯彻按劳分配、劳动保护等原则。这些原则上的不同，进而导致了在合同内容和目的上的区别。民事合同中的“对价”和互为“给付”是显而易见的；劳动合同不强调劳动成果的给付，因为劳动关系的内容和目的是劳动过程及劳动过程的完成，而不是劳动成果的形成和劳动成果的给付。民事合同中的“对价”由双方当事人按照等价有偿原则协商确定；劳动合同贯彻的是“按劳分配”原则，用人单位是按照劳动者的劳动支付报酬。劳动报酬的支付既不与劳动成果的价格等同，也不以劳动成果转化为商品或者实现商品向货币的转化为前提。劳动者劳动过程的完成即成就了获取劳动报酬的条件。所以，劳动者的劳动要接受用人单位的指挥和监督，完成用人单位的生产和工作任务；民事关系的当事人在履行加工承揽、工程承包义务的过程中则可以自行其是，但需向对方交付最后的成果，符合合同要求的成果是其获取对方当事人支付“对价”的条件。由用人单位为劳动者提供劳动安全卫生条件的无“对价”性，更充分地表明了劳动关系的特殊性。

第四，劳动合同可以约定试用期，民事合同则无此约定。由劳动合同的人身属性和劳动行为与行为人的密切关系所决定，劳动合同可以约定试用期，以此来考察作为人的因素的劳动者和用人单位的实际情况，以及作为物的因素的劳动条件等，更有利于实现劳动合同的目的，避免劳动过程中人力、物力的浪费，避免和减少劳动纠纷的发生。

---

① 《民法典》第18条规定：“成年人为完全民事行为能力人，可以独立实施民事法律行为。十六周岁以上的未成年人，以自己的劳动收入为主要生活来源的，视为完全民事行为能力人。”第19条规定：“八周岁以上的未成年人为限制民事行为能力人，实施民事法律行为由其法定代理人代理或者经其法定代理人同意、追认；但是，可以独立实施纯获利益的民事法律行为或者与其年龄、智力相适应的民事法律行为。”第20条第1款规定：“不满八周岁的未成年人为无民事行为能力人，由其法定代理人代理实施民事法律行为。”

第五，在劳动关系中集体合同有着重要的作用，并且对劳动合同有直接的约束力，即劳动合同的规定不能与集体合同相冲突，尤其在劳动者的权利部分不能降低集体合同已确定的标准，在劳动者的义务部分则不能超出集体合同所限定的界限。所以，集体合同被称为劳动法范畴中的“小劳动法”。民事合同既无此类集体合同的存在，也没有此类集体合同的需求。调整民事关系的原则甚至是与此类意义上的“合同”相排斥的。

第六，二者解决纠纷的程序不同。在我国，民事纠纷由人民法院直接审理，实行二审终审制；而任何劳动争议都必须首先经过劳动争议仲裁委员会仲裁，当事人只有对仲裁裁决不服才可以向人民法院起诉。两种不同的程序还产生了两种不同的时效制度。劳动仲裁的时效从劳动争议发生之日起不得超过 60 天，且不因双方在争议中，或者一方当事人一直在主张其权利而中止时效。民事纠纷实行的是民事诉讼时效，在起算上是自权利人知道或者应当知道权利被侵害之日，时效期限通常为 3 年，且可以因不同情况中止、中断或者延长。

2. 劳动法与社会保障法

社会保障法与劳动法的共同之处在于它们都是关注社会弱势群体的法律，而且社会保障法是在劳动法基础上发展起来的。人类遭遇的生、老、病、死、失业、灾害等不幸由来已久，早期的劳动法从限制童工、改善劳动卫生条件开始为劳动者提供救助。工人中共济组织的成立实际是社会保障的前身。为劳动者提供生存保障的劳动法中已经包含了社会保障的内容。尤其是德国俾斯麦时期颁发的社会保障法典，是以保障劳动者的基本生存状况为基本动因的。作为社会保障法主要组成部分的社会保险法是以劳动关系为前提条件的，目的在于解决劳动者的养老、疾病、工伤、失业和生育问题。

尽管如此，劳动法与社会保障法的区别仍然显而易见。

（1）劳动法主要调整劳动者与用人单位之间的劳动关系，社会保障法调整国家、用人单位、公民（劳动者）、社会保障经办机构因社会保险、社会救助、社会福利、优抚安置等发生的关系。就直接关系而言，在内容上，社会保障关系可以分为社会保险关系、社会救济关系、社会福利关系、社会优抚关系；在主体上，社会保障关系涉及国家与社会成员之间的关系、社会保障机构与政府之间的关系、社会保障机构与社会成员之间的关系、社会保障机构之间的关系、社会保障机构与用人单位之间的关系、用人单位与劳动者之间的关系。就间接关系而言，在社会保障基金管理与运营中，还有社会保障机构与投资市场不同主体之间的关系。这些关系都需要社会保障法从不同方面予以规范和调整。

（2）劳动法调整的劳动关系的主体是用人单位和与之建立劳动关系或劳动合同关系的劳动者（公务员、军人等不适用劳动法）；社会保障法的主体包括国家、用人单位、社会保障经办机构和公民（劳动者）。社会保障的对象应当是全体社会成员，尤其是那些丧失劳动能力以及需要某些特殊帮助者。社会保障对于社会成员来说，应不分部门和行业，不分就业单位的所有制性质或有无职业，不分城市和农村，只要生存发生了困难，都应普遍地、无例外地给予基本生活的物质保障。社会成员之间只存在保障基金的筹集方式、保障的项目、标准以及采取的形式不同，不存在能否享受社会保障待遇的差别。这是社会保障具有普遍性的体现。社会保障的这种普遍性不仅体现在社会福利通常是由全体社会成员所享受，而且体现在当该社会的局部地区出现自然或人为的灾害，使人们陷入贫困时，为该地区的全体社会成员提供的物质帮助。

(3) 劳动法的目的主要是协调劳动关系，保障劳动者的合法权益；社会保障法的目的主要是保障社会全体成员在遭受各种意外和风险时的基本生活，促进社会安全。[①] 社会保障是社会按照一定时期生产力的发展水平，对生存发生困难的社会成员的基本生活需要予以物质帮助。这部分人的基本生活需要得不到保证，就会危及他们的生存，以至影响社会的安定。社会保障使社会成员具有安全感，人们可以在社会心理上保持平衡，从而没有后顾之忧地在安定的社会环境中生存并从事创造性的劳动。

(4) 劳动法调整的劳动关系的内容是劳动者的劳动，社会保障法调整的内容则是社会保障机构应当给予被保障人的各项待遇，包括社会保险、社会福利、社会救济和社会优抚待遇。

(5) 劳动法律关系强调权利与义务相统一的原则，而社会保障关系中的一些项目则并不要求权利义务的对等性。当人们的基本生活状况符合法律规定的条件时，他们就能够享受到社会保障的权利。社会成员在享受社会保障的机会和权利上带有较明显的机会均等和利益均享的特征。凡是生存发生困难的社会成员，都可以均等地获得社会保障的机会和权利，而且每个社会成员从社会保障中获得的物质帮助是基本均等的。

3. 劳动法与刑法

2006 年 6 月 29 日，第十届全国人大常委会第二十二次会议审议通过了《中华人民共和国刑法修正案（六）》，修改、补充了《刑法》有关重大安全生产事故犯罪的规定，加大了打击责任事故犯罪力度，扩大了《刑法》第 134 条重大责任事故罪的犯罪主体，并提高了刑罚。修正案一是将该罪的犯罪主体从原来的企业、事业单位职工扩大到从事生产、作业的一切人员，把当前难以处理的对安全事故负有责任的个体、包工头和无证从事生产、作业的人员都包括在内了；二是对“强令他人违章冒险作业，因而发生重大伤亡事故或者造成其他严重后果”的直接责任人员，最高刑从原来的 7 年有期徒刑提高到 15 年有期徒刑。本条所说“强令他人违章冒险作业”，主要是指生产、施工、作业等工作的管理人员，明知自己的决定违反安全生产、作业的规章制度，可能会发生事故，却心怀侥幸，自认为不会出事，而强行命令他人违章作业的行为。“强令”，不能机械地理解为必须有说话态度强硬或者大声命令等外在表现，强令者也不一定必须在生产、作业现场，而应理解为“强令”者发出的信息内容所产生的影响，达到了使工人不得不违心继续生产、作业的心理强制程度。比如工人如果拒绝服从，会面临扣工资、辞退等后果，使工人产生畏惧而不得不继续工作。

同时，《刑法修正案（六）》扩大了《刑法》第 135 条重大劳动安全事故罪的犯罪主体，并对犯罪构成的行为要件进行了修改。《刑法》原第 135 条规定：“工厂、矿山、林场、建筑企业或者其他企业、事业单位的劳动安全设施不符合国家规定，经有关部门或者单位职工提出后，对事故隐患仍不采取措施，因而发生重大伤亡事故或者造成其他严重后果的，对直接责任人员，处三年以下有期徒刑或者拘役；情节特别恶劣的，处三年以上七年以下有期徒刑。”实践中，有时因为查不到“经有关部门或者单位职工提出后，对事故

---

① 林嘉. 社会保障法的理念、实践与创新. 北京：中国人民大学出版社，2002：35.

隐患仍不采取措施”的证据，使一些发生重大安全事故单位的直接责任人员不能受到应有的惩处。故《刑法修正案（六）》第2条对原条文作了以下修改：（1）将犯罪主体从原来的企业、事业单位扩大到所有从事生产、经营的自然人、法人及非法人组织。（2）将“不符合国家规定”的对象范围从“劳动安全设施”扩大到“安全生产设施或者安全生产条件”。“安全生产设施”是指用于保护劳动者人身安全的各种设施、设备，如防护网、紧急逃生通道等。“安全生产条件”主要是指保障劳动者安全生产、作业必不可少的安全防护用品和措施，如用于防毒、防爆、防火、通风等用品和措施等。“不符合国家规定”包括的情形较广泛，如有的生产经营单位新建或改扩建工程的安全设施未依法经有关部门审查批准，擅自投入生产或使用；有的不为工人提供法定必要的劳动、防护用品；有的不具备安全生产条件或存在重大事故隐患，被行政执法机关责令停产、停业或者取缔、关闭后，仍强行生产经营等。（3）删去了“经有关部门或者单位职工提出后，对事故隐患仍不采取措施”的犯罪构成要件，为追究不重视安全生产设施和安全生产条件的投入和建设，以致发生重大伤亡事故的单位的直接负责的主管人员和其他直接责任人员的刑事责任，提供了法律依据。（4）考虑到安全生产设施、安全生产条件不符合国家规定一般都是单位行为（个体经营户仍是个人负责），将原条文中“直接责任人员”修改规定为“直接负责的主管人员和其他直接责任人员”，使应对重大伤亡事故负责的责任人员的范围更加明确。

《刑法修正案（六）》还将发生重大安全事故不报、谎报行为增加规定为犯罪。其第4条规定在《刑法》第139条后增加一条，作为第139条之一：“在安全事故发生后，负有报告职责的人员不报或者谎报事故情况，贻误事故抢救，情节严重的，处三年以下有期徒刑或者拘役；情节特别严重的，处三年以上七年以下有期徒刑。”本条规定的犯罪主体是对安全事故“负有报告职责的人员”。“负有报告职责的人员”，通常是指生产经营单位的主要负责人，对安全生产、作业负有组织、监管职责的部门的监督检查人员，地方政府负有安全生产监管职责的部门直接负责的主管人员，以及直接造成安全事故的责任人员。本条规定的“贻误事故抢救，情节严重”，是构成罪与非罪的重要界限，主要是指安全事故发生后，由于不报或者谎报，耽误了抢救的最佳时机，使一些本可抢救出来的人员未能救出，或者造成财产损失进一步扩大等情形。“情节特别严重”，主要是指负有报告职责的人在安全事故发生后，不仅自己不报、谎报，而且指使、授意他人不报、谎报、伪造、破坏事故现场或者转移、藏匿、销毁遇难人员尸体或者其他事故证据，不仅贻误了事故抢救，而且给事故调查处理设置障碍等情形。[①]

2020年12月26日，十三届全国人大常委会第二十四次会议通过了《中华人民共和国刑法修正案（十一）》，将《刑法》第134条第2款修改为：“强令他人违章冒险作业，或者明知存在重大事故隐患而不排除，仍冒险组织作业，因而发生重大伤亡事故或者造成其他严重后果的，处五年以下有期徒刑或者拘役；情节特别恶劣的，处五年以上有期徒刑。”并在该条后增加了一条：“在生产、作业中违反有关安全管理的规定，有下列情形之一，具有发生重大伤亡事故或者其他严重后果的现实危险的，处一年以下有期徒刑、拘役或者

---

① 黄太云. 加大打击责任事故犯罪力度——《刑法修正案（六）》解读之一. 人民法院报，2017-06-29 [2018-10-23]. http://www.chinacourt.org/article/detail/2006/09/id/219892.shtml.

管制：（一）关闭、破坏直接关系生产安全的监控、报警、防护、救生设备、设施，或者篡改、隐瞒、销毁其相关数据、信息的；（二）因存在重大事故隐患被依法责令停产停业、停止施工、停止使用有关设备、设施、场所或者立即采取排除危险的整改措施，而拒不执行的；（三）涉及安全生产的事项未经依法批准或者许可，擅自从事矿山开采、金属冶炼、建筑施工，以及危险物品生产、经营、储存等高度危险的生产作业活动的。”

针对因欠薪引发的刑事案件及群体性事件多有发生的社会现实，各国刑法对欠薪者定罪量刑由来已久。2011 年 2 月 25 日，十一届全国人大常委会第十九次会议通过《中华人民共和国刑法修正案（八）》，自 2011 年 5 月 1 日起施行。该修正案的第 41 条修改内容为：在《刑法》第 276 条后增加一条，作为第 276 条之一：“以转移财产、逃匿等方法逃避支付劳动者的劳动报酬或者有能力支付而不支付劳动者的劳动报酬，数额较大，经政府有关部门责令支付仍不支付的，处三年以下有期徒刑或者拘役，并处或者单处罚金；造成严重后果的，处三年以上七年以下有期徒刑，并处罚金。单位犯前款罪的，对单位判处罚金，并对其直接负责的主管人员和其他直接责任人员，依照前款的规定处罚。有前两款行为，尚未造成严重后果，在提起公诉前支付劳动者的劳动报酬，并依法承担相应赔偿责任的，可以减轻或者免除处罚。”

“恶意欠薪”行为入罪在很大程度上震慑了不法分子，既保障了劳动者获得劳动报酬的权利，也能有效地维护社会的和谐与稳定。但相关配套法规还需要完善，在司法实践上也需要更加具有可操作性的解释，比如“政府有关部门”的具体指向，有关部门行政不作为、不责令支付的行为人应当如何定罪等。其中，尤为重要的是劳动报酬中的“数额较大”应当如何界定问题。[①]

2013 年 1 月 16 日，最高人民法院颁布《关于审理拒不支付劳动报酬刑事案件适用法律若干问题的解释》（以下简称《解释》），对“拒不支付劳动报酬罪”的定罪量刑标准进行了明确，尤其在欠薪入罪数额标准、认定逃匿的情形等方面作出具体规定。《解释》第 3 条规定：“具有下列情形之一的，应当认定为刑法第二百七十六条之一第一款规定的‘数额较大’：（一）拒不支付一名劳动者三个月以上的劳动报酬且数额在五千元至二万元以上的；（二）拒不支付十名以上劳动者的劳动报酬且数额累计在三万元至十万元以上的。各省、自治区、直辖市高级人民法院可以根据本地区经济社会发展状况，在前款规定的数额幅度内，研究确定本地区执行的具体数额标准，报最高人民法院备案。”《解释》第 4 条规定：“经人力资源社会保障部门或者政府其他有关部门依法以限期整改指令书、行政处理决定书等文书责令支付劳动者的劳动报酬后，在指定的期限内仍不支付的，应当认定为刑法第二百七十六条之一第一款规定的‘经政府有关部门责令支付仍不支付’，但有证据证明行为人有正当理由未知悉责令支付或者未及时支付劳动报酬的除外。行为人逃匿，无法将责令支付文书送交其本人、同住成年家属或者所在单位负责收件的人的，如果有关部门已通过在行为人的住所地、生产经营场所等地张贴责令支付文书等方式责令支付，并采用拍照、录像等方式记录的，应当视为‘经政府有关部门责令支付’。”《解释》第 6 条规定：

---

① 黎建飞教授就“拒不支付劳动报酬罪”发表意见. http://law.ruc.edu.cn/research/ShowArticle.asp?ArticleID=37056.

“拒不支付劳动者的劳动报酬，尚未造成严重后果，在刑事立案前支付劳动者的劳动报酬，并依法承担相应赔偿责任的，可以认定为情节显著轻微危害不大，不认为是犯罪；在提起公诉前支付劳动者的劳动报酬，并依法承担相应赔偿责任的，可以减轻或者免除刑事处罚；在一审宣判前支付劳动者的劳动报酬，并依法承担相应赔偿责任的，可以从轻处罚。对于免除刑事处罚的，可以根据案件的不同情况，予以训诫、责令具结悔过或者赔礼道歉。拒不支付劳动者的劳动报酬，造成严重后果，但在宣判前支付劳动者的劳动报酬，并依法承担相应赔偿责任的，可以酌情从宽处罚。”《解释》第 7 条规定：“不具备用工主体资格的单位或者个人，违法用工且拒不支付劳动者的劳动报酬，数额较大，经政府有关部门责令支付仍不支付的，应当依照刑法第二百七十六条之一的规定，以拒不支付劳动报酬罪追究刑事责任。”同时，用人单位的实际控制人实施拒不支付劳动报酬行为，构成犯罪的，应当依照《刑法》第 276 条之一的规定追究刑事责任。

第二节　劳动法调整的主体范围

一、劳动法对主体调整的原则

劳动关系是涵盖面非常广泛的一类社会关系。依据不同的标准，劳动关系可划分为很多具体的种类，不同种类的劳动关系有其自身的特殊性。就主体而言，劳动关系具体包括了企业单位的劳动关系、事业单位的劳动关系、国家机关的劳动关系、社会团体和个体经济组织的劳动关系等。

在计划经济的条件下，对于这些备具特殊性的劳动关系，我国采取了依据各自特点分别立法加以调整的法制模式。这种完全按照用人单位的不同所有制性质以及劳动者的不同身份（全民、集体、干部、工人、临时工、农民轮换工等）进行法律调整，不仅与我国现阶段市场经济不协调，而且导致了执法中人为的复杂性和实际操作的不便。在市场经济条件下，竞争的公平性尤为重要，无论对劳动者还是对用人单位都是如此。在同一用人单位将劳动者分为三六九等，在不同用人单位实行不同的法律制度都是与公平的市场环境不相容的。因此，劳动法在调整对象的主体范围上，首先确立了平等和公平的原则，摒弃了用人单位分所有制、劳动者分身份的过时模式，对我国境内的用人单位和劳动者一视同仁，适用统一的法律规范，实行统一的法律调整。

二、劳动法对主体调整的范围

鉴于劳动关系本身的复杂性和广泛性，在《劳动法》起草过程中，曾经设计过三种方案：第一种方案是适用于所有用人单位和全体劳动者；第二种方案是原则上适用于所有用人单位和与之形成劳动关系的劳动者，但对国家公务员的劳动关系，公务员相关法规有规定的从其规定；第三种方案是只适用于企业及其职工。在这三种方案中，第一种方案虽然符合市场经济的要求，即凡是进入市场的用人单位和劳动者均适用统一的劳动法规则，但由于其调整范围太宽，不仅不能反映劳动关系的特殊性，而且“全体劳动者”中包括了军人和以个人或家庭方式从事农业生产的农民，这两类人员并不存在与用人单位的劳动关系问题，因而不属于《劳动法》的调整范围。第三种方案调整的范围过窄，不仅不符合市场经济建立统一的劳动力市场及其规则的要求，而且与国际惯例差异较大。第二种方案的适用范围基本上覆盖了所有的劳动关系，同时对特殊情况作了具体的处理，因此我国《劳动法》基本上用了第二种方案。

根据《劳动法》第2条的规定，中华人民共和国境内的企业、个体经济组织和与之形成劳动关系的劳动者，适用该法。国家机关、事业组织、社会团体和与之建立劳动合同关系的劳动者，依照该法执行。同时，《关于贯彻执行〈中华人民共和国劳动法〉若干问题的意见》规定："中国境内的企业、个体经济组织与劳动者之间，只要形成劳动关系，即劳动者事实上已成为企业、个体经济组织的成员，并为其提供有偿劳动，适用劳动法。"

这些规定表明，在我国从事产品生产、流通或服务性活动等实行独立核算的经济单位，包括各种所有制类型的企业，如工厂、农场、公司、个体经济组织等都是劳动法所调整的对象。

劳动者是达到法定年龄，具有劳动能力，能够依法签订劳动合同，独立提供劳动并获得劳动报酬的自然人。凡是符合上述条件的，都是劳动法所调整的主体范围。

具体包括：(1) 与企业、个体经济组织之间形成劳动关系的劳动者。

(2) 国家机关、事业组织、社会团体的工勤人员，如电工、水暖工等。在国家机关、事业组织、社会团体中工作的工勤人员，应与用人单位签订劳动合同实行劳动合同制或者按规定应实行劳动合同制，而未实行劳动合同制的在其中工作的工勤人员，均应适用我国《劳动法》。

(3) 实行企业化管理的事业组织的非工勤人员。实行企业化管理的事业组织是指国家不再核拨经费，实行独立核算、自负盈亏的事业组织。例如，某出版社本是事业组织，为多创收，实行企业化管理，国家不再核拨经费，有独立账号，它与其工作人员之间的劳动关系适用我国《劳动法》。

(4) 其他通过劳动合同（包括聘用合同）与国家机关、事业组织、社会团体建立劳动关系的劳动者。这里的"其他劳动者"，是指不属于国家公务员，又不是工勤人员的其他人员，如国家机关、事业组织、社会团体中的工程师、编辑、记者、医生、教师、资料员等。对这些其他人员适用我国《劳动法》是有前提条件的，即他们与国家机关、事业组织、社会团体之间签订劳动合同或者聘用合同。

三、劳动法调整对象的排除及利弊

《劳动法》排除了对公务员和比照实行公务员制度的事业组织和社会团体的工作人员，以及农业劳动者（乡镇企业职工和进城务工、经商的农民除外）、现役军人和家庭保姆等的适用。

1. 公务员和比照实行公务员制度的事业组织和社会团体的工作人员

公务员依法行使国家职权的行为，不是履行合同约定的义务，国家职权不能作为合同的对象，从而不能把公务员视为雇员。我国当前采取的是公务员和非公务员分别立法的模式，公务员劳动关系由国家公务员法和其他法律加以规范。比照实行公务员制度的工作人员（如工、青、妇等社会团体的机关工作人员）也不适用劳动法调整。

公务员是指依法行使国家行政权力、执行国家公务的人员，包括中央和地方国家机关中的公务员。由于在事业组织、社会团体中比照实行公务员制度，因而凡比照实行公务员制度的事业组织、社会团体与其工作人员之间的关系也不适用我国《劳动法》。如学校、医院与其工作人员等的关系不受《劳动法》保护。国家公务员不适用《劳动法》不是说其合法权益不受保护，而是由其他法律保护。如《公务员法》，规定了国家公务员的义务和权利、职位、录用、考核、奖惩、纪律、职务的升降和任免、培训、交流、工资保险福利、辞职、辞退和退休等内容，对国家公务员与国家机关之间的关系进行专门规范，以保护其合法权益。

公务员不是劳动法中的劳动者是许多国家的共识。如德国《劳动法院法》第 5 条第 2 款就规定，公务员不是劳动法意义上的雇员。因为公务员是依据公法而工作的，是通过国家主权文件任命的。虽然公务员的工作也是劳动，由此可以把国家看成最大的雇主，把公务员也看成国家的雇员，但国家的雇员并不等同于劳动关系中的劳动者。正如德国劳动法所强调的："劳动法并不是关于劳动的法，而是关于依附劳动合同的劳动的法。"①

2. 农业劳动者

农业劳动者通过家庭联产承包合同确定其权利和义务，农民与村民委员会之间不存在劳动关系，不受劳动法调整。因为我国农村目前主要实行以家庭为单位的联产承包责任制，农业劳动多以家庭的组织形式进行，国家对家庭内的劳动关系不予干预。

在《劳动法》制定过程中，也曾有制定"大劳动法"的主张，即把包括农民在内的一切劳动者都纳入劳动法的调整范围，但讨论中就有人问道：农民怎么样实行劳动法中的 8 小时工作制？怎么样按月足额支付劳动报酬？怎么样保障最低工资？这一系列问题清楚地表明劳动法是不能对传统意义上的农业劳动进行调整的，传统意义上的农民即使在今天也不能被看成是劳动法意义上的劳动者。

3. 现役军人

正在服役的军人肩负着保卫祖国和人民安全的重任，服兵役是符合服役条件的公民应尽的义务，现役军人与军队之间的关系不适用我国《劳动法》。现役军人是根据国家《兵役法》义务服兵役或志愿服兵役的人员，其与军队之间的关系有其特殊性，是一种服从和命令的关系，因而他们之间的关系不由《劳动法》调整。

4. 家庭保姆

随着城市居民生活水平的提高，为了工作和家庭生活的便利，有许多城市居民雇佣保姆从事家务劳动。这种关系在法律上被称为家庭雇佣劳动关系。关于是否将家庭雇佣劳动关系列入劳动法的调整范围，各国规定不同，有的国家规定家庭保姆适用劳动法。我国将家庭雇佣劳动关系列入民法的调整范畴，未列入劳动法范畴，因而家庭雇佣劳动关系不适用我国劳动法。但并不是说家庭保姆的合法权益不受保护，一旦家庭保姆的权利受到损害，可以通过民法予以保护。从发展的眼光看，家务劳动社会化以后，我国劳动法的调整范围会逐渐扩大。

在劳动立法完善的国家，家庭用工有专门的法律规定。德国的《家庭劳动法》第 2 条

① 王益英. 外国劳动法和社会保障法. 北京：中国人民大学出版社，2001：71.

规定，家庭工人是指在自选的劳动地点一个人或与其家人一道接受工商业主的委托从事劳动，并将由原材料或辅助材料形成的劳动成果委托工商业主转移价值的人。家庭工人并不属于雇员，因为他们既不被安置在一个企业中，又不必服从委托主的指令，但他们对于家庭的经济依赖依然存在。为了保护他们的利益，《家庭劳动法》对一些强制性最低劳动标准作了规定，其他劳动法中的相关规定也能适用于家庭劳动关系。至于《家庭法》意义上的家庭协助劳动者，出于家庭法的义务为家庭成员付出劳动的人不是雇员，尤其是由父母抚养、属于家庭成员的子女不是雇员。他们是依据民法的要求，在与其能力与身份相适应的范围内协助其父母从事劳动。当然，法律也不强制排除双方协商建立劳动法意义上的劳动关系。

四、平台经济的劳动形式与劳动要素

传统的劳动法产生于劳动者集中进行生产的工厂。工人在劳动过程中的同步化和同质化使劳动权利形成工人的共同认知、共同需求和共同诉求。当这些认知、需求与诉求成为强大的合力时，劳动权益的保障才能成为现实。平台经济将劳动者的劳动过程分散化。劳动者多为独立或者单一地完成劳动过程，无法在共同劳动中形成共识与合力，也难以在互不熟悉甚至相知的劳动者中建立联系。由此，无论是个体劳动者对共有劳动权益的认知，还是单一劳动者对于劳动权益的维护都面临极高的成本和极大的职业风险。并且，各自抢单的劳动者在恶性竞争中不仅相互反目，而且形成拉低劳动报酬的反向合力。

劳动场所的形成、扩大和固定是传统经济催生出劳动法的重要条件。同样，劳动者共同的劳动场所、共同的劳动行为、共同的劳动时间、共同的劳动报酬也对劳动权益形成了共同的保障。学者们关于劳动场所的著述汗牛充栋劳动场所，国家制定了巨量冠以 GB（国标）的劳动场所安全卫生规程，细至灯光的强弱、通道的宽窄、路面的平凹，掩体的深浅。平台经济将工厂放至社会、把车间延伸至家庭，与劳动法相伴而生的物理环境不复存在。劳动者不是在家里单独工作，就是在路上各自奔波。劳动者共有劳动权益的需求与供给不复存在，单一的劳动者既不知晓其他劳动者的权益状况，也不便主张自己的权益需求。外卖骑手更是以市民交通为工作通道，以出行工具为生产用车。劳动风险陡然上升，安全防护几近于零。劳动者伤害指数触目惊心。

与传统经济相伴的是工友、互助与工会，尤其是工会与工人的共在能够常态化地提示工人劳动权益意识，能够有效地帮助工人积极维护自己的劳动权益，也能够分担工人维护劳动权益的职业风险。平台经济下，工人的结盟已然困难，工人的组织也难以为继。即便工会等组织依然存在，也难以做到在日常工作和生活中相互了解和支持。没有自己组织的劳动者如同没带伞的出行者，必须自己承受全部的风和雨。

在 20 世纪，雇主曾经用摄影机来记录并标识工人的劳动行为和劳动任务，结果工人成了《摩登时代》里的精神病人。平台经济中，算法精细地计算出劳动者的劳动行为和劳动任务，这是多数普通劳动者在正常劳动中不可能达成的。

在平台经济中，雇主天然地隔离了劳动者，不再直接或者近距离地与他们接触。在空间上隔离劳动者，使得雇主的管控在生理和心理上再无客观障碍，由此更加安全而“岁月静好”。作为相对方的劳动者，即便有万般诉求也不可能直接向真实的雇主面陈。面对手机 App 或者空气，曾经行之有效的企业内部调解机制不再奏效。割裂平台与劳动者之间存在的劳动关系是平台经济最显著的特征，也是平台持有者或者实控人心心念念的。UBER 宁愿支付上亿美元的和解金，也不接受司机是雇佣关系的法院判决。欧盟的雇主对于法官认定劳动关系所依据的平台规则会在第一时间进行修改或者删除，以绝后患。对平台而言，你被雇佣，但雇主非我；对劳动者而言，我被雇佣，但不知雇主是谁？在传统经济中，劳动者就是劳动者，而且是有特定且明知雇主的劳动者；在平台经济中，劳动者不再是劳动者，被称为“独立合同者”、“合伙人”或者“自雇人员”。

因此，我们需要面对的不是怎样用传统经济下的《劳动法》来保护平台经济中的劳动者，而是在新兴的平台经济中寻觅新型法律来保护有别于传统经济的平台劳动者。

五、平台经济的法律调整与变革

外卖员已成高危职业。上海平均每 2.5 天就有 1 名外卖骑手伤亡；深圳 3 个月内外卖骑手伤亡 12 人；成都 1 个月查处骑手违法近万次，事故 196 件，伤亡 155 人次。这些数据都统计为“交通事故”，外卖骑手成为其中的“交通肇事者”或者“交通事故受害人”。

他们不是行路人，而是劳动者；他们不是漫步于公用通道中，而是奔跑在生产车间里；他们不是外出购物的居民或者旅游中的休闲者，而是在完成生产流程上拼命的劳动者。劳动法为劳动者订立了一整套劳动保护规则，《劳动法》也以“劳动安全与卫生”专章规定，立法者也启动了工作环境法等专项立法。它们的目的就在于为劳动者在劳动中的安全和健康提供法律保障，确保劳动者在安全和卫生的环境下工作，防止其身心受到危害。仅以“通道安全”为例，法规规定“人行道和车行道应该平坦、畅通；夜间要有足够的照明设备。道路和轨道交叉处必须有明显的警告标志、信号装置或者落杆。”“为生产需要所设的坑、壕和地，应该有围栏或者盖板。”“原材料、成品、半成品和废料的堆放，应该不妨碍通行和装卸时的便利和安全。”“电网内外都应该有护网和显明的警告标志。”

然而，平台经济把外卖骑手推向了并不是专用于生产的高速公路和城市道路。原有的劳动安全规则和法律调整方式都无法予以适用。

案例与事例

一、劳动法不调整的四类关系

（一）“在校生”兼职

小李为全日制在读硕士研究生，读书期间他一直在一家教育培训机构任兼职语文老师。后双方发生纠纷，小李以教育培训机构未与其签订书面劳动合同为由提起劳动仲裁、诉讼，要求教育培训机构支付未签订劳动合同的二倍工资赔偿。结果是，小李主张的“劳动关系”未被仲裁机构及法院确认，索要二倍工资的请求也未获得支持。

法官释法：本案中，小李虽年满 16 周岁，符合建立劳动关系的年龄条件，但小李在教育培训机构担任语文老师期间同时具有“在校学生”身份，工作活动属于脱产学业外的兼职性质。因此，在校学生在外兼职、为完成学校安排的社会实习、自行从事的社会实践活动等，不认定为劳动关系。

（二）退休人员“返聘”

老林为一家企业的技术人员，在年满 60 周岁时办理退休手续并开始享受养老保险待遇。因企业技术改革需要，老林被返聘成为技术总监。此后，老林以企业未向其支付平日延时加班工资、未安排其职工带薪年休假等为由提起劳动仲裁、诉讼，但均因双方间不构成劳动关系而未获得支持。

法官释法：劳动合同法规定，劳动者开始依法享受基本养老保险待遇的，劳动合同终止。且相关司法解释明确规定，用人单位与其招用的已经依法享受养老保险待遇或领取退休金的人员发生用工争议，向法院提起诉讼的，法院应当按劳务关系处理。

因此，在返聘期间，老林仅能与用工单位建立劳务关系，而老林主张的加班费及职工带薪年休假均是劳动者基于劳动法、劳动合同法所享有的权益。此种情况下，法院建议返聘人员与用工单位订立书面劳务协议，对劳务报酬的标准、计算方式等问题作出明确约定，以避免维权无据。

（三）协议承包

刘某经人介绍与一国企后勤部门订立三年期保洁与垃圾清运协议。三年后，企业未与刘某续签协议。刘某提起劳动仲裁、诉讼，主张双方间存在劳动关系并要求企业支付劳动合同到期终止未续签的经济补偿金，但因双方间不构成劳动关系未获支持。

法官释法：本案中，双方所签订的协议并未在名称上明确为“劳动合同”，而根据协议内容看，双方间的法律关系也并非劳动关系，更接近于承揽合同关系，即承揽人按照定作人的要求，以自己的设备、技术和劳力，完成主要工作，交付工作成果，定作人给付报酬的合同关系。因此，刘某不能依据劳动法、劳动合同法等法律主张经济补偿金。

（四）“家政服务员”

徐某经私人介绍，到王家担任“家政服务员”。双方口头约定，徐某需工作6个月，工作期间无双休日及法定节假日。6个月后，徐某要求王家支付双休日及法定节假日加班费。双方协商未果，起诉到法院，但法院没有支持徐某的诉讼请求。

法官释法：依照劳动法、劳动合同法的相关规定，我国境内的企业、个体经济组织、民办非企业单位等组织、国家机关、事业单位、社会团体可以与个人建立劳动关系。因此，在法律层面上，“自然人”无法成为劳动法意义上的“用人单位”。本案中，徐某提供劳动的对象为“王家”，即自然人主体，所以，王家无法成为劳动法上的“用人单位”，双方也就不存在法律意义上的“劳动关系”①。

上述四类情形在我国劳动法实务领域长期存在，也在劳动仲裁和司法审判中形成了不少歧见和争端。尤其是第二类退休人员“返聘”认定为劳务关系的做法和提法，常常使人不明就里。什么是劳务关系？劳务关系与劳动关系有什么区别？劳务关系就只能适用劳动法之外的其他法律吗？这些问题人们说了不少，但似乎越说越不明白。事实上，上述关系是否界定为劳动关系并不是一个“必然性”的问题，因为法律是可以作出规定并加以调整的。比如与家庭相关的劳动，最早便是劳动法的源头，也是劳动关系中“忠实义务”的缘由。② 所

① 陈坚，等. 不受劳动关系保护的四类劳动者. 茂名日报，2015-05-21 [2016-06-20]. http://health.gmw.cn/newspaper/2015-05/21/content_106774206.htm.

② “学徒契约于劳动关系以外，尚有师生之关系。学徒如与业师同住时，其身份的结合更为密切。故其忠实义务之程度，较一般更高。原则上于劳动以外之生活关系，亦负担此义务。如住在业师之家内，即劳动时间外亦应服从业师之指导监督。”（史尚宽. 劳动法原论. 上海：正大印书馆，1934：56.）

以，适时地订立或者修改法律，对这些关系进行有效的法律调整才是解决问题的有效途径。

二、外卖骑手受伤的责任归属

平台显示：外卖骑手黄某中午1:00接单，1:03取消。在后面的工伤认定纠纷中，黄提交医院证明，其当天下午3:00因摔伤到医院骨科就医，诊断为摔伤骨折。黄自述其是在接单途中电动车滑行倒地后摔伤，因而取消订单后自行前往医院。然而，除了黄本人的自述外，没有事故报警记录，也就没有交警出警记录和事故的责任认定，他本人又记不得事发地点，所以也无法求证于“天网”。类似的案例还有：“有案无管辖”中的小朱，由于无法确定事发地点也无法查证案件事实，法院作出结论称本院没有管辖权；重庆外卖小哥王某2016年11月12日只完成了一次送餐服务，时间为当日中午12时48分。王某当晚21时34分驾驶摩托车与其他车辆碰撞后右胫骨中段粉碎性骨折，要求工伤认定未果。

平台经济的运营模式和工伤立法的扩大化共同导致了上列案件的囧况。平台经济将工厂放至社会、把车间延伸至家庭，与劳动法相伴而生的物理环境不复存在，时间也自便。由此，工伤认定的“三工”（工作时间、工作地点和工作原因）难以捉摸，工伤认定的难度加大也在所难免。

我国的工伤立法对于相关事项原本有所限定——“发生无本人责任或者非本人主要责任的道路交通机动车事故的”[1996年《企业职工工伤保险试行办法》（已失效）第8条]，后来变为“受到机动车事故伤害的”（2003年《工伤保险条例》第14条）。如果立法至此还不会导致太大问题，因为这些立法都严重依赖交通管理部门，任何造成伤害的道路交通机动车事故都有交警出现场，由交警进行事故认定和责任划分，后面的工伤认定也都是以交警的事故认定和责任划分为事实依据的[人力资源社会保障部《关于执行〈工伤保险条例〉若干问题的意见》第3条规定：“《条例》第十四条第（六）项规定的‘非本人主要责任’的认定，应当以有关机关出具的法律文书或者人民法院的生效裁决为依据。”（2013年）]当再扩展至“受到非本人主要责任的交通事故或者城市轨道交通、客运轮渡、火车事故伤害的”（2010年《工伤保险条例》第14条）时，争讼的伏笔就埋下了，因为城市轨道交通和客运轮渡只能与上下班途中的劳动者个人产生运输合同纠纷，不会与上下班途中的劳动者个人发生交通事故，从而也只能产生侵权赔偿和违约责任，当然也就不会进行交通事故责任认定。

当下，平台经济对上述麻烦进行了叠加和放大，因为外卖骑手上路已经不是上下班通勤了，而本身就是在上班了！城市交通于他们也不再是生活出行，而是生产劳动。因此，出现许多“剪不断，理还乱”的案件就成为必然。①

三、外卖配送员的劳动关系

甲公司经营食品及蔬菜配送服务等，乙用自己的摩托车从事外卖配送工作。2019年1月4日，李某驾驶机动车与乙驾驶的摩托车相撞，交警认定李某和乙负同等责任。乙要求确认与甲公司存在劳动关系，仲裁委员会于2020年1月17日裁决确认乙与甲公司存在劳动关系。一审法院判决双方是劳动关系。根据是劳动和社会保障部《关于确立劳动关系有

---

① 黎说说（微信公众号）. 网络奇案：借你一双慧眼，2020-11-13。

关事项的通知》第1条的规定："用人单位招用劳动者未订立书面劳动合同，但同时具备下列情形的，劳动关系成立：（一）用人单位和劳动者符合法律、法规规定的主体资格；（二）用人单位依法制定的各项劳动规章制度适用于劳动者，劳动者受用人单位的劳动管理，从事用人单位安排的有报酬的劳动；（三）劳动者提供的劳动是用人单位业务的组成部分。"二审法院确认双方不存在劳动关系，双方为承揽关系而非劳动关系，被上诉人发生交通事故给自己或第三人造成损害，应自行承担经济责任。上诉人与被上诉人双方不存在劳动合同法意义上的劳动关系，该种用工模式并不完全符合法定的确认劳动关系成立的构成要件。

位于北方B城的某互联网公司在南方C城开展业务。B城小朱在该公司网络平台上注册为业务员，随之在C城从事公司业务。一个月后，小朱在骑摩托车送货时摔伤，遂以"工伤"向公司要说法。公司称在注册时双方即已在线签署合作协议，约定双方是商业合作关系而非劳动关系，小朱点击了"已阅读"，因此，小朱"工伤"之说不成立。申请工伤的前提是劳动者与用人单位有劳动关系。于是，小朱向C城劳动人事争议仲裁委员会申请劳动仲裁，请求确认其与公司之间存在劳动关系。C城仲裁委裁决：小朱与公司存在劳动关系。收到裁决后第14天，公司向小朱所在的C城某区人民法院起诉，请求确认双方不存在劳动关系。两个月后，C城某区人民法院作出裁定：不予受理，因为无法确认"劳动合同履行地"属于该区法院管辖。根据最高人民法院的司法解释，劳动合同履行地不明确的，由用人单位所在地法院受理。公司不服上诉，两个月后C城中级人民法院作出终审裁定：驳回上诉，维持一审裁定。公司再去B城法院起诉，被B城法院拒绝，因为超过了15天。小朱的麻烦也随之而来：C城劳动仲裁委确认双方存在劳动关系的裁决生效了吗？

我国地域管辖实行原告就被告原则，这也是国际通行的普遍惯例，有利于法院送达法律文书，节约诉讼成本、缩短诉讼周期和裁决的最终执行。劳动争议由劳动合同履行地或者用人单位所在地仲裁委员会管辖。这更主要的是便于证据的收集，尤其是在工伤案件中，事故发生地通常是案件重要的证据之源。在《劳动争议调解仲裁法》生效前适用的《企业劳动争议处理条例》中，曾经规定发生劳动争议的企业与职工不在同一个仲裁委员会管辖地区的，由职工当事人工资关系所在地的仲裁委员会处理。这也是为了便利证据的收集和裁决的执行。这些立法，制定于传统经济时期，适用于传统经济，也通行于传统经济。然而，在平台经济中，它们的适用就出现问题了。因为平台与职工经常都不在同一地区，劳动行为的实际发生地，也就是双方合同的履行地通常都在移动中。这里似乎也没有什么工资关系所在地，因为发放到银行卡中的钱几乎可以全球通存通取。

第四章　劳动就业法

导 读

我国是一个劳动力资源大国，就业问题十分突出。本章阐述劳动就业需要遵循的法律原则，探讨平等就业和特殊群体的就业保障，强调对少年儿童的保护，禁止使用童工。

第一节　劳动就业概述

一、劳动就业的含义和要素

（一）劳动就业的含义

劳动就业，是指有劳动能力的人，通过一定方式与生产资料相结合，实现劳动过程，获得劳动报酬或经营收入的活动。我国《劳动法》专章规定就业促进，力求建立起市场对劳动力资源配置起基础性作用的就业法律制度。

国际上相关机构给“就业”定义的标准为凡在规定年龄以上并符合以下条件者都属于就业者：（1）正在工作中，即在规定的时期内正在从事有报酬或收入职业的人。（2）有职业但临时停止工作的人。如由于疾病、事故、劳动争议、休假、旷工或气候不良、机件损坏、故障等原因而临时停工的人。（3）雇主和个体经营者，或正在协助家庭经营企业或农场而不领取报酬的家属成员，在规定的时间内，从事正常工作时间的1/3以上者。

劳动就业的范围，一般只包括国民经济各部门所使用的劳动力，武装部队中的人员和在校学习的学生不包括在劳动就业人员的范围内。

（二）劳动就业的要素

劳动者依法享有的劳动权，只有通过劳动就业才能实现。在就业之前，劳动权利处于一种虚置状况。通过就业，劳动者与生产资料结合，劳动权成为现实。因此，劳动就业，通常应包括以下几个要素。

1．公民正处于劳动年龄阶段

劳动年龄，是法律确认公民享有劳动权利能力的基本标志，关于劳动年龄的上下限，我国规定为，男性16周岁至60周岁，女性16周岁至55周岁。但这并不排除某些特殊情况下，劳动年龄可依照法定程序提前或延后。

除法律有特殊规定外，任何人均不得与不满 16 周岁的公民订立劳动合同。同时，18 周岁为完全劳动能力的起始年龄。只有进入完全劳动能力年龄段的成年人才可从事法律没有限制的任何劳动。劳动年龄的上限即退休年龄，退休年龄并不标志着劳动行为能力的实际丧失，只是意味着在法律上该公民失去了劳动能力，从此应当退出劳动领域。①

2. 公民具有劳动的行为能力

劳动就业以实现劳动过程，生产出社会产品为目的，因此必然要求劳动者具有劳动的实际行为能力，包括特定职业和岗位的专业技术要求。如果身体状况较差或者有特殊的情况，劳动者的工作范围就要受到相应的限制。有些岗位不允许患有某种特殊疾病的人担任，比如患有特定传染病的劳动者不得从事与饮食有关的工作。

同时，劳动者的智力发育是否健全、文化水平高低、技术水平的熟练程度，以及人身的自由状态都会对就业产生影响。完全丧失行为能力的残疾人不能从事任何劳动，部分残疾人可以从事与健康状况相宜的工作。

对于丧失劳动能力的人而言，所涉及的是社会救济问题，而非劳动就业问题。

3. 必须有参加劳动的意愿

劳动就本质而言是劳动者的一项基本权利，权利的行使与否不具有强制性。对此，国际劳工组织第 29 号《强迫劳动公约》和第 105 号《废除强迫劳动公约》要求，批准国有义务在尽可能短的时间内，做到禁止所有形式的强迫或强制性劳动。第 29 号公约除规定了强迫或强制性劳动的定义外，同时规定了五种工作或服务不属于强迫劳动，即义务兵役制、某些公民义务、狱中劳役、紧急情况下需从事的工作和小型公用事业。

4. 必须从事一定的社会劳动

劳动就业的基本作用，是将处于相对分离的劳动力与生产资料结合在一起，以实现劳动过程。因此，有必要将从事社会劳动作为就业基本要素，以使其与家务劳动相区别。

5. 应取得相应的劳动报酬或经营收入

这一基本要素，使劳动就业的有酬劳动与无酬的义务劳动相区别。如果劳动者参加的是没有报酬的劳动，则实现的不是劳动就业权；同样，如果劳动者的收入不是基于劳动而取得的，那也不能称为劳动就业。所以，参加社会劳动和取得相应报酬是劳动就业权不可偏废的两个方面。

二、劳动就业的形式

劳动就业的形式实质上是劳动资源配置的方式，可分为自然配置、行政配置、市场配置三种方式。我们讨论的是第三种方式。

（一）*劳动者与用人单位直接洽谈就业*

这实际上是劳动者竞争就业，即劳动者之间为获得就业岗位而参与公平竞争，常见的

---

① “人口总体可以依据其自然形态划分，年龄就是划分标准之一。通常可以对人口进行‘劳动年龄’的划分，在劳动年龄上、下限之间的人口称为‘劳动适龄人口’或者‘劳动年龄人口’。劳动力人口的数量，与劳动适龄人口的数量大体一致。”（姚裕群. 市场经济下的就业理论与就业促进. 北京：中国劳动出版社，1996：33.）

方式是参加用人单位的考试考核，考试考核合格者获得就业岗位实现就业。例如，国家每年在大中专院校学生毕业之前在各地举办大规模的人才交流洽谈会，即将毕业的高校毕业生通过洽谈会与有关的用人单位直接见面、洽谈、双向选择后实现就业。

劳动者竞争就业的程序通常为：（1）由用人单位在劳动力市场发布招工或招聘广告，求职者报名登记。劳动者根据自己的意愿和条件决定是否报名。决定报名后，按用人单位要求将有关证件提供给用人单位，如毕业证书、资格证书等，并应根据用人单位招工招聘要求做好文化考核准备。（2）用人单位进行报名资格、学历资格、表现等审查。（3）求职者参加文化考核，通过后进行体检。（4）用人单位和劳动者面谈、面试。（5）用人单位决定是否录用或聘用，决定录用或聘用后通知求职者。（6）双方协商签订劳动合同，办理劳动关系手续。

（二）职业介绍机构介绍就业

这是指由职业介绍机构为劳动力供求双方沟通联系和进行职业指导，由双方订立劳动合同实现就业。

职业介绍机构是指依法设立的、从事职业介绍工作的专门机构。按我国法律规定，职业介绍机构应有常年固定的服务场所、专职从事就业服务工作的工作人员和相应的工作设施，为求职者和用人单位沟通联系，提供就业服务，促进求职者和用人单位相互选择，为充分开发和利用劳动力资源服务。

在国际劳工组织通过的第一批公约中就有关于职业介绍的内容。1919 年国际劳工组织初成立时，只支持政府开办的公共职业介绍所，对于收费的私营职业介绍所采取限制和禁止的态度。其理论基础就是劳动力不是商品，不应将为劳动者介绍工作作为商业行为从中牟利；为劳动者提供免费的、平等的职业介绍服务是政府的职责。但实际上收费职业介绍所作为就业服务的一种形式，满足了劳动市场的需要。1933 年通过的《收费职业介绍所公约》规定成员国应于 3 年内取消营利性收费职业介绍所，在此期限内禁止开办新的收费职业介绍所。1948 年的《职业介绍设施公约》规定成员国应拥有公共的、无偿的职业介绍设施，以最佳方式把就业市场组织起来，成为保持充分就业、开发利用生产力资源的全国性计划的组成部分。1949 年《收费职业介绍所公约（修订）》将收费职业介绍所划分为“营利性”和“非营利性”的。营利性职业介绍所是指任何为从一方或另一方获得直接或间接物质利益而充当中间人，以便为一劳动者找到工作或为一雇主找到劳动者的个人、公司、机构、办事处或其他组织；非营利性职业介绍所是指公司、机构、办事处或其他组织，它们不追求物质利益，但从由其提供职业介绍服务的雇主或劳动者那里收取“中介服务费”，分担份额或酬金。公约允许成员国在逐步取消营利性收费职业介绍所和制定规章制度对包括营利性收费职业介绍所在内的收费职业介绍所进行管理之间作出选择。1997 年的《私营就业机构公约》承认私营就业机构的积极作用，重视其提供就业服务的内容。公约将私营就业机构定义为提供劳动力市场服务、独立于公共当局的自然人或法人。服务内容包括使劳动力的供给与需求双方直接建立雇佣关系、为用人企业代雇工人、提供就业信息等。私营就业机构使用工人个人资料时应当保证尊重工人隐私。

我国的职业介绍机构包括劳动行政部门开办的职业介绍机构、非劳动行政部门开办的职业介绍机构和公民个人开办的职业介绍机构三类。1984 年以前，由劳动行政部门开办的职业介绍机构主要是专业性的，有针对城市待业青年开办的，有针对农村进城务工人员开办的，也有针对城市在业技术工人开办的。1986 年 10 月，国务院颁布劳动制度改革规定后，劳动行政部门开办的专业性的职业介绍机构开始合并，形成了以劳动服务公司开办的职业介绍机构为主的综合职业介绍机构。此后，职业介绍服务的范围不断扩大，从国有企业向集体企业、“三资”企业、乡镇企业和个体私营发展。

我国人事部门从 20 世纪 80 年代初期开办职业介绍机构，成立了人才交流中心，服务范围从最初的为辞职和停薪留职人员的再就业服务，发展到为应届大学毕业生服务。工会系统从 1988 年开始举办专为国有企业富余人员服务的职业介绍机构。行业和企业也开办了职业介绍机构，行业的职业介绍机构是为了解决本行业劳动力余缺而建立的，而企业内部的职业介绍机构则从进行优化劳动组合开始。由公民个人开办的职业介绍机构属于民营的、经营性的，它诞生于 20 世纪 80 年代初期，随着农村劳动力向城市转移，这类机构开始形成并发挥作用。

2001 年 10 月 9 日，劳动和社会保障部、国家工商行政管理总局颁布了《中外合资中外合作职业介绍机构设立管理暂行规定》（2015 年 4 月 30 日修订），2019 年修订为《外商投资职业介绍机构设立管理暂行规定》。2002 年 5 月 14 日，劳动和社会保障部、公安部、国家工商行政管理总局颁布了《境外就业中介管理规定》，适用于在中国境内从事境外就业中介活动的管理。2005 年 10 月 28 日，劳动和社会保障部、商务部、国家工商行政管理总局发布了《关于允许香港澳门服务提供者在内地设立独资职业介绍机构的通知》，规定香港服务提供者和澳门服务提供者可以在内地设立独资职业介绍机构，最低注册资本金为 12.5 万美元。香港服务提供者和澳门服务提供者在内地设立独资职业介绍机构的其他程序参照前述《暂行规定》执行。

（三）劳动者自己组织起来就业

这是指劳动者在国家的扶持下，自愿组织起来通过各种集体经济组织实现就业，国家在资金、税收、场地等方面都给予政策照顾。

劳动者自己组织起来就业又称劳动者自愿组织起来就业，它最早出现在 20 世纪 70 年代末，当时主要是鼓励返城知青组织起来，创办各种类型的自负盈亏的合作社或合作小组。这种就业形式当时在安置返城知青、缓解就业压力、促进社会稳定等方面起到了很好的作用，并被一直延续下来。

在现阶段，这种形式表现为国家鼓励城镇失业人员自愿组织起来就业，并为此规定了许多优惠政策。如规定失业人员和下岗人员可组建劳动就业服务企业，性质是股份合作制集体所有制经济组织，以安置城镇失业人员就业为主，国家和社会予以扶持，在开办条件、物资供应、固定资产和流动资金贷款等方面对劳动就业服务企业予以支持和照顾，并且给予减免税、调低税率等税收优惠和减免国有资产占用费等其他优惠。

（四）自谋职业

自谋职业是我国劳动者实现就业的重要途径，是指劳动者通过从事个体工商经营、开办私营企业和进行合伙经营而实现就业的行为。随着市场经济的发展，自谋职业越来越受到重视，并在安置失业和下岗职工中发挥着越来越大的作用。

国家大力支持和鼓励失业人员通过自谋职业实现再就业的主要政策有税收减免、资金支持、减免工商等管理收费、培训补贴、免费服务等。

（五）特定人员的就业方式

1. 外国人在中国就业

1996年1月22日，劳动部、公安部、外交部、外经贸部发布《外国人在中国就业管理规定》，允许外国人有条件地在中国就业。这里的外国人，指依照《中华人民共和国国籍法》规定不具有中国国籍的人员。外国人在中国就业，指没有取得定居权的外国人在中国境内依法从事社会劳动并获取劳动报酬的行为。本规定适用于在中国境内就业的外国人和聘用外国人的用人单位，但不适用于外国驻华使、领馆和联合国驻华代表机构、其他国际组织中享有外交特权与豁免的人员。

用人单位聘用外国人须为外国人申请就业许可，经获准并取得“中华人民共和国外国人就业许可证书”后方可聘用。用人单位聘用外国人从事的岗位应是有特殊需要，国内暂缺适当人选，且不违反国家有关规定的岗位。除经文化部批准持“临时营业演出许可证”进行营业性文艺演出者外，用人单位不得聘用外国人从事营业性文艺演出。

外国人在中国就业须具备下列条件：（1）年满18周岁，身体健康；（2）具有从事其工作所必须的专业技能和相应的工作经历；（3）无犯罪记录；（4）有确定的聘用单位；（5）持有有效护照或能代替护照的其他国际旅行证件。用人单位与被聘用的外国人应依法订立劳动合同。劳动合同的期限最长不得超过5年。劳动合同期限届满即行终止，或履行审批手续后续订。

未取得居留证件的外国人（持F、L、C、G字签证者）、在中国留学、实习的外国人及持职业签证外国人的随行家属不得在中国就业。特殊情况，应由用人单位按本规定规定的审批程序申领许可证书，被聘用的外国人凭许可证书到公安机关改变身份，办理就业证、居留证后方可就业。外国驻中国使、领馆和联合国系统、其他国际组织驻中国代表机构人员的配偶在中国就业，应按《中华人民共和国外交部关于外国驻中国使领馆和联合国系统组织驻中国代表机构人员的配偶在中国任职的规定》执行。

因违反中国法律被中国公安机关取消居留资格的外国人，用人单位应解除劳动合同，劳动部门应吊销就业证。用人单位与被聘用的外国人发生劳动争议，应按照《中华人民共和国劳动法》和《中华人民共和国劳动争议调解仲裁法》处理。

2. 台港澳人员在内地就业

台港澳人员在内地就业是指台、港、澳人员依法应聘受雇于内地用人单位，从事一定社会劳动并取得劳动报酬或经营收入的行为。

2018年7月28日，国务院宣布关于取消一批行政许可等事项的决定。依据《国务院对确需保留的行政审批项目设定行政许可的决定》（国务院令第412号）和《国务院关于第六批取消和调整行政审批项目的决定》（国发〔2012〕52号），取消了台港澳居民在内地就业许可事项。从此，台港澳居民来内地工作不再需要办理专门的“台港澳人员就业证”。在内地工作的台港澳居民可以工商营业执照、劳动合同、工资支付凭证或社会保险缴费记录作为就业证明材料，依法享有各项劳动保障权益。在失业后可按规定进行失业登记，享受公共就业服务。取消审批后，人力资源和社会保障部在台港澳人员就业服务、社会保障、失业登记、劳动权益保护等方面出台配套政策措施，并指导督促地方人力资源社会保障部门抓好落实。

第二节　劳动就业的法律原则

一、国家促进就业的原则

（一）国家促进就业原则的意义和内容

促进就业是指国家采取的帮助公民实现劳动就业的一系列措施的总称。第二次世界大战以后，各国的失业问题都比较严重，几乎各国的经济政策都致力于解决就业问题，减少失业、促进就业是世界各国共同努力的目标。政府对充分就业予以高度重视，将其作为对劳动者负责，保障其劳动权、就业权实现的大事。

国际劳工组织在1964年通过的关于就业政策的公约和建议书中明确指出："每一个会员国都应当为了鼓励经济增长和发展、提高生活水平、满足对劳动力的需求以及克服失业与就业不足而宣布和执行一项积极的政策，促进充分的、生产性的和自由选择的就业，并把它作为一个重大的奋斗目标。这项政策的目的是要确保所有可以工作并在寻找工作的人都有工作可做，而且这样的工作应当尽可能是生产性的；还要保证人人享有选择职业的自由，并且有尽可能充分的机会获得为了做适合他的工作而需要的资格以及得以实现人尽其才，而不论他是什么种族、肤色、性别、宗教、政治观点、民族血统或社会出身。"

（二）我国政府促进就业的措施

在我国，政府促进就业不仅是保障劳动者就业权实现的内在要求，而且是国家保障公民生存权的重要举措。我国《劳动法》对促进就业作了专章的规定。我国政府促进就业的措施主要有以下几项。

1. 通过促进经济发展，创造就业条件，扩大就业机会。

一般而言，调整产业结构只能解决结构性失业问题，健全就业的服务体系只能使劳动力尽快地寻找到与之相适应的劳动就业岗位，这些都不能从根本上解决劳动力市场严重供大于求的失业问题。只有发展经济，创造就业条件，扩大就业机会，才是帮助公民实现就业权的最根本的措施。

2. 采取措施鼓励企业、事业组织、社会团体在法律、行政法规规定的范围内兴办产业或者拓展经营，增加就业。

这是从国家的产业政策与就业政策相衔接的角度来促进就业。国家在产业政策的制定和调整方面促进就业，主要是鼓励和调动社会方方面面的积极性，企业、事业组织、社会团体应按照国家有关发展集体经济、开展各种经营的法律、行政法规的规定发展经济事业，开辟就业门路。

3. 支持劳动者自愿组织起来就业和从事个体经营实现就业。

组织起来就业是通过兴办各种类型的集体经济实现就业。国家在资金、货源、场地、原材料、税收等方面对其给予支持并实行照顾政策。

4. 建立和完善劳动就业的服务体系。

就业服务包括职业介绍、转业训练、生产自救、失业救济等内容，是各级人民政府帮助劳动者在市场就业中实现平等竞争的重要手段。《就业促进法》规定县级以上人民政府建立健全公共就业服务体系，设立公共就业服务机构，免费为劳动者提供多项服务，并不得从事经营性活动，也不得举办或者与他人联合举办经营性的职业中介机构。地方各级人民政府和有关部门、公共就业服务机构举办的招聘会，不得向劳动者收取费用。

《就业促进法》还将促进就业、促进经济发展与扩大就业相协调，规定县级以上人民政府在财政预算中安排就业专项资金用于促进就业工作。就业专项资金用于职业介绍、职业培训、公益性岗位、职业技能鉴定、特定就业政策和社会保险等的补贴，小额贷款担保基金和微利项目的小额担保贷款贴息，以及扶持公共就业服务等。

二、劳动就业的市场原则

（一）劳动就业市场原则的意义

市场经济体制要求以市场作为劳动力资源配置的基础性手段，劳动力的开发、配置、使用，通过开放性、平等性和竞争性的劳动力市场进行。劳动就业市场化的目的在于保证用人单位与劳动者以最优状态完成资源的配置，形成高劳动生产率，得到高经济效益的结果。

在劳动就业市场化条件下，用人单位是劳动力资源配置得以实现的重要环节，讲求效益的用人单位追求资源的高效配置，并且由于它掌握完全的经济决策权，而使最优配置能够实现。在用人单位具有充分自由的情况下，劳动力能达到最优配置。当用人单位经济效益下降时，出现利润下降、管理不善或职工老化等情形，用人单位原有的优化配置出现不良状况，也就要采取措施改变现有资源配置，比如辞退人员、更换人员。当用人单位生产经营恶化时，往往要作出重大经营决策，如转产、减产、停工、闭厂，从而使现有劳动要素闲置、过剩，必然导致较大规模的解雇员工。

在市场经济体制下，劳动者是社会劳动要素，要凭借自己的劳动能力在市场上寻找工作，参与就业竞争，得到用人单位的雇佣。劳动者的择业机会是充分的，所有的职业大门都对之打开，没有人为限制，但又必须与其他劳动者竞争。较强的人才能在与其他求职者的就业竞争中、在与企业的工资竞价中、在自己就业岗位的保持与发展晋升中，占据明显的优势。并且，劳动者个人的充分择业权，使得劳动力流动具备了客观条件。一旦地区、产业、职业报酬出现不平衡，就必然会出现较大规模的劳动要素流动。当经济发展不平衡、经济结构进行调整时，也会出现较大的流动。这给了人们以较多的机会，从而形成发达的市场经济国家劳动者的职业变动频繁的客观规律。

（二）我国劳动就业市场原则的内容

我国劳动法的整个法律体系都是以劳动市场机制为基础设计的。不仅劳动者的求职、就业、失业和转业等都通过劳动力市场实现，而且职业训练、劳动报酬等环节被全部纳入市场机制的运作之中，作为劳动力资源市场配置的核心环节——劳动就业必须坚持市场原则。

坚持劳动就业的市场原则，其实质就是坚持用人单位与劳动者之间的双向选择。一方面，要给予用人单位以充分的用工自主权。用人单位不仅有权随时从劳动力市场选择自己生产经营所需要的劳动者，而且可以依照法律的规定解除劳动关系，或解聘不合格的劳动者。另一方面，劳动者不仅可根据自身的条件、兴趣、专长和爱好选择用人单位，而且可以根据自身情况的变化，通过劳动力市场合理流动，重新选择用人单位或工作岗位。

三、平等就业原则

（一）平等就业原则的含义和意义

平等就业是指我国公民不论其民族、种族、性别、宗教的不同，均享有平等的获得就业机会的权利。

在我国具体包括两个方面的内容：一是就业资格的平等。只要是中华人民共和国的公民，就业资格人人平等，不因民族、种族、性别、宗教信仰和文化程度的不同而受歧视。一切有劳动能力和就业愿望的人，不分民族、种族、性别、宗教信仰等状况都能平等地依其兴趣、爱好、技能并结合社会的需要自由地选择职业。二是就业能力衡量尺度的平等。在劳动力资源严重地供大于求、就业机会相对不足的就业环境中，平等就业还意味着公民在就业过程中均享有平等竞争的权利，即社会对公民的劳动行为能力要以同一尺度和标准衡量，通过公平竞争择优吸收劳动力就业。

与平等就业相对的是就业歧视。国际劳工组织认定的“歧视”主要是指基于种族、肤色、性别、宗教、政治见解、民族血统或社会出身等原因，采取的有损于就业或职业机会均等或待遇平等的区别、排斥或优惠措施，歧视性措施可能是以法律形式存在的，也可能是以事实或惯例形式存在的。“就业歧视”不仅包括获得就业和特定职业，而且包括获得职业培训、就业条款和条件。

（二）我国劳动者平等就业的法律保障

我国《劳动法》第 12 条规定：“劳动者就业，不因民族、种族、性别、宗教信仰不同而受歧视。”根据这项原则，要求用人单位：（1）不得在为劳动者提供就业机会时或者在招工简章中，有关于对民族、种族、性别、宗教信仰等方面的限制。（2）不得在所从事的职业范围方面有关于民族、种族、宗教信仰等方面的限制。如不能因为劳动者信仰宗教而限制其从事司法工作等。（3）不得在劳动者所从事的专业范围，包括就业前专业培训和中等专业以上学校学习时，有关于民族、种族、性别、宗教信仰等方面的专业限制等。

劳动者平等就业的原则在实践中应该强调，凡是法律上没有限制的，用人单位不应当对劳动者作出职业限制的规定。现实中，用人单位利用劳动者供大于求的优势，在招聘中人为地设定一些近乎荒唐的条件，如身高、外貌。一些地区搞职业垄断，对异地劳动者实行“职业保留”，禁止和限制外地劳动者从事某些职业（或行业），而让本地劳动者独占这些职业或者享受就业优先权。这些都是违反平等就业原则的。

四、男女就业权利平等原则

（一）男女就业权利平等原则的意义

“中华人民共和国妇女在政治的、经济的、文化的、社会的和家庭的生活等各方面享有同男子平等的权利”是我国《宪法》确立的一项基本原则，也是《妇女权益保障法》和《女职工劳动保护特别规定》确立的基本原则。这一原则在《劳动法》就业促进方面表现为男女就业权利的平等。我国《劳动法》第 13 条规定：“妇女享有与男子平等的就业权利。在录用职工时，除国家规定的不适合妇女的工种或者岗位外，不得以性别为由拒绝录用妇女或者提高对妇女的录用标准。”

国际劳工组织也将妇女平等进入劳动力市场所面临的现实问题纳入公约关注的范围，1965 年通过了《（有家庭责任妇女）就业建议书》。“家庭责任”是指对赡养子女负有责任和对直系亲属中需要照顾和帮助的其他成员负有责任。1981 年召开的第 67 届国际劳工大会通过了《有家庭责任的工人公约》和相应的建议书，适用于一切经济领域和不同工种的有家庭责任的男女工人。公约要求成员国制定政策或采取措施，使男女工人处理好职业和家庭责任，在不受歧视的情况下平等获得就业机会。

妇女作为重要的劳动力资源，为社会创造了巨大的财富。但是，由于自身生理、身体及心理素质方面的原因，妇女的就业机会和从事职业的岗位往往比男子的要少，其较男子承受着更大的压力；女性特殊的生理及身体条件，决定了有很多劳动不能适应；妇女生育补偿社会化程度低，致使企业不愿意招收女工；家务劳动社会化程度低，妇女在双重负荷下参与竞争，使竞争力减弱；在经济体制或者经济形态转变过程中，妇女总是承受着比男性更大的压力。这些都增加了妇女劳动者就业的难度，因此必须对妇女就业给予保障，才能使妇女享受同男子平等的就业权利，为妇女创造更多的就业机会。

（二）男女就业权利平等的法律保障

依据男女就业权利平等原则，用人单位必须做到如下几方面。

1. 向妇女劳动者提供与男性劳动者均等的就业机会

凡有适合妇女从事劳动的岗位，用人单位不得拒绝招用。妇女劳动者有权与男性劳动者一样参加招工报名考核等活动，通过公开招收录用和竞争，获得劳动岗位。《女职工劳动保护特别规定》第 3 条规定：“凡适合妇女从事劳动的单位，不得拒绝招收女职工。”

对于“不适合妇女从事的劳动”必须严格依据法律的规定来理解，不能由用人单位自行确定。国家对于不适合妇女的工种或者岗位具体规定在《女职工禁忌从事的劳动范围》中。

2. 不得提高妇女劳动者的录用标准

向妇女劳动者提供与男性劳动者均等的就业机会，并不能保证男女就业权利平等原则的真正实现。因为即使给予均等的就业机会，如果在录用标准和条件上不平等，妇女劳动者的劳动权也无法得到保障；所以，男女就业权利平等原则，还要求用人单位不得提高妇女劳动者的录用标准。

3. 不得约定针对妇女劳动者的限制性条款

《就业促进法》专门规定了用人单位录用女职工时，不得在劳动合同中规定限制女职工结婚、生育内容的条款。这不仅是针对近年来在劳动合同或者员工手册或者规章制度中不时出现的违法现象，而且有助于纠正用人单位在招聘中常用的性别歧视做法与观念。

女性就业平等权的实现需要法律提供全面而有效的保障。在用人单位招用劳动者时，法律应当禁止刊登任何以性别为录用前提条件的广告，并对违反规定的媒体追究法律责任。在缔结劳动关系时，对于因性别原因受到歧视的女性，法律应当规定由用人单位承担经济赔偿的责任，包括女性在求职中所产生费用的赔偿和其可期待收益损失的赔偿，并在个案中实行由用人单位举证的举证责任倒置制度。在用人单位解除劳动合同时，法律应当禁止只针对特定性别的劳动者进行的解雇，并进而禁止对超过本单位男女比例的女性进行解雇，在法律上认定此类解雇的无效性和用人单位应当承担的法律责任。在女性职位提升上，既应考虑受雇用员工在性别上的比例，也应在女性多于男性的单位中倾重于女性职员的职位提升。

第三节　特殊就业群体就业保障原则

一、特殊就业群体就业保障原则的含义

特殊就业群体是对因特殊原因而在就业竞争过程中处于不利地位的人员的总称，具体包括妇女、残疾人、少数民族人员和退出现役的军人。各国政府为了帮助本国最困难的失业人群，针对他们的具体情况，制定有关措施，进行了各方面的扶助。劳动力市场中用人单位和劳动者双向选择并确立劳动关系，劳动者通过市场公开竞争获得就业岗位，是劳动就业的市场原则和劳动就业权利平等原则的基本要求，并对劳动就业工作具有普遍的适用性。《劳动法》在坚持劳动就业权利人人平等的前提下，对特殊群体的劳动者就业实行就业保障政策；在坚持劳动就业市场原则的基础上，对少数的劳动者就业群体实行政策性保护。

二、特殊就业群体就业保障的内容

（一）残疾人的就业保障

1. 保障残疾人就业的意义与立法

立法是保障残疾人劳动就业权最基本、最有效的手段。从1920年美国制定世界上第一部专门针对残疾人就业的法律——《职业康复法》至今，已有一百三十多个国家和地区制定了有关残疾人的法律。联合国和国际劳工组织特别关注残疾人就业问题。1975年联合国《残疾人权利宣言》、1982年国际劳工组织《残疾人职业康复和就业公约》，以及2006年联合国《残疾人权利公约》，都把保障残疾人的就业作为一项基本权利予以规定。《残疾人权利公约》更明确要求缔约国采取适当步骤，包括通过立法，保障残疾人就业权的实现。[①]

---

① 美国劳工部统计数据显示，2011年9月份，16岁以上残疾人的就业率为17.7%，而非残疾人的为63.8%；16岁以上有劳动能力的残疾人的失业率为16.1%，而非残疾人的为8.5%。2012年9月份，16岁以上残疾人的就业率为18.2%，而非残疾人的为64.2%；16岁以上有劳动能力的残疾人的失业率为13.5%，而非残疾人的为7.3%。残疾人的就业率与非残疾人的差距甚大，残疾人的失业率相当于非残疾人的近两倍。我国2006年第二次全国残疾人抽样调查数据显示，我国城镇残疾人人口中，就业年龄段在业的残疾人人数为297万，就业年龄段不在业的残疾人人数为470万，城镇就业年龄段残疾人在业率只有38.7%，超过六成的残疾人没有就业。中国残疾人状况及小康进程监测报告显示，2010年度劳动年龄段生活能够自理的城镇残疾人就业比例为34.0%，农村为49.2%。尽管比上年度的13.6%有较大下降，但城镇残疾人登记失业率仍然达到8.6%，为全国城镇登记失业率的2倍。虽然没有我国整体就业率的具体数据，但是从国家公布的2011年末全国就业人员76 420万人，其中城镇就业人员35 914万人，城镇登记失业人员922万人，城镇登记失业率为4.1%等数据来看，我国残疾人的就业率与健全人的就业率差距很大。（王治江. 残障人就业现状//黎建飞. 残障人法教程. 北京：中国人民大学出版社，2016：93.）

2. 我国保障残疾人就业的法律制度

我国《宪法》第 45 条把国家和社会帮助、安排盲、聋、哑和其他有残疾的公民的劳动、生活和教育作为一项宪法原则予以规定。1990 年通过并于 2008 年进行了重大修订、于 2018 年作出修正的《残疾人保障法》和 2007 年通过的《残疾人就业条例》都有专门的保障性规定。

我国残疾人就业实行集中与分散就业相结合的方针，《残疾人保障法》与《残疾人就业条例》明确规定了机关、团体、企业、事业单位和民办非企业单位等用人单位在扶持残疾人就业方面的义务，除了规定集中就业、按比例就业的最低比例外，还就劳动合同的签订、劳动保护、职业培训、社会保险等问题对用人单位提出了明确要求，突出了政府的干预责任。

为了保障残疾人就业权的实现，政府需要采取多种保障措施：(1) 开展就业援助，保障残疾人优先就业。建立健全就业援助制度，采取税费减免、贷款贴息、社会保险补贴、岗位补贴等办法，通过公益性岗位安置等途径，对残疾人等就业困难人员实行优先扶持和重点帮助。(2) 经费保障。依法征收残疾人就业保障金，专项用于残疾人职业培训以及为残疾人提供就业服务和就业援助。(3) 采取各种优惠措施，鼓励用人单位招用残疾人。一是对超比例安排残疾人就业的用人单位，依法给予税收优惠和奖励，并在生产经营等方面给予扶持；二是适当确定适合残疾人生产、经营的产品、项目，优先安排集中使用残疾人的用人单位生产或者经营，并根据生产特点确定某些产品由其专产。政府采购应当优先购买集中使用残疾人的用人单位的产品或者服务。(4) 鼓励个体就业。对自主择业、自主创业的残疾人给予税收优惠、经营场地照顾、信贷扶持等。(5) 扶持农村残疾人劳动就业。组织和扶持农村残疾人从事种植业、养殖业、手工业和其他形式的生产劳动，在生产服务、农用物资供应、农副产品收购和信贷等方面给予帮助。(6) 建立残疾人就业服务体系。鼓励和扶持职业培训机构为残疾人提供职业培训，并组织残疾人定期开展职业技能竞赛。

(二) 退出现役的军人就业

根据《退役士兵安置条例》，退役士兵符合下列条件之一的，由人民政府安排工作：士官服现役满 12 年的；服现役期间平时荣获二等功以上奖励或者战时荣获三等功以上奖励的；因战致残被评定为 5 级至 8 级残疾等级的；是烈士子女的。符合以上规定条件的退役士兵在艰苦地区和特殊岗位服现役的，优先安排工作。

国务院退役士兵安置工作主管部门和中央军委联合参谋部制定下达全国需由人民政府安排工作退役士兵的年度安置计划。中央国家机关及其管理的在京企业事业单位接收安排退役士兵工作任务，由国务院退役士兵安置工作主管部门下达。中央国家机关京外直属机构、中央国家机关管理的京外企业事业单位接收安排退役士兵工作任务，由所在地县级以上地方人民政府按照属地管理的原则下达。县级以上地方人民政府，应当根据符合安排工作条件的退役士兵人数和用人单位的实际情况，下达安排退役士兵工作的任务，并依法向社会公开。对安排退役士兵工作任务较重的县（市），可以由上一级人民政府在本行政区域内统筹安排。安置地县级以上地方人民政府应当按照属地管理的原则，对符合安排工作条件的退役士兵进行安置，保障其第一次就业。国家机关、事业单位、国有以及国有控股和国有资本占主导地位的企业招收录用或者聘用人员的，应当在同等条件下优先招收录用或者聘用退役士兵。安置地人民政府应当在接收退役士兵的6个月内，完成本年度安排退役士兵工作的任务。

退役士兵待安排工作期间，安置地人民政府应当按照不低于当地最低生活水平的标准，按月发给生活补助费。承担安排退役士兵工作任务的单位应当按时完成所在地人民政府下达的安排退役士兵工作任务，在退役士兵安置工作主管部门开出介绍信1个月内安排退役士兵上岗，并与退役士兵依法签订期限不少于3年的劳动合同或者聘用合同。合同存续期内单位依法关闭、破产、改制的，退役士兵与所在单位其他人员一同执行国家的有关规定。接收退役士兵的单位裁减人员的，应当优先留用退役士兵。由人民政府安排工作的退役士兵，服现役年限和符合本条例规定的待安排工作时间计算为工龄，享受所在单位同等条件人员的工资、福利待遇。

非因退役士兵本人原因，接收单位未按照规定安排退役士兵上岗的，应当从所在地人民政府退役士兵安置工作主管部门开出介绍信的当月起，按照不低于本单位同等条件人员平均工资80%的标准逐月发给退役士兵生活费至其上岗为止。对安排工作的残疾退役士兵，所在单位不得因其残疾与其解除劳动关系或者人事关系。安排工作的因战、因公致残退役士兵，享受与所在单位工伤人员同等的生活福利和医疗待遇。符合安排工作条件的退役士兵无正当理由拒不服从安置地人民政府安排工作的，视为放弃安排工作待遇；在待安排工作期间被依法追究刑事责任的，取消其安排工作待遇。

自主就业的退役士兵享受系列扶持政策。义务兵和服现役不满12年的士官退出现役的，由人民政府扶持自主就业，并享受以下优惠政策：获得自主就业一次性退役金，由中央财政专项安排，部队在士兵退役时发放，地方政府也可以根据当地实际情况给予经济补助；县级以上地方政府应当采取多种措施，扶持退役士兵就业创业，并按照国家规定给予税收优惠，给予小额担保贷款扶持，从事微利项目的给予财政贴息，加大对从事个体经营的退役士兵的扶持力度；有劳动能力的残疾退役士兵，优先享受国家规定的残疾人就业优惠政策；用人单位招收录用自主就业退役士兵符合规定条件的，依法享受税收等优惠；自主就业的退役士兵入伍前通过家庭承包方式承包的土地，承包期内不得违法收回或者强制流转。

《军队转业干部安置暂行办法》规定担任团级以下职务（含处级以下文职干部和享受相当待遇的专业技术干部）的军队干部，有下列情形之一的，列入军队干部转业安置计划：（1）达到平时服现役最高年龄的；（2）受军队编制员额限制不能调整使用的；（3）因身体状况不能坚持军队正常工作但能够适应地方工作的；（4）其他原因需要退出现役作转业安置的。

担任师级职务（含局级文职干部）或高级专业技术职务的军队干部，年龄50周岁以下的，本人申请，经批准可以安排转业，列入军队干部转业安置计划。因军队体制、编制调整或者国家经济社会发展需要，成建制成批军队干部的转业安置，由中央军委政治工作部与国家军队转业干部安置工作主管部门协商办理。中央和国家机关及其管理的在京企业事业单位计划外选调军队干部，经大军区级单位政治机关审核并报中央军委政治工作部批准转业后，由国家军队转业干部安置工作主管部门办理审批。

中央和国家机关京外直属机构、企业事业单位，应当按时完成所在地党委、政府下达的军队转业干部安置任务。需要增加编制、职数和工资总额的，其上级主管部门应当予以支持。对自主择业的军队转业干部，安置地政府应当采取提供政策咨询、组织就业培训、拓宽就业渠道、向用人单位推荐、纳入人才市场等措施，为其就业创造条件。党和国家机关、团体、企业事业单位在社会上招聘录用人员时，对适合军队转业干部工作的岗位，应当优先录用、聘用自主择业的军队转业干部。对从事个体经营或者创办经济实体的自主择业的军队转业干部，安置地政府应当在政策上给予扶持，金融、工商、税务等部门，应当视情提供低息贷款，及时核发营业执照，按照社会再就业人员的有关规定减免营业税、所得税等税费。

2020 年 11 月 11 日，十三届全国人大常委会第二十三次会议通过《中华人民共和国退役军人保障法》，该法第五章专门规定了“就业创业”。国家采取政府推动、市场引导、社会支持相结合的方式，鼓励和扶持退役军人就业创业。各级人民政府应当加强对退役军人就业创业的指导和服务。县级以上地方人民政府退役军人工作主管部门应当加强对退役军人就业创业的宣传、组织、协调等工作，会同有关部门采取退役军人专场招聘会等形式，开展就业推荐、职业指导，帮助退役军人就业。服现役期间因战、因公、因病致残被评定残疾等级和退役后补评或者重新评定残疾等级的残疾退役军人，有劳动能力和就业意愿的，优先享受国家规定的残疾人就业优惠政策。

公共人力资源服务机构应当免费为退役军人提供职业介绍、创业指导等服务。国家鼓励经营性人力资源服务机构和社会组织为退役军人就业创业提供免费或者优惠服务。退役军人未能及时就业的，在人力资源和社会保障部门办理求职登记后，可以按照规定享受失业保险待遇。机关、群团组织、事业单位和国有企业在招录或者招聘人员时，对退役军人的年龄和学历条件可以适当放宽，同等条件下优先招录、招聘退役军人。退役的军士和义务兵服现役经历视为基层工作经历。退役的军士和义务兵入伍前是机关、群团组织、事业单位或者国有企业人员的，退役后可以选择复职复工。

各地应当设置一定数量的基层公务员职位，面向服现役满 5 年的高校毕业生退役军人招考。服现役满 5 年的高校毕业生退役军人可以报考面向服务基层项目人员定向考录的职位，同服务基层项目人员共享公务员定向考录计划。各地应当注重从优秀退役军人中选聘党的基层组织、社区和村专职工作人员。军队文职人员岗位、国防教育机构岗位等，应当优先选用符合条件的退役军人。国家鼓励退役军人参加稳边固边等边疆建设工作。

退役军人服现役年限计算为工龄，退役后与所在单位工作年限累计计算。县级以上地方人民政府投资建设或者与社会共建的创业孵化基地和创业园区，应当优先为退役军人创业提供服务。有条件的地区可以建立退役军人创业孵化基地和创业园区，为退役军人提供经营场地、投资融资等方面的优惠服务。退役军人创办小微企业，可以按照国家有关规定申请创业担保贷款，并享受贷款贴息等融资优惠政策。退役军人从事个体经营，依法享受税收优惠政策。用人单位招用退役军人符合国家规定的，依法享受税收优惠等政策。

三、少数民族人员的就业保障

我国是全国各族人民共同缔造的统一的多民族国家。迄今为止，我国通过调查统计并经中央政府正式确认的民族有 56 个。对少数民族人员就业实行特殊保护政策，是我国民族政策的重要组成部分，是国家促进民族地区经济和社会发展的重要手段。我国《劳动法》和《民族区域自治法》都作了专门规定。

对于少数民族劳动者的就业，国家采取扶持和帮助的特殊政策：（1）优先招用少数民族人员。民族自治地方的用人单位在招收人员时，要优先招收少数民族人员。上级国家机关隶属的在民族自治地方的企事业单位招收人员时，也应当优先招收当地少数民族人员。民族自治地方每年编制内的干部和职工自然减员、缺额及国家当年新增用人指标由民族自治地方通过考核予以补充，对少数民族人员优先录用。上级政府在每年下达的“农业户口转非农业户口”计划中，划出一定指标用于民族自治地方在农牧民中招收少数民族职工。（2）培养少数民族人才。民族自治地方的自治机关要采取各种措施从当地民族中大量培养各级干部和各种科学技术、经营管理等专业人才和技术工人。国家举办民族学院，在高等学校举办民族班、民族预科，专门招收少数民族学生，并且可以采取定向招生、定向分配的办法。高等学校和中等专业学校招收新生时，对少数民族考生适当放宽录取标准和条件。

第四节　禁止使用童工

童工是指未满 16 周岁，与单位或者个人发生劳动关系，从事有经济收入的劳动或者从事个体劳动的少年、儿童。未满 16 周岁的少年、儿童，身体正处于发育成长时期，过重的体力劳动会损害他们的身体健康。其在心理上也不成熟，处在长知识、培养情操和基本素质的时期，尚不具备作为一个完全的劳动者的条件。使用童工不仅剥夺了少年、儿童身心健康发育的权利及受教育的权利，甚至会对国家和社会未来劳动力的供给水平发生影响。因此，禁止使用童工是各国劳动立法的重要内容。在我国，公民的最低就业年龄标准为 16 周岁，用人单位不得招用未满 16 周岁的未成年人。

使用童工行为属于犯罪，应承担刑事责任的有三种情况。

（1）拐骗童工，主要适用有关拐卖儿童类的罪，包括拐卖儿童罪和收买被拐卖儿童罪。一是拐卖儿童罪。《刑法》第 240 条第 1 款规定：“拐卖妇女、儿童的，处五年以上十年以下有期徒刑，并处罚金；有下列情形之一的，处十年以上有期徒刑或者无期徒刑，并处罚金或者没收财产；情节特别严重的，处死刑，并处没收财产：（一）拐卖妇女、儿童集团的首要分子；（二）拐卖妇女、儿童三人以上的……（七）造成被拐卖的妇女、儿童或者其亲属重伤、死亡或者其他严重后果的；（八）将妇女、儿童卖往境外的。”因使用童工而构成该罪，被拐卖的对象是童工，即不满 16 周岁的未成年人。二是收买被拐卖儿童罪。《刑法》第 241 条第 1 款规定：“收买被拐卖的妇女、儿童的，处三年以下有期徒刑、拘役或者管制。”在违法使用童工的情形中，收买的目的是使用童工从事劳动。

（2）强迫童工劳动，主要适用强迫职工劳动罪。《刑法》第 244 条第 1 款规定：“以暴力、威胁或者限制人身自由的方法强迫他人劳动的，处三年以下有期徒刑或者拘役，并处罚金；情节严重的，处三年以上十年以下有期徒刑，并处罚金。”强迫职工劳动罪，是指用人单位违反劳动管理法规，以限制人身自由方法强迫职工劳动，情节严重的行为。以限制人身自由方法强迫童工劳动的，是对不满 16 周岁的未成年人的人身自由和劳动权的严重侵害，是对其身心健康的严重摧残，应采用刑罚手段严厉处罚。

（3）对于非法使用童工的行为，最恰当的是适用使用童工罪。[①] 非法使用童工的情形主要有：雇用童工从事危重劳动；使用不满 14 周岁的童工；造成童工死亡或者严重伤残。

在一些例外的情况下，让未满 16 周岁的少年儿童参加劳动不属于使用童工：

（1）未满 16 周岁的少年、儿童，参加家庭劳动、学校组织的勤工俭学和省、自治区、直辖市人民政府允许从事的、无损于身心健康的、力所能及的辅助性劳动，不受关于禁止童工从事劳动的限制。但要禁止以“勤工俭学”为名使用童工。

（2）文艺、体育和特种工艺单位，确需招用未满 16 周岁的文艺工作者、运动员和艺徒时，应经未成年人的父母或者其他监护人同意，并报经县级以上（含县级）劳动行政部门批准。运动员系指专门从事某项体育运动训练和参加比赛的人员；艺徒系指在杂技、戏曲以及工艺美术等领域中从师学艺的人员；文艺工作者系指专门从事表演艺术的人员。对于经批准招用的文艺工作者、运动员、艺徒，用人单位应当切实保护他们的身心健康，促使他们在德、智、体等方面健康成长，并负责创造条件，保证少年、儿童依法接受当地规定年限的义务教育。

案例与事例

一、家庭成员的劳动价值与补偿

刘芸嫁入田家，与公婆住在一起。丈夫田刚下岗后先是开出租，然后到父母田青良夫妇的纸业店帮工。刘芸没有正式工作，养孩子的活就落到了她的肩上。田青良夫妇购买了一套商品房和一个门面，登记在田青良夫妇名下。不过，田刚只是名义上的店主，每个月领着固定工资，田青良夫妇才是真正的老板。

刘芸到法院提出离婚，要求分割包括两个门面在内的夫妻共同财产，遭到田刚的拒绝。法院判决准许刘芸与田刚离婚；儿子由刘芸抚养，田刚每月支付抚养费 600 元。离婚了，刘芸近乎净身出户。

离婚不久的刘芸将田刚和田青良夫妇告到法院，诉称结婚后一直与田刚父母共同生活在一起。在与公婆共同生活、共同经营期间，公婆添置了房屋和门面，田青良还积攒下存款 27 万元。她与田刚离婚，但未对共同财产进行分割，请求法院对家庭共有财产进行分割。

法院审理后认为，家庭共有财产是家庭成员共同生活期间共同创造或添置的财产。刘芸与田刚结婚后，没有与田青良夫妇分家，因而在此期间大家庭新增的财富，从广义上来讲属于这个家庭的共同财产，既然是共同财产，家庭成员自然有权要求分割。

由于两个门面都是田青良夫妇出资购买，在保持田青良夫妇对两个门面所有权的基础

---

① “为了加大打击使用童工的力度，有关部门提出建议，在刑法中增设使用童工的罪名和刑罚，全国人大常委会的法制工作部门已在研究这个问题。因此，如果使用童工罪的刑法修正案依法提请全国人大常委会审议并通过，我国刑法就将增加使用童工罪的新罪名。考虑到修订后的本规定将先于关于使用童工罪的刑法修正案出台，修订草案中尚不便出现‘使用童工罪’字样，因此，采用‘其他罪’的提法加以涵盖。这里的其他罪主要指拟增设的使用童工罪。”（国务院法制办公室政法劳动社会保障法制司，中华人民共和国劳动和社会保障部法制司．禁止使用童工规定释义．北京：中国法制出版社，2002：31.）

上，应当对刘芸进行折价补偿。法院酌情认定刘芸8年家务劳动价值10万元。2013年6月，法院判决田青良妇支付刘芸家庭共同财产折价款10万元。[①]

劳动法上的劳动具有社会性，以区别于家务劳动。但在一个以家庭成员为劳动力，以家庭为经营单位的实体中，家庭成员的劳动似应另当别论。尤其是在家庭出现变故时，原家庭成员的劳动应当得到承认，原家庭成员的劳动价值应当得到体现与认可。如同在本案中，离婚时的儿媳对于婚姻存续期间长达8年的劳动，对于这8年家庭财产的增长不能得不到承认和补偿，对其应通过婚姻法上的共同财产制度进行分割和补偿，或者如同本案一样直接承认儿媳在家庭劳动中的价值，并进行相应的补偿，从而有效地实现法律的公平与正义。

《民法典》第1088条规定："夫妻一方因抚育子女、照料老年人、协助另一方工作等负担较多义务的，离婚时有权向另一方请求补偿，另一方应当给予补偿。具体办法由双方协议；协议不成的，由人民法院判决。"相比之前的《婚姻法》，《民法典》对于全职太太和全职丈夫都设置了经济补偿制度。这项规定突破了"夫妻分家财产制"的限制。即，全职太太和全职丈夫有权要求另一方给予经济补偿，即使夫妻双方在婚前约定各自拥有自己的财产。

二、毕业生服务协议的法律效力

小殷是上海市某高校2004届研究生，毕业后进入一家软件公司就业，与公司签订了服务3年的毕业生服务期协议。协议约定，公司负责为小殷办理上海户口落户手续，小殷若在服务期内擅自离开公司将赔偿违约金3万元。2005年，小殷辞职离开了公司。软件公司以小殷违约为由向劳动仲裁部门申请仲裁，以落实户口是公司的特殊待遇为由，要求小殷支付违约金2.1万元并获得支持。小殷不服，向浦东新区法院提起诉讼，要求不支付违约金。

小殷告诉法官，他在离开前一个月就按规定向公司提出了辞呈，公司也批准了，因此不存在违约情况。同时他认为，落实户口并不是公司给予的特殊待遇。应届毕业生能否得到上海市户口，主要取决于上海市的有关政策规定和毕业生的自身条件，公司仅仅是办理手续而已，并且公司在办理户口时也未支付与协议书约定的违约金3万元相应的对价。

被告公司认为，公司凭借自己的实力和声誉，才具有为外地高校应届毕业生办理上海户籍的能力，并在接收小殷后通过努力为他办理了上海户口落户手续，因此公司实际上是付出了努力，相对于其他未解决上海户口的毕业生而言，这是一种特殊待遇。为此，双方签订的劳动合同和毕业生服务期协议书都已明确约定，原告提前辞职应承担违约责任。

法院认为，根据《上海市劳动合同条例》规定，劳动合同当事人可以对由用人单位出资招用、培训或者提供其他特殊待遇的劳动者的服务期作出约定。而本案中，被告公司以办理上海户口落户手续作为提供的特殊待遇没有法律依据。非上海生源高校毕业生进沪就业能否办理上海市户籍，需符合《2004年进沪就业非上海生源高校毕业生办理上海市户籍工作的规定》中所规定的基本条件和具体要求，而这些基本条件和具体要求中，除与符

---

① 莫特. 莫把儿媳当义工，离婚之时需补偿. 中国妇女.（2016-04-20）[2016-06-07]. http://www.womenofchina.com/2016/0420/3198.shtml.

合条件的在沪企业、事业等单位签订就业协议一项外，其余条件和要求均与非上海生源高校毕业生本人的知识结构、学历、毕业院校等相关情况有关。因此，对于与符合条件的在沪企业、事业单位签订就业协议的非上海生源高校毕业生来说，其是否能取得上海市户籍，更主要的是取决于其本人的素质和相关条件，并经上海市高等学校毕业生就业管理部门审核批准。

因此，原、被告双方签订的毕业生服务期协议书约定3年服务期及相应违约金的相关内容与相关劳动法律、法规相悖，法院作出判决，支持了小殷的诉请，判定小殷不必支付违约金。①

三、落户服务协议的违约金

2019年6月16日，刘某某入职××××股份有限公司北京市分公司，工作岗位为建设与维护，双方签订了期限为2019年6月16日至2022年6月15日的劳动合同书，税前月均工资在13 000元左右。入职不到两年，2021年4月16日，刘某某因个人原因离职。

另外，双方在签订劳动合同时签订过一个有关户口事项的约定：(1) 甲方为乙方解决北京市户口并办理集体户口落户手续；(2) 鉴于甲方在户口办理服务中花费了大量的人力、物力，以及北京市落户资源的紧缺性，在甲方为乙方办理落户服务后，乙方自愿向甲方提供不少于5年的服务，服务期限自2019年6月16日至2024年6月15日；(3) 乙方在服务期内辞职或因违纪、违法问题导致被甲方解除合同，应当向甲方支付落户服务赔偿，赔偿标准为100万元整。后公司为刘某某办理了北京户口。

公司声称，刘某某的离职违反了双方的约定，2021年4月1日，因总部对落户服务协议相关内容进行了修订，故公司通知刘某某换签落户协议，将违约金总额由100万元下调至30万元，赔偿方式调整为5年内服务每满一年赔偿金额递减约定总金额的20%等，故公司要求刘某某赔偿损失18万元，具体损失为北京市户口的稀缺性等。

对此，刘某某认可上述证据真实性，并且主张其已经于2021年4月6日将北京户籍迁回吉林、劳动合同期限仅3年而服务期5年不合理、因公司变更其岗位至市场部导致岗位与合同约定不符造成其离职，故不同意赔偿损失。

公司申请仲裁，要求刘某某支付落户服务赔偿金18万元。仲裁委员会以仲裁请求不属于劳动人事争议仲裁受案范围为由决定不予受理。

公司向北京市海淀区人民法院提起诉讼，请求判令刘某某赔偿其经济损失18万元。海淀区人民法院认定，用人单位为其招用的劳动者办理了本市户口，双方据此约定了服务期，确因劳动者违反了诚实信用原则，给用人单位造成损失的，劳动者应当予以赔偿。

法院认为，刘某某与公司签订协议约定公司为刘某某办理进京落户手续，刘某某承诺在公司服务满5年，上述约定未违反法律法规的强制性规定，符合自愿公平原则。刘某某在知晓北京市户口落户指标为重要的稀缺资源，亦知晓其服务期未满的情况下，在户籍进京手续办理完成后，工作不满两年即提出辞职，该行为违反了诚实信用原则，给公司在人才引进及招录同岗位人员等方面带来一定损失。根据刘某某未满约定工作年限的实际情

---

① 陈颖婷. 上海：辞职大学生不必向企业支付违约金. 工人日报，2006-04-17 [2016-07-17]. http://www.chinajob.gov.cn/FAQs/content/2006-04/17/content_372686.htm.

况、公司损失情况，参照刘某某的月工资、离职原因等情况酌定刘某某向公司赔偿损失60 000元。对于公司过高的诉请，法院不予支持。[①]

四、公共卫生事件中的失业保险

1999年1月22日国务院颁布实施《失业保险条例》，标志着我国失业保险法律制度完整建立。然而参与企业多，缴费数额高，但失业人员受益比率低，领取失业保险金的人数与实际失业人数不成比例的问题长期存在。从调查失业率来看，领取失业保险金人数比例仅为10%左右，受益人群占比很小。2018年我国调查失业率是4.9%，失业人数是2 130万人，但年末领取失业金的人数只有223万人，仅占失业人数的10%多一点。失业保险基金累计结存从2004年的400亿元增加到2018年的5 800亿元。

失业保险制度的效能不彰，必然加大劳动者在公共卫生事件期间的生活困难，也在很大程度上会把这种困难向用人单位转移，使得公共卫生事件中的用人单位更加困难。因此，加大失业保险的实施力度，让失业的劳动者在公共卫生事件期间的基本生活得到保障，促进劳动者掌握新的劳动技能，从事新的职业，尽快在新的岗位上实现新的就业是一项既具有制度性也具有根本性的应对之策。

① 月薪1.3万员工取得北京户口后离职：公司要求赔偿损失18万法院判了.（2021-11-01）.中国青年网.

第五章　劳动合同法

导读

劳动合同制度是劳动法中最为重要的制度，可以说是劳动法的核心。劳动合同也是用人单位和劳动者发生劳动争议而主张权利时最为重要的依据。本章讨论劳动合同的内容、形式和期限，介绍了劳动合同的订立、变更、终止与无效，劳动合同的解除以及违反劳动合同的法律责任。

第一节　劳动合同概述

一、劳动合同的定义和立法

（一）劳动合同的定义

我国《劳动法》第16条第1款规定："劳动合同是劳动者与用人单位确立劳动关系、明确双方权利和义务的协议。"第2款规定："建立劳动关系应当订立劳动合同。"这就是说劳动合同是确立劳动关系的法律依据。在市场经济条件下，用人单位成为用人主体，劳动者也成为自主就业的主体。用人单位与劳动者之间建立劳动关系，必须订立劳动合同。劳动合同一经订立，就成为规范双方当事人劳动权利和义务的法律依据。

根据劳动关系双方当事人是否签订了劳动合同，可以在形式上将劳动合同分为口头劳动合同和书面劳动合同，在内容上则可分为事实劳动关系和法定劳动关系。前者是由劳动关系双方当事人以口头形式约定而产生的劳动事实，适用于短期劳动，以双方的互信为基础。在事实劳动关系中，还应当包括双方虽然签订有劳动合同，但该劳动合同因法定或者其他原因归于无效的情况。由于在事实劳动关系中双方的权利、义务难于准确认定，而且劳动关系的终止或者解除具有相对的随意性，因而事实劳动关系在现代社会不被提倡。

《劳动合同法》进一步明确规定，用人单位自用工之日起即与劳动者建立劳动关系，用人单位应当建立职工名册备查。已建立劳动关系，未同时订立书面劳动合同的，应当自用工之日起一个月内订立书面劳动合同。用人单位与劳动者在用工前订立劳动合同的，劳动关系自用工之日起建立。用人单位自用工之日起满一年不与劳动者订立书面劳动合同的，视为用人单位与劳动者已订立无固定期限劳动合同。并且，用人单位未在用工的同时订立书面劳动合同，与劳动者约定的劳动报酬不明确的，新招用的劳动者的劳动报酬按照集体合同规定的标准执行；没有集体合同或者集体合同未规定的，实行同工同酬。

在对劳动合同的认识中，要注意劳动合同与集体合同、民事合同的区别。

集体合同是工会（或职工代表）代表职工与企业就劳动报酬、工作条件等问题，经协商谈判订立的书面协议。在集体合同中，劳动标准是集体合同的核心内容，对个人劳动合同起制约作用，涵盖了劳动报酬、工作时间、休息与休假、保险待遇、生活福利、职业培训、劳动纪律、劳动保护等。集体合同是在劳动合同的基础上产生和发展起来的，但两者有明显的区别：集体合同是由雇主或雇主团体与由工会代表的全体职工订立的；劳动合同是由雇主与单个雇员，即用人单位与劳动者个人订立的。

集体合同不仅规定企业或者行业的一般劳动和生活条件，而且涉及劳动关系的各个方面；劳动合同规定劳动者个人和用人单位的权利和义务。集体合同的效力高于劳动合同，集体合同适用于企业全体职工；劳动合同仅对劳动者个人有约束力，且不得违背集体合同的相关规定。当集体合同规定了本企业的最低劳动标准时，劳动合同规定的各项劳动标准不得低于集体合同的规定。集体合同中的用人单位违反集体合同的规定，侵害了工会和全体职工的合法权益并造成损失时，应承担物质赔偿责任；工会不履行集体合同的规定，一般不承担物质赔偿责任。劳动合同任何一方当事人违反规定都可导致解除劳动合同，任何一方给对方造成经济损失时，都可能根据后果及损失的大小承担赔偿责任。

民事合同是确立当事人之间民事权利、义务的协议，虽然当事人之间进行承包经营、加工承揽等均可通过订立民事合同进行，并与劳动有一定联系，但仍与劳动合同有显著的区别。例如，劳动合同主体具有特定性，即劳动合同的主体一方是劳动者，另一方是用人单位；双方至少有一方是自然人，并且双方是既平等又隶属的劳动关系。而民事合同则是平等的自然人、法人、非法人组织之间的有关民事权利义务关系的协议。在劳动关系中，劳动者必须加入用人单位，成为其一员，并且遵守单位内部劳动规则。在民事关系中，当事人无须加入用人单位，不受用人单位内部劳动规则约束。作为劳动关系当事人一方的用人单位组织劳动，享有劳动支配权，因而有义务承担劳动风险责任；作为劳务关系当事人一方的劳务提供者自行安排劳动，自己承担劳动风险责任。与此相应的是，在劳动关系中用人单位享有劳动支配权，因而有义务承担劳动风险责任。在民事关系中，一方当事人是自行安排劳动，自己承担劳动风险责任。劳动合同的目的是建立劳动法律关系；民事合同的目的是在自然人、法人、非法人组织之间设立、变更、终止民事法律关系。劳动合同是以劳动权利和义务为内容，由劳动法调整；民事合同则是以民事权利和义务为内容，由民法调整。

（二）劳动合同的立法

新中国成立以后至 1986 年，我国一直没有专门的劳动合同立法，只有对新中国成立初期的私营企业以及其他企业等单位使用临时工、季节工、轮换工签订劳动合同的规定。对于其他绝大部分职工则实行固定工制度，立法上并未规定订立劳动合同。

1949 年 11 月中华全国总工会《关于劳资关系暂行处理办法》规定："私营企业主与被佣用之工人职员店员学徒及杂务人员之间的关系，凡属本办法未规定者，得由劳资双方协议，签定集体合同或劳动契约规定之。" 1956 年年初，劳动部会同全国总工会起草了《中华人民共和国劳动合同条例（草案）》。1957 年更名为《企业、事业、机关录用人员时签订劳动合同的暂行规定（草稿）》，其中规定："企业、事业、机关在录用新工人、新职员、新学徒、季节工、临时工以及其他单位调入或借调工人时，都必须签订劳动合同。"此外，还对劳动合同的内容、订立程序与解除合同的理由等作了规定。这个草稿曾发送各地讨论，但未正式公布施行。

从 1980 年开始，一些地方开始试行劳动合同制。1983 年 2 月劳动人事部发出《关于积极试行劳动合同制的通知》，提出今后无论全民所有制单位还是县、区以上集体所有制单位，在招收普通工种或技术工种的工人的时候，用工单位与被招用人员都要订立具有法律效力的劳动合同形式，规定双方当事人的权利与义务。1986 年 7 月 12 日国务院发布《国营企业实行劳动合同制暂行规定》（已失效），规定从 1986 年 10 月 1 日该规定施行起，企业在国家劳动工资计划指标内招用常年性工作岗位上的工人，除国家另有特别规定者外，统一实行劳动合同制；国家机关、事业单位和社会团体在常年性岗位上招用的工人，应当比照该规定执行；同时规定了劳动合同制工人的招收录用，在职、待业、退休期间的待遇，以及劳动合同的订立、变更、终止和解除等方面的法律制度。

随着我国劳动用工制度的发展，制定专门的《劳动合同法》的时机已经成熟，2005 年 11 月，国务院常务会议审议了《中华人民共和国劳动合同法（草案）》并提请全国人民代表大会常务委员会审议。2005 年 12 月 24 日，第十届全国人大常委会第十九次会议对《劳动合同法（草案）》进行初次审议。2006 年 3 月 20 日，草案全文向社会公开征求意见。在一个月的时间里，共收到各界意见 191 849 件。2006 年 12 月 24 日，《劳动合同法（草案）》新的修改稿再次被提请第十届全国人大常委会第二十五次会议审议。全国人大法律委员会对全国人大常委会委员的审议意见和社会各界的意见作出全面回应，对试用期期限、经济性裁员、无固定期限合同的签订和解除等作了多处修改。

2007 年 4 月 24 日，第十届全国人大常委会第二十七次会议第三次审议《劳动合同法（草案）》，对于劳动关系的建立和劳动合同的订立、培训职工的服务期协议、经济性裁员、经济补偿和过渡条款等又有了新的说法。2007 年 6 月 28 日，草案在表决前又有修改：只要用人单位为劳动者提供专项培训费用就可以与其约定服务期；约定保密条款时增加与知识产权相关的事项；经济补偿不满 6 个月的支付半个月工资；劳动行政部门和其他有关主管部门及其工作人员玩忽职守、不履行法定职责，或者违法行使职权，给劳动者或者用人单位造成损害的，应当承担赔偿责任。2007 年 6 月 29 日，第十届全国人大常委会第二十八次会议以 145 票赞成，一个未按表决器，高票通过了《劳动合同法》。

二、劳动合同的法律特征

1. 劳动合同的主体由特定的用人单位和劳动者双方构成

劳动合同的当事人必须一方是企业、事业、机关、社会团体或私营业雇主，另一方是劳动者本人。两个单位之间有关劳务输出输入的协议不是劳动合同。

劳动合同是为劳动力使用而订立的合同，所以合同当事人一方必须是劳动力的拥有者，也就是其本身必须具有劳动力。这便决定了劳动合同当事人一方必须是作为自然人而存在的劳动者。拥有劳动力的劳动者的存在是劳动关系得以建立、劳动合同得以订立并得到履行的前提条件。同样，对劳动力的使用具有需求的用人单位作为相对方的存在也是必不可少的，因为劳动力的使用是劳动力为他人使用，或者说劳动者是为他人劳动。劳动者为自己所实施的劳动不是劳动合同意义上的劳动；一个劳动者也不是为另一个劳动者提供劳动，除非另一个劳动者是以雇主的身份出现，而此时他已不是一个劳动者了。

劳动合同的这一特征使我们把劳动法意义上的劳动与社会生活中广泛意义上的劳动区分开来，也使我们能够正确地把握劳动关系与其他相似法律关系的区别。在劳动法的范畴中，广义的劳动可以涵盖一切为他人提供的有酬劳动，如家庭保姆、计时家庭保洁人员、个人雇用空调安装移机人员、一次性搬运工等，他们都符合劳动合同关系的基本原理；在严格意义上，则会将用人单位限定在法律规定的范围内，即只有劳动法明确规定了的用人单位才具有使用劳动力的资格，才能与劳动者建立劳动关系，双方的劳动关系也才能由此为法律所认可和保护。后者对于劳动关系规范化的意义是显而易见的，但却不能包容与日俱增的非全日制工作、非法定用人单位对劳动力的使用、家庭用工等。当出现侵犯劳动者权益的纠纷后，还会出现有悖人们初衷的“逆选择”，即具备用人单位主体资格的用人单位将被依据劳动法追究并承担相应的法律责任，不具备劳动法规定的主体资格的劳动力使用者则不受劳动法的调整，当然也不用承担劳动法律责任。

2. 劳动合同的标的是劳动者的劳动行为

劳动合同订立后，劳动者一方必须加入用人单位的生产和工作中去，成为该单位的一名职工，对内享受本单位职工的权利、承担本单位职工的义务，即劳动者有获得报酬的权利，有获得社会保险和生活福利的权利，相应地有完成其劳动行为的义务；用人单位有权依照劳动合同的规定组织管理劳动者，使其完成约定的劳动行为，当然其也有义务支付劳动者劳动报酬，为职工参加社会保险和提供生活福利。

以劳动行为作为劳动合同标的要求劳动者按照用人单位的指示提供劳动，劳动者提供劳动本身便是劳动合同的目的。因此，劳动合同是必须由特定的劳动者来履行的合同，而且劳动者向用人单位提供劳动的行为具有持续性。劳动行为的持续性决定了劳动合同期限的重要意义，也决定了持续期长短对于当事人双方权利、义务的影响，即劳动合同期限越长，意味着劳动者对用人单位付出的劳动越多，劳动者享受的权利也就越多，用人单位应对劳动者承担的义务也越来越多。例如，我国《劳动合同法》第 14 条规定了无固定期限劳动合同制度，应当订立无固定期限劳动合同条件中的“（一）劳动者在该用人单位连续工作满十年的；（二）用人单位初次实行劳动合同制度或者国有企业改制重新订立劳动合同时，劳动者在该用人单位连续工作满十年且距法定退休年龄不足十年的；（三）连续订立二次固定期限劳动合同，且劳动者没有本法第三十九条和第四十条第一项、第二项规定的情形，续订劳动合同的”这三种情形，都缘于此。

同样，由于持续性劳动行为对于劳动者劳动经验的积累、劳动技能的专一和固定化以及劳动关系当事人双方依赖基础的形成的影响，对劳动合同解除的限定远比对其他合同解除的限定严格。而且与其他继续性合同在解除原因上的要求相反，劳动合同在解除原因上更加强调法律和合同的明确规定，尤其是用人单位必须以法律和合同条款为其单方解除劳动合同的依据。

3. 劳动合同一般有试用期限的规定

劳动过程是劳动力与生产资料两大要素组合的过程，也是劳动者智力与体力发挥的过程。劳动合同的试用期正是劳动者与生产资料组合的考察期，目的是使这两大要素实现最佳组合，取得最佳劳动效果。

在通过劳动合同所建立的劳动关系中，既有劳动者与生产资料相结合所形成的人与物的关系，也有劳动者与劳动者、劳动者与管理者之间形成的人与人的关系。前者对于劳动者的劳动技能、工作经验、业务素质、工作态度和专业知识有着特定的要求，后者要求劳动者处理好上下级、同事、师徒、主客等关系。同样，对于用人单位而言，既需要了解劳动者的实际工作能力，也必须为劳动者提供符合法律规定或合同约定的劳动条件。这诸多因素中的任何不和谐都会导致劳动过程中的麻烦，影响双方订立劳动合同目的的实现。所以，在劳动合同中可以约定试用期。

我国《劳动法》第 21 条规定："劳动合同可以约定试用期，试用期最长不得超过六个月。"出于制止与纠正用人单位滥用《劳动法》中试用期条款的需要，《劳动合同法》第 19 条详尽地规定了试用期的约定规则，即劳动合同期限 3 个月以上不满 1 年的，试用期不得超过 1 个月；劳动合同期限 1 年以上不满 3 年的，试用期不得超过 2 个月；3 年以上固定期限和无固定期限的劳动合同，试用期不得超过 6 个月。同一用人单位与同一劳动者只能约定一次试用期。以完成一定工作任务为期限的劳动合同或者劳动合同期限不满 3 个月的，不得约定试用期。试用期包含在劳动合同期限内。劳动合同仅约定试用期的，试用期不成立，该期限为劳动合同期限。这项立法实施后，用人单位滥用劳动合同试用期的现象得到了有效的遏制。

劳动合同的试用期也被称为"试用劳动关系"，并被界定"为一完整真正的劳动关系，但由于双方当事人同意试用，故其关系较易解除"[①]，从而形成了劳动合同中的一种特有现象，即合同有效期已经开始，合同也已经履行，但在一个特定的期限内双方当事人都可以相对自由地解除劳动合同，终止劳动关系。而且在此期间内，双方实施解除或者终止劳动关系的行为都无须承担在劳动合同有效期内的其他时间应当承担的某些责任。

4. 劳动合同的内容涉及劳动者完成再生产的过程

劳动力有自然老化的过程，劳动力还有本身再生产的特征。劳动合同订立时不仅要规定用人单位与劳动者本人的权利义务关系，而且要涉及劳动者的直系亲属在一定条件下享有的物质帮助权。在职工因年老、疾病、工伤、残疾、死亡等原因，暂时或永久丧失劳动能力，中断劳动，可能不能获得劳动报酬时，用人单位不仅要负担职工本人的社会保险待遇，而且要对职工所供养的直系亲属给予一定的物质帮助。

劳动者自然老化的需求和劳动力再生产的需求都需要以劳动者的劳动来满足，因而成为劳动合同不可缺少的内容。就前者而言，一个人必然经历从出生到成年、老年直到死亡的过程，在这一过程中，当其未成年时，要依靠成年劳动者的劳动哺育成长；当其成年时，不仅要从劳动中满足现实的生活需求，还必须为自己的老年做准备，以便自己年老丧失劳动能力时能够生存下去。所以，任何劳动者的劳动都不只是为自己的劳动，也不只是为了当下能够生活的劳动。任何劳动者的劳动都是同时肩负未来、负担他人的劳动。就后者而言，人的繁衍生息、世代相续是人类社会存在的客观规律。

---

① 黄越钦. 劳动法新论. 北京：中国政法大学出版社，2003：88.

无论是劳动者自身从始至终的生命历程，还是劳动力再生产的必然需求，都要求劳动者在劳动中予以解决。而解决问题虽是缘于劳动者的劳动，但劳动者的劳动本身并不能解决问题。这就要求用人单位在使用劳动者的劳动时，为劳动者提供满足全面需求的条件。因此，用人单位满足劳动者内容广泛的生活需求是劳动合同的应有之义，包括为其生活提供便利条件而举办的集体福利设施，如职工住房、集体宿舍、食堂、托儿所、浴室、理发室、内部商店等；为丰富和活跃职工文化娱乐生活而提供的各种文化体育场所，如图书馆、体育馆、俱乐部等；为解决职工及其家庭生活困难而设立的各种补贴、补助规定，如带薪探亲假制度、交通补贴费、个人生活困难补助、房租补贴、洗理费补贴等。

5. 劳动合同的目的在于劳动过程的实现，而不是劳动成果的给付

劳动过程是一个复杂的体能与智能发挥的过程，有的劳动直接创造价值，有的劳动在间接地实现价值；有的劳动成果当时就能衡量，有的劳动成果则需要一定时间才能看到。因此，劳动合同的目的在于确立劳动关系，使劳动过程得以实现。

由劳动合同的这一目的决定，用人单位给付劳动者的劳动报酬应当是货币，而不应当发放产品。劳动者从事劳动只在于完成生产过程，而不是为得到劳动后所生产的产品，所以，劳动者是以完成劳动过程来取得货币工资，以此满足本人及家庭的生活需要，而不是为了将产品拿回家自用。以产品来取代工资不仅违背了劳动合同的目的，而且会损害劳动者的合法权益，因为用人单位不能在市场上销售的产品在劳动者手中更加难以变现。

由此也引发出另一个结论：劳动者只要完成了劳动过程，就应当取得劳动合同中约定的劳动报酬，无论其生产出来的产品是否能在市场上变为货币。换言之，劳动者只对劳动过程负责，而不对劳动过程之外的劳动结果负责。由于劳动者是按照用人单位的指令劳动的，是在用人单位提供生产条件、原材料和生产设备情况下进行劳动的，凝聚了劳动者的劳动于其中的产品能否顺利地实现由商品向货币转化取决于多种因素，许多因素并非劳动者所能控制的或者其劳动本身所能决定的，所以，用人单位借口自己的产品未能卖出而不支付劳动者工资，借口产品卖出后没赚钱而不支付劳动者工资，借口生产需要向劳动者收取风险抵押金等行为，都是荒谬且违法的。劳动者就是劳动者，劳动者不是投资者，更不是用人单位本身。一个最为浅显的道理是：即便产品卖出后赚取了超额利润，为此付出劳动的劳动者也不可能主张分配利润。

6. 劳动合同履行中的从属性和非强制性

这种从属性首先表现在劳动者实施劳动行为时，必须让渡自己对作息时间支配的自由，服从用人单位的时间安排。在工作内容上，劳动者也不得自行决定劳动的方式和内容，必须按照用人单位的要求完成其劳动过程。在劳动过程中，劳动者必须接受用人单位的指示，且劳动者接受用人单位指示的范围比加工承揽、工程承包等更为广泛和具体，例如，用人单位的规章制度，劳动力的配合与调整，工作岗位的操作规则、工时、工作地点、工作方法、程序都包括在内。这种对于用人单位指示的从属性还进而扩展至对用人单位惩戒权的遵从。当用人单位对劳动者作出处罚决定，且该决定最后并未在法律上被否决时，劳动者就必须接受和遵守。

劳动合同履行中的从属性也表现在经济形态上，即劳动者创造的劳动成果并不属于劳动者，而是归用人单位所有。劳动者并不是为自己的经营而劳动，而是从属于用人单位，

为了用人单位的经营需要而劳动；在劳动中既不使用自己的生产工具从事劳动，也不能自行决定劳动的强度、频率和劳动成果的数量与质量。这种从属性产生的依据在于用人单位基于经营需要而对生产的组织、结构、设备有充分支配、管理权，生产工具或器械属于用人单位所有，通常虽由劳动者使用，或偶有劳动者自备工具的例外，但不影响生产或操作工具由用人单位提供的法律要素。在劳动合同履行中，用人单位不但提供劳动场所、机构和生产工具，还提供生产所需的原料。由于用人单位对生产的原料自始有所有权，劳动者履行劳动义务的行为便不会影响劳动成果所有权的归属，也不会发生劳动成果所有权的变更。

尽管劳动合同的履行具有如此强烈的从属性，但我们仍需强调劳动合同履行中对于劳动者的非强制性。这里的对于劳动者的非强制性不仅仅是从劳动者的人身自由层面提出，其重点在于强调劳动者的劳动是不能强制的。即使劳动者是因其主观上的故意而不履行劳动合同，用人单位也不能强制其履行。无论是来源于法律上的诉讼或是以诉讼外的其他方式，都不得对劳动者履行劳动合同构成强制。用人单位对于劳动者旷工或不经预先告知即终止或解除劳动合同的情形可以采取法律和合同允许的行为，但却没有强制劳动者劳动的权利。

7. 劳动合同权利、义务的延续性

劳动合同权利、义务的延续性源于劳动者劳动力再生产的自然属性。这种延续性表现在两个方面：一是在劳动合同的有效期内，劳动者即使未向用人单位提供劳动，在一定条件下对用人单位仍有劳动报酬的请求权，用人单位仍有支付劳动报酬的义务。例如，在劳动合同有效期内的例假、休假、特别休假和劳动者参加其他法定活动时，虽未向用人单位提供劳动，但用人单位仍需支付劳动报酬。我国《工资支付暂行规定》也要求：“非因劳动者原因造成单位停工、停产在一个工资支付周期内的，用人单位应按劳动合同规定的标准支付劳动者工资。”二是在劳动合同终止或解除后，用人单位仍对劳动者负有相应的责任。所以，《劳动合同法》第 46 条规定的“用人单位应当向劳动者支付经济补偿”情形就既包括了劳动合同解除，也包括了劳动合同终止。更为明显的是，用人单位在劳动合同关系存续期间为劳动者支付的各项社会保险费，是由劳动者在劳动合同关系消灭后，甚至是在劳动者完全解除劳动义务后才享受的。

8. 劳动合同内容的法定性

合同的基本要义在于当事人双方的合意，这在劳动合同中也是一样的。但有所不同的是，劳动合同的内容更具有法定性。这种法定性既表现在劳动合同内容直接由法律加以规定，双方当事人都无权变更，如劳动者的就业与退休年龄，安全与卫生的劳动条件，社会保险费的承担与分担比例等；也同时表现在劳动合同内容只能在法律标准限度内选择，双方当事人都不能突破法定标准所许可的限度，如最长的工作时间、最长的加班加点、最低的工资数额等。

劳动合同内容的法定性的另一表现是法律责任归属的法定性。由于用人单位在与劳动者的劳动关系中处于主导地位，劳动风险应由其承担。当劳动者在劳动中受到来源于劳动工具、原料、生产设备的伤害时，便产生了职业伤害赔偿，用人单位应承担法律规定的无过错赔偿责任。反之，劳动者在劳动中对用人单位造成损害的，劳动者承担赔偿责任仅以主观上的故意状态为限，对于过失行为则须依照过失轻重和损害结果的程度减轻或免除责任。并且，即便在劳动者必须承担赔偿责任时，也仍应以其承担责任的实际能力为限，若以扣除劳动者的工资支付赔偿金额，每月的扣除额不得超过劳动者本人当月工资的 20%，若扣除后的剩余工资部分低于当地最低工资标准，则按最低工资标准支付，以保障劳动者及其家庭的基本生活不受影响。

第二节　劳动合同的订立、变更、终止与无效

一、劳动合同的订立

（一）劳动合同订立的条件

劳动合同订立的条件，是指用人单位和劳动者建立起权利义务约束的劳动关系后履行其义务、行使其权利的资格。

1. 用人单位订立劳动合同的条件

我国《劳动法》第 2 条规定，在中华人民共和国境内的企业、个体经济组织（以下统称用人单位）和与之形成劳动关系的劳动者，适用该法。国家机关、事业单位、社会团体和与之建立劳动合同关系的劳动者，依照该法执行。此后，《劳动合同法》第 2 条也规定，中华人民共和国境内的企业、个体经济组织、民办非企业单位等组织（以下称用人单位）与劳动者建立劳动关系，订立、履行、变更、解除或者终止劳动合同，适用本法。国家机关、事业单位、社会团体和与其建立劳动关系的劳动者，订立、履行、变更、解除或者终止劳动合同，依照本法执行。第八章“附则”中的第 96 条补充规定了事业单位与实行聘用制的工作人员订立、履行、变更、解除或者终止劳动合同，法律、行政法规或者国务院另有规定的，依照其规定；未作规定的，依照本法有关规定执行。

从上述规定中可以看出，作为用人单位一方的当事人多数是以法人形式出现的。我国《民法典》对法人资格有明确的规定，只有具备了这些条件，用人单位才能在行使权利的同时履行其对等的义务。在劳动关系双方当事人之间，法人凭借其完备的主体资格、足够的财力与物力，在缔结劳动合同后能够依据合同的约定，为劳动者按时足额地支付报酬，为劳动者办理社会保险和提供生活福利。

用人单位目前除法人外，还有许多非法人组织或个体经济组织。这些用人单位虽然不具备法人资格，但仍可以成为劳动合同订立的主体，尤其在个体经济组织作为劳动合同主体订立合同的时候。

关于用人单位的主体资格，首先应当考虑到该用人单位有无一定的资信能力，能否为劳动者按时足额地支付劳动报酬。对非法人资格的劳动合同主体，劳动者与之订立劳动合同时，就应当对该用人单位的财产状况、有无财产承担民事责任等进行考察，这样才能保证订立的劳动合同有效，才能保证劳动者自己的劳动报酬权及其他各项权利的实现。

2. 劳动者订立劳动合同的条件

劳动者订立劳动合同的条件，是指劳动者作为劳动合同的一方当事人必须具备的主体资格。订立劳动合同是公民实现自己的劳动权利、履行劳动义务的途径，订立劳动合同对

当事人一方的劳动者也是有一定条件限制的。

（1）年龄条件。这是指劳动者订立劳动合同必须达到合法的劳动年龄。我国《劳动法》第 58 条第 2 款规定："未成年工是指年满十六周岁未满十八周岁的劳动者。"这表明，年满 18 周岁的劳动者达到了订立劳动合同的条件；年满 16 周岁不满 18 周岁的劳动者依照《劳动法》的有关规定及劳动合同的约定，在劳动合同约定的权利义务关系不违背有关法律、法规前提下订立劳动合同。

（2）劳动能力条件。劳动能力是指劳动者凭借自己的智力或体力完成某项工作的能力，各类劳动者的劳动能力差别很大，脑力劳动者的劳动能力与体力劳动者的劳动能力、成年工的劳动能力与未成年工的劳动能力、女性劳动者的劳动能力与男性劳动者的劳动能力都是有区别的，订立劳动合同时应根据合同的内容，分别与有相应劳动能力的劳动者订立，这样，才能保证劳动合同的正确履行。

（二）劳动合同订立的原则

我国《劳动法》第 17 条第 1 款规定："订立和变更劳动合同，应当遵循平等自愿、协商一致的原则，不得违反法律、行政法规的规定。"这在《劳动合同法》第 3 条第 1 款中表述为："订立劳动合同，应当遵循合法、公平、平等自愿、协商一致、诚实信用的原则。"

1. 平等自愿原则

平等，是指用人单位和劳动者在缔结合同时法律地位上的平等。在订立劳动合同过程中，当事人双方都是以劳动关系主体资格出现的，是平等主体之间的关系。双方都要依法在协商一致的基础上达成协议，用人单位不得借助于我国劳动力市场供大于求的现实，在订立劳动合同时对劳动者提出不平等的附加条件。劳动者和用人单位在法律上处于平等的地位，平等地决定是否缔约，平等地决定合同的内容。

自愿，是指订立劳动合同完全是出于双方当事人自己的真实意志，是双方在意思表示一致的情况下，充分地体现了自己订立劳动合同的意图，并经过平等协商而达成协议。自愿主要是指劳动合同的订立必须由当事人依自己意愿独立地完成意思表示，他人不得强迫对方完成这种意思表示。根据自愿原则任何用人单位都无权强迫劳动者订立劳动合同。当然，用人单位也有权不与劳动者签订不符合法律规定或者不符合用人单位录用条件的劳动合同。

2. 协商一致原则

协商一致，是指劳动合同的内容、条款，在法律、法规允许的范围内，由双方当事人共同讨论、协商，在取得完全一致的意思表示后确定。只有双方当事人就合同的主要条款达成一致意见后，合同才成立和生效。

在实践中常见的是用人单位事先拟好劳动合同，由劳动者作出是否签约的决定。根据我国《民法典》的有关规定，采用格式条款订立合同的，提供格式条款的一方应当遵循公平原则确定当事人之间的权利和义务，并采取合理的方式提请对方注意免除或者减轻其责任等与对方有重大利害关系的条款，按照对方的要求，对该条款予以说明。

3. 遵守法律、法规原则

首先是劳动合同的内容合法，订立劳动合同的目的不能违背法律、法规的规定，也不得违背社会基本道德和善良风俗。当事人双方均不得以订立劳动合同的合法形式掩盖不法意图。劳动合同中约定的权利、义务关系也不得违背法律、法规的规定。

这项原则要求劳动合同的内容不违法或对社会公共利益有害，如劳动者不得与用人单位订立盗窃其他企业技术秘密的合同，劳动合同必须采用法律规定的形式，主体符合法律规定的条件。用人单位在公开招用劳动者时，要贯彻公开招收、自愿报名、德智体全面考核、择优录用的原则。

4. 诚实信用原则

诚实信用是一项道德准则，要求人们讲信用、诚实不欺，在不损害他人利益和社会利益的前提下追求自己的利益。在民事法律中，诚实信用原则被称为帝王条款。一方面，它在民事活动中对当事人双方的行为进行指导，要求双方在行使权利、履行义务的时候诚实信用；另一方面，它有填补法律漏洞、授予法官自由裁量权的作用。虽然劳动合同不属于民事合同，劳动法律关系也不属于民事法律关系的范围，但是诚实信用原则作为市场经济活动中基本的道德准则，同样应对劳动合同当事人双方订立、履行、变更和解除劳动合同起指导作用。

《劳动合同法》第8条规定，用人单位与劳动者建立劳动关系、订立劳动合同，应当如实告知劳动者工作内容、工作条件、工作地点、职业危害、安全生产状况、劳动报酬，以及劳动者要求了解的其他情况；用人单位有权了解劳动者与订立和履行劳动合同直接相关的年龄、身体状况、工作经历、知识技能以及就业现状等情况。该条就是诚实信用原则在劳动合同法中的具体体现。

劳动合同订立的原则在实践中主要体现在“面试”中。需要强调的是，在进行面试时，雇员享有法律规定的个人隐私保护权，但即使不经询问雇员也应公开在事实上或法律上会妨碍其实施劳动行为的有关情况，如汽车司机已被吊销了驾驶证。对于不合理的询问，雇员有权拒绝回答，如向女性应聘者打听其怀孕与否、询问是否为工会会员或某政党的成员。

（三）劳动合同订立的效力

我国《劳动法》第17条第2款规定：“劳动合同依法订立即具有法律约束力，当事人必须履行劳动合同规定的义务。”这表明劳动合同从订立时起就生效，双方当事人都必须履行，否则将承担相应的法律责任。其实，这只是劳动合同订立后生效的一种情况，或者说是一种最为普遍的现象。

劳动合同依法订立即具有法律约束力，劳动合同的生效时间一般应从劳动合同签订时，即双方当事人在劳动合同文本上签字之日起计算。签字日期与合同约定的日期应是相同的。如果双方当事人在签订劳动合同时，在合同中明确约定了合同生效的日期，则应从合同生效日期起计算。这就把生效的时间具体分为两种情况了，即签字日期和合同中明确约定的生效日期。

在实际生活中，有先使用劳动者，其后再与之订立劳动合同，或者干脆就不再订立劳动合同而继续使用的情况。对此，我国认定为事实劳动关系，同样适用劳动法调整。俄罗斯劳动法则直接规定为：“无论聘用劳动者是否已按规定方式办理了手续，实际上雇用劳动者参加工作即意味着已经订立了劳动合同。”[①] 这样的规定对于保障劳动者的合法权益更为有力。我国《劳动合同法》规定：用人单位自用工之日起即与劳动者建立劳动关系。实际用人单位与劳动者在用工前订立劳动合同的，劳动关系自用工之日起建立。这明确了劳动关系开始的时间，也表明了当劳动合同与实际用工情形不符时后者效力高于前者。而用人单位自用工之日起满一年不与劳动者订立书面劳动合同的，视为用人单位与劳动者已订立无固定期限劳动合同的规定，则有保护劳动者的明显意图。

二、劳动合同的变更

劳动合同的变更，是指劳动合同在履行过程中，由于法定原因或约定条件发生变化，对已生效的劳动合同条款进行修改或补充。

1. 劳动合同变更的条件

劳动合同变更的条件是指引起劳动合同变更的要素。在劳动合同执行过程中，客观情况发生了重大变化，原劳动合同的部分条款不作修改或补充，便不能继续适应新的情况时，应双方或单方当事人的要求，劳动合同当事人可以依照法律、法规协商变更劳动合同。

劳动合同变更的条件如下：（1）经双方当事人协商达成一致意见的；（2）订立劳动合同时所依据的法律、法规已经修改或废止的；（3）企业经上级主管部门批准或根据市场变化决定转产或调整生产任务的；（4）劳动合同订立时所依据的客观情况发生重大变化，致使劳动合同无法履行的；（5）法律、法规允许的其他情况。

2. 劳动合同变更的条件

（1）根据《劳动法》第 17 条，变更劳动合同必须遵循平等自愿、协商一致原则和合法原则，在国家法律、法规允许的范围内经过充分协商，达成一致意见后，才能变更。（2）变更劳动合同必须在原劳动合同的有效期内进行，即在劳动合同期满前这一段时间内，当事人一方或双方提出变更要求。（3）劳动合同变更时，如在协商过程中达不成一致意见而发生争议，任何一方都可以向当地劳动争议仲裁委员会申请仲裁。（4）因变更劳动合同，给一方带来经济损失的，一般由要求变更劳动合同一方承担经济赔偿责任，但不承担违反劳动合同的责任。承担赔偿责任的一方及赔偿数额的确定，应当根据具体情况决定。如因不可抗力或国家政策的变化而引起劳动合同的变更，可部分或全部免除赔偿责任。非法变更或单方擅自变更劳动合同致使对方受到经济损失的，必须承担违反劳动合同的责任。

《劳动合同法》对于劳动合同变更进一步规定为：用人单位与劳动者协商一致，可以变更劳动合同约定的内容。变更劳动合同，应当采用书面形式。变更后的劳动合同文本由用人单位和劳动者各执一份。用人单位变更名称、法定代表人、主要负责人或者投资人等事项，不影响劳动合同的履行。用人单位发生合并或者分立等情况，原劳动合同继续有效，劳动合同由承继其权利和义务的用人单位继续履行。

---

① 王益英. 外国劳动法和社会保障法. 北京：中国人民大学出版社，2001：677.

三、劳动合同的终止

劳动合同的终止，是指劳动合同的法律效力自然消失或经判决、裁决而消失。劳动合同的终止，即当事人双方建立的劳动关系的终结。劳动合同的终止必须符合法定的条件。

除劳动合同期限届满终止外，下列情况下劳动合同也应终止。

(1) 劳动合同双方当事人发生劳动争议，经劳动争议仲裁机构裁决或人民法院判决终止其效力的劳动合同应当终止。

(2) 劳动者达到退休年龄、劳动者死亡或者被人民法院宣告死亡或者宣告失踪、劳动者完全丧失劳动能力的。劳动合同主体一方已不存在或不具有劳动能力，劳动合同关系自然终止。劳动者达到退休年龄，标志着劳动者自然退出工作岗位，即使劳动合同期限尚未到期，也应在劳动者达到退休年龄之时，即行办理退休和终止劳动合同手续。

(3) 用人单位被依法宣告破产、被吊销营业执照、责令关闭、撤销或者用人单位决定提前解散，使得原劳动关系一方主体不复存在，劳动合同也应终止。

(4) 劳动合同履行中，由于自然因素或社会因素而发生了不可抗力的情况，如地震、水灾、火灾、战争等事由，在合同期限内不可能恢复，原合同无法继续履行或履行成为不必要，合同可以终止。

(5) 劳动合同经劳动争议仲裁机构或人民法院确认无效后，即行终止。

(6) 经双方当事人协商同意终止劳动合同的，可以终止。

劳动合同期满，劳动者有下列情形之一的，劳动合同应当续延至相应的情形消失时终止：(1) 从事接触职业病危害作业的劳动者未进行离岗前职业健康检查，或者疑似职业病病人在诊断或者医学观察期间的；(2) 在本单位患职业病或者因工负伤并被确认丧失或者部分丧失劳动能力的；(3) 患病或者非因工负伤，在规定的医疗期内的；(4) 女职工在孕期、产期、哺乳期的；(5) 在本单位连续工作满 15 年，且距法定退休年龄不足 5 年的；(6) 法律、行政法规规定的其他情形。前述第 (2) 项丧失或者部分丧失劳动能力的劳动者的劳动合同终止，按照国家有关工伤保险的规定执行。

根据《劳动合同法》的规定，劳动合同终止是因劳动合同期满的，除用人单位维持或者提高劳动合同约定条件续订劳动合同，劳动者不同意续订的情形外，用人单位应当向劳动者支付经济补偿；因用人单位被依法宣告破产、被吊销营业执照、责令关闭、撤销或者用人单位决定提前解散的，用人单位也应当向劳动者支付经济补偿。

经济补偿按劳动者在本单位工作的年限，每满 1 年支付 1 个月工资的标准向劳动者支付。6 个月以上不满 1 年的，按 1 年计算；不满 6 个月的，向劳动者支付半个月工资的经济补偿。劳动者月工资高于用人单位所在直辖市、设区的市级人民政府公布的本地区上年度职工月平均工资 3 倍的，向其支付经济补偿的标准按职工月平均工资 3 倍的数额支付，向其支付经济补偿的年限最高不超过 12 年。月工资是指劳动者在劳动合同解除或者终止前 12 个月的平均工资。

《劳动合同法》第 48 条规定，用人单位违反法律规定终止劳动合同，劳动者要求继续履行劳动合同的，用人单位应当继续履行；劳动者不要求继续履行劳动合同或者劳动合同已经不能继续履行的，用人单位应当支付赔偿金。

该法第 50 条规定，用人单位应当在终止劳动合同时出具终止劳动合同的证明，并在 15 日内为劳动者办理档案和社会保险关系转移手续。劳动者应当按照双方约定，办理工作交接。用人单位在办结工作交接时向劳动者支付经济补偿。用人单位对已经终止的劳动合同的文本，至少保存 2 年备查。

四、劳动合同的无效

无效劳动合同，是指劳动合同因为违反法律、法规的规定，或者采取不正当手续订立，因而不具备法律效力的合同。

1. 违反法律、行政法规强制性规定的劳动合同

劳动合同违反法律、行政法规强制性规定是指劳动合同的内容违反法律、行政法规的强行性法律规定。强行性法律规定是具有强制性的法律规范，当事人在其订立劳动合同的活动中必须遵守，否则即属违法。这类强行性规范主要有劳动保护规定、工作时间规定、劳动者基本权利规定、对妇女和未成年人特殊保护规定等。

2. 以欺诈、胁迫的手段或者乘人之危，使对方在违背真实意思的情况下订立或者变更的劳动合同

欺诈是指一方当事人故意捏造虚伪情况或者歪曲、掩盖真实情况，如福利待遇好、工资多、劳动条件优越等，使对方陷入错误认识而与之签订劳动合同。胁迫是指以某种现实或将来的危害使他人陷入恐惧而签订劳动合同的行为，如劳动者以伤害用人单位负责人相威胁而迫使其与之签订劳动合同。同样，在订立劳动合同时，任何一方都不得利用自己的优势地位或对方暂时面临的困难，强迫对方接受自己的条件，达到损人利己的目的。在乘人之危的情况下，双方所订立的合同由于不是真实的内心意志，所以不应当具有法律效力。

3. 用人单位免除自己的法定责任、排除劳动者权利的劳动合同

劳动者的劳动权利具有法定性，不允许用人单位一方或者双方通过约定或者自行规定的方式加以改变，否则会导致劳动合同无效。例如，有的用人单位限制妇女就业，在合同中约定不得于合同期间结婚或生育，或在劳动合同中规定了较长的劳动时间。

劳动合同被确认为无效以后，该劳动合同是从订立起就没有法律效力。劳动合同被确认为部分无效的，其余的部分仍然有效，如劳动合同中有关保守商业秘密的条款无效，并不影响其他条款的效力。

无效劳动合同的订立和履行，会给当事人造成一定的损失。当劳动合同被确认为无效后，因无效劳动合同给一方当事人造成实际损失的，由有过错的一方负责赔偿。如用人单位使用童工造成其伤残的，用人单位要对损失承担相应的赔偿责任。如果双方对劳动合同的无效都有责任的，各自承担相应的责任。

无效劳动合同的效力虽然自始就得不到承认，但是，并不是任何人都有权宣布劳动合同无效。我国有权宣布劳动合同无效的机关是劳动争议仲裁委员会和人民法院。《劳动合同法》第 26 条第 2 款规定："对劳动合同的无效或者部分无效有争议的，由劳动争议仲裁机构或者人民法院确认。"

劳动合同被确认无效，劳动者已付出劳动的，用人单位应当向劳动者支付劳动报酬。

劳动报酬的数额，参照本单位相同或者相近岗位劳动者的劳动报酬确定。

第三节 劳动合同的内容、形式和期限

一、劳动合同的内容

劳动合同的内容是指劳动者与用人单位之间设定劳动权利与义务的具体规定。劳动合同的内容直接涉及劳动者与用人单位的切身利益，也关系到国家劳动法律、法规和政策的贯彻实施，是劳动合同法律制度中的一个重要问题。

根据条款内容是否为一个劳动合同所必需，可将劳动合同的内容分为必备条款和补充条款两部分。必备条款是劳动合同必须具备的内容，欠缺了必备条款劳动合同就不能成立。必备条款中有些是由法律规范规定的劳动合同中必须具备的内容，也有些是由劳动合同当事人协商议定的内容。补充条款并不是劳动合同成立必须具备的条件，缺少了补充条款劳动合同依然能够成立，补充条款都是当事人议定的内容。

（一）劳动合同的必备条款

按照《劳动法》第 19 条和《劳动合同法》第 17 条的规定，劳动合同有以下必备条款。

1. 劳动合同期限

指合同的有效时间，起于合同生效之时，终于合同终止或解除之时。劳动合同可以有固定期限，也可以无固定期限，或者以完成一定的工作为期限。合同中应有规定期限的条款，没有规定又不能通过其他方法明确必要的期限时，合同不能成立。就具体的劳动合同而言，当事人在不违背法律禁止性规定的前提下，可自行协商合同期限。

2. 工作内容和工作地点

工作内容主要是指劳动者为用人单位提供的劳动，这是劳动者应履行的主要义务。劳动者被录用以后，应从事何种工作或担任何种职务，工作上应达到什么要求等，应在劳动合同中加以明确。双方可在协商一致的基础上明确劳动者所应从事工作的类型及应达到的数量指标、质量指标等，也可以参照同行业的通常情形来执行。工作地点即劳动者提供劳动的地点，其也是劳动合同的必备条款之一。

3. 劳动报酬

用人单位应向劳动者支付劳动报酬，这是用人单位的主要义务，相对应地获得劳动报酬是劳动者的权利。劳动报酬，是指劳动法所调整的劳动者基于劳动关系而取得的各种劳动收入，其主要支付形式是工资，此外还有津贴、奖金等。在劳动合同中应明确工资的数额、支付方法，奖金、津贴的数额及获得的条件等。

4. 劳动保护、劳动条件和职业危害防护

在劳动关系中，安全保障、改善劳动条件所需要的成本较高，用人单位可能利用稍高的劳动报酬来诱使劳动者从事高危险和高危害劳动，从而导致劳动者的身体健康和生命安全遭受巨大损害。因此，需要通过立法的方式引导用人单位积极创造条件保证劳动者的劳动安全和切身利益。并且，有关劳动保护和劳动条件的内容，在劳动法中都有规定。

5. 社会保险

社会保险主要包括养老保险、失业保险、医疗保险、工伤保险和生育保险。用人单位和劳动者必须依法参加社会保险，缴纳社会保险费。劳动者在下列情形下，依法享受社会保险待遇：(1) 退休；(2) 患病、负伤；(3) 因工伤残或者患职业病；(4) 失业；(5) 生育。劳动者死亡后，其遗属依法享受遗属津贴。劳动者享受社会保险待遇的条件和标准由法律、法规规定。劳动者享受的社会保险金必须按时足额支付。

6. 工作时间和休息休假

劳动合同中工作时间和休息休假的内容和标准大多在法律上有明确的规定。在劳动合同中，应当明确用人单位与劳动者执行的工时制度和形式。对于法律规定的劳动者应当享受的休息与休假，用人单位应当予以充分保障。

此外，用人单位的名称、住所和法定代表人或者主要负责人，劳动者的姓名、住址和居民身份证或者其他有效身份证件号码，也应当在劳动合同中明确体现出来。

（二）劳动合同的补充条款

《劳动合同法》第17条同时规定，劳动合同除必备条款外，用人单位与劳动者可以约定试用期、培训、保守秘密、补充保险和福利待遇等其他事项。补充条款由当事人针对具体劳动关系中的问题有针对性地加以规定，常见的内容有关于试用期的约定、保守商业秘密条款、补充保险和福利待遇条款。

补充条款并不是每一个劳动合同所必备的，如果欠缺这些内容，合同仍可以成立，但也并不是说对劳动合同而言补充条款是可有可无的。补充条款对于明确当事人的权利、义务和责任，与必备条款一样有着重要意义。

1. 试用期

试用期是指对新录用的职工进行试用的期限。约定试用期的目的在于考察职工是否符合录用条件，用人单位介绍的劳动条件是否符合实际情况。职工和用人单位在试用期内对彼此的情况作进一步了解，根据具体情况作出是否履行或解除劳动合同的决定。我国《劳动法》和《劳动合同法》都对试用期进行了具体的规定。

2. 保密条款

保密条款也是常见的补充内容。约定这一条款的目的在于，保护用人单位的经济利益，防止了解或掌握用人单位商业秘密的劳动者故意或擅自泄露用人单位的商业秘密，给用人单位造成经济损失。

我国反不正当竞争法以及有关科技管理的法规都规定，以盗窃、贿赂等不正当手段获取或者违反约定披露、使用或允许他人使用权利人的商业秘密的，构成侵权。反不正当竞争法还将侵犯他人商业秘密的行为作为不正当竞争行为予以禁止。我国刑法中也规定有侵犯商业秘密罪。在劳动合同中约定这一条款时，应确定劳动者保守商业秘密的范围、保守商业秘密的方式、劳动者承担这一义务的时间期限，一般可以约定在终止劳动关系的1年以内劳动者继续承担保守商业秘密的义务，但作这种约定的同时应给予劳动者一定经济补偿。双方还可以约定劳动者违约应承担的违约责任、赔偿责任等。

对于双方当事人约定的内容，劳动法也有明确加以禁止的规定。例如，用人单位在与劳动者订立劳动合同时，不得以任何形式向劳动者收取定金、保证金（物）或抵押金

(物)；在招收、录用人员时，不得以任何名义收取集资费、培训费、体检费等。对违反规定的，由公安部门和劳动行政部门责令用人单位立即退还给劳动者本人。对此，《劳动合同法》第 9 条规定："用人单位招用劳动者，不得扣押劳动者的居民身份证和其他证件，不得要求劳动者提供担保或者以其他名义向劳动者收取财物。"

二、劳动合同的期限

劳动合同的期限，是指劳动合同的有效时间，是劳动关系双方当事人行使权利和履行义务的时间。劳动合同订立后当事人双方即形成了权利义务约束的劳动关系，各自都要以自己的行为来行使权利和履行义务。这种具有约束力的权利义务关系是有一定期限的，它可能是较长期的，也可能是短暂的。我国劳动合同的期限分为以下三类。

（一）有固定期限的劳动合同

有固定期限的劳动合同，又称定期的劳动合同，是指劳动合同当事人双方约定合同终止时间的劳动合同，其规定了具体明确的起始时间和终止时间。劳动合同期限届满，劳动关系即告终止。经当事人双方协商同意，可以续订合同，但续订的劳动合同的期限也是具体明确的。定期劳动合同的具体期限可由当事人双方根据工作需要和各自的实际情况确定。定期的劳动合同运用范围广，应变能力强，既能保持劳动关系的相对稳定，又能促进劳动力的合理流动，还能减少不必要的劳动纠纷。

（二）无固定期限的劳动合同

无固定期限的劳动合同，又称不定期的劳动合同，指劳动合同当事人双方约定无确定终止时间的劳动合同，其没有规定明确的时间界限。订立无固定期限的劳动合同，除法律、法规规定外，当事人双方应当约定变更和解除劳动合同的条件。

无固定期限的劳动合同并不是针对短期性的劳动行为规定的。与有固定期限劳动合同相比，无固定期限劳动合同对劳动者更有利。有固定期限劳动合同到期后，用人单位可以拒绝与劳动者重新订立劳动合同。无固定期限劳动合同不存在到期的问题，除非发生法定原因或双方之合意才可解除。

《劳动法》第 20 条第 2 款规定："劳动者在同一用人单位连续工作满十年以上，当事人双方同意续延劳动合同的，如果劳动者提出订立无固定期限的劳动合同，应当订立无固定期限的劳动合同。"

《劳动合同法》第 14 条规定，有下列情形之一，劳动者提出或者同意续订、订立劳动合同的，除劳动者提出订立固定期限劳动合同外，应当订立无固定期限劳动合同：（1）劳动者在该用人单位连续工作满 10 年的；（2）用人单位初次实行劳动合同制度或者国有企业改制重新订立劳动合同时，劳动者在该用人单位连续工作满 10 年且距法定退休年龄不足 10 年的；（3）连续订立 2 次固定期限劳动合同，且劳动者没有法定解除或者终止劳动合同情形，续订劳动合同的。用人单位自用工之日起满 1 年不与劳动者订立书面劳动合同的，视为用人单位与劳动者已订立无固定期限劳动合同。

（三）以完成一定工作任务为期限的劳动合同

以完成一定工作任务为期限的劳动合同，是指当事人双方约定以某项工作的完成为合同期限的劳动合同，其将完成某一项工作或工程确定为合同起始和终止的期限。某一项工作或工程开始之日即合同开始之时，此项工作或工程完毕，合同即告终止。

这种劳动合同实际上属于特殊的定期劳动合同，只不过表现形式不同。一般的定期劳动合同以时间的长短作界定，而完成一定工作任务的劳动合同是以一项工作或工程的起始与完成作界限的。它的特点是，既不是没有期限，也不是有确定的具体期限，而是以合同中规定的工作任务的完成作为合同期满的时间。

三、劳动合同的形式

劳动合同的形式，是指劳动合同当事人确立、变更、终止劳动权利义务关系的表现方式。劳动合同的订立、履行、变更和解除是通过双方当事人的意思表示来实现的，意思表示必须以一定的方式来体现，劳动合同必须具备一定的形式。《劳动法》第 19 条规定，劳动合同应当以书面形式订立。因此，劳动合同必须是书面的。

书面形式的劳动合同，是指直接使用书面文字形式表达双方当事人经过协商而达成的一致意见，以确定权利、义务。书面形式的劳动合同严肃、慎重，合同内容写得清清楚楚，准确可靠，有据可查，便于当事人行使权利、履行义务，也便于主管部门和劳动合同管理机关的监督检查。一旦发生争议，可以取得确切的证据，从而可以查明事实、分清是非，正确运用法律、法规处理争议。

《劳动合同法》规定，建立劳动关系，应当订立书面劳动合同。已建立劳动关系，未同时订立书面劳动合同的，应当自用工之日起 1 个月内订立书面劳动合同。用人单位与劳动者在用工前订立劳动合同的，劳动关系自用工之日起建立。用人单位未在用工的同时订立书面劳动合同，与劳动者约定的劳动报酬不明确的，新招用的劳动者的劳动报酬按照集体合同规定的标准执行；没有集体合同或者集体合同未规定的，实行同工同酬。

非全日制用工作为一种特殊形式或者说例外形式，《劳动合同法》第 69 条允许其用工双方当事人订立口头协议。

第四节　劳动合同的解除

劳动合同的解除，是指劳动合同签订以后，没有履行完毕之前，由于某种因素导致双方提前终止合同效力的法律行为。一般包括法定解除、协商解除和单方解除三种情况。

法定解除是指出现国家法律、法规或合同规定的可以解除劳动合同的情况时，无须双方当事人一致同意，合同效力自然或单方提前终止。协商解除是指合同双方当事人因某种原因，在完全自愿的情况下互相协商，在彼此达成一致意见的基础上提前终止劳动合同的效力。单方解除既可以发生在劳动者一方，也可以发生在用人单位一方。当然，后者才是劳动法着力关注和调整的内容。

一、用人单位解除劳动合同及其限制

（一）解除劳动合同的权利及其演变

由雇主或者说用人单位解除劳动合同也被称为“解雇”，在理论上，雇主的解雇权随着历史发展有所变化。早期认为雇主对于雇工有解雇的自由，雇主为了对其经营和投资负

责，必须考虑经营成本，雇用或者解雇劳动者都属于雇主经营自由的基本内容，不应受任何干预。后来在该基础上提出了限制解雇权滥用的主张，即在肯定雇主的解雇自由权的前提下，认为必须具有正当的理由，否则不得解雇。基于劳动权是劳动者的基本权利并且关系到劳动者的生存大计的认识，此后又进一步发展为必须有法律的明文规定，雇主才能行使解雇权，否则解雇是无效的。

据此，各国劳动立法都对雇主或者用人单位解除劳动合同的条件作出了专门的规定；有的国家还制定专门的《解雇保护法》来限制雇主的解雇行为，保护劳动者的劳动权利。

（二）我国立法的规定与限制

我国《劳动法》和《劳动合同法》都规定了用人单位解除劳动合同的情形及限制。用人单位解除劳动合同可以分为三种情形。

1. 用人单位根据劳动者在工作中的主观过错决定解除劳动合同

《劳动法》第 25 条规定："劳动者有下列情形之一的，用人单位可以解除劳动合同：（一）在试用期间被证明不符合录用条件的；（二）严重违反劳动纪律或者用人单位规章制度的；（三）严重失职，营私舞弊，对用人单位利益造成重大损害的；（四）被依法追究刑事责任的。"《劳动合同法》第 39 条增加规定了劳动者同时与其他用人单位建立劳动关系，对完成本单位的工作任务造成严重影响，或者经用人单位提出，拒不改正的，以及以欺诈、胁迫的手段或者乘人之危，使对方在违背真实意思的情况下订立或者变更劳动合同，致使劳动合同无效的两种情形。

（1）劳动者在试用期间被证明不符合录用条件的。在试用期间，用人单位对劳动者从各个方面进一步作全面的严格考查，发现有不符合合同条款或有关规定的，如身体条件、年龄条件、文化程度、个人专业、职业道德、个人文化修养、品德修养等不符合录用约定条件的，或是经试用期培训后仍不能胜任其工作岗位要求的，用人单位有权解除劳动合同。

（2）劳动者严重违反劳动纪律和用人单位规章制度的。劳动纪律是组织社会劳动的基础，是人们从事社会劳动的必要条件。用人单位的规章制度是根据国家法律、法规制定的企业、事业单位的规章制度，它具体规定了劳动纪律的要求，是保证用人单位全体人员协调一致地进行劳动的行为准则。因此，劳动者必须遵守劳动纪律和用人单位的规章制度。

劳动者严重违反劳动纪律影响生产、工作秩序，严重违反操作规程，损坏设备、工具，浪费原材料、能源，给用人单位造成经济损失，或者是工作态度不好，服务态度很差，经常与顾客吵架，损害消费者利益，不服从正常的工作调动，盗窃、赌博、损公肥私、打架斗殴或犯有其他严重错误的，用人单位都有权解除其劳动合同。

（3）劳动者严重失职、营私舞弊，对用人单位利益造成重大损害的。劳动者坚守工作岗位，尽心尽责地工作，按照劳动合同的约定完成工作任务是劳动合同的实质所在。劳动者擅离岗位，玩忽职守，损公肥私，给用人单位经济上造成巨大损失的，用人单位有权解除劳动合同。

（4）劳动者被依法追究刑事责任的。劳动者被判刑的，违反了刑法的有关规定，给社会带来了危害；劳动者本人因被判刑影响了劳动合同的正确、及时履行，不仅因其失去人身自由而延误劳动合同履行的时效，也因其违法行为或犯罪行为本身违反劳动纪律和用人单位规章制度，使得用人单位的生产、工作无法正常进行，使得劳动合同的履行成为不必要，在此情况下用人单位有权解除劳动合同。

（5）劳动者同时与其他用人单位建立劳动关系，对完成本单位工作任务造成严重影响，或者经用人单位提出，拒不改正的。劳动者与用人单位之间的劳动关系应当具有排他性，除特殊就业形式外，在同一时间只能与一个单位签订劳动合同，建立劳动关系。任何劳动者都不能与两个用人单位同时签订劳动合同，任何两个用人单位也不得同时与一个劳动者签订劳动合同，建立劳动关系。劳动者同时与其他用人单位建立劳动关系，对完成本单位工作任务造成严重影响，使用人单位不能获得其与劳动者订立劳动合同时的预期利益的，用人单位有权依法解除与劳动者订立的劳动合同。

（6）以欺诈、胁迫的手段或者乘人之危，使对方在违背其真实意思的情况下订立劳动合同的，该劳动合同无效或部分无效。劳动者以欺诈、胁迫的手段或者乘人之危，使用人单位在违背其真实意思的情况下订立劳动合同而致使劳动合同无效的，用人单位具有解除该劳动合同的权利。这是对用人单位自由用工权的保护，也是公平正义原则的体现。

劳动部《关于贯彻执行〈中华人民共和国劳动法〉若干问题的意见》第 39 条规定，用人单位依据《劳动法》第 25 条解除劳动合同，可以不支付劳动者经济补偿金。

2. 用人单位根据劳动合同履行中客观情况的变化解除劳动合同

《劳动法》第 26 条规定："有下列情形之一的，用人单位可以解除劳动合同，但是应当提前三十日以书面形式通知劳动者本人：（一）劳动者患病或者非因工负伤，医疗期满后，不能从事原工作也不能从事由用人单位另行安排的工作的；（二）劳动者不能胜任工作，经过培训或者调整工作岗位，仍不能胜任工作的；（三）劳动合同订立时所依据的客观情况发生重大变化，致使原劳动合同无法履行，经当事人协商不能就变更劳动合同达成协议的。"

劳动者患病或非因工负伤，按其在本单位工作时间的长短，给予一定时间的医疗期。根据劳动部有关医疗期的规定，医疗期为 3 个月至 24 个月。医疗期满后，不能从事原来的工作，经用人单位调整工作岗位仍然不能胜任的，用人单位可以解除劳动合同。

劳动者经过培训，调整工作岗位，仍不能胜任工作的，用人单位对其岗位进行调整，经过培训仍然不能胜任新岗位工作的，用人单位有权解除劳动合同。

劳动合同订立时所依据的客观情况发生变化，例如所依据的法律、法规已经废止或修改，原劳动合同的履行无法可依，双方经协商不能就劳动合同达成变更协议的，用人单位可以解除劳动合同；又如因不可抗力原因造成劳动合同的履行已经成为不必要，或者是劳动合同内容变更后劳动者不能胜任其工作，双方没有达成变更劳动合同协议的，用人单位可以解除劳动合同。

因客观情况变化导致劳动合同解除与因劳动者主观过错解除劳动合同不同，前者要求"提前通知"或者"预告"。预告的目的在于保护劳动者，劳动者接到解雇预告后，为了寻找新的工作可以在工作期间请假外出。

《劳动合同法》针对《劳动法》实施中出现的情形，作出了对用人单位颇有帮助的规定，即在第 40 条增加了"或者额外支付劳动者一个月工资"这几个字，解决了用人单位因未能"提前通知"而遇到的麻烦。《劳动合同法实施条例》第 20 条进一步明确规定：

“用人单位依照劳动合同法第四十条的规定，选择额外支付劳动者一个月工资解除劳动合同的，其额外支付的工资应当按照该劳动者上一个月的工资标准确定。”

3. 用人单位因经济性裁员解除劳动合同

我国《劳动法》第 27 条第 1 款规定：“用人单位濒临破产进行法定整顿期间或者生产经营状况发生严重困难，确需裁减人员的，应当提前三十日向工会或者全体职工说明情况，听取工会或者职工的意见，经向劳动行政部门报告后，可以裁减人员。”

《劳动合同法》第 41 条进一步规定：“有下列情形之一，需要裁减人员二十人以上或者裁减不足二十人但占企业职工总数百分之十以上的，用人单位提前三十日向工会或者全体职工说明情况，听取工会或者职工的意见后，裁减人员方案经向劳动行政部门报告，可以裁减人员：（一）依照企业破产法规定进行重整的；（二）生产经营发生严重困难的；（三）企业转产、重大技术革新或者经营方式调整，经变更劳动合同后，仍需裁减人员的；（四）其他因劳动合同订立时所依据的客观经济情况发生重大变化，致使劳动合同无法履行的。裁减人员时，应当优先留用下列人员：（一）与本单位订立较长期限的固定期限劳动合同的；（二）与本单位订立无固定期限劳动合同的；（三）家庭无其他就业人员，有需要扶养的老人或者未成年人的。用人单位依照本条第一款规定裁减人员，在六个月内重新招用人员的，应当通知被裁减的人员，并在同等条件下优先招用被裁减的人员。”

经济性裁员，用人单位应按照法定程序与被裁减人员解除劳动合同：（1）用人单位应提前 30 日向工会或全体职工说明情况，并提供有关生产经营状况的资料；（2）提出裁减人员方案，包括被裁减人员名单，裁减时间，实施步骤，依据的法律、法规，给予经济补偿的办法；（3）就裁员方案征求工会或全体职工的意见，并修改方案；（4）向当地劳动保障行政部门报告裁员方案和工会或全体职工的意见，听取劳动保障行政部门的意见；（5）公布裁员方案，与被裁减人员办理解除劳动合同手续，支付经济补偿金，出具裁减人员证明书。

为了保护特定劳动者及其家庭，法律规定了例外情形，即裁减人员时，优先留用与本单位订立较长期限的固定期限劳动合同的劳动者，与本单位订立无固定期限劳动合同的劳动者，家庭无其他就业人员、有需要扶养的老人或者未成年人的劳动者。为了防止用人单位以经营状况严重困难为借口任意裁减职工，侵犯职工的合法权益，法律规定用人单位在 6 个月内录用人员的，应当优先录用被裁减的人员。

（三）用人单位解除劳动合同应当支付的经济补偿

用人单位解除劳动合同的经济补偿，是指解除劳动合同后用人单位给劳动者的经济上的补助。一般包括两方面：一是生活补助费，二是医疗补助费。这是为了使劳动者在被解除劳动合同以后，找到新的工作以前，基本生活开支、继续医治疾病有必要的保障。

《劳动法》第 28 条规定：“用人单位依据本法第二十四条、第二十六条、第二十七条的规定解除劳动合同的，应当依照国家有关规定给予经济补偿。”《劳动合同法》第 46 条增加了除用人单位维持或者提高劳动合同约定条件续订劳动合同，劳动者不同意续订的情形外，依法终止固定期限劳动合同等情形。

经济补偿按劳动者在本单位工作的年限，每满 1 年支付 1 个月工资的标准向劳动者支付。6 个月以上不满 1 年的，按 1 年计算；不满 6 个月的，向劳动者支付半个月工资的经济补偿。劳动者月工资高于用人单位所在直辖市、设区的市级人民政府公布的本地区上年度职工月平均工资 3 倍的，向其支付经济补偿的标准按职工月平均工资 3 倍的数额支付，向其支付经济补偿的年限最高不超过 12 年。月工资是指劳动者在劳动合同解除或者终止前 12 个月的平均工资。

当用人单位违法解除劳动合同时，劳动者可以要求继续履行劳动合同，用人单位应当继续履行。劳动者不要求继续履行劳动合同或者劳动合同已经不能继续履行的，用人单位就应当依法支付赔偿金。经济补偿应当在办结工作交接时支付。

（四）用人单位解除劳动合同的禁止性规定

《劳动法》第 29 条规定："劳动者有下列情形之一的，用人单位不得依据本法第二十六条、第二十七条的规定解除劳动合同：（一）患职业病或者因工负伤并被确认丧失或者部分丧失劳动能力的；（二）患病或者负伤，在规定的医疗期内的；（三）女职工在孕期、产期、哺乳期内的；（四）法律、行政法规规定的其他情形。"《劳动合同法》第 42 条在此基础上增加了从事接触职业病危害作业的劳动者未进行离岗前职业健康检查，或者疑似职业病病人在诊断或者医学观察期间的，以及在本单位连续工作满 15 年，且距法定退休年龄不足 5 年的情形，并在《劳动法》第 29 条第 1 项所述情形前加上了"在本单位"四个字。

1. 劳动者在本单位患职业病或者因工负伤并被确认丧失或者部分丧失劳动能力的

劳动者在劳动过程中，会遇到有毒有害气体、粉尘、危险物品、工业噪声、强光、高温、低温造成的伤害。劳动者被确认为患有职业病的，其所在单位应根据职业病诊断机构的意见，安排其医疗或疗养。经医疗或疗养后，被确诊为丧失劳动能力或部分丧失劳动能力的，用人单位不得解除劳动合同。如果是部分丧失劳动能力的，可以调整工作岗位，安排其进行力所能及的工作；如果是被确认为完全丧失劳动能力的，应当依据国家有关社会保险的规定安排其生活。

因工负伤是指劳动者在工伤事故中负伤或者在工作区域内因工作原因或者属于劳动法规定范围内的其他原因造成的伤害。劳动者因工负伤被确认为完全丧失劳动能力的，依据国家有关工伤保险待遇的规定安排劳动者的工作和生活，用人单位不得解除劳动合同。

2. 劳动者患病或者负伤，在规定的医疗期内的

劳动者患病、负伤停止工作，进行诊疗和休养，在医疗期间内用人单位不得解除劳动合同。

3. 女职工在孕期、产期、哺乳期内的

在生产、工作过程中，女性劳动者在怀孕期间、生育期间及哺乳期间受到特殊的劳动保护。女性劳动者在怀孕期间、产假期间、哺乳期间用人单位不得解除劳动合同。这是对女性劳动者在孕期、产期和哺乳期特殊保护的具体体现。

4. 从事接触职业病危害作业的劳动者未进行离岗前职业健康检查，或者疑似职业病病人在诊断或者医学观察期间的

对于从事接触职业病危害作业的劳动者的健康检查问题，《职业病防治法》第 35 条作了专门规定，对于从事接触职业病危害的作业的劳动者，用人单位应当组织其进行上岗前、在岗期间和离岗时的职业健康检查，且对未进行离岗前职业健康检查的劳动者不得解

除或者终止与其订立的劳动合同。《职业病防治法》第37条第2款规定："对遭受或者可能遭受急性职业病危害的劳动者，用人单位应当及时组织救治、进行健康检查和医学观察，所需费用由用人单位承担。"疑似职业病病人在诊断或者医学观察期间的，也不允许用人单位解除与劳动者的劳动合同，因为如果劳动者在此期间被解除了劳动合同，会增加其在此之后被确诊为职业病而向用人单位主张自己权益的难度。

5. 在本单位连续工作满15年，且距法定退休年龄不足5年的

当劳动者在某一用人单位连续工作15年，且年龄满足离退休年龄不足5年时，禁止用人单位与其解除劳动合同。这是对在用人单位工作时间较长且年龄较大的劳动者的一种特殊保护，这类劳动者对用人单位或者说对社会已有较大的贡献且难以再就业，这也是《劳动法》上保护劳动者合法权益的重要体现。

用人单位应当在解除劳动合同时出具解除劳动合同的证明，并在15日内为劳动者办理档案和社会保险关系转移手续。劳动者应当按照双方约定，办理工作交接。用人单位对已经解除的劳动合同的文本，至少保存2年备查。

二、劳动者解除劳动合同及其应注意的事项

根据《劳动法》和《劳动合同法》的规定，劳动者解除劳动合同分以下两种情形。

（一）解除合同需提前通知用人单位

《劳动法》第31条规定："劳动者解除劳动合同，应当提前三十日以书面形式通知用人单位。"《劳动合同法》第37条规定："劳动者提前三十日以书面形式通知用人单位，可以解除劳动合同。劳动者在试用期内提前三日通知用人单位，可以解除劳动合同。"这是劳动者解除劳动合同的一般情形。

劳动合同既然是劳动者自愿签订的，当然劳动者有权自愿解除，只要这种解除符合法律、法规的规定。特别是在市场经济条件下，鼓励劳动力的合理流动，更应当允许劳动者根据实际情况选择职业，充分发挥特长。因此法律规定了劳动者解除劳动合同的权利，为劳动者行使上述权利提供了法律依据。但劳动者必须注意，行使上述权利时必须提前30日以书面形式通知用人单位，以避免给用人单位造成不必要的损失。

由劳动者单方解除合同也称为"辞职"。各国法律对于雇员的这一单方法律行为，通常只规定在遵循预告期的前提下，不需要得到对方的接受即产生效力。雇员可以在任何时候结束其与企业之间的从属性的劳动关系。这种行为无须理由，要求解除劳动合同本身就是一个充分的理由。也就是说，雇员解除合同只应遵守预告期的规定。如果雇员辞职，没有遵守预告期规定，则应赔偿企业损失，数额通常应等同于雇员在预告期内领取的工资。

（二）解除合同无须提前通知用人单位

《劳动法》第32条规定："有下列情形之一的，劳动者可以随时通知用人单位解除劳动合同：（一）在试用期内的；（二）用人单位以暴力、威胁或者非法限制人身自由的手段强迫劳动的；（三）用人单位未按照劳动合同约定支付劳动报酬或者提供劳动条件的。"

《劳动合同法》第38条进一步规定："用人单位有下列情形之一的，劳动者可以解除劳动合同：（一）未按照劳动合同约定提供劳动保护或者劳动条件的；（二）未及时足额支

付劳动报酬的；（三）未依法为劳动者缴纳社会保险费的；（四）用人单位的规章制度违反法律、法规的规定，损害劳动者权益的；（五）以欺诈、胁迫的手段或者乘人之危，使对方在违背真实意思的情况下订立或者变更劳动合同致使劳动合同无效的；（六）法律、行政法规规定劳动者可以解除劳动合同的其他情形。用人单位以暴力、威胁或者非法限制人身自由的手段强迫劳动者劳动的，或者用人单位违章指挥、强令冒险作业危及劳动者人身安全的，劳动者可以立即解除劳动合同，不需事先告知用人单位。”

1. 在试用期内的

试用期既是用人单位考察劳动者是否具备录用条件的考察期限，也是劳动者选择用人单位的选择期限。为此，劳动者在试用期内，认为无须继续履行合同的，可以通知用人单位予以解除劳动合同。

2. 用人单位以暴力、威胁或者非法限制人身自由的手段强迫劳动的

订立劳动合同，应当遵循平等自愿、协商一致的原则。采取欺诈、威胁等手段订立的劳动合同无效。以暴力、威胁或者非法限制人身自由的手段强迫劳动者劳动的行为，是严重侵犯劳动者人身权利的行为；情节严重的，构成犯罪，应依法对直接责任人员追究刑事责任。从劳动合同方面看，它又是一个违背订立劳动合同原则的违法行为，劳动者有权随时通知用人单位解除原已订立的劳动合同。

3. 用人单位不按劳动合同规定支付劳动报酬或者提供劳动条件的

不按劳动合同规定支付劳动报酬包括延期支付、少付、不付劳动报酬等；不按劳动合同规定提供劳动条件，主要是指劳动环境差、没有必要的劳动保护措施，甚至有危及职工生命、健康等因素的存在等。这两者都侵犯了劳动者正当、合法的劳动权益，属明显的违反劳动合同的行为，劳动者当然有权随时通知用人单位解除劳动合同。这类事项如不及时处理，常常会导致严重的后果。

4. 用人单位未依法为劳动者缴纳社会保险费的

我国目前实行的养老保险、失业保险、医疗保险要求企业和职工都缴费，由国家、用人单位和劳动者个人三方负担，而工伤和生育两项保险劳动者个人不缴纳社会保险费。用人单位作为重要的社会保险费用承担方，必须按照法律规定定期为劳动者缴纳法定的社会保险费，为劳动者提供各种社会保险待遇。如果用人单位未依法为劳动者缴纳社会保险费，劳动者可以依照《劳动合同法》的规定解除劳动合同。

5. 用人单位的规章制度违反法律、法规的规定，损害劳动者权益的

用人单位的规章制度和劳动纪律，要严格执行国家的有关标准和规定，不得违反法律、法规。单位的内部规章制度内容必须体现权利与义务一致、劳动者利益与劳动效率并重、奖励与惩罚结合、劳动纪律面前人人平等的精神。在制定内部规章制度的过程中，凡法律有明确要求的，其制定程序必须严格遵循法律的规定。

实践中，某些用人单位的行政管理人员法制意识淡薄，致使制定出来的规章制度违反法律、法规的规定，损害劳动者的权益。《劳动法》第89条规定：“用人单位制定的劳动规章制度违反法律、法规规定的，由劳动行政部门给予警告，责令改正；对劳动者造成损害的，应当承担赔偿责任。”而《劳动合同法》又赋予了劳动者在此种情况下的辞职权，增强了对劳动者权益的保护力度。

6. 用人单位以欺诈、胁迫的手段或者乘人之危，使劳动者在违背真实意思的情况下订立劳动合同的

用人单位不得借助我国劳动力市场供大于求的现实，在订立劳动合同时对劳动者提出不平等的附加条件，尤其不能乘人之危，即利用他人危难处境或紧迫需要，迫使对方接受某种明显不公平的条件并作出违背其真实意思的表示。

乘人之危的劳动合同具有以下特点：（1）用人单位乘劳动者危难或急迫需要逼迫对方；（2）劳动者由于危难或急迫需要不得已与用人单位签订劳动合同；（3）用人单位据此所获得的利益超出了法律所允许的范围。用人单位乘人之危，使劳动者在违背真实意思的情况下订立劳动合同的做法违背了平等自愿原则，是对劳动者权益的侵犯，劳动者可以依据法律的规定解除劳动合同。

7. 用人单位违章指挥，强令冒险作业危及劳动者人身安全的

用人单位违章指挥，强令冒险作业危及劳动者人身安全的做法侵害了劳动者所享有的劳动保护权，是对劳动者的健康权甚至生命权的一种严重侵犯。

为了保护劳动者的生命安全和身体健康不受人为因素的侵害，我国《劳动法》确立了保障劳动保护权切实实现的拒绝权，即劳动者对用人单位管理指挥人员违章指挥，强令冒险作业的要求，有权拒绝执行；《劳动合同法》更是赋予了劳动者立即解除劳动合同的权利，进一步加大了劳动者自我保护的力度。

案例与事例

一、《劳动合同法》对劳务派遣的限制

劳务派遣是《劳动合同法》规范的一项重要内容，也是《劳动合同法》实施中遇到的一个重大问题。《劳动合同法》颁布实施后，出现了劳务派遣单位数量大幅增加、劳务派遣用工规模迅速扩大的情况。劳务派遣用工存在的突出问题主要有：一是劳务派遣单位过多过滥，经营不规范；二是许多用工单位长期大量使用被派遣劳动者，有的用工单位甚至把劳务派遣作为用工主渠道；三是被派遣劳动者的合法权益得不到有效保障，同工不同酬、不同保障待遇的问题比较突出，参与企业民主管理和参加工会组织等权利得不到很好落实，一些被派遣劳动者长期没有归属感，心理落差较大。劳务派遣用工制度的滥用不仅损害了劳动者的合法权益，而且对常规的用工方式和劳动合同制度造成较大冲击。这些问题如不尽快解决，必然会给和谐劳动关系和社会稳定带来负面影响。全国人大常委会在2008年和2011年对《劳动合同法》进行的执法检查中都明确要求，要严格规范劳务派遣用工，保障被派遣劳动者的合法权益。

全国人大常委会法制工作委员会、全国人大内务司法委员会和财政经济委员会在分别与中央有关部门反复沟通协调的基础上明确了《劳动合同法》修改的原则和重点：一是严格规范劳务派遣用工，不能把劳务派遣变成用工主渠道；二是维护工人阶级主体地位，保障被派遣劳动者实现同工同酬等权利；三是加强对劳务派遣单位的管理，强化劳动行政部门的监督职责；四是规范劳务派遣既要积极又要稳妥，妥善处理好修法前后法律实施的衔接问题，实现平稳过渡。按照上述要求，由全国人大常委会法制工作委员会牵头起草了

《劳动合同法》修正案草案，并经财政经济委员会第67次全体会议审议通过，提请常委会会议审议。该修正案草案的重要内容如下。

（一）严格限制劳务派遣用工岗位范围

现行《劳动合同法》第66条规定，劳务派遣一般在临时性、辅助性或者替代性的工作岗位上实施。为严格限制劳务派遣用工，草案规定劳务派遣“只能”在“三性”岗位上实施，并对“三性”岗位的具体含义作了进一步界定。

（二）对设立劳务派遣单位实行行政许可

现行《劳动合同法》第57条规定，劳务派遣单位应当依照公司法的有关规定设立，注册资本不得少于50万元。由于劳务派遣单位准入门槛低、承担责任能力差，被派遣劳动者的合法权益受到侵害后难以获得有效赔偿。为促使劳务派遣单位依法经营，草案规定，经营劳务派遣业务应当向劳动行政部门依法办理行政许可，并对取得许可的条件作了具体规定。

（三）切实维护被派遣劳动者享有与用工单位的劳动者同工同酬的权利

同工同酬是劳动合同法规定的一项重要原则。现行《劳动合同法》第63条规定，被派遣劳动者享有与用工单位的劳动者同工同酬的权利。用工单位无同类岗位劳动者的，参照用工单位所在地相同或者相近岗位劳动者的劳动报酬确定。《劳动合同法》实施以来，有的用工单位对被派遣劳动者与本单位劳动合同制职工实行不同的工资福利标准和分配办法，有的被派遣劳动者的劳动报酬、社会保险、企业福利等与用工单位的劳动合同制职工相比差距较大。为落实被派遣劳动者同工同酬的权利，草案增加了向被派遣劳动者支付的劳动报酬应当符合同工同酬原则的规定。

（四）增加对相应违法行为的处罚

根据上述修改内容以及进一步严格规范劳务派遣用工的要求，草案对《劳动合同法》法律责任部分作了相应修改：一是增加规定，对未经许可擅自经营劳务派遣业务的，由劳动行政部门依法予以取缔，没收违法所得，并处以罚款。二是进一步明确规定劳务派遣单位、用工单位违反劳动合同法规定的，处以罚款，并适当提高了罚款额度；对劳务派遣单位并可吊销其经营劳务派遣业务的行政许可。

2012年12月28日，第十一届全国人民代表大会常务委员会第三十次会议通过了《劳动合同法》修正案对《劳动合同法》作如下修改：

1. 将第57条修改为：“经营劳务派遣业务应当具备下列条件：（一）注册资本不得少于人民币二百万元；（二）有与开展业务相适应的固定的经营场所和设施；（三）有符合法律、行政法规规定的劳务派遣管理制度；（四）法律、行政法规规定的其他条件。经营劳务派遣业务，应当向劳动行政部门依法申请行政许可；经许可的，依法办理相应的公司登记。未经许可，任何单位和个人不得经营劳务派遣业务。”

2. 将第63条修改为：“被派遣劳动者享有与用工单位的劳动者同工同酬的权利。用工单位应当按照同工同酬原则，对被派遣劳动者与本单位同类岗位的劳动者实行相同的劳动报酬分配办法。用工单位无同类岗位劳动者的，参照用工单位所在地相同或者相近岗位劳动者的劳动报酬确定。劳务派遣单位与被派遣劳动者订立的劳动合同和与用工单位订立的劳务派遣协议，载明或者约定的向被派遣劳动者支付的劳动报酬应当符合前款规定。”

3. 将第 66 条修改为："劳动合同用工是我国的企业基本用工形式。劳务派遣用工是补充形式，只能在临时性、辅助性或者替代性的工作岗位上实施。前款规定的临时性工作岗位是指存续时间不超过六个月的岗位；辅助性工作岗位是指为主营业务岗位提供服务的非主营业务岗位；替代性工作岗位是指用工单位的劳动者因脱产学习、休假等原因无法工作的一定期间内，可以由其他劳动者替代工作的岗位。用工单位应当严格控制劳务派遣用工数量，不得超过其用工总量的一定比例，具体比例由国务院劳动行政部门规定。"

4. 将第 92 条修改为："违反本法规定，未经许可，擅自经营劳务派遣业务的，由劳动行政部门责令停止违法行为，没收违法所得，并处违法所得一倍以上五倍以下的罚款；没有违法所得的，可以处五万元以下的罚款。劳务派遣单位、用工单位违反本法有关劳务派遣规定的，由劳动行政部门责令限期改正；逾期不改正的，以每人五千元以上一万元以下的标准处以罚款，对劳务派遣单位，吊销其劳务派遣业务经营许可证。用工单位给被派遣劳动者造成损害的，劳务派遣单位与用工单位承担连带赔偿责任。"

修改后的条款自 2013 年 7 月 1 日起施行。此前已依法订立的劳动合同和劳务派遣协议继续履行至期限届满，但是劳动合同和劳务派遣协议的内容不符合新规定中关于按照同工同酬原则实行相同的劳动报酬分配办法的规定的，应当依照新规定进行调整；新规定施行前经营劳务派遣业务的单位，应当在施行之日起一年内依法取得行政许可并办理公司变更登记，方可经营新的劳务派遣业务。具体办法由国务院劳动行政部门会同国务院有关部门规定。

二、劳动合同与民事合同在实务中的区别

1. 解约与解雇

《劳动法》第 31 条即劳动者解除劳动合同的法律条文，规定了劳动者提前 30 天以书面形式通知用人单位，可以解除劳动合同。这个条文现在变成了《劳动合同法》的第 37 条，只不过是增加了劳动者解除劳动合同即便在试用期内也要提前 3 日通知的内容。其他条件照旧，即劳动者解除劳动合同要比用人单位解除劳动合同容易得多，劳动法一以贯之地对用人单位解除劳动合同进行了大量而且严格的限制。如果按照民法的原理和规定，合同双方当事人解约的权利是一样的，无论是适用前提还是限制条件，都不会出现劳动关系中双方当事人解约权利难易有别的情形。

关于劳动者解除劳动合同的权利，自《劳动法》颁布并从 1995 年 1 月 1 日开始实施以来，实践中遇到很大的挑战。相关部门和专业人员有意无意地把它解读为：劳动者可以提出解除劳动合同，但用人单位可以不批准。这就使得劳动合同与民事合同解约难易程度相等或者说在两个法律部门实行了同等解约的做法。[①]

20 世纪 90 年代发生过北京市琉璃河水泥厂卢亮厂长辞职案，此案就因适用《劳动法》

---

① "劳动合同的单方解除，《劳动法》第 31 条规定之评判：《劳动法》第 31 条规定，劳动者解除劳动合同，应当提前 30 日以书面形式通知用人单位。从合同法理上讲，此条实际上是赋予劳动者以劳动合同的单方解除权。《劳动法》作此规定的目的，我国学者多认为主要是保护劳动者在劳动关系中的弱者地位，维护劳动自主的权利。但从民法理论和审判实践来看，这一规定有悖于法理。"（马强. 劳动合同若干问题研究. [2011-06-26]. http://www.xianwang.net/mb/ht/10677_4.html.）

第31条而起。[①] 在这个案子里面，卢亮完全按照法律规定提前30日以书面形式通知用人单位，但是法院最后判决他不能解除劳动合同。有法官曾专门写文章探讨这类案件，认为《劳动法》第31条是极不公平的。[②] 它的不公平表现在对雇主或用人单位解除劳动合同设置了更多的限制，《劳动法》从第25条到第27条，一直到第29条、第32条，都是限制用人单位的；而劳动者走人，却不需要任何理由。不过，“劳动者要走人，不需要任何理由”是全世界通用的劳动法准则。至少有三条理由可为此提供支撑：一是人身自由，行为人的劳动与行为人的人身密不可分，限制劳动就等于是限制人身；二是劳动是自由的、是基本权利，强制劳动只能用于承担刑事法律责任时；三是如果法律规定劳动者解除劳动合同的理由或者规定其需要理由，当劳动者的理由不成立时，必然会得到一个败诉的裁决，但这样的裁决是不可能强制执行的，因为不可能使用强制措施强迫劳动者工作。用民法的观点来看，这的确是不公平的。从解释论的角度出发，《民法典》规定了约定解除和法定解除民事合同的情形，最为关键的是，这些情形对双方当事人同等适用，不存在厚此薄彼的状况。民事主体双方之间解约的难易程度相等，但劳动法的基本原则就是“招聘容易解雇难”，这是劳动法学原理，也是劳动立法准则。劳动法要维护劳动者的利益，它甚至唯一能够做的就是设置解雇障碍，就是要求雇主只要找不到法律的明确规定或者劳动合同的明确约定，就不能解雇劳动者。法律不允许对劳动者招之即来挥之即去，但法律并不以此限制劳动者，因为劳动力市场供大于求的现实决定了劳动者是“一职难求，一职难保”，用人单位则恰好相反。

民事关系双方与劳动关系双方解约难易程度不同的原因就在于：首先，劳动法是着眼于普通劳动者的，它实际上并不关心诸如“白领”之类的高层职员。因为劳动法起源于工厂法，19世纪初叶产业工人的“领”都不会是“白”的，所以劳动法始终还是着眼于流水线上的工人、建筑工地的工人、矿山或井下的工人、纺织厂的女工等普通劳动者，他们很少能够去炒雇主的鱿鱼。民法中的缔约主体之间是平等的，不至于因为生存困难受制于对方，更不会因为解约而出现生存压力；但普通劳动者的劳动与其本人和家人的生计息息相关，所以不会轻易解约。其次，在我国《劳动法》实施的初期，法院、仲裁机构还确实作出过判决和裁定要求劳动者必须继续履行劳动合同。这样的判决和裁定是有问题的，因为它们没法强制执行。富勒曾将法官沃恩的话引到他的著作中，即：“一部人们不可能服从或无法依循的法律是无效的，而且不是法律，因为人们不可能……依其行事”[③]。劳动者当然可以选择不劳动，只不过结果是不劳动者不得食。所以，世界上没有任何法律规定不

---

① 卢亮是北京市琉璃河水泥厂厂长，1995年11月13日卢亮向该厂递交辞职报告，又在《劳动法》第31条规定30天届满的12月14日再次递交辞职报告，并于当日下午到中外合资企业北京兴发水泥有限公司担任厂长。北京市琉璃河水泥厂提请仲裁，北京市房山区劳动争议仲裁委员会裁决卢亮和北京兴发水泥有限公司共同赔偿北京市琉璃河水泥厂162万元。后经北京市第一中级人民法院调解赔偿80万元（兴发水泥有限公司赔偿76万元，卢亮回北京市琉璃河水泥厂工作并赔偿4万元）。参见：新华文摘，1998（1）：193.

② “《劳动法》不附加任何条件地赋予劳动者单方合同解除权，这无疑是认同了劳动者在劳动合同的有效存续期间内任意单方解除合同行为的合法性（只需提前30日书面通知用人单位即可），这便造成了法律规定与合同约定之间的矛盾。”（马强. 劳动合同若干问题研究.［2011－06－26］. http://www.xianwang.net/mb/ht/10677_4.html.）在严格意义上，这一规定的确造成了与民事合同约定之间的矛盾，但劳动合同本应除外。

③ 富勒. 法律的道德性. 郑戈，译. 北京：商务印书馆，2005：40.

劳动者由雇主强迫其劳动。

全世界没有劳动法规定劳动者解约的理由，从而对劳动者形成不对等的解约保护，这与民法中对等的解约保护形成鲜明的对比。《劳动法》第 31 条，如果按照民法来理解就是不公平的。与《劳动法》限制雇主、限制用人单位的其他条款相比，这里的区别是非常明显的。这种区别就在于它是劳动法，而不是民法，它不是等价有偿的，不是完全对价的，双方的权利义务也不是完全对应的，“恰恰因为事物的力量总是倾向于摧毁平等的，所以立法的力量就应该总是倾向于维持平等”①。民法方面的解约，需要始终坚持公平原则。而在劳动法方面，双方的解约是不对称的，所以才会产生《劳动法》的第 31 条与现在《劳动合同法》的第 37 条。从理论上讲，我们经常说劳动者是弱者，弱者和强者之间，它是一个不等式。对于一个不等式，所谓的平等保护只能维持等式的不平等；要使不等式回归平等、寻求一种公平和公正的话，只能倾斜性保护。卡尔·拉伦茨就曾言：“如果不存在这种均势，法律制度就必须采取措施，为维护典型的弱方的利益而创造某种平衡态势。”②因为如果作为不等式，给双方同等的加重或减轻，它依然是一个不等式，所以需要加重弱势一方，使它成为一个等式。

2. 违约金约定与禁止

在民法中，只要不违反法律，或者不违反社会主义道德，约定的违约金基本上会得到法院的支持。但是，在劳动法上，尤其是《劳动合同法》明确规定除该法第 22 条、第 23 条规定的情形外，不得约定由劳动者承担违约金。梁慧星教授曾指出：“意思自治并非不受限制，国家出于对保护劳动者利益的需要，有必要制定特别法对意思自治予以适度限制。”③ 具体说来，除《劳动合同法》设定的两种情况外，劳动者没有支付违约金的义务。这两种情况分别是：其一，专项培训条款。这里的专项培训必须限定为用人单位支付了费用的，即在司法实践的操作中只有用人单位拿出第三方发票的，才可能产生该条规定的违约金的问题，而且该违约金数额被限定为不超过服务期尚未履行部分所应分摊的培训费用。其二，竞业禁止条款。只有在这两种情况下，劳动者才可能承担违约金的不利后果。就民法而言，违约金则可以适用于诸多的场所。

《劳动合同法》关于违约金禁止条款的立法，就是针对《劳动法》实施以来，违约金对劳动者规定过多过滥而设置的。在河北一个地区，劳动者承担的违约金达 120 万元。还有的地区裁决违约金达 200 万元之多，当然 2 万元、10 万元的违约金也不是没有。如果违约金是用于劳动合同履行，或者直接地说是承担解除劳动合同的责任的话，结合《劳动法》第 31 条，劳动者是没有违约问题的，因为劳动者可以无理由解除劳动合同，劳动者所要做的无非就是提前 30 天书面通知雇主。所以，《劳动合同法》相关条文的立法本意就是要限制雇主，目的就在于不要让劳动者承担违约金；而民事关系中的违约金是一种违约责任形式。进而言之，如果法律鼓励雇主向劳动者索取违约金，劳动者的违约金只能来源于其本人的工资，来源于其劳动所得。因为劳动者除劳动所得外，没有另外的收入。劳动者不是雇主，没有利润可得。在这个意义上，要求劳动者支付违约金与降低或者扣减劳动

---

① 卢梭. 社会契约论. 3 版. 何兆武，译. 北京：商务印书馆，2003：67.

② 拉伦茨. 德国民法通论：上册. 王晓晔，邵建东，程建英，等译. 北京：法律出版社，2003：70.

③ 梁慧星. 生活在民法中. 北京：法律出版社，2007：63.

者的工资并无二致。所以，在劳动法领域，在世界各国的劳动立法中，对于劳动者支付违约金普遍持否定态度，“法律禁止实行任何恶”①。

我国的《劳动合同法》在劳动者承担违约金上开了两个口子：一个是培训费用。按照马克思的观点来说，“为改变一般人的本性，使它获得一定劳动部门的技能和技巧，成为发达的和专门的劳动力，就要有一定的教育或训练”②。就社会需求和社会进步而言，将培训成本归于劳动者自身是不公平的，甚至规定在用人单位身上也是不公平的。因为任何培训或教育都是有利于社会的，美国有一句著名的谚语叫做“没有没有用的教育”，教育的最后受益者是整个社会，所以社会应当承担教育培训的责任。另一个竞业禁止也是如此。在《劳动合同法》制定过程中，曾经在云南昆明召开过一个国际研讨会，讨论《劳动合同法》草案的相关条款。有两位著名的劳动法专家就在会上指出，在劳动法中规定竞业禁止是错误的。因为劳动法是保护劳动者权益的法，而竞业禁止是限制劳动者权益的，所以，就法律的规范体系而言，不应当将竞业禁止规定在劳动法中，尤其不应当规定在《劳动合同法》中。除了这两个条文，《劳动合同法》专门用第 25 条明确规定了不得再有劳动者承担违约金的情形。由此可以看出，劳动法和民法不是一样的，它们的立足点、角度都是不一样的。

3. 担保自由与禁止

《劳动合同法》第 9 条关于担保禁止的内容在立法阶段几乎没有引起争议，但是在实践当中，尤其在法院，对这类问题的认识差异很大。在劳动关系中，禁止让劳动者提供担保和进行扣押是全世界劳动法共同的准则，原因仍然在于劳动是和人身相连的，倘若有了担保、有了扣押、有了抵押，劳动者的人身就不再自由了，雇主就有可能进而限制劳动者的人身权。洛克曾经指出：“人们既然都是平等和独立的，任何人就不得侵害他人的……自由……”③《民法典》中并没有相应的担保禁止性规定，其原因就在于设定担保是双方当事人意思自治的表现，不至于因为担保而限制了担保提供者的人身自由，当然，最为关键的在于民法中不存在对人担保。

就在《劳动合同法》从 2007 年 6 月 29 日公布到 2008 年 1 月 1 日实施之前的这段时间里，上海某法院在 2007 年 8 月作出了一个“空姐跳槽案”的判决：2003 年 11 月 3 日，袁某作为担保人认可其女丽丽与东方航空公司签订乘务业务培训协议，丽丽必须在东方航空公司服务 8 年；若因丽丽个人原因提出解除劳动合同，则应支付违约金，违约金标准按每年人民币 2 万元计算。丽丽自 2006 年 8 月 1 日起不再去东方航空公司上班，双方于 9 月 25 日解除了劳动合同。9 月 30 日，东方航空公司向劳动争议仲裁委员会申请仲裁，仲裁裁决丽丽需支付东方航空公司违约金 13 万元。但东方航空公司没有持裁决书申请法院执行，在无法找到丽丽本人的情况下，在 2007 年 6 月 14 日把丽丽的担保人其父袁某起诉到了法院，要求袁某代丽丽支付 13.03 万元（含 300 元仲裁费）。经过法院两次开庭审理，

① 亚里士多德. 尼各马可伦理学. 廖申白，译. 北京：商务印书馆，2003：133.

② 马克思. 资本论：第 1 卷. 2 版. 北京：人民出版社，2004：200.

③ 洛克. 政府论：下篇. 叶启芳，瞿菊农，译. 北京：商务印书馆，1964：4.

双方均表示愿意调解，最终在法官的主持下，双方达成了调解方案。[①] 这个案例中的担保，从民法的视角来看没有问题，根据合同原理来分析也没有问题，双方合同意思表示清楚，没有任何强制；但是从劳动法上看，这是严重违法的行为。《劳动合同法》第 9 条明确规定不允许劳动者提供担保，而且这个法律已经于 2007 年 6 月 29 日公布了，就算其还没有正式实施，法院也应该很清楚这个法律的基本原理，应当明确在劳动关系中是要贯彻担保禁止原则的。应当强调的是，对人担保不同于对物担保，不能将民法上的担保套用到对人担保上。这个“空姐跳槽案”中执行其父亲的财产是很不应该的。一个退了休的人，为了女儿的工作，要花费自己的积蓄，用退休金或工资来为女儿的工作买单，这在任何劳动法上都找不到理由来作支撑。

另外，就劳动关系的建立而设立担保公司的社会现象也是不正常的，因为对人担保使人成为担保公司经营的商品，担保公司的赢利就来源于对人的经营，人成为担保公司的经营对象。而人是不允许被经营的，这是现代社会的基本常识，其背后支撑的根本原理就在于“劳动者不是商品”。因此，对人担保，以人为对象进行担保，无论在法律理论上、还是在法律现实中都是没有存在余地的。工商登记机关批准这样的担保公司成立本身就是一个违法行为。

同样道理，在法律上没有理论能够论证劳动者提供抵押和担保的正当性。因为劳动者提供抵押和担保会导致两个问题：第一，劳动者必须先借钱来为自己的劳动（获得劳动机会）埋单。劳动者在没有工作之前必须先找到一笔钱，这笔钱如果来源于父母，则是其父母的工资，这相当于变相地克扣了其父母的工资，使其父母的工资最终又回到雇主或资方或者用人单位手中。第二，这笔钱如果来源于担保公司，劳动者则需要支付给担保公司一笔钱，则劳动者的劳动收入，即其劳动后的所得必然受到损害。所以，担保和抵押或者损害劳动者父母的劳动所得，或者致劳动者没开始工作先欠债，或者致劳动者未来的劳动收入受到损害。

这些理论显现了与民法上担保理论的差异。《民法典》涉及的都是对物担保的问题，不能把它们用在人身上，尤其不能用在需要建立劳动关系的劳动者身上。人的劳动权是一种与生俱来的权利或者说义务，不需要附加他人来提供一种支撑，也不需要利用他人的金钱作为自己得到工作的前提。《劳动法》从来没有设定这样的前提，劳动关系的建立也从不允许附加这样的前提。这便是《劳动合同法》第 9 条专门强调禁止担保和抵押的理由，也是这一条款没有引起任何争议的原因。但在法院适用过程中，一些法官坚持合同高于一切的审理思路，秉持合同就是法律的裁判观念，维持相关合同条款的法律效力，这在普通民事案件中是无可厚非的，但却是劳动法领域所不能接受的。

4. 同样无效的不同后果

《劳动合同法》第 28 条规定，劳动合同被确认无效之后，劳动者已经付出劳动的，用人单位应当向劳动者支付劳动报酬。这个和民法上的规定是有区别的。民法确认合同无效的是恢复到原始状态，如同交易未发生一样。而劳动法不是这样的，因为任何人不得无偿

① 东方航空空姐不辞而别构成违约，其父担保赔偿 7 万. [2011 - 06 - 26]. http://finance.ce.cn/law/home/sh/200708/28/t20070828_12535883.shtml.

占有劳动者的劳动成果，无论这种劳动是在什么状态下进行的。不管是在严重违法的情况下，还是在使用童工的状态下，相关的劳动关系肯定是无效的，但是劳动者已经付出劳动的报酬是雇主必须支付的。由此可见，在无效的劳动关系中产生的是有效的劳动报酬请求权，产生的是用人单位必须承担的工资支付义务和责任。在使用童工的情况下进行的劳动，劳动法不仅要求雇主支付童工已付出劳动的报酬，劳动保障行政部门还要责令用人单位限期将童工送回原居住地交其父母或者其他监护人，所需交通和食宿费用全部由用人单位承担。

在劳动合同无效与工资支付的关系上，劳动法实行的是责任排除制度，既不对劳动关系双方当事人进行无效合同的责任区分，也不允许以责任区分来减损用人单位对劳动者劳动报酬的支付责任。应当说，这与民法是有明显差异的。这是因为劳动法上的劳动都是有酬劳动、有偿劳动，劳动法从来不承认无偿劳动，因为无偿劳动就意味着雇主无偿占有了劳动者的劳动成果。这是现代社会所不容许的，雇主不得无偿占有劳动者的劳动成果。① 在民法上，无偿的情形却有很多，诸如帮工、赠与、借用等，甚至在保管、委托等行为中亦存在无偿的适用空间。

在劳动法中劳动的有偿性上，值得一提的是1983年《劳动法（草案）》征求意见时，就有人提出应当把《宪法》中关于国家提倡义务劳动的内容写进来。对此反馈回来的意见中不乏真知灼见者：如果在《劳动法》中规定义务劳动，就与该法中的劳动时间规定、加班加点限制和加班加点工资超常支付等法律规范直接冲突。这类真知灼见在我国社会经济成分多元化的当下，更加突出地显示出了它的正确与恰当。

劳动合同无效后不影响劳动者的权益或者说不向劳动者归责，还突出地表现在工伤赔偿上。这不仅与工伤保险中实行的无过错原则有关，而且更加突出体现的是劳动风险在任何情况下都只应由雇主而不能由劳动者承担的劳动法准则。这些劳动法基本原理在理论上不为人们所熟知，在实践中常常为过错归责所取代。例如，“小何”在一家制造企业上班不到半个月，大拇指被机床轧掉，但在认定工伤时，劳动局发现“小何”本人与身份证上照片里的人不像，原来他并不是小何而是小王，因为自己未满16周岁，只好借用同村小何的身份证出来打工。劳动局因此拒绝认定工伤，导致用人单位参加的保险因主体不合格不能赔偿。劳动争议仲裁委员会裁决单位按照工伤赔偿标准的一半赔偿小王。小王不服，先后提出起诉和上诉，最终在上诉法院双方达成赔偿一半并尽快支付的调解协议。②

在这个案件的处理过程中，无论是用人单位、劳动和社会保障局、劳动争议仲裁委员会，还是一审和二审的法院，甚至包括劳动者小王本人都无一例外地认定小王本人是有过错的，而且这一过错是要由小王本人承担相应责任的，即便是在严格实行无过错责任的工伤保险中，小王本人也是不能免责的，也是必须让渡出在工作中失去大拇指后本应得到的一半赔偿金的。其理由依然是小王与用人单位的劳动合同是无效的，用人单位与社会保险机构建立的社会保险关系也是无效的，用人单位为小王向社会保险机构缴纳的保险费因此而消弭于无形。事实上，如果遭受工伤者是小何本人，单位应当担责，工伤保险应当赔

---

① 卢梭也曾有过这样的表述：“说一个人无偿的奉送自己，这是荒谬的和不可思议的。”卢梭．社会契约论．3版．何兆武，译．北京：商务印书馆，2003：11.

② 张鹏．一个疏忽酿成的大错．新民晚报，2011-06-19.

偿；如果遭受工伤者不是小何本人，单位同样应当为其工伤职工担责，无论这位职工是谁，工伤保险同样不能拒赔，因为我们既找不到工伤保险拒赔的理由，更不知道拒赔后工伤保险责任转移给谁，用人单位已经缴纳的工伤保险权益归属于谁。即便是工伤保险机构在法律上也找不到不当得利的理由和依据，何况这一权益本应归属于失去了身体器官的劳动者。

5. 相同法域的不同目的

民法的立法目的就在于平等地保护民事关系中双方当事人的人身和财产权益，并不存在偏袒一方或倾斜保护某一方权益的做法。而《劳动法》在第1条就明确指出："为了保护劳动者的合法权益……制定本法。"《劳动合同法》草案前三稿的表述基本与《劳动法》保持一致，但后来雇主不同意此种仅仅明确表示"保护劳动者的合法权益"的表述。雇主的意见是："从劳动法到劳动合同法，都只规定保护劳动者的利益，那我的利益谁来保护呢?"民法强调的是主体平等、等价有偿这些基本原则，因此在民法的视角中，不应仅仅保护单方的合法权益，而是对双方的利益进行同等对待与保护。这在民事关系中可以实现，但在劳动关系中就另当别论了。黑格尔就曾有过这样的论述："如果我把在劳动中获得个体化的全部时间以及我的全部作品都转让了，那就等于我把这些东西中实体性的东西、我的普遍活动和现实性、我的人格，都让给他人所有了……雅典的奴隶恐怕比今日一般佣仆担任着更轻的工作和更多的脑力劳动，但他们毕竟还是奴隶，因为他们的全部活动范围都已让给主人了。"①

不仅人与人之间的使用与所有关系不同于人与物之间的使用与所有关系，而且劳动关系中的所有者与使用者地位是不平等的。在雇主面前，劳动者是弱者。这已经是民法学者与劳动法学者的共识。② 劳动法是从民法中分离出来的学科，这种分离既是地位强弱之势不同所致，也是劳动力的特性使然。

劳动法是工业革命的产物。当土地被原来的庄园主拿去建造工厂，农民丧失了可以耕种交租的土地，剩下的便只有劳动力，农民只能靠出卖劳动力获得报酬来维持生计。与其不谋而合的是，资本家建立工厂也需要农民出卖劳动力。对此，马克思在《资本论》中演绎了接下来的过程：在劳动力未出卖之前，双方都是平等的。但这种平等也只在于你出不出卖劳动力和你出卖给谁（在这些方面劳动者的确是自由的）。③ 不过，一旦双方达成一个合意，确立了雇佣关系，情况便急转直下："原来的货币占有者作为资本家，昂首前行；劳动力占有者作为他的工人，尾随于后。一个笑容满面，雄心勃勃；一个战战兢兢，畏缩不前，像在市场上出卖了自己的皮一样，只有一个前途——让人家来鞣。"④ 劳动关系的这种不平衡性在现代理论中被委婉地表述为劳动者对用人单位的"依附关系"，这种依附关系在形式和内容上都表现为用人单位对劳动者的约束或者说管理，即劳动者必须服从用人

① 黑格尔. 法哲学原理. 范扬，等译. 北京：商务印书馆，1961：75.

② 王利明教授曾运用历史解释的方法来论证《劳动合同法》第1条"立法目的"，得出的结论亦是劳动者是弱者，有必要对劳动者进行倾斜性保护。具体论述请参见王利明. 法律解释学导论——以民法为视角. 北京：法律出版社，2009：357-358.

③ 马克思. 资本论：2版. 第1卷. 北京：人民出版社，2004：197，204，821-822.

④ 同③205.

单位的监督、指挥、管理和调配。这一理论客观且真实地描述了劳动关系的特性，也明示了劳动关系双方的强弱之势。

雪上加霜的是，自工业革命以来，劳动岗位的稀缺，劳动力的供大于求是一种社会共生现象，没有一个政府有能力保证它的公民充分就业。失业不仅长期存在，而且形势越发严峻。在现代社会，甚至出现GDP越增长，就业岗位越少的怪相——因为高科技发展导致原有的岗位不再需要原来那么多的劳动者，或者干脆连原有的岗位都被淘汰掉了。从形式上看，就业是一个人对岗位的占有，而在实质上，就业是对社会财富的占有，是社会财富分配的初始方式。因为任何岗位都需要相应的社会财富在背后作为支撑，任何劳动都是生产资料与劳动力相结合。二者不仅缺一不可，而且后者是以前者为前提的。比如要当一名出租车司机，首先至少得有一辆出租车；要当教师首先得有学校、教室和学生。在一定时期，社会资源总是一定的和有限的，是不会随着就业者的增加而增加的。更加麻烦的还在于劳动是不能储备的，即今天不劳动的劳动者明天不可能加倍地劳动，劳动力的闲置和丧失是一种不可逆的绝对的丧失。

法律在对社会关系进行调整时，对于其中处于弱势的一方，法律的天平需要适当地倾斜，原因在于如果势均力敌，双方都不需要法律；如果强弱之势明显，强者不需要法律。在社会中，只有那些通过自身力量而正义得不到伸张、公平不能够实现的弱者才是真正需要法律的人，才是必须得到法律帮助的人。这就是黑格尔所描述的——不法是对法的否定，法是对不法的否定，通过否定之否定，来达到一个肯定。① 法律说到底是弱者的法律，体现在劳动法上就是保护弱势的劳动者一方。当然，这并不意味着用人单位的权利不受保护，在整个法律体系中，用人单位的权利可以通过《公司法》《民法典》等其他法律来保护。劳动法从产生开始就是维护劳动者的利益的，而雇主的利益则在此前已经得到了诸多其他法律的保护。

因此，在劳动领域内，没有必要把雇主权益与劳动者权益相提并论，也没有必要实行所谓的“双保护”，更没有必要纠缠于劳动法究竟应该是平等保护劳资双方利益的“平等法”，还是侧重保护劳动者权益的“倾斜法”这类伪命题。② 否则，在《妇女权益保障法》中，每规定妇女的一项权利就要规定男人也有这项权利，在《野生动物保护法》中也要规定与动物相对应的人的权利，这样立法就没有意义了。尽管如此，在《劳动合同法》从草案到通过的立法过程中，从一审稿对立法宗旨“保护劳动者的合法权益，促进劳动关系的和谐稳定”的表述到通过时“明确劳动合同双方当事人的权利和义务，保护劳动者的合法权益，构建和发展和谐稳定的劳动关系”的表述，还是体现了在这场立法博弈中，《劳动合同法》由最初起草时向劳动者倾斜的立法理念向相对方作出让步的轨迹和结果。这种让步还实实在在地体现在法律条文中，比如说劳动者在试用期间解除合同要提前3天通知，比如用人单位的直接涉及劳动者切身利益的规章制度由经工会、职工大会或者职工代表大会讨论通过变成与工会或者职工代表平等协商确定等。尽管权威人士强调指出，《劳动合同法》“让步是有限度的”，但是，“作为社会法，劳动合同法的一个宗旨就是要矫正这个

① 黑格尔. 法哲学原理. 范扬，等译. 北京：商务印书馆，1961：91－109.

② 王娇萍.《劳动合同法》立法的背后. 工人日报，2009－11－17.

问题（即劳动者的权益被侵犯）”[①] 的立法初衷没有得到很好的坚持。

6. 相同年龄的不同权利

年龄与权利的关系，在民法中表现为行为人在不同年龄或者不同年龄段都享有民事权利，或者说都享有不同的民事权利。但在劳动法中，行为人的劳动年龄与劳动权利的关系呈现出另外的形态。2010 年 9 月，有关部门工作人员在一个新闻发布会上表示，是否延长退休年龄还在研究，但官方随后又指出目前不会延长退休年龄。[②] 接下来，上海则于 2010 年 10 月 1 日开始实行弹性退休年龄制度，延迟退休的男性一般不超过 65 周岁，女性一般不超过 60 周岁。[③]

在司法实践中存在另外一种观念，即劳动是宪法赋予劳动者的权利，所以劳动者在任何时候都有权劳动。[④] 从理论上来说，此种观念是有问题的，因为劳动年龄是法定的，具有法律属性，而不是自定的，只具有自然属性。劳动年龄的法定性，既包括了劳动年龄的下限，也包括了劳动年龄的上限。在法律上明确劳动年龄的上限和下限意味着如果超越了这个界限，法律就认定相关主体是没有劳动能力的（但实际上该主体可能具有相当的劳动能力）。我国公民劳动年龄的下限规定在《劳动法》第 15 条中，即必须年满 16 周岁。可实际上，我国公民并不是 16 周岁才具有劳动能力，即便是《国际劳工公约》也承认发展中国家的最低劳动年龄为 14 周岁。之所以我们不能将劳动年龄降低，原因一是我国的就业压力太大，二是要使劳动年龄和九年制义务教育相衔接。我国规定的 16 周岁为全世界最高的劳动年龄，社会上使用童工的现象较多。但既然法律作出了 16 周岁的规定，我们就必须理解并执行，无论行为人早在 16 岁之前就具备了多么完全的劳动能力。

劳动年龄的上限也是如此。我国劳动年龄上限的法律渊源只能追溯至 1951 年的《劳动保险条例》，仍然沿用男 60 周岁，女 55 或 50 周岁的规定。虽然笔者也同许多人一样对这样的年龄规定持异议，但既然法律作出了这样的规定，我们就必须理解并执行，无论行为人在这个年龄之后还具备多么强的劳动能力。在实践中，不理解或者不遵守劳动年龄上限的直接后果就是退休人员再次出去工作，并且与用人单位建立劳动关系，从而产生法律上的困惑。比如，劳动者在工作期间需要社会保险，但退休人员是不能参加任何社会保险的。又比如，劳动者在工作中受到伤害应当得到工伤保险赔偿，但退休人员是不能享有工伤保险的，伤害责任由谁承担？从法律上讲，超过劳动年龄上限的人已经是退出劳动领域的人，不再是劳动者，用人单位也不能再雇用他们。理由是：第一，一个正常的劳动岗位，应当满足一位在法定劳动年龄内劳动者的就业需求。第二，这个劳动岗位和这位劳动

① 王娇萍.《劳动合同法》立法的背后. 工人日报，2009 - 11 - 17.

② 赵鹏，等. 人保部副部长：延长退休年龄问题尚在研究中. 京华时报，2010 - 09 - 11；白天亮. 人保部：暂时不会调整退休年龄，称有关部门目前只是在研究一些“延迟退休”的建议，不代表即将更改现行政策. 南方都市报，2010 - 09 - 17.

③ 上海柔性延迟退休年龄：男性上限 65 岁女性 60 岁. 新京报，2010 - 09 - 28.

④ 63 岁的夏吉祥因被所在公司解聘，向公司索要加班工资和经济补偿金，劳动仲裁部门因其超过法定退休年龄 60 岁，作出不予受理通知书，夏吉祥无奈之下诉诸法院。新津法院作出一审判决，认定夏吉祥和其所在物流公司的劳动关系成立，判决物流公司给付夏吉祥法定休假日的工资报酬 2 000 元、经济补偿 2 100 元。新津法院行政庭庭长蔡静莉说，按照现行《劳动合同法》的相关规定，16 周岁以上有劳动能力的公民都有劳动权，但并未禁止用人单位聘用达到法定退休年龄的人员工作，也没有禁止超过法定退休年龄的人享有劳动权。（蔡小莉. 解聘 63 岁守车人，被判经济赔偿. 成都商报，2008 - 06 - 21.）

者应当为社会保险提供正常的供给。就是说，他必须缴纳各项社会保险费用并将其融入社会保险基金里。只有这样，才能维持劳动关系和社会保险体制的良性循环。如果我们允许离退休返聘人员占有这个岗位，这个岗位和这个人员不仅不产生社会保险费的供给，而且从社会保险基金中领取着社会保险金，享受着社会保险的各项待遇，长此以往，社会保险基金将成为无源之水，社会保险制度也会形同虚设。如是，全体社会成员都将成为受害者。①

三、删除源代码的法律责任

李某于 2019 年 8 月入职宇宙公司，担任数字建模工程师一职，并加入公司“动力定位程序技术开发项目”。2020 年 5 月 15 日，李与项目负责人发生口角后，将自己所编程序的源代码删除，并随之从宇宙公司离职。宇宙公司称李擅自格式化公司电脑中的硬盘，删除了自己 8 个多月的工作成果，给公司造成直接经济损失 152 880 元，以及机会成本、商誉等间接经济损失 372 120 元，遂从劳动仲裁开启索赔程序。最终，法院称用人单位亦应当承担相应的经营风险及用工成本，判决李某赔偿宇宙公司经济损失 60 000 元。法官表示李某有违职业道德，应当承担相应的赔偿责任。

这是一起刑事犯罪案件，不是民事赔偿案件。李某的行为构成毁坏财物罪或破坏生产经营罪，不是用人单位应当承担的用工成本或者经营风险。

劳动法之所以确立雇主责任制，要求雇主承担劳动者在劳动过程中的诸多责任，原因就在于劳动者的劳动成果与劳动者相分离，劳动成果归雇主所有。全部劳动法律的体系和制度都是建立在劳动者是在为雇主劳动，而不是在为其本人劳动的基础之上。劳动者完成劳动过程后得到劳动报酬形成一个完整的法律关系，劳动成果的归宿与处置均与劳动者无关，劳动成果的盈利与亏损亦与劳动者无涉。顺理成章，劳动者没有任何理由和可能去处置自己在进行劳动过程中或完成劳动过程后所形成的任何形态的劳动成果。

在理论上，如果劳动者可以对“自己”的劳动成果有自己的想法和做法，劳动者处置劳动成果归属“职业道德”范畴，那么，劳动法将全部改写为其他法律，现行劳动关系也将在社会面完成清零。

在现实中，如果劳动者可以对“自己”的劳动成果有自己的想法和做法，建筑工人就可以去把自己砌的承重墙敲掉，4S 店的师傅可以去把路边停放的汽车的车轮卸掉，铁路工人可以把自己安装的轨道拆了，筑路工人可以把高速路面挖空，航天发射员可以按下“返回”按钮把航天飞机弄回地球，或者程序员可以修改或者删除自己编写的代码，让航天员不再有与地球人相知相会的连接。②

四、劳动是不能任性的

类似于李某把自己所编程序的源代码删除，某报社的员工为了发泄连发毒标题假新闻——种族歧视、强奸威胁、大屠杀计划……一小时后，报社找到了这个人。他不是“黑客”，而是一个心怀不满的员工。25 岁的米格尔·冈萨雷斯负责撰写文章和粘贴照片。他

---

① 1990 年 5 月，笔者旁听了德国纽伦堡社会法院的一次庭审，一位被停发失业金者诉劳动局要求其补发失业金，劳动局以该人在失业期间另有一份工作为由抗辩，最后劳动局因证据不足败诉。庭审后我咨询主审法官：如果能够证明该人在失业期间另有工作将会是怎样的结果？主审法官简单的回答是：将会追究该人的违法甚至犯罪责任。

② 程序员因与同事起冲突擅自删代码并离职 被判赔偿公司经济损失 6 万元. 大众网，2022-10-25。

掌握内部发布系统，可以控制所发内容，也可以随意修改标题。报社很快把他开除了。上班的焦虑，生活中的烦心事，让他变得非常偏激。崩溃的临界点终于来临，他写了一堆垃圾标题发送全网。冷静下来的他感到非常后悔，被炒鱿鱼还在其次，更糟糕的是整个媒体行业都会把他拒之门外。

2016 年，万豪酒店的一名员工和上司起了冲突，被酒店辞退。酒店意识到他很危险，也命令他远离公司的电脑系统，但一年后他还是“黑”了进去。靠着远程操控电脑，这名前员工将 3 000 间酒店房间的价格从 159 至 499 美元，调成了 12 至 59 美元，只一个晚上就导致酒店损失超过 50 000 美元。这名员工最后因三项重罪被逮捕，酒店行业也不敢再雇佣他。

2013 年，花旗银行的员工列侬·布朗转正，但得到的待遇不是他想要的。他努力工作了 10 个月，然而上司批评他表现不好。布朗和上司大吵一架，没有改变任何结果。傍晚，他向花旗银行全球控制中心的 10 个路由器发送代码，删除了其中 9 个路由器中的配置文件，导致北美 90%的花旗银行网点无法工作。这个任性的劳动让他入狱 21 个月，被罚款 7.72 万美元。

劳动的确是劳动者自己的。劳动与否、怎样劳动在劳动者都是自由的。当然结果也是确定的：不劳动者不得食，怎样劳动得怎样报酬。最为重要的是，与商法中的商行为一样，劳动者的劳动行为也具有二重性。商人的资金一旦作为资本用于经营，则必须遵行社会规则和法律规则，不再是“我的地盘我做主”。劳动者也一样：一个人不劳动或者做家务劳动，那么作息休息悉听尊便，咸淡生熟随心所欲；而一旦为他人劳动，也就是从事劳动法所调整的劳动，就必须遵守社会规则，遵守包括且不限于劳动法在内的全部法律规则。

譬如自己开着私家车，在路上可以不搭载任何人，也可以免费搭载任何人。但是把这辆车投入运营后，司机还是开着自己的车，却不得不遵从“不得拒载”的规则了，无论要搭载的人让他多么不爽甚至不适。

劳动是不能任性的，劳动者对于自己的劳动也是不能任性的。

五、违反职业道德的解雇

每个人都知道有职业道德，没有人知道具体的职业道德。每个岗位都有自己的职业道德，也有全岗均适的通用职业道德。《劳动法》第 3 条规定，劳动者应当“遵守劳动纪律和职业道德。”

张某入职一家公司已有 20 年，担任运营维护部高级经理，与公司签订了无固定期限劳动合同。2021 年 8 月 6 日，公司以张某擅自盗取公司机密邮件为由，与张某解除劳动合同。张某负责公司所有邮箱的注册工作，2021 年 7 月 15 日公司人力部门负责人发现发送给公司总裁的邮件同时向另一邮箱地址发送，经调查该邮箱为张某私自设置，目的为盗取公司及公司高管邮件。法院认为张某未经公司同意且在公司不知情的情况下擅自将公司高管的邮件设置转发自己查阅，违反了劳动者最基本的职业道德，根据《劳动法》第 3 条的规定判决支持该公司解除与张某的劳动合同。

这个判决无疑是相当正确的！这也再次证明了立法的乏力与司法的能力。不用说《劳动法》第 3 条“职业道德”的概括性用语没有具体的内容，原则性规定也不宜用来裁判，即便是《劳动法》第25条和承续它的《劳动合同法》第39条中的“两个严重”、“一个重大”、“规章制度”、“影响”和“损失”都不能具体界定，更不能一网打尽形式多变的行为和后果，无论是违反职业道德，还是违反规章制度，还是“严重”、“重大”、“影响”和“损失”①。

六、职场监控违法

用人单位对劳动者的监控在科技手段的加持和翻新下愈演愈烈，从工位到厂区，从工作场所到远程场景，从办公楼室到家庭居所。劳动者在劳动中如芒刺在背，似身陷囹圄。

这是违法的，应当叫停！

《劳动法》第96条规定以暴力、威胁或者非法限制人身自由的手段强迫劳动的，由公安机关对责任人员处以15日以下拘留、罚款或者警告；构成犯罪的，对责任人员依法追究刑事责任。对《劳动法》中的术语应当进行劳动意义上的解读，进入数字时代对其含义则应当进行数字化的理解。

劳动法意义上的“限制人身自由强迫劳动”不是指采用拘留、禁闭或者其他强制手段限制他人按照自己意志支配自己身体活动的自由的行为，而是指采用强制手段迫使劳动者不得不依照雇主的指令进行劳动，包括且不限于关闭在工作场所，锁定在车间工位，用专人进行盯梢，雇专人进行强制等。

在数字时代，劳动法意义上的限制人身自由强迫劳动是采用数字化手段迫使劳动者不得不依照雇主的指令进行劳动，包括且不限制上述的种种，只不过是变有形为无形，变围墙为电桩，变间歇为持续，变专人为摄录，变实景为存储。两相比较，后者对劳动者的伤害有过之而无不及，有加剧无而减弱。

在劳动中限制人身自由是对劳动者人身自由权的侵犯，在居家办公中对劳动者进行抓拍是对劳动者住宅权的侵犯。对劳动者的劳动进行监控是对劳动者尊严的侵犯，“对雇员隐私的侵犯也会损害雇员士气和劳动关系”。

七、竞业限制的前置要件

涂先生原先是某互联网公司的一名普通员工，2023年2月离职时收到公司启用竞业协议的通知：公司每月补偿他5 000多元，限制他入职所有同行业企业，为期一年。“很多同事和我一样，只是公司一名普通员工，也不在核心部门，根本接触不到公司商业秘密，竞业限制阻碍了我们自由择业”。来自北京朝阳的王女士遇到一个两难问题——她准备入职一家图书公司做销售。公司人力部门在递给她入职合同时，还带着一份竞业协议。按照协议，她一旦离职，不得进入同类型公司或竞对（竞争对手）企业，否则要支付违约金10万元。“我一个普通推销员，签哪门子竞业协议?!”王女士说，不签协议无法入职，而签了协议，竞业协议附录上有密密麻麻几百家竞对企业，以后离职要么付高昂违约金，要么转行从事非专业工作。《法治日报》记者采访数十名企业员工以及多位业内专家了解到，竞业协议目前有滥用趋势。有的企业，特别是一些互联网、新能源企业，将竞业限制的范围扩大到了全体员工，且协议中规定的竞对企业囊括同行业的几乎全部企业及其关联企业。这意味着，一位普通员工离职时，如果公司启用竞业协议，员工只能选择待业、转行

---

① 林靖. 员工擅自查看高管邮件被辞退？法院：不构成违法解除劳动合同. 北京日报，2022-10-09.

或支付高额违约金。[①]

在《劳动合同法》颁布前，劳动者跳槽的违约金屡创天价。立法严格限定“服务期”、严格限定违约金终结了这一现象。在这个意义上，《劳动合同法》颁布后情况有所好转。现在，竞业限制被滥用的趋势明显。为此有必要明确强调竞业限制的前置条件。

1. 无约定，无禁止。竞业禁止是对劳动者就业权的限制，尤其是对劳动者再就业人为地设置障碍。因此，不是用人单位想禁止就能禁止的，必须遵循《劳动合同法》第23条和第24条的规定，对受到竞业限制的劳动者在职位、范围、地域和期限上都进行严格的限定，对劳动者违反竞业限制违约金的约定也进行严格的限制。

2. 无补偿，无禁止。受到竞业禁止的劳动者，无法再做轻车熟路的工作，只得重打锣鼓新开张。这对于劳动者再就业的可能性和劳动报酬的可预期的影响都是负面的。劳动者这是为原用人单位付出的，受益人也是原用人单位。因此，原用人单位应当对劳动者再就业难和再收入低进行补偿。

3. 有补偿，有限度。竞业禁止的补偿是必需的，但也是有限度的。曾经有双方约定并经法院判决由用人单位支付原工资100%的竞业补偿，这是没有法律依据也是有悖法律原则的。没有任何法律会支持劳动者不劳而获，也没有任何法律不秉承不劳动者不得食。竞业禁止影响的是劳动者的部分劳动能力和部分劳动报酬，法律是对这个“部分”进行补偿（各国立法例多规定为原工资的30%～50%，限2年），而不是让原用人单位继续把劳动者养起来。

4. 有损失，无赔偿。劳动者违反竞业禁止规定后给原单位造成损失的，法律并无由劳动者进行赔偿的规定。这是因为：其一，劳动者是拿工资吃饭的，没有任何工资可以抵得住用人单位的损失。其二，劳动者不是受益人，受益人是新的用人单位。对此，《反不正当竞争法》给出了救济途径，《刑法》中也有“侵犯商业秘密罪”的规定。

八、公共卫生事件中劳动合同的履行与应对

当公共卫生事件导致劳动合同实际履行不能后，在双方当事人利益最大化和符合社会利益的原则下，不宜轻易行使劳动合同解除权，使双方的劳动关系归于消灭，而应当在下列形式中让劳动合同继续存在，并在公共卫生事件缓解或者结束后，继续履行双方原已存在的劳动合同。

1. 履行中止

在国家立法层面上尽快确立劳动合同履行中止制度既是维护劳动关系稳定的需要，也是在公共卫生事件中维护劳动关系双方当事人利益的需要，更是在特殊时期有效保护劳动者权益的重要举措。在立法中，应当明确规定劳动合同中止的情形，尤其是在公共卫生事件突发时的相关情形，规定劳动合同履行中止的条件，履行中止的一般期限和特殊期限，劳动合同履行中止的程序要件，劳动合同恢复履行的条件和程序，以及劳动合同履行中止争议的法律救济途径等。

2. 停薪休假

公共卫生事件期间劳动者有班不能上，不同于其主动选择的有班不去上，用人单位也

---

① 孙天娇．竞业协议扩大化乃至滥用问题是否存在?．法治日报，2023-03-30.

无须如常地支付不上班劳动者的工资。对于劳动者而言，他们更愿意保留一份已有的工作，待公共卫生事件过后不用再去劳动就业市场经历“一职难求”的挣扎。对于用人单位而言，为熟知其劳动者留下一份工作，为熟悉工作的劳动者保留一个岗位，也远远好于重新招聘一个不熟练的新劳动者。这无疑是在公共卫生事件条件下无可选择之选择，也是对于用人单位和劳动者在另外意义上的双赢。

3. 共享员工

共享员工是在不同用工主体之间调节阶段性用工紧缺或富余，将闲置员工调配至有需求缺口的用工主体，实现社会劳动力资源的优化配置。共享员工的供给方降低存量人力成本，共享员工需求方解决了用工短缺，共享员工本人也获得了劳动报酬。这是一种多方共赢式的合作用工模式。这种模式在公共卫生事件发生后，其积极意义和应用价值更为突显。2020 年 2 月 3 日，某商超电商开启“员工共享”邀请模式，与多家餐饮企业达成合作，仅三天时间就有 1 200 多人加入这支共享用工队伍。

4. 新增岗位

在公共卫生事件中，公益岗位的开发也是保就业的有效之策，可以有效地帮助因公共卫生事件而就业困难的社会群体，尤其是家庭中零就业人员群体就业，能平衡在公共卫生事件突发的特殊时期有特殊就业困难的人员就业。应当在国家层面上进行专项立法，对国家在公共卫生事件中帮助困难群体就业的措施进行常态化立法确认，尤其要明确相关资金的来源由国家财政承担等重要事项，用以保障劳动者在特殊时期的特殊需求，维护社会的安全和稳定。

5. 裁减员工

在公共卫生事件期间，应当更好地平衡劳动关系双方当事人的相关权益，在强调保护劳动者合法权益的同时，应当比平时更加关注企业遭遇的特殊困难。对于那些受公共卫生事件影响严重的企业，对于不得不进行裁员的企业，相关部门和社会各方应当比平时给予他们更多的理解和包容。对于《劳动合同法》第 41 条规定的裁员条款无论在内容上还是在程序上，都应当进行更加宽松的学理和司法解释，给予企业在公共卫生事件这样的特殊时期进行裁员更多的灵活性和更简便的操作性，以保障企业生存，避免双方当事人两败俱伤，劳动关系受到根本性损害。

第六章　劳动条件法

导读

用人单位雇用劳动者工作，必须为劳动者提供必要的劳动条件。随着社会的发展，逐步提高劳动者的劳动条件是世界各国劳动立法的发展趋势。本章以劳动报酬、休息与休假为内容，阐述劳动法关于劳动条件的规定。

第一节　劳动报酬的概念和法律原则

一、劳动报酬的概念

（一）劳动报酬的基本概念

劳动报酬即工资。广义的工资，泛指人们从事各种劳动而获得的货币收入或有价物。狭义的工资（也称为薪金、薪水、薪酬、薪资），专指劳动法中所调整的劳动者基于劳动关系取得的各种劳动收入，包括计时工资、计件工资、奖金、津贴和补贴、延长工作时间的工资报酬以及特殊情况下支付的工资等。我们这里说的劳动报酬是指后一种含义的工资。①

劳动法中所讲的工资具有其规范的内涵和外延。工资是指劳动者通过提供劳动，从其所在用人单位获得的全部劳动报酬，包括用人单位以各种形式支付的基本工资、奖金、津贴、补贴、加班加点工资以及特殊情况下支付的工资等，但不包括支付给劳动者的保险福利费用及其他非劳动收入。

在劳动法的范畴内，工资包括法定的最低工资和劳动关系双方当事人协商一致的工资，后者被称为“一般工资”。国际劳工组织 1949 年制定的《保护工资公约》及其建议书涉及对劳动者一般工资的保护，该公约所称“工资”是指不论其名称或计算方式为何，由一位雇主对一位雇员，为其已完成和将要完成的工作或者已提供或将要提供的服务，可以货币结算并由共同协议或国家法律或条例予以确定而凭书面或口头雇佣合同支付的报酬或

① 日本《劳动标准法》第 11 条关于工资的定义为：工资是雇主为酬报雇员的工作而支付的各项开支，不论它是叫工资、薪金，或是津贴、奖金，还是其他别的名称。韩国大法院的判例确定，工资是指使用者以劳动为对象所支付的一切报酬。

收入。《世界人权宣言》第 23 条规定："每一个工作的人，有权享受公正和合适的报酬，保证使他本人和家属有一个符合人的尊严的生活条件，必要时并辅以其他方式的社会保障。"

（二）工资立法的发展变化

工资立法随各国社会制度、文化、民族及社会经济发展阶段的不同而有所不同。早期的生存工资制度产生于西方经济科学的发展初期，认为工人的工资只要能够使工人维持在生存水平上就可以了，即工人的工资等于工人及其家庭维持最低生活的费用。这种生存工资制度随着社会的进步和工人运动的斗争为工资基金制度所取代。工资基金论认为工资不是由生存资料决定的，而是由资本决定的，工资是资本家全部资本的一部分，是其用于补偿机器设备消耗、购买原材料等生产资料消费以后的剩余部分。由于这种理论下的制度把工人的工资增长限制在一个很低的水平下，因而很快被边际生产力工资论取代，即工资取决于劳动的边际生产力，也即企业主总是力图使他所雇佣的最后一个工人带来的收益与支付给该工人的工资相等。在实际操作运行时，由于各种因素的影响，工资可能高于或低于劳动的边际生产力，但这种偏离不会太大。

集体谈判式的工资是各国确定工资的一种基本制度。集体谈判作为处理劳资关系的一种规范，起源于英国并随工业革命的发展而传至欧洲大陆和北美洲，到了 20 世纪即为大多数新兴工业化国家所采用。集体谈判的内容包括工资等级和标准、工资增长幅度、福利待遇标准等，这些谈判内容通过签订集体合同的方式确定下来。政府对集体谈判和集体合同不干预，但仍为企业确定工资标准提供法律规范。

（三）劳动报酬的构成形式

我国劳动报酬的主要形式为计时工资和计件工资，辅助工资形式主要有奖金和津贴。

1. 计时工资。计时工资是指按计时工资标准和工作时间支付给个人的劳动报酬，包括对已做工作按计时工作标准支付的工资。根据计算工资的时间单位的不同，计时工资可分为月工资制、日工资制和小时工资制。计时工资的优点是操作简单易行，适用于任何企业和工种；缺点是以劳动时间作为计算工资报酬的依据，不能完全将工资报酬与劳动的数量和质量挂钩。

2. 计件工资。计件工资是指对已做工作按计件单价支付的劳动报酬，包括实行超额累进计件、直接无限计件、限额计件、超额计件等工资制度下，按劳动行政部门或主管部门批准的定额和计件单价支付给个人的工资；按工作任务包干办法支付给个人的工资；按营业额提成或利润提成办法支付给个人的工资。它是用一定时间内的劳动成果来计算的工资，即用间接劳动时间来计算，因此它是计时工资的转化形式。计件工资的优点是能够使劳动成果与劳动报酬直接联系起来，更好地体现按劳分配的原则；缺点是容易因追求数量而忽视了质量，甚至影响安全生产。

3. 奖金。奖金是指支付给职工的超额劳动报酬和增收节支的劳动报酬。奖金是超额劳动报酬，是计时工资的辅助形式。奖金按劳动者付出的超额劳动来支付，是对劳动者作出优异成绩的一种奖赏。奖金对于调动劳动者的生产积极性，更好地体现按劳分配的原则具有重要的意义。

奖金的种类很多，包括生产奖、节约奖、劳动竞赛奖、机关事业单位的奖励工资以及其他奖金，主要有以下几种：（1）超产奖，按超额劳动成果的数额来计付。（2）质量奖，在完成产量的前提下，以产品质量合格率作为考核标准。（3）节约奖，在完成生产任务的前提下，按节约原材料、燃料消耗的数额计付。（4）安全生产奖，在完成生产任务的前提下，按安全生产的情况给予奖励。

4. 津贴和补贴。津贴和补贴是指为了补偿职工特殊或额外的劳动消耗和因其他特殊原因支付给职工的津贴，以及为了保证职工工资水平不受物价影响而支付给职工的物价补贴。津贴的种类繁多，主要可分为以下几类：为补偿劳动者在特殊劳动条件下的劳动消耗和额外劳动消耗而设的津贴，有矿山井下津贴、高温津贴、野外施工津贴等；为补偿劳动者特殊劳动消耗和额外生活支出而设的津贴，有林区津贴、山区津贴、驻岛津贴、艰苦气象台站津贴等；为特种保健要求而设的津贴，有保健津贴、医疗卫生津贴等。

5. 加班加点工资。加班加点工资是指按规定支付的加班工资和加点工资。

6. 特殊情况下支付的工资。包括根据国家法律、法规和政策规定，因病、工伤、产假、计划生育假、婚丧假、事假、探亲假、定期休假、停工学习、执行国家或社会义务等原因，按计时工资标准或计件工资标准的一定比例支付的工资，以及附加工资和保留工资。

7. 非全日制用工支付的工资。用人单位应当按时足额支付非全日制劳动者的工资。支付非全日制劳动者的小时工资不得低于当地政府颁布的小时最低工资标准。非全日制用工的工资支付可以小时、日、周或月为单位结算。

劳动者的以下劳动收入不属于劳动报酬范围。

（1）保险福利费用，指各单位在工资总额以外实际支付给本单位全部职工个人的劳动保险和福利费用。包括丧葬抚恤救济费、生活困难补助费，各种非工资性补贴（如上下班交通费补贴、洗理卫生费、托儿补助费、计划生育补贴、冬季取暖补贴、防暑降温费等），以及实行公费医疗制度改革的单位直接支付给职工个人的医药费等。

（2）劳动保护方面的费用，指职工从单位得到的由劳动保护费开支的保健食品待遇、解毒剂、清凉饮料以及夏季冷饮费等。

（3）按规定未列入工资总额的各种劳动报酬，包括创造发明奖、国家星火奖、自然科学奖、科学技术进步奖、合理化建议和技术改进奖，支付给运动员的名次奖、运动水平奖、破纪录奖和教练员的培训成绩奖，稿费、翻译费、讲课费、课题费，第二职业收入、兼职收入，以及各单位利用业余时间组织职工进行生产、咨询服务、科研、设计和其他活动而从得到的收入中支付给职工的现金和实物等。

（4）实物折款，指职工个人从单位内外得到的，按规定未列入工资总额和保险福利费用的各种实物折款。

（5）财产性收入，包括职工个人从银行和企业获得的存款利息、债券利息、股息和股金分红等。

（6）转移性收入，包括职工从职工以外其他阶层人员中得到的赠送收入、亲友搭伙费、遗产收入，以及从各种意外事故中得到的补偿、由于各种灾害从非营利性机构得到的捐赠收入等。

（7）其他，指在上述各项以外职工得到的其他现金收入，包括实行租赁经营单位承租人的风险性补偿收入，职工的误餐补贴、出国置装费，以及职工从出差补助和调动工作的差旅费与安家费中净结余的现金等。

二、我国劳动报酬的法律原则

《劳动法》第 46 条规定：“工资分配应当遵循按劳分配原则，实行同工同酬。工资水平在经济发展的基础上逐步提高。国家对工资总量实行宏观调控。”这是我国劳动报酬法律调整的基本原则。

1. 按劳分配原则

按劳分配是指根据劳动者提供的劳动数量和质量分配个人消费品，等量劳动领取等量报酬，多劳多得，少劳少得，不劳动者不得。每个劳动者根据自己提供的劳动量，取得与他所提供的劳动量相当的消费品。

按劳分配，要充分体现脑力劳动和体力劳动、复杂劳动和简单劳动、熟练劳动和非熟练劳动、繁重劳动和非繁重劳动之间的差别，要体现奖勤罚懒、奖优罚劣的原则，既要反对平均主义，也要反对分配不公、收入高低过分悬殊的做法。

工资分配应当遵循按劳分配原则，这是对企业内部工资分配应当遵循的原则的规定。这一规定是按劳分配的主体地位的具体体现，是按劳分配为主体、多种分配方式并存的分配制度的最基本的组成部分。

2. 同工同酬原则

同工同酬，是指用人单位对所有劳动者同等价值的劳动应付给同等的劳动报酬。在同一分配单位中，从事同种类工作、同样熟练程度的劳动者，不分性别、年龄、民族、种族，只要付出同等劳动，就应当领取同等报酬。

国际劳工组织 1919 年在其章程中就提到：“男子与女子应对同值的工作领取同等的报酬。”1949 年修改后的章程在序言中也规定“承认同工同酬的原则”。1951 年通过的《对男女工人同等价值的工作付予同等报酬公约》规定，对于所有劳动力，即男劳动力和女劳动力同等价值的劳动，应付给同等的报酬。

这一原则适用于基本工资以及一切因雇佣而由雇主直接或间接付给劳动者的现金形式或实物形式的其他收入。“男女同工同酬”系指不因性别而有差别的报酬率。该公约还提出，这一原则的实行可由下列方式来保障——国家立法、任何合法确定的工资制度、集体协议或以上办法混合使用；指出政府实行直接或间接监督时应采取的措施，以及推动同工同酬原则实施的方法，如工作分析、职业指导、就业咨询、安置工作、福利和社会工作、增强公众了解和调查研究等。我国政府已经批准这一公约。为使这一原则得到更好的贯彻，我国将同工同酬写入了《劳动法》，并作为工资分配的一个基本原则。

根据同工同酬原则，用人单位在工资支付过程中不得对于从事相同工作、提供同等价值劳动的劳动者因其性别、民族、年龄等方面的不同而支付不等量的报酬。实行同工同酬，充分体现了我国公民在法律面前一律平等，也是实行按劳分配原则的具体体现。只有实行同工同酬，才能保证我国公民享有真正平等的劳动报酬权。规定这一原则是为了保护全体劳动者的合法权益，防止发生各种歧视性行为，并不排斥用人单位可以对虽从事同种工作但技能和劳动贡献不同的劳动者支付不等量的报酬。

3. 在经济发展的基础上逐步提高工资水平的原则

工资水平是指一定时期内职工平均工资的高低程度。工资水平是反映经济发展水平和劳动者物质文化生活水平的一个重要指标，同时也在一定程度上体现着国家、用人单位、劳动者个人三者之间的利益分配关系，以及不同行业、不同地区、不同单位、不同工种之间各类劳动者的工资关系。工资水平的高低，直接关系着职工生活的改善。工资水平的增长速度，则直接影响着国民经济的发展。《劳动法》第 46 条第 2 款规定，工资水平在经济发展的基础上逐步提高。

这一原则有两层含义：一是职工工资水平必须建立在发展生产的基础上，而且在劳动生产率提高之后，必须逐步提高工资水平；二是要使劳动生产率的提高与工资水平的增长保持适当的比例关系，要求劳动报酬增长的速度不超过劳动生产率提高的速度。

其一，要逐步提高工资水平。社会主义的生产目的，就是要在提高技术水平的基础上通过经济的不断增长，最大限度地满足社会不断增长的物质和文化的需要。只有在经济发展的基础上逐步提高劳动者的工资水平，才能不断改善劳动者的物质文化生活水平。

其二，工资水平只能在经济发展的基础上逐步提高。工资属于分配范畴，分配是由生产所决定的。工资水平的提高只能建立在经济增长和劳动生产率提高的基础上。

在发达国家中，如果国营企业是营利单位，国家就同意它们如同私人企业一样执行本企业制定的工资标准。但对于不营利的国营企业，政府每年给它们提供一定数额的补贴作为企业的工资基金。“一般说来，国营企业工人的工资与同样的私人企业的工人工资相似。这是因为，如果国营企业工人工资太低，工人们便会离开国营企业到私营企业谋职。”①

第二节　基本工资制度

《劳动法》第 47 条规定：“用人单位根据本单位的生产经营特点和经济效益，依法自主确定本单位的工资分配方式和工资水平。”这规定了用人单位依法有权自主确定本单位的工资分配方式和工资水平。

一、用人单位确定工资分配的因素

用人单位享有工资分配自主权。《劳动法》颁布之前的《全民所有制工业企业转换经营机制条例》第 19 条曾明确规定了企业工资、奖金的分配权。企业有权根据职工的劳动技能、劳动强度、劳动责任、劳动条件和实际贡献，决定工资、奖金的分配档次。企业可以实行岗位技能工资制或者其他适合本企业特点的工资制度，选择适合本企业的具体分配形式，有权制定职工晋级增薪、降级减薪的办法，自主决定晋级增薪、降级减薪的条件和时间。

---

① 劳动部工资司. 不同经济类型国家的工资管理. 北京：劳动人事出版社，1988：11. “国营企业高级职员的工资可能比私人企业高级职员的工资低，这是因为，在私人企业里，优秀人才往往可通过自己的工作为企业提高生产效率，进而谋得很大利润，所以，企业很乐意付给他们高工资；而在国营企业里，虽然优秀人才也可以为企业谋取更高的利润，但是政府认为，给这部分人员的工资过高是不合适的（一般情况下，也不允许这样做），因为如果给这部分高级人员提高了工资，工会就会要求提高一般工人的工资。”

用人单位的工资分配自主权包括：(1) 有权根据生产经营状况和劳动力供求关系确定本企业的工资水平。(2) 有权根据生产、工作特点，采用适合本企业的工资形式和分配办法。(3) 有权根据实际需要，调整本企业职工之间的劳动关系。(4) 有权在国家法律、政策允许的范围内，通过增加生产、扩大经营、降低物耗等合法途径取得资金来源，增加职工的工资。

在许多国家，法律对工资和劳动生产率的关系没有具体的规定，实际工资和劳动生产率的比例是 1∶1，或实际工资略低于劳动生产率的增长。在集体谈判中，劳动生产率提高，工会就会要求提高工资，同时还会涉及价格、利润及其他行业的工资情况。工人一般不了解工资与劳动生产率的关系。如果要衡量劳动生产率，就必须衡量产品，但许多工人的产品是无法衡量的。在有些国家工人除了工资外，还可以从其他方面分享企业的利润。有一些企业采取股票的办法，也有一些企业根据它们的产品销售量预测企业的收入，采用奖金形式分享利润。

二、工资分配的集体谈判制度

工资分配的集体谈判或集体协商，是指职工代表与企业代表依法就企业内部工资分配制度、工资分配形式、工资收入水平等事项进行平等协商，在协商一致的基础上签订工资协议的行为。2000 年 11 月 8 日，由劳动和社会保障部颁布实施的《工资集体协商试行办法》对企业依法开展工资集体协商、签订工资协议作出了规定。

工资集体协商一般包括以下内容：(1) 工资协议的期限；(2) 工资分配制度、工资标准和工资分配形式；(3) 职工年度平均工资水平及其调整幅度；(4) 奖金、津贴、补贴等分配办法；(5) 工资支付办法；(6) 变更、解除工资协议的程序；(7) 工资协议的终止条件；(8) 工资协议的违约责任；(9) 双方认为应当协商约定的其他事项。

协商确定职工年度工资水平应符合国家有关工资分配的宏观调控政策，并综合参考下列因素：(1) 地区、行业、企业的人工成本水平；(2) 地区、行业的职工平均工资水平；(3) 当地政府发布的工资指导线、劳动力市场工资指导价位；(4) 本地区城镇居民消费价格指数；(5) 企业劳动生产率和经济效益；(6) 国有资产保值增值；(7) 上年度企业职工工资总额和职工平均工资水平；(8) 其他与工资集体协商有关的情况。

工资集体协商代表应依照法定程序产生。职工一方由工会代表，未建工会的企业由职工民主推举代表，并得到半数以上职工的同意。企业代表由法定代表人和法定代表人指定的其他人员担任。协商双方各确定一名首席代表。职工首席代表应当由工会主席担任，工会主席可以书面委托其他人员作为自己的代理人；未成立工会的，由职工集体协商推举。由企业内部产生的协商代表参加工资集体协商的活动应视为提供正常劳动，享受的工资、奖金、津贴、补贴、保险福利待遇不变。其中，职工协商代表的合法权益受法律保护。企业不得对职工协商代表采取歧视性行为，不得违法解除或变更其劳动合同。协商代表应遵守双方确定的协商规则，履行代表职责，并负有保守企业商业秘密的责任。协商代表任何一方不得采取过激、威胁、收买、欺骗等行为。协商代表应了解和掌握工资分配的有关情况，广泛征求各方面的意见，接受本方人员对工资集体协商有关问题的质询。

职工和企业任何一方均可提出进行工资集体协商的要求。工资集体协商的提出方应向另一方提出书面的协商意向书，明确协商的时间、地点、内容等。另一方接到协商意向书后，应于20日内予以书面答复，并与提出方共同进行工资集体协商。在不违反有关法律、法规的前提下，协商双方有义务按照对方要求，在协商开始前5日内，提供与工资集体协商有关的真实情况和资料。工资协议草案应提交职工代表大会或职工大会讨论审议。工资集体协商双方达成一致意见后，由企业行政方制作工资协议文本，工资协议经双方首席代表签字盖章后成立。

县级以上劳动保障行政部门依法对工资协议进行审查，对协议的履行情况进行监督检查。工资协议签订后，企业应于7日内将工资协议一式三份及说明报送劳动保障行政部门审查。劳动保障行政部门应在收到工资协议后15日内，对工资集体协商双方代表资格、工资协议的条款内容和签订程序等进行审查。工资协议经向劳动保障行政部门报送15日后，协议双方未收到劳动保障行政部门的“工资协议审查意见书”，即视为已经劳动保障行政部门同意，该工资协议即行生效，协商双方应于5日内将已经生效的工资协议以适当形式向本方全体人员公布。

一般情况下工资集体协商一年进行一次。职工和企业双方均可在原工资协议期满前60日内，向对方书面提出协商意向书，进行下一轮的工资集体协商，做好新旧工资协议的相互衔接。依法订立的工资协议对企业和职工双方具有同等约束力。双方必须全面履行工资协议规定的义务，任何一方不得擅自变更或解除工资协议。职工个人与企业订立的劳动合同中关于工资报酬的标准，不得低于工资协议规定的最低标准。

第三节　最低工资制度

一、最低工资的概念和意义

最低工资是指在劳动者于法定工作时间或劳动合同约定的工作时间内提供正常劳动的前提下，用人单位应支付的最低劳动报酬。其中，法定工作时间是指国家规定的工作时间；正常劳动是指劳动者按照劳动合同的有关规定，在法定工作时间内从事的劳动。劳动者因探亲、结婚、直系亲属死亡等而按规定休假，以及依法参加国家和社会活动，也应当视为提供了正常劳动。

下列各项不得作为最低工资组成部分：（1）加班加点工资；（2）中班、夜班、高温、低温、井下、有毒有害等特殊工作环境、条件下的津贴；（3）国家法律、法规、政策规定的劳动保险、福利待遇等。企业对职工进行培训的费用，按国家有关规定发放给职工的防护用品及企业自身的各项用品，职工所得的计划生育补贴、特别困难补助，因住房改革发给职工的住房补贴均不属于最低工资的组成部分。用人单位通过贴补伙食、住房等支付给劳动者的非货币性收入不包括在最低工资内；职工所得的非经常性奖金，如竞赛奖、体育奖、合理化建议奖等也不得纳入企业最低工资的范畴。

二、最低工资制的适用范围

国际劳工组织最早的最低工资标准只适用于制造业和商业。国际劳工组织1928年制定了《确定最低工资办法的制订公约》和《实施最低工资确定办法建议书》。公约规定："凡批准本公约的会员国应承允制定或维持一种办法，以便为那些在无从用集体协议或其他方法有效规定工资，且工资特别低的若干行业或部分行业（特别是在家庭工作的行业）中工作的工人，确定最低工资率。""凡已经确定的最低工资率，对有关的雇主与工人应有效力，双方均不得以个人协议或集体协议予以减低。"公约还规定应实行监督与制裁的办法，以保证有关的雇主与工人明了现行最低工资率，并保证在适用最低工资率的场合支付的工资不少于最低工资。凡适用最低工资率的工人，其工资的支付少于最低工资者，有权利经司法或其他合法手续追要其被少付的数额，但此项权利的时效由国家法律或条例予以规定。1951 年又制定了内容大体相同而适用于农业的《农业中确定最低工资办法公约》和《农业中确定最低工资办法建议书》。1970 年的《特别参照发展中国家情况确定最低工资公约》和《特别参照发展中国家情况确定最低工资建议书》，把确定最低工资的办法推广到工资水平特低的发展中国家，适用范围包括其雇佣条件理应予以保护的各类工资劳动者；所包括的各类工资劳动者由各国主管机关决定。最低工资应有的法律效力不应予以减低，不按规定实行最低工资的有关人员应受适当的惩罚或其他制裁。

我国劳动部 1993 年制定了《企业最低工资规定》。2004 年 1 月 20 日，劳动和社会保障部发布了《最低工资规定》，自 2004 年 3 月 1 日起施行。《最低工资规定》完善了现行的最低工资制度，尤其是对小时最低工资标准的规定，能够促进灵活就业形式的发展。

《最低工资规定》将最低工资的适用范围确定为在中华人民共和国境内的企业、民办非企业单位、有雇工的个体工商户和与之形成劳动关系的劳动者；国家机关、事业单位、社会团体和与之建立劳动合同关系的劳动者，依照本规定执行。这一适用范围比此前的相关规定更为宽泛。

三、最低工资标准

最低工资标准是指单位劳动时间的最低工资数额。《劳动法》第 48 条规定，最低工资的具体标准由省、自治区、直辖市人民政府规定，报国务院备案。这表明我国不实行全国统一最低工资标准，而由各地根据其具体情况来确定最低工资标准。

《最低工资规定》界定了"最低工资标准"，即指劳动者在法定工作时间或依法签订的劳动合同约定的工作时间内提供了正常劳动的前提下，用人单位依法应支付的最低劳动报酬。该规定也明确了正常劳动的内容："正常劳动"是指劳动者按依法签订的劳动合同的约定，在法定工作时间或劳动合同约定的工作时间内从事的劳动。鉴于生育（产）假、节育手术假等都是法律赋予劳动者应当享受的休息休假权利，为了更充分地保障劳动者休息休假期间的合法权益，将生育（产）假和节育手术假都列入视同提供了正常劳动的范围。劳动者依法享受带薪年休假、探亲假、婚丧假、生育（产）假、节育手术假等国家规定的休假期间，以及法定工作时间内依法参加社会活动期间，均应视为提供了正常劳动。

《最低工资规定》规定了两种最低工资标准形式，即月最低工资标准和小时最低工资标准。月最低工资标准适用于全日制就业劳动者，小时最低工资标准适用于非全日制就业劳动者。

国际劳工组织的有关公约规定，最低工资应根据以下因素确定并进行调整：（1）工人及其家庭的生活需要；（2）生活费用；（3）社会工资总水平；（4）其他社会阶层的生活水平；（5）社会安全利益的需要；（6）经济发展水平；（7）雇主支付能力。世界上各个国家确定或调整本国最低工资标准的参考依据和测算方法虽然各不相同，但一般都要参考城市居民生活费用支出、平均工资、劳动生产率、经济发展水平等因素。

《劳动法》第49条规定："确定和调整最低工资标准应当综合参考下列因素：（一）劳动者本人及平均赡养人口的最低生活费用；（二）社会平均工资水平；（三）劳动生产率；（四）就业状况；（五）地区之间经济发展水平的差异。"

（1）劳动者本人及平均赡养人口的最低生活费用。实行最低工资保障的直接目的是确保劳动者维持最基本的生活需要。因此，最低工资标准不应低于劳动者本人的最低生活费用以及其应尽法定义务所平均赡养人口的最低生活费用。

（2）社会平均工资水平，是指政府统计部门提供的职工平均工资水平。最低工资标准应当低于职工平均工资，高于职业保险金、社会救济金的标准。国际上一般最低工资标准相当于平均工资的40%至60%。

（3）劳动生产率，是指政府统计部门提供的当地社会劳动生产率，即单位时间内劳动者为社会工作的效率，是有效劳动量与劳动时间之比。在不同行业、不同地区，劳动生产率的不同意味着在单位时间内劳动者对社会的贡献有所差别，也意味着各行业、各地区的用人单位对劳动者工资的支付能力存在着差别。劳动生产率的提高是平均工资增长的前提条件。确定和调整最低工资标准，也要充分考虑劳动生产率因素。

（4）就业状况。就业状况与整个部门和地区的工资支付水平有一定关系，确定最低工资应当考虑整个社会劳动者的就业率和就业行业及部门的情况，尤其是社会或者行业的失业率，即最低工资标准的确定和调整要考虑失业率水平。当失业率偏高时，最低工资标准不宜定得太高，因为这将影响用人单位吸纳更多的劳动者就业，不利于扩大就业、降低失业率。

（5）地区之间经济发展水平的差异。这是指确定和调整最低工资标准应当根据不同地区经济发展水平有所差别，不能不顾不同地区之间经济发展水平上的差异而实行相同的最低工资标准。由省、自治区、直辖市人民政府规定最低工资标准，正是为了使最低工资标准能够比较准确地反映各省、自治区、直辖市之间经济发展水平的差异。各省、自治区、直辖市在确定本地区不同区域的最低工资标准时，也要充分考虑经济发展水平。各省、自治区、直辖市还应做到从本地实际情况出发，根据需要和可能允许同一地区内不同辖区的最低工资存在差异。

第四节 工资支付保障

《劳动法》第50条规定："工资应当以货币形式按月支付给劳动者本人。不得克扣或者无故拖欠劳动者的工资。"第51条规定："劳动者在法定休假日和婚丧假期间以及依法参加社会活动期间，用人单位应当依法支付工资。"上述规定涉及工资支付形式、支付对象、支付时间以及特殊情况下的工资支付等问题。

一、工资支付形式

工资应当以货币形式支付，不以实物形式支付。以货币形式支付工资符合国际通行做法。这是为了限制乃至取消实物支付，使个人收入货币化、规范化，有利于提高收入分配的透明度，加强对用人单位收入分配的财务监督，同时有利于建立个人收入申报制度，强化个人所得税调节收入分配的功能，更为重要的是保障劳动者的收入。

19 世纪初期，英国许多雇主以实物替代现金来支付工人的工资，这样虽然推销了其产品，降低了产品的成本，但却大大降低了工人的实际工资水平，使工人的生活更为困难。鉴于这种情况，国会便立法限制雇主以实物替代现金支付工资的做法，规定雇主不得以实物替代现金支付工资。美国 1938 年《公平劳动标准法》明确规定：临时凭证、代价券、存款卡、内部支票、债息票以及类似的媒介物，都是非法的工资支付手段，禁止使用。该法还禁止雇员从获得的劳动报酬中给雇主支付“回佣”。

二、工资支付对象

劳动者本人为工资领取人，用人单位应在工作地点将工资支付给劳动者本人，由劳动者本人直接领取。当劳动者本人因故不能领取工资时，也可以由劳动者授权的亲属代为领取。这一规定是为了使劳动者领取工资得到保障。按通常的做法，用人单位在支付工资时应向劳动者提供一份其个人的工资清单，列出应发工资额及项目、扣款额及其项目、实发工资额等。为了便于查询，用人单位应当以书面形式记录支付工资的数额、时间、领取工资者的姓名及签名。

韩国立法规定工资必须直接支付给劳动者，以确保劳动者能领受到工资。劳动者让其委托的第三者或代理人领受工资的行为无效，雇主把劳动者的工资支付给劳动者的亲属、其他法定代理人或任意代理人的，也视为违反了此条款。

三、工资支付时间

按照我国劳动法的规定，工资应当按月支付。不论是实行小时工资、日工资、月工资等计时工资形式，还是实行计件工资形式，用人单位都要按月向劳动者支付工资。对实行年薪制的劳动者，则应每个月按一定比例预付。

美国各州立法要求有固定的工资支付日期，最通常的支付日期间隔为 2 个星期。有 2/3 的州的法律要求用合法的货币支付工资，并且要求向被解雇工人到时付给工资。大约有一半的州的法规要求向提出辞职的工人到时付给工资。韩国要求工资应每月一次以上定期（如 15 日或 25 日）支付，因为工资的支付时间过长或不定期都将使劳动者生活不安定。企业因经营困难或其他理由没有支付工资时，就成为雇主债务不履行，劳动者可以要求支付迟延利息。

四、禁止克扣工资

用人单位不得克扣劳动者的工资。劳动者在法定工作时间内提供了正常劳动的前提下领取足额工资，是劳动者的合法权益，受法律保护，任何单位不得克扣，否则便构成对劳动者合法权益的侵害。克扣或者拖欠劳动者的工资这种违法行为往往会导致严重的后果，必须给予高度的重视，并对相关行为人，尤其是用人单位的负责人和直接责任人给予法律制裁。

但是，在下列情况下扣除劳动者部分工资不属于克扣工资：(1) 劳动者本人过失造成事故，使单位或他人财产遭受损失时，按规定令其赔偿损失；(2) 劳动者本人违反劳动纪律旷工或请事假超过一定期限，按本单位有关管理制度扣除一定数额工资；(3) 法院委托单位扣除的抚养费、赡养费或赔偿费等；(4) 劳动者应偿还用人单位的债务；(5) 法律规定应由劳动者本人负担的社会保险费用；(6) 法律要求用人单位代扣缴的其他费用。

五、特殊情况下的工资支付

《劳动法》第 51 条规定："劳动者在法定休假日和婚丧假期间以及依法参加社会活动期间，用人单位应当依法支付工资。"特殊情况下的工资主要包括三方面的内容，即法定休假日工资支付、婚丧假期间工资支付、依法参加社会活动期间工资支付。在这三种情况下，用人单位都应按照劳动者本人正常履行劳动义务时应得的工资额支付工资。

1. 法定休假日期间的工资支付

法定休假日是指法律规定的放假节日。休息权是劳动者的一项基本权利，受到法律保护。法定休假日是休假制度的一种，依照规定，在元旦、春节、国际劳动节、国庆节以及法律、法规规定的其他法定休假节日期间，用人单位应当依法安排劳动者休假。劳动者依照上述规定在法定休假日内休假，用人单位应当依法向劳动者支付工资，否则，即构成克扣劳动者工资行为。

2. 婚丧假期间的工资支付

婚丧假是结婚假和丧事假的总称，系指劳动者本人结婚以及其直系亲属死亡时其所在用人单位给予的假期（包括路程假期）。享受婚丧假是劳动者的合法权利，婚丧假期间用人单位应向劳动者支付工资。

3. 产假期间的工资支付

根据 1993 年 10 月 1 日施行的人事部《关于机关、事业单位女职工产假期间工资计发问题的通知》，机关、事业单位女职工产假期间，其工资按下列各项之和计发：(1) 机关实行职级工资制的人员，为本人职务工资、级别工资、基础工资与工龄工资；(2) 机关技术工人，为本人岗位工资、技术等级（职务）工资与按国家规定比例计算的奖金；(3) 机关普通工人，为本人岗位工资与按国家规定比例计算的奖金；(4) 事业单位职工，为本人职务（技术等级）工资与按国家规定比例计算的津贴（其中，体育运动员为本人体育基础津贴和成绩津贴）。

4. 依法参加社会活动期间的工资支付

依法参加社会活动是劳动者的政治权利，受法律保护。劳动者在法定工作时间内参加社会活动，应视为提供了正常劳动，用人单位应向劳动者支付工资。这里所讲的社会活动主要包括：(1) 依法行使选举权或被选举权；(2) 当选代表出席政府、党派、工会以及其他合法社会团体召开的代表大会；(3) 出任人民法院陪审员或者证明人；(4) 参加由用人单位安排和同意的会议或者其他活动；(5)《工会法》规定的不脱离生产的工会基层委员会委员，因工会活动每月占用生产时间不超过 2 个工作日时；（6）企业领导指定参加的会议或群众性工作时间；（7）其他依法参加的活动等。

5. 探亲假期间的工资支付

根据 1981 年 3 月国务院《关于职工探亲假待遇的规定》，职工探望配偶和未婚职工探望父母的往返路费由所在单位负担；已婚职工探望父母的往返路费，在本人月标准工资 30％以内的由本人自理，超过部分由所在单位负担。职工在探亲假期间的工资，按照本人的标准工资支付。

6. 停工期间的工资支付

《工资支付暂行规定》第 12 条规定，非因劳动者原因造成单位停工、停产，在一个工资支付周期内的，用人单位应按劳动合同规定的标准支付劳动者工资。超过一个工资支付周期的，若劳动者提供了正常劳动，则支付给劳动者的劳动报酬不得低于当地的最低工资标准；若劳动者没有提供正常劳动，应按国家有关规定办理。

7. 企业依法破产时的工资支付

《工资支付暂行规定》第 14 条规定，用人单位依法破产时，劳动者有权获得其工资。在破产清偿中用人单位应按《企业破产法》规定的清偿顺序，首先支付其欠付的本单位劳动者的工资。

第五节 工作权和休息权及其意义

一、工作权和休息权是劳动者的基本权利

劳动者的工作权和休息权是宪法规定的基本权利。我国《宪法》第 43 条规定："中华人民共和国劳动者有休息的权利。国家发展劳动者休息和休养的设施，规定职工的工作时间和休假制度。"《劳动法》根据宪法的这一规定，对职工的工作权和休息权作了具体规定。

职工的工作权和休息权是通过工作时间和休息时间体现出来的。工作时间是指劳动者基于劳动关系，在用人单位应该从事劳动或工作的时间。工作时间制度由法律加以规定，例如，规定 8 小时工作日制度和 5 日工作周制度等。休息时间是指工人和职员在工作时间以外由个人支配，用于消除身心疲劳、安排自己生活、料理家务、参与社交文体活动等方面的时间，包括工作时间中的间歇时间、两个工作日之间的休息时间、每周的休息日数、法定节日的休息等。

工作时间和休息时间由职工在一天内生产、活动和休息所占用的整个时间构成。如果工作时间的长度没有法律规定的限制，就会缩短休息时间的长度。同样，如果没有休息时间的法律规定，也会形成对职工休息时间的各种不同形式的侵占。从这种意义上讲，《劳动法》对工作时间和休息休假的规定，是对职工工作时间和休息时间的保障。

《劳动法》对职工的工作时间和休息休假加以保障的主要目的，在于保障职工的身体健康。职工在一天的紧张劳动后，身心都已疲劳，只有经过休息，才能恢复体力，使职工有健康的身体和充沛的精力去进行再生产，参加社会活动，进行业务学习、料理家务和个

人生活以及教育子女；同时保障职工的休息有利于保证职工完成生产和工作任务，提高工作效率和劳动生产率。对工作时间的规定，可以保障职工每天在法定的时间内工作；对休息时间的规定，不仅是为了补偿职工因工作而导致的体力消耗，更重要的是能让职工利用闲暇时间学习业务和技术，提高工作能力和生产技术水平。只有这样，才能使职工更充分地利用工作时间，保证生产、工作任务的完成。

二、工作时间和休息时间的立法发展

工时时间和休息时间的立法始于产业革命以后。此前的手工业工人几乎与自然经济状态下的农民一样，日出而作，日落而息。工业革命后，资本家为多得利润，尽力延长劳动时间，劳动者被迫随机器转动而不停地劳作，受雇劳动者均由于长时间不停地进行劳动，精神紧张，体力疲惫，身心健康受到极大摧残，许多童工甚至因极度劳累而夭亡。因此，劳动时间的立法以限制童工、女工工时为起点，以后逐步对成年男工的工时加以限制。法国于 1848 年规定成年男工工时每日不得超过 12 小时，瑞士于 1877 年、奥地利于 1885 年将日工作时间定为 11 小时。

1919 年，《国际劳动宪章》规定，工厂的工作时间以每日 8 小时或每周 48 小时为标准；每周至少有一次连续 24 小时休息，并尽量以星期日为公休日。同年举行的第一届国际劳工大会通过了工业劳动 1 日 8 小时的公约。1921 年的第三届大会上通过了工业中实行每周休息公约。每 7 天中休息 1 天的惯例最早起源于基督教，以一周的第一日休息，通称为礼拜日或安息日。瑞士于 1890 年实行周休制度，匈牙利于 1891 年、挪威于 1900 年、英国于 1901 年、比利时于 1905 年、加拿大于 1906 年、澳大利亚于 1903 年、葡萄牙于 1911 年、希腊于 1914 年分别规定周休制度。国际劳工组织 1921 年通过周休公约，周休制得到普遍推行。

在当代，缩短工时已成为各国的共同趋势。从 20 世纪三四十年代开始，有些国家实行每周 5 日 40 小时工作制。1935 年第十九届国际劳工大会通过了每周工作时间减至 40 小时的公约。许多工业发达国家先后实行了 40 小时或 40 小时以下工作周制。如美国《公平劳动标准法》第 7 条规定："除了本条另有规定外，雇主不得使经商或从事商品生产或受雇于经商或从事商品生产的企业的雇员在一个工作周内工作时间超过 40 小时。"英国、德国、意大利、加拿大、奥地利、丹麦、芬兰等国家，也先后把工时降到 40 小时，甚至 35 小时以下。

第六节　工作时间和工作日

一、工作时间

工作时间是劳动者为用人单位从事生产和工作的时间。工作时间一般以小时为计算单位，它包括每日工作的小时数和每周工作的天数和小时数。工作时间由法律进行限制，用人单位安排劳动者工作不能突破该限制。根据劳动合同，劳动者必须为用人单位进行劳动，劳动者为用人单位劳动的时间为工作时间。劳动者没有按劳动合同进行足够时间的劳

动，其工资福利待遇往往受到影响。劳动者加班加点的，依照规定可得到加班工资。

工作时间的主要表现形式是工作日。工作日是指法律规定的职工在一昼夜内的工作时间长度，是以日为计算单位的工作时间。工作时间包括日工作时间（一昼夜内职工进行工作的时间）和周工作时间（一周内工作的时间数）。

确定工作时间主要依据以下几方面：(1) 保证每个劳动者能为社会的需要进行必要的劳动；(2) 保证劳动者的休息时间，保障劳动者获得参加社会、政治和文化生活以及学习、料理家务所需的时间；(3) 符合国家的经济、科技和社会发展的水平。

根据《劳动法》和有关法规的规定，依我国现行的工时制度，工作日分为定时工作日、不定时工作日和计件工作日。

二、定时工作日

定时工作日是法律规定的职工在每个工作日内固定的工作时间，是我国工时制度的主要形式。根据我国现行的工时制度，定时工作日又可分为标准工作日、缩短工作日、延长工作日。《劳动法》对定时工作日作了具体规定。工作时间是指劳动者为用人单位从事生产和工作的时间。工作时间一般以小时为计算单位，它包括每日工作的小时数和每周工作的天数和小时数。

（一）标准工作日

标准工作日是法律规定的国家机关、社会团体、企业、事业单位在正常情况下普遍实行的工作日。《劳动法》第 36 条规定，劳动者每日工作时间不超过 8 小时。

我国的标准工作日原先实行的是每日工作 8 小时，每周工作 48 小时，每周工作 6 天，休息 1 天的工作日制度。这一工作日制度源于《中国人民政治协商会议共同纲领》的规定。随着生产的发展和社会的进步，缩短工时已成为一种世界趋势。

1994 年 3 月 1 日起根据《国务院关于职工工作时间的规定》第 3 条，我国开始实行职工每日工作 8 小时，平均每周工作 44 小时、平均每周工作 5 天半的标准工作时间。1995 年 3 月 25 日国务院发布了《关于修改〈国务院关于职工工作时间的规定〉的决定》，修改后的《国务院关于职工工作时间的规定》第 3 条规定："职工每日工作 8 小时、每周工作 40 小时。"即从 1995 年 5 月 1 日起，我国标准工作时间为每日工作 8 小时、每周工作 40 小时的 5 日工作周。

（二）缩短工作日

缩短工作日是职工在每个工作日的工作时间少于标准工作日时间长度的工作时间。一般情况下，主要适用于从事有毒有害作业工种、条件艰苦或高度紧张的工作，以及从事特别繁重体力劳动的职工。

《劳动法》未对缩短工作日作出明确规定，但在第 39 条规定："企业因生产特点不能实行本法第三十六条、第三十八条规定的，经劳动行政部门批准。可以实行其他工作和休息办法。"这就为企业根据生产特点实行变通的工作和休息办法提供了法律依据。缩短工作日就是变通办法的一种。

在特殊条件下从事劳动和有特殊情况的职工，按照国务院或者国务院劳动、人事行政主管部门的规定，可以再适当缩短工作时间。根据我国对特殊条件下从事劳动和有特殊情况的职工的工作时间的特殊规定，适用缩短工作日的情况有以下几种。

（1）夜班工作时间。夜班工作时间一般是指当日晚上10时至次日早晨6时之间的时间。从事夜班工作的企业、事业、机关、团体等单位的职工，其工作时间比标准工作日减少1小时，同时按照规定发给夜班津贴。

（2）哺乳时间。哺乳时间是指有不满1周岁婴儿的女职工在工作时间内哺乳婴儿所占用的时间。2012年4月18日，国务院第200次常务会议通过的《女职工劳动保护特别规定》第9条规定，用人单位应当在每天的劳动时间内为哺乳期女职工安排1小时哺乳时间；女职工生育多胞胎的，每多哺乳1个婴儿每天增加1小时哺乳时间。

（3）特殊劳动岗位。从事矿山井下作业、高山作业、严重有毒有害作业、特别繁重或过度紧张的体力劳动等岗位的职工，其每日工作时间应少于8小时。如一般有毒有害作业工人，可以采用“三工一休制”，即工作3天、休息1天，或每日实行7小时工作制，以及实行“定期轮流脱离接触一个半月”，即工人每年轮流脱离原作业岗位一个半月，脱离期满后仍回原岗位工作。严重有毒有害作业工人，可以采用“三工一休制”与“定期轮流脱离接触”相结合的制度，即实行工作3天、休息1天的制度后，每年再轮流脱离原作业岗位1个月，或者采用每日6小时工作制，也可以采用定期轮流脱离接触两个半月。其他行业缩短工作日的形式有煤矿井下实行的4班6小时工作制，个别化工企业实行的“五班三运转”，以及建筑、冶炼、地质勘探、森林采伐、装卸搬运等行业根据本行业情况实行的不同形式的缩短工作日。

（三）延长工作日

延长工作日是指职工在每个工作日的工作时间超过标准工作日时间长度的工作日制度。它主要适用于那些生产受自然条件或技术条件限制的具有突击性、季节性特点的行业，如制盐业、制糖业、菜园、农场等。这些行业忙季可延长工作时间，闲季可缩短工作时间。延长工作日后，应该补休，无法补休时，可以补发工资。

（四）综合计算工时

综合计算工时是从部分用人单位的生产需要出发，实行相对集中工作、集中休息的工作制度，以保证生产的正常进行和劳动者的合法权益。综合计算工时工作制不再要求企业实行符合标准工时工作制的规定，但要求用人单位做到以下两点：（1）企业实行综合计算工时工作制以及在实行综合计算工时工作制中采取何种工作方式，一定要与工会和劳动者协商。（2）对于第三级以上（含第三级）体力劳动强度的工作岗位，劳动者每日连续工作时间不得超过11小时，而且每周至少休息1天。

企业对符合下列条件之一的职工，可实行综合计算工时工作制，即分别以周、月、季、年等为周期，综合计算工作时间，但其平均日工作时间和平均周工作时间应与法定标准工作时间基本相同：（1）交通、铁路、邮电、水运、航空、渔业等行业中因工作性质特殊，需连续作业的职工；（2）地质及资源勘探、建筑、制盐、制糖、旅游等受季节和自然条件限制的行业的部分职工；（3）其他适合实行综合计算工时工作制的职工。

三、不定时工作日

不定时工作日是指按其职责要求对很难实行定时工作日的职工所实行的工作日制度。

它适用于那些因工作职责范围和工作条件不受标准工作时间限制的工作。如外勤工作人员、专用汽车司机、铁路、水运、邮电等企业的部分职工；工作无法按时计算的人（如职业作家、外勤人员等）；自行支配工作时间的人（如森林巡视人员以及某些勤杂人员等）；因工作性质特殊，需要机动进行工作的人员（如出租汽车司机等）。不定时工作日也属于变通的工作和休息办法的一种。

目前，我国对不定时工作日的工种尚无具体规定，而由各地人民政府、产业部门、企业主管部门自行规定。1995 年 1 月 1 日开始实施的劳动部《关于企业实行不定时工作制和综合计算工时工作制的审批办法》中规定，企业对符合下列条件之一的职工，可以实行不定时工作制：(1) 企业中的高级管理人员、外勤人员、推销人员、部分值班人员和其他因工作无法按标准工作时间衡量的职工；(2) 企业中的长途运输人员、出租汽车司机和铁路、港口、仓库的部分装卸人员，以及因工作性质特殊，需机动作业的职工；(3) 其他因生产特点、工作特殊需要或职责范围的关系，适合实行不定时工作制的职工。

不定时工作日并非对工作时间毫无限制，而是基本上按照标准工作日执行。但是，当一日工作时间超过标准工时，超过部分不算加班加点，不发加班工资，而只是给予补假休息。对于实行不定时工作日的劳动者，企业应当根据标准工时制度合理确定劳动者的劳动定额或其他考核标准，以便安排劳动者休息。其工资由企业按照本单位的工资制度和工资分配办法，根据劳动者的实际工作时间和完成劳动定额情况计发。对于符合带薪年休假条件的劳动者，企业可安排其享受带薪年休假。

四、计件工作日

计件工作日是指职工以完成一定劳动定额为计酬标准的工作时间制度。计件工作日实际上是定时工作日的一种特殊形式。《劳动法》第 37 条对计件工作日所作的规定如下："对实行计件工作的劳动者，用人单位应当根据本法第三十六条规定的工时制度合理确定其劳动定额和计件报酬标准。"根据这一规定，计件工作日应有合理的劳动定额和计件报酬标准。而合理的劳动定额，应当以职工在一个标准工作日（每日 8 小时）或标准工作周（每周不超过 40 小时）的工作时间内能够完成的计件数量为标准，超过这个标准就等于延长了工作日时间，侵犯了职工的休息权。从这个意义上说，合理确定计件劳动定额是实行计件工作日的关键。

计件工作时间实际上是标准工作时间的特殊转化形式，具有更大的灵活性。对实行计件工作的劳动者来说，当用人单位合理地确定了劳动定额和计件报酬标准后，劳动者可以比实行标准工作日的职工有更大的灵活性，即完成了当日或当月的定额后，可以把剩余时间作为休息时间，也可以超定额以取得相应的额外报酬。在未完成当日的定额时，则可以在 8 小时的工作时间之外加点来完成定额。

劳动定额是指在一定的生产技术和生产组织条件下，为生产一定量合格产品或完成一定量的工作所预先规定的劳动消耗标准，或是在单位时间内预先规定的完成合格产品数量的标准。劳动定额包括时间定额（生产单位合格产品或完成一定工作所需要的时间）和产量定额（单位时间内应完成的合格产品的数量）。劳动定额水平计算必须在正常生产情况下，大多数工人按标准工作时间劳动能够完成定额。

第七节　休息与休假

休息时间是劳动者根据法律规定，在企业、事业单位、机关团体以及其他组织任职期间内，不必从事生产和工作而自行支配的时间。它包括职工在法定工作时间之外用以消除疲劳、进行业务学习、参加社会活动和料理家务等所占用的时间。休息时间是职工依法享有的权利，是和职工的工作时间紧密相连的。没有工作时间，就谈不到休息时间；没有休息时间，就不能使职工的工作时间更好地得到利用。

休息时间的种类随社会经济状况的发展而变化，并且因产业、行业的不同而不同。根据《劳动法》和其他法规的规定，我国现行的休息时间的种类和内容如下。

一、一个工作日内的休息时间

一个工作日内的休息时间是指职工在每日的工作岗位上生产或工作过程中的工间休息时间和用膳时间，又称间歇时间。工间休息时间和用膳时间因工作岗位和工作性质的不同而有不同，一般休息一至两小时，最少不能少于半小时。间歇时间一般于工作 4 小时后开始，不算作工作时间。有的岗位由于生产不能间断，不能实行固定的间歇时间，但应使职工在工作时间内有用膳时间。

有些单位实行工间操制度，即在上午和下午各 4 小时的工作时间中间，规定 20 分钟的休息时间，一般在工作 2 小时后开始。这种工间操时间与间歇时间不同，要计入工作时间。

二、两个工作日之间的休息时间

两个工作日之间的休息时间是指职工在上个工作日结束后至下一个工作日开始的期间内所享有的休息时间。其长度应以保证劳动者的体力和工作能力能够得到恢复为标准，一般为 15 小时～16 小时。实行轮班制的，其班次必须平均调换，一般可在休息日之后调换。在调换班次时，不得让工人连续工作两班。因为这既侵犯了劳动者的休息权，也会导致严重伤害劳动者的后果。

三、休息日

休息日，又称公休假日，是劳动者满一个工作周后的休息时间，即至少有一次连续 24 小时不间断的休息。《劳动法》第 38 条规定：“用人单位应当保证劳动者每周至少休息一日。”

一般情况下，星期日和星期六为公休假日。由于生产或工作需要（如为居民服务的电报、电话、电视等业务），或者由于供电、供水的原因，以及为了减少交通的拥挤及能源供应的紧张，劳动者不能在星期六和星期日休息的，用人单位应安排其在一周内的其他时间休息。凡因工作情况特殊，休息日必须轮流工作时，应给予相等时间的补休。定时或不定时工作日的职工，在休息日值班时，应在一周内补给与值班时间相等的休息时间。

特殊行业实行缩短工作周，其休息日有特殊规定。《劳动法》第 39 条规定：“企业因生产特点不能实行本法第三十六条、第三十八条规定的，经劳动行政部门批准，可以实行其他工作和休息办法。”如接触有毒有害作业的劳动者实行的“三工一休”制度，纺织行业实行的“四班三运转”制度，每个职工在8天内可以休息2天。

四、法定休假日（节假日休息）

休假是休息时间的一部分。除公休日休息和女职工保护休假外，职工休假有如下几种。

1. 节假日休息

节假日是指国家法定的全体人民或部分人民的休息日。我国的《全国年节及纪念日放假办法》于1949年12月23日由政务院发布。1999年9月18日，《国务院关于修改〈全国年节及纪念日放假办法〉的决定》对其进行了第一次修订。2007年12月14日，《国务院关于修改〈全国年节及纪念日放假办法〉的决定》对其进行了第二次修订。2013年12月11日，《国务院关于修改〈全国年节及纪念日放假办法〉的决定》对其进行了第三次修订。

根据该办法，我国全体公民放假的节日有：（1）新年，放假1天（1月1日）；（2）春节，放假3天（农历正月初一、初二、初三）；（3）清明节，放假1天（农历清明当日）；（4）劳动节，放假1天（5月1日）；（5）端午节，放假1天（农历端午当日）；（6）中秋节，放假1天（农历中秋当日）；（7）国庆节，放假3天（10月1日、2日、3日）。

我国部分公民放假的节日及纪念日有：（1）妇女节（3月8日），妇女放假半天；（2）青年节（5月4日），14周岁以上的青年放假半天；（3）儿童节（6月1日），不满14周岁的少年儿童放假1天；（4）中国人民解放军建军纪念日（8月1日），现役军人放假半天。少数民族习惯的节日，由各少数民族聚居地区的地方人民政府，按照各该民族习惯，规定放假日期。

全体公民放假的假日，如果适逢星期六、星期日，则应当在工作日补假。部分公民放假的假日，如果适逢星期六、星期日，则不补假。

二七纪念日、五卅纪念日、七七抗战纪念日、九三抗战胜利纪念日、九一八纪念日、教师节、护士节、记者节、植树节等其他节日、纪念日，均不放假。

2. 年休假

年休假是指除公休假、节假日休息外，还要给职工享受保留工资的一段连续休息时间。在新中国成立初期，曾在部分职工中试行过带薪年休假制度。后来，由于国家经济条件的限制，中止了这一制度的实行。《劳动法》第45条根据我国当前的情况和部分单位试行的情况，又重新规定了这一制度，即“国家实行带薪年休假制度”：同时规定了劳动者享受这一制度的条件：“劳动者连续工作一年以上的，享受带薪年休假。具体办法由国务院规定。”

2008年1月1日起施行的《职工带薪年休假条例》规定，机关、团体、企业、事业单位、民办非企业单位、有雇工的个体工商户等单位的职工连续工作1年以上的，享受带薪年休假。职工累计工作已满1年不满10年的，年休假5天；已满10年不满20年的，年休假10天；已满20年的，年休假15天。

职工有下列情形之一的，不享受当年的年休假：（1）职工依法享受寒暑假，其休假天数多于年休假天数的；（2）职工请事假累计 20 天以上且单位按照规定不扣工资的；（3）累计工作满 1 年不满 10 年的职工，请病假累计 2 个月以上的；（4）累计工作满 10 年不满 20 年的职工，请病假累计 3 个月以上的；（5）累计工作满 20 年以上的职工，请病假累计 4 个月以上的。

3. 探亲假

探亲假是指为解决与亲属分居两地职工的探亲问题给予的休假。1981 年国务院《关于职工探亲待遇的规定》中规定，凡国家机关、人民团体、全民所有制企业、事业单位，工作满 1 年的固定职工，与配偶不住在一起，又不能在公休假团聚的，每年给予一方探亲假一次，假期为 30 天；未婚职工探望父母，原则上每年给假一次，假期为 20 天；已婚职工探望父母，每 4 年给假一次，假期为 20 天。

第八节　延长工作时间及其限制

一、规定延长工作时间制度的意义

（一）延长工作时间的含义

延长工作时间，也就是加班加点。加班是企业、事业单位等经过一定的批准手续，要求职工在法定节假日或者休息日从事工作的时间。加点是企业、事业单位等经过一定的批准手续，要求职工在正常工作日之外延长工作时间。加班加点必然占用职工的休息时间，因此应严格按照法律、法规的规定执行。

为了有效地控制加班加点，我国先后多次发布劳动法规予以限制。《劳动法》也对此作了明确的规定，对加班加点采取了严格的限制措施。《劳动法》第 43 条规定："用人单位不得违反本法规定延长劳动者的工作时间。"《劳动法》之所以这样规定，是因为加班加点减少了职工的休息时间和业余学习、料理家务及参加社会活动的时间，因而不利于职工的健康和业务技术水平的提高，也必然影响职工料理家务和对子女进行教育，不利于加强管理、提高工时利用率和巩固劳动纪律。

（二）对延长工作时间限制的意义

（1）有利于促进企业、事业、机关等单位改进劳动组织，提高劳动生产率和经济效益。随着社会经济的发展和科学技术的进步，工时制度的总趋势是逐渐缩短工时。这就要求企业、事业单位采取使用先进技术等各种措施，不断提高劳动生产率和经济效益，降低产品成本，在法定工作时间内完成生产任务，而不应通过加班加点、延长劳动时间和占用职工的休息时间来达到完成任务的目的。

在法律上限制加班加点，能够有效地促使经营者为提高劳动生产率和经济效益，不断改进劳动组织，采用先进技术、革新设备和工艺，提高工作时间的利用率，以确保完成生产定额和增加产品产量。

（2）实行劳逸结合，保护职工的身体健康。我国法律对工作时间和休息时间的规定，是根据各个历史时期社会经济的发展和生产力水平而确定的。严格限制加班加点，是由我国的国家制度所决定的。社会主义生产的目的是提供丰富的物质条件，改善人民的生活，保护人民的身体健康，而加班加点却是与这一目的相违背的。

（3）节约加班加点工资的开支。根据《劳动法》的规定，延长工作时间确实不能补休的，要支付高于劳动者正常工作时间工资的加班工资。过多地支付加班加点工资，会影响到企业经济效益的提高，也会增加生产和经营成本，减少国家的财政收入。用法律形式对加班加点进行限制，对国家和企业都是有利无害的。

二、延长工作时间制度的内容

关于延长工作时间，我国先后颁布了相应的法规予以明确。《劳动法》在总结了原先规定内容的基础上，又作了新的规定。延长工作时间制度的主要内容有：

（一）允许延长工作时间的法定条件

《劳动法》第 42 条规定："有下列情形之一的，延长工作时间不受本法第四十一条规定的限制：（一）发生自然灾害、事故或者因其他原因，威胁劳动者生命健康和财产安全，需要紧急处理的；（二）生产设备、交通运输线路、公共设施发生故障，影响生产和公众利益，必须及时抢修的；（三）法律、行政法规规定的其他情形。"

劳动部在《贯彻〈国务院关于职工工作时间的规定〉实施办法》中明确：任何单位和个人不得擅自延长职工工作时间，但有下列特殊情形和紧急任务之一的除外：（1）发生自然灾害、事故或者因其他原因，使人民的安全健康和国家资财遭到严重威胁，需要紧急处理的；（2）生产设备、交通运输线路、公共设施发生故障，影响生产和公众利益，必须及时抢修的；（3）必须利用法定节日或公休假日的停产期间进行设备检修、保养的；（4）为完成国防紧急任务，或者完成上级在国家计划外安排的其他紧急生产任务，以及商业、供销企业在旺季完成收购、运输、加工农副产品紧急任务的。

可以看出，只要具备上述情形之一，就可以延长工作时间，而且可以不经过协商，由用人单位直接决定。因为上述情形都涉及公众利益，如不及时解决，必将影响到广大人民群众的生产、生活甚至生命安全，所以通过延长工作时间及时解决这些问题就非常必要。

（二）对延长工作时间的限制措施

由于延长工作时间直接涉及职工的休息权，《劳动法》对延长工作时间作了限制性规定。

1. 从手续和时间上限制延长工作时间

《劳动法》第 41 条规定："用人单位由于生产经营需要，经与工会和劳动者协商后可以延长工作时间，一般每日不得超过一小时；因特殊原因需要延长工作时间的，在保障劳动者身体健康的条件下延长工作时间每日不得超过三小时，但是每月不得超过三十六小时。"

可以看出，延长工作时间不是随意的，必须经过一定的手续，符合一定的条件才行，并且必须把延长工作时间的长度限定在国家规定的范围以内。具体说来，延长工作时间的条件如下。

一是由于生产经营需要。生产经营需要主要是指紧急生产任务，如果不如期完成生产经营任务，势必影响到企业的经济效益和职工的收入。在这种情况下，才可以延长工作时间。

二是必须与工会和劳动者协商。企业决定延长工作时间的，必须把延长工作时间的理由、人数、时间长短等向工会说明，以征得工会的同意。如果工会认为延长工作时间的理由充分，就可以同意延长工作时间。如果工会认为延长工作时间的理由不充分，也可以进一步协商。

因为延长工作时间直接涉及职工的休息时间，要占用劳动者的休息时间，必须经与劳动者协商同意才行。《劳动法》这样规定的目的在于，延长工作时间必须劳动者自愿，不得强迫。企业只有在劳动者自愿的情况下才可以延长工作时间。

三是延长工作时间的长度必须符合《劳动法》规定，即每日不得超过1小时，特殊需要延长工作时间的，在保障劳动者身体健康的条件下延长工作时间，每日不得超过3小时，但是每月不得超过36小时。如果超过这一规定，即为用人单位违法，视情节轻重由其承担法律责任。

2. 从发放延长工作时间的工资上进行限制

《劳动法》第44条规定："有下列情形之一的，用人单位应当按照下列标准支付高于劳动者正常工作时间工资的工资报酬：（一）安排劳动者延长工作时间的，支付不低于工资的百分之一百五十的工资报酬；（二）休息日安排劳动者工作又不能安排补休的，支付不低于工资的百分之二百的工资报酬；（三）法定休假日安排劳动者工作的，支付不低于工资的百分之三百的工资报酬。"

根据上述规定，延长工作时间的工资报酬因延长工作时间的情况不同而分为三个档次，即：平时延长工作时间的，为工资的150%；休息日安排劳动者工作且不能补休的，为工资的200%；节假日安排劳动者工作的，为工资的300%。这样，就从法律上明确了延长工作时间的工资支付标准。由于延长工作时间的工资明显高于正常工作时间的工资，这就迫使用人单位尽量减少加班加点，以减少延长工作时间工资的增加，从而达到保护劳动者身体健康、提高劳动者劳动积极性的目的。

用人单位在休息日安排劳动者加班工作的，应首先安排补休，不能补休时，则应支付不低于工资的200%的工资报酬。补休时间应等同于加班时间。法定休假日安排劳动者加班工作的，应另外支付不低于工资的300%的工资报酬，一般不安排补休。

3. 劳动者对待延长工作时间的态度

劳动者对符合法定条件和手续的延长时间工作，应该给予支持，在延长时间的工作中，以积极的态度进行生产和工作，力争完成延长工作时间内的工作任务。

劳动者对不符合法定条件和手续的延长时间工作，有权向工会组织反映，要求工会组织与用人单位协商处理。在问题得不到解决时，劳动者也可以向企业主管部门反映，通过企业主管部门的监督制止企业不合法的延长工作时间。因延长工作时间引起劳动争议的，劳动者可以依照劳动争议的处理程序依法要求调解、仲裁，直至提起诉讼。

案例与事例

一、东京的贫困

说到东京，谁会想到贫困？说到贫困，谁会想到大学生？但中村淳彦看到的就是这样。在他写的《东京贫困女子》里，东京的这些贫困女子都有大学或研究生学历。不仅如此，她们贫困的原因和后果也无一不与大学有瓜葛。

本书的第一句话就是："大学生是真的没钱"。书中探讨她们致贫的制度性原因有三：一是高昂的大学学费和还不起的助学贷款。二是大学毕业后的工作既不能养活自己又不能持续稳定。三是贫困的代际传递导致下一代上不起大学而阶层固化。中村淳彦据此宣称：日本大学校园是真正的贫困"巢窟"。

绝大多数日本大学生从入校第一天起就必须面对没有生活费的现实，只能一边超长时间打工一边完成紧张的学业。她们都会或快或慢地滑向陪酒和风俗业，反致风俗从业者收入摊平。名校女生山田到 24 岁才在毕业说明会上知道自己需要归还的助学贷款为 600 万日元，而她找到的工作起薪是 19 万日元，即便她一直都有工作，还完这笔货款也要到四十多岁。于是，她不得不去做了成人女优，最后进了精神病院。

大学毕业后大部分人都只能找到非正式雇佣工作，也就是我们的劳务派遣。不仅工资收入低，而且工作极不稳定，几轮非正式雇佣后就只能失业了。即便在体制内找到工作也不等于"上岸"，日本人称之为"官制穷忙族"，指的就是政府机关或事业单位里的低薪非正式员工。37 岁的谷村在东京都内一家图书馆担任管理员，年收入工资远低于日本女性的平均工资。公租的房间里没有电视和电脑，连手机也是分期付款买来的。她从来不在外面吃饭，只在下班时的超市买打折食物。面对即将到期的雇佣合同，谷村不敢去想届时 39 岁的她的下一份工作在哪里。她所工作的图书馆里只有二成是正式雇员，其余八成都同谷村一样是非正式员工。

结婚是一条出路，但是从喜悦新娘到单亲妈妈可能只一袋烟的工夫。去前夫那里讨要子女的抚养费异常困难。带着两个孩子的村上女士离婚后到处打零工，全家从来都吃半价食品，三个人常常只能分食一个面包。

贫穷的父母没有钱投入孩子的教育，即便他们深知孩子的学历与未来收入的相关性。东京知名女校就家庭收入与孩子成绩做过统计——以 100 分为满分，年收入不满 100 万日元与年收入超过 1 500 万日元家庭的孩子分数相差 20 分，贫困在这里完成了代际传递。川上女士的女儿学习优异，考上了一所超级名校。川上多次请求学校允许她们缓交学费，学校不表态，反复问她："你们打算怎么办呢?"直到川上说出"我们退学"，学校才如释重负。中村淳彦就说："有多少贫困的家庭，就有多少孩子的未来被剥夺。"

日本社会认为贫困是责任自负，即你穷是你自己的问题。但作者对此持有异议——"贫困会造就贫困，苦难会跨越世代持续传递。"①

二、休息日开会算加班

殷某担任某公司融资租赁部大区总监，离职前月平均工资为 27 997 元。殷某认为开会属于加班，公司不认可是加班。在双方在协商过程中殷某未参加日清日结会议及周会。公司以殷某严重违反公司规章制度（周六及平时加班）解除劳动合同。殷某向仲裁委员会申请仲裁，仲裁委裁决公司向殷某支付赔偿金 84 990 元。一审法院认为，殷某签字认可收到了该公司的《员工手册》，该手册作为单位的规章制度可以适用于殷某。殷某明知公司有日清日结会议以及周会的会议制度，多次不参加会议，该情形属于拒不执行合理工作

---

① 中村淳彦. 东京贫困女子. 北京：人民文学出版社，2021.

安排的情形。一审法院判决公司向殷某支付加班工资 81 416.56 元。二审法院认为休息日参加会议系公司惯例，属于日常工作组成部分，法院对上述工作已认定为劳动者加班，并判决用人单位向劳动者支付加班费。殷某若认为属于加班可以主张加班报酬，而非拒绝参加会议。判决驳回上诉，维持原判。①

在《劳动法》中，加班规定于“工作时间与休息休假”项下。立法明确限定了劳动者的工作时间，也清楚写明了劳动者的休息休假。“加班”是一种例外情形后缀的。这种立法结构表明的立法意图是关注劳动者的正常工作时间与休息休假。在劳动者正常工作之外的加班加点是特殊情形下的特别例外，是在多种限制条件下的不得以为之。

劳动者的休息时间可以用于休闲、娱乐、学习、亲子、健身、远足、吃饭、睡觉等等。它的概括性术语是：劳动者自由支配的时间。既然是自由支配的时间，那么，对劳动者工作之外时间的任何占有、干扰、限定或者借用，都是对劳动者休息权的侵犯。无论用人单位以什么样的形式行之，包括且不限于“规章制度”。

本案中，仲裁委与两级法院都认可下班后和周六开会是加班，裁决公司支付殷某加班工资。这个可以有！本案中，“若认为属于加班可以主张加班报酬，而非拒绝参加会议”。这个真没有，也真的不能有！因为《劳动法》第 41 条关于加班的第一项规定中的第一句限定的前提就是经“与劳动者协商”后。这句话的常规理解是用人单位无权要求劳动者加班，除非经请求后由劳动者本人同意。而且这种同意是具体的而非概括性的，是一次性的而复数性的，是临时性的而非常态性的。因为《劳动法》第 41 条规定劳动者加班加点的前提之前提是“用人单位由于生产经营需要”，你不会理解立法在这里规定的“生产经营需要”是用人单位的常态化需求吧？

三、用人单位罚款违法

2020 年 12 月 20 日，某公司电线部唐某和其他两名员工因为上下午各上了两次洗手间，每个人被罚了 10 块钱。时隔一天，车间黄某等四名员工同样因为去了两次洗手间而被罚了 20 元。公司负责人曹先生说，这个规定是公司主管设定的，自己之前不知情。因为有些员工总是去厕所抽烟，工作时间偷懒，所以才设定了这个规定。对于“员工上班时间偷懒”的事，曹先生很无奈，公司主管多次和员工沟通，但效果很一般。

广东省东莞市人力资源和社会保障局要求公司立刻撤销罚款。根据《广东省劳动保障监察条例》第 51 条第 2 款：用人单位对劳动者实施罚款或没有法律、法规依据扣减劳动者工资的，由人力资源社会保障行政部门责令限期改正。曹先生表示，他们已经出示“撤销罚款”的公告。②

用人单位有权对劳动者罚款吗？没有！用人单位对劳动罚款违法吗？违法！

只有行政机关和司法机关这些有立法授权的主体才能对公民行使经济处罚权，且必须严格依照法定程序进行。曾经，企业罚款的法律渊源是 1982 年国务院发布的《企业职工奖惩条例》第 12 条。该条例已经在 2008 年 1 月 15 日被国务院明令废止。此后的《劳动法》和《劳动合同法》均不再有用人单位对劳动者罚款的任何规定。在立法上废止某一适

---

① 月薪 2.8 万员工拒绝周六及平时加班遭开除，状告公司索赔近 37 万，法院的判决说理很精彩. 每日经济新闻，2021-09-14.

② 张立岩. 员工因连上 2 次厕所被罚 20 元，公司也被处罚. 劳动派，2022-08-12.

用中的法律条款，清楚地表明了立法者对这一法律规范的意图，即给予相关行为和事项否定性评价，全体社会成员均不得继续为之。

用人单位与劳动者之间是平等的民事法律主体，任何一方均无权对另一方的财产进行单方面的占有或者处分。否则，用人单位拖欠劳动者工资，劳动者就可以把用人单位的机器设备拿去卖了，以此来保持法律上的平衡。显然，法律并不支持这种平衡。

劳动者的钱款来源于工资，罚款等同于变相地克扣工资，等同于将劳动者已有的劳动报酬由用人单位收回自用。用人单位是从哪里得来这种权力？罚金刑在我国《刑法》中是一个单独的附加刑种，且罚当其罪的主要用于经济类和财产类犯罪，以此强化刑罚对于相关犯罪的极具针对性的矫正和遏止功能。罚款则由行政法律规范加以规定，由行政机关或法律法规授权的组织科处。两者都不是用人单位能够行使的权力。劳动者上厕所是一种生理和心理性需求，与经济和财产相去甚远。而且罚款对于阻止劳动者上厕所等于事无补。

四、法定高于约定

吴某是深圳某公司员工，入职时向公司自愿申请放弃住房公积金缴纳。后吴某向深圳市公积金中心投诉，要求公司为其补缴住房公积金差额。公积金中心受理投诉后，公司提交的解除劳动关系协议书显示，公司已经向吴某支付未缴纳的住房公积金和社保差额等。市公积金中心责令公司限期为吴某补缴住房公积金。公司向深圳市政府申请复议，深圳市政府维持了原行政行为。公司向法院提起行政诉讼。一审法院认为职工在职期间的住房公积金权益不因职工离职而消灭，也不因双方协商而免除用人单位的义务，判决驳回公司的诉讼请求。公司上诉至深圳中院，二审法院认为缴纳住房公积金属法定义务，不因与职工的协商而免除，驳回上诉维持原判。公司向广东高院申请再审。高院裁定住房公积金是一定要补缴的。公司要求员工返还离职已领取的补偿不属本案审查范围，驳回公司再审申请。① 本案中，无论是深圳市公积金中心还是三级法院都一以贯之地坚持了法定高于约定的原则。一方的法定义务不因双方的约定而改变，也不因一方的不当履行而免除。

上海一公司女助理签完离职协议后发现自己已怀孕，要求单位恢复劳动关系得到的却是令人遗憾的判决。

2020 年 2 月 19 日，公司向万某发出对话邀请，协商解除劳动关系事宜。当日下午 14:40，公司将解除协议文本通过电子邮件发送给万某，要求万某在下班前回复确认邮件以及告知快递地址。万某于当日下午 14:52 邮件回复“我接受公司的协议”。次日上午，公司快递已加盖公司印章的劳动合同解除协议书原件两份送到万某住所要求现场签署后再由快递取回其中一份，万某签署之。②

这个协议本身有诸多不当，现实录之：“经双方友好协商一致同意劳动合同及双方劳动关系自 2020 年 3 月 20 日解除，公司向万某支付经济补偿金人民币 5.63 万元，万某承认且同意，除上述约定的经济补偿金外，公司不存在其他应当向其支付的、因其与建立、履行、解除其与公司之间的劳动关系产生的或与其有关的任何款项和补偿，包括但不限于工资、加班费、奖金、补贴、带薪假期、经济补偿金、社会保险、住房公积金、福利待遇

① 员工自愿放弃公积金，离职时领了补偿还要求公司补缴，官司一直打到高院，法院判了. 法制前沿，2021-11-07.

② 女员工签完离职协议后发现怀孕，要求公司恢复劳动关系，法院判了. 腾讯网，2021-08-23.

和其他任何款项，也无义务支付上述任何款项。如公司被认为还应当依法向员工支付任何补偿或任何其他性质的款项，那么此协议所列经济补偿金金额应当被认为已经包括对这些款项（如有的话）的支付。各方确认，各方之间因建立、履行及解除劳动关系而产生的或与之有关的任何未决或潜在的争议均已因本协议的签订而获得全部解决。在解除日之前或公司要求的其他时间内，员工应按照公司的要求完成所有离职交接手续。另外，员工声明，其完全理解本人的法律地位及本协议每一条款的内容，并自愿签署本协议。”

2020 年 3 月 10 日，万某以邮件形式告知公司自己已怀孕。次日，万某经上海市浦东新区周浦医院诊断“目前已孕 49 天”。2020 年 3 月 13 日，公司邮件回复万某解除协议有效，双方劳动关系于 2020 年 3 月 20 日解除。2020 年 4 月 14 日，万某向上海市浦东新区劳动人事争议仲裁委员会申请仲裁，要求公司自 2020 年 3 月 21 日起恢复劳动关系。仲裁裁决对万某的请求不予支持。万某起诉至法院。一审判决：劳动合同解除协议书系双方真实意思表示，未违反法律、法规强制性规定，合法有效，双方均应恪守。判决驳回万某的诉讼请求。万某向上海市第一中级人民法院提起上诉，二审法院认为万某以其签订劳动合同解除协议后发现怀孕为由主张存在重大误解，没有依据不予支持。判决驳回上诉，维持原判。

劳动法严格禁止在女职工怀孕期间解除劳动合同和对其裁员。这一立法意图在法律适用中应当得到充分的体现，应当充分地体现在双方的协商过程和协商结果中——充分听取并且完全尊重怀孕女职工本人单方面而不是劳动关系双方的意见，充分确认只能由怀孕女职工本人提出解除劳动关系的单方权利和单方效力，相关的法律效力亦应只取决于女职工单方面的意志和意思表示。更何况，本案中万某于 2020 年 3 月 10 日提出主张时，一份有效的劳动合同正在履行中，该合同“合法有效双方均应恪守”。

至于前引这份协议中的诸多约定责任即日免除的条款，直接复制于经济关系和民事关系中的解除协议，不应当出现在劳动关系的解除过程和解除结果中，因为它直接违反了劳动法中的各种强制性规定。

五、公共卫生事件中的工资支付与调整

关于公共卫生事件中的工资支付，直接援引的是《工资支付暂行规定》，尤其是其中的第 12 条。实际上，这个条文并不适用于公共卫生事件期间的工资支付情形，因为其认定和适用的条件都与公共卫生事件无关。《工资支付暂行规定》第 12 条设定的前提条件是“非因劳动者原因造成单位停工、停产”。公共卫生事件既不能归结为劳动者的原因，也不能归结为用人单位的原因。公共卫生事件中劳动关系双方当事人同时承受着同样的困难和损失。在这样一种情况下，用“三停”规定来调整公共卫生事件期间的工资支付，显然是难以成立的。

公共卫生事件中既非用人单位也非劳动者的原因导致劳动者不能正常劳动，其无差别地作用于劳动关系双方当事人，二者无差别地成为公共卫生事件的直接受损害者，也都无差别地不能履行劳动合同。对于这种无差别的损害与困难，解决的方案不应是强制一方当事人向另一方当事人继续承担支付义务，而应由社会来承担相应的责任——采用社会保险的方式来保障劳动者在不能劳动时的生存和生活。这与人类社会在面对自然或者社会灾难时采用社会保障中的救灾救济制度一样，因为后者也是无差别地提供给每一位遭受灾难的社会成员的，且没有任何先决的或者附加的条件。

第七章　劳动保护法

导读

加强劳动保护是劳动法维护劳动者合法权益的应有之义。本章介绍国内外关于劳动安全卫生方面的立法及其主要内容，对职业病的范围和法律责任作了阐述，并阐述了女职工和未成年工的特殊劳动保护。

第一节　劳动安全卫生的立法概况

劳动安全卫生是指劳动者在劳动中安全和健康的法律保障，包括劳动安全技术规程、劳动卫生规程、企业安全卫生管理制度等。劳动法中的劳动安全卫生是基于劳动关系而产生的，在我国传统立法中称为劳动保护。这方面的法律也被称为职业灾害防止法、工作环境权法。

工作环境问题涉及每个劳动者、机器设备、原材料及工作流程，进而广泛地涉及一切工作场所，即不但涉及企业，也涉及家庭；从建筑工人所施工的工地、教师所授课的教室、矿工所在煤矿的矿坑，扩展至职业足球运动员活动的足球场、职业自行车车手的竞赛场等；从机器设备、特种危害扩展到了职场性骚扰。立法的目的都在于确保劳动者在安全的环境下工作，防止其身心受到危害。从法律规范上具体要求用人单位随着科技发展与社会进步，不断提高劳动者的安全卫生条件，确保劳动者得到安全的劳动条件与工作环境。

一、国外的劳动安全卫生立法

劳动安全与卫生立法起源于19世纪初一些工业发达国家。1833年，英国颁布了《工厂法》，对工厂安全与卫生作了一些基本要求，并规定设置检查人员监督实施。1864年的《工厂法》还规定了工厂的清洁措施，以及通风和危险机器的防护措施。1878年英国《工厂及工作场所法》规定，工厂发生灾害事故的，雇主应立即向工厂检查员报告，此后建立了比较完备的工业安全卫生及工矿检查制度。

20世纪后，英国劳动安全法有了更进一步发展，重要的立法有1937年公布的《工厂法》，该法共14部分、160条，具体内容分别为：(1) 卫生设备；(2) 安全；(3) 劳工福利；(4) 卫生安全及工人福利的规定；(5) 失业及职业病的报告与调查；(6) 女工及童工的雇佣；(7) 特殊适用及扩充；(8) 家内工作；(9) 计件工作与工资；(10) 杂项；(11) 行政；(12) 补充；(13) 执行；(14) 解释及其他。该法规定了工厂的卫生与安全的各种新标准，赋予工厂安全检查员监督标准执行的权力，建立了伤亡事故和职业病的报告处理制度。

此后，有关劳动安全的立法主要有：(1) 1951 年的《矿山采掘法》，适用于矿山企业的采掘安全。(2) 1956 年的《农业安全、卫生和福利法》，适用于农业生产安全。(3) 1961 年的《工厂法》，适用于一般的工厂。(4) 1963 年的《商店和铁路法》，适用于商店和铁路的生产安全。(5) 1974 年的《劳动卫生和安全法》，该法共 4 章、85 条，主要内容有：第一，规定雇主和工人有安全生产的责任和义务。立法特别强调雇主和工人的义务，尤其是雇主有维持劳动安全卫生的义务。第二，设置卫生安全委员会及其咨询局。该委员会由雇主、工会、地方政府和社团等方面代表组成，共有委员 10 人。其主要职责有：确定工作场所和公共场所的卫生和安全条件，提出新法律和新标准建议，指导事故调查，提供信息咨询，组织就业医疗咨询服务。咨询局是由委员会选定成员并经国务大臣同意的三方性机构，执行咨询服务和协助委员会工作。

20 世纪 60 年代至 70 年代以来，美国广泛利用新的科技成果，促进职业安全卫生技术的进步，提高了职业安全卫生的标准，改进了立法工作。1970 年 12 月美国制定了《职业安全卫生法》，内容包括：(1) 立法宗旨。通过授权执行在该法基础上发展起来的各项标准，帮助并鼓励各州作出努力以保证劳动条件的安全和卫生；为职业安全卫生领域提供科学研究、情报资料和教育训练；保证全国各个男女劳动者的安全和健康，保护人力资源。(2) 适用范围。该法适用于所有雇主和雇员、劳动场所。(3) 雇主和雇员责任。每个雇主必须为每个雇员提供没有被认为对雇员造成或可能造成死亡或严重生理伤害危险的工作和工作场所；必须遵守根据该法颁布的职业安全卫生标准。每个雇员必须遵守职业安全卫生标准，以及根据该法所制定的法则、条例和命令中适用于他本人的活动和行为的规定。(4) 职业安全卫生标准。劳工部部长在规定期限内发布命令，作为职业安全卫生标准。在必要时可按照一定程序颁布临时性紧急标准。为了制定这些标准必须作必要的研究、试验和调查。

二、国际劳工安全卫生标准

劳动安全和卫生领域的公约与建议书是国际劳工标准的重要组成部分。此外，《经济、社会及文化权利国际公约》也规定，“人人有权享受公正和良好的工作条件，特别要保证……安全和卫生的工作条件”。《欧洲社会宪章》也有关于安全与卫生的工作条件的规定。

（一）普遍标准

1981 年《职业安全和卫生公约》和相应的建议书的适用范围涵盖各个经济部门中的一切工人。公约要求成员国制定、实施和定期审查有关职业安全、职业卫生及工作环境的连贯的国家政策。该政策的目的是，在合理可行的范围内把工作环境中内在的危险因素减小到最低限度，以预防来源于工作、与工作有关或者在工作过程中发生的事故和对健康的危害。公约还分别对国家一级应采取的行动和企业一级应采取的行动作出了规定。

1985 年《职业卫生设施公约》和相应的建议书也具有普遍适用的意义。按照公约规定，职业卫生设施是指主要具有预防职能的，负责向雇主、工人及企业内代表就职业卫生方面的问题提供咨询的设施。需要提供咨询的问题包括：建立和保持安全卫生的工作环境所必需的条件，以及工作与工人的身体和精神健康状况的关系等。成员国应当制定、实施和定期审查具有连贯性的有关职业卫生设施的国家政策。公约对职业卫生设施的职能、组织、运行条件等作出了规定。

（二）部门标准

（1）工业企业。1929 年的《防止工业事故建议书》建议会员国考虑建议书提出的防止工业事故的原则和条例，“三方会议”通过的《工业企业安全规章示范法典》作了修正。这对有关国家制定国家安全条例产生了较大影响。

（2）办公处所和商业工作。1964 年《（商业和办公处所）卫生公约》和相应的建议书，对有关工作场所的清洁、通风、照明、温度、布置、饮水、厕所、座椅、存衣设施、地下室或不开窗户的地方、卫生安全防护设备、减少噪声和振动设备、急救站或急救器材设备等作出了规定。

（3）建筑业。1937 年的《建筑业安全规定公约》和 4 个补充性的建议书对建筑业的安全标准作了十分详细的规定，适用于一切建筑活动以及从事建筑业的任何人员。

（4）码头工人。针对码头工人职业安全和卫生问题的标准有 1929 年《（船运包裹）标明重量公约》、1932 年《（码头工人）防止事故公约》、1979 年《（码头作业）职业安全和卫生公约》和相应的建议书。这些标准规定了防止码头工人装卸工作事故的具体措施。由于装卸技术的发展，1979 年又制定了新的标准，即《港口装卸的劳动安全和劳动卫生公约》和《港口装卸的劳动安全和劳动卫生建议书》。

（5）面包房。1925 年《面包房夜间工作公约》禁止面包房在夜间制作面包、面饼或其他以面粉制作的食品，此项禁止适用于包括工人与雇主在内的一切人员，但家庭自制自用者不在此限。

（6）海上工作。1946 年的《船上的船员起居设备公约》和修正后的 1949 年的同名公约均详细规定了船员在船上的起居标准，1970 年的同名公约又作了补充规定。1970 年的《船上船员起居设备及其他场所空调建议书》、《船上船员起居设备与工作场所控制有害噪声建议书》、《防止海员职业事故建议书》和《防止海员职业事故公约》都属于工作安全和劳动保护方面的规定。

（7）搬运工人。1967 年通过了《准许工人搬运的最大重量公约》和《准许工人搬运的最大重量建议书》。公约规定不应要求或准许任何工人手工搬运重量很可能危及工人健康或安全的货物，各会员国应采取适当步骤，以保证任何被指派从事货物手工搬运（轻量货物除外）的工人，在从事此项工作前接受关于工作技术的训练或听课，以确保健康、防止事故。为了限制或便利于手工搬运货物，应尽可能利用适当的技术装置，应限制指派女工和未成年人从事手工搬运货物工作，如果其从事手工搬运，则货物的最大重量应较成年男工者大大减轻。准许成年男工搬运货物的最大重量不得超过 55 公斤，女工与未成年工应大大低于此标准，准许从事货物手工搬运的最低年龄为 18 岁。

（8）其他工作。1958 年《种植园工人雇用条件公约》，规定为种植园工人及其家属提供医药服务。

（三）专项标准

(1) 防止使用白磷。在国际劳工组织成立前，1906 年在伯尔尼召开的一次国际会议曾通过了一项禁止在火柴制造中使用白磷的公约。1919 年国际劳工组织在第一届大会上通过了《禁止在火柴制造中使用白磷建议书》，建议会员国凡尚未用国家法律或其他办法实行 1906 年公约规定者，均应遵守该项公约。

(2) 禁止使用白铅。铅毒（特别是白铅）引起的职业病较白磷更为有害。1919 年第一届国际劳工大会通过了《保护妇女与儿童免受铅毒建议书》，1921 年又通过《油漆中使用白铅公约》，对建筑物内部的油漆禁止使用白铅、硫酸铅以及一切含有这些原料的产品，并规定了各种卫生措施。

(3) 防止炭疽病。1919 年《防止炭疽病建议书》，特别强调羊毛的消毒。

(4) 防止苯中毒。1971 年通过了《防止苯中毒引起危害公约》和《防止苯中毒引起危害建议书》。公约适用于工人在其工作中暴露于芳香烃苯和苯含量超过 1%的产物的各种活动，要求凡能获得无害或少害的代用品时，应用以替代苯或含苯产物；采取职业卫生和技术措施，以有效地保护暴露于苯和含苯产物的工人；特别应“采取一切必要措施以防止苯气逸入工作场所”。此外，怀孕或哺乳的妇女，以及不满 18 岁的未成年人不应从事暴露于苯或含苯产物的操作过程。

(5) 预防和控制职业癌。1974 年通过了《预防和控制由致癌物质和致癌剂造成职业危害公约》和《预防和控制由致癌物质和致癌剂造成职业危害建议书》。公约规定，凡批准公约的会员国应定期确定工作中应予禁止或控制暴露的致癌物质和致癌剂；会员国应尽一切努力用其他物质替代致癌物质和致癌剂，规定保护工人免受其害的措施，提供工人一切必要的常识，保护工人得到必要的体格检查。

(6) 辐射保护。1960 年通过了《保护工人免受离子辐射公约》和《保护工人免受离子辐射建议书》。这些标准适用于工人在其工作过程中暴露于离子辐射的一切活动，但其重点放在必要的医疗和技术方面的预防措施。

(7) 机器防护。最早的标准是 1929 年《动力传动机器安全责任建议书》。1963 年通过了《机器防护公约》和《机器防护建议书》。公约适用于一切新旧动力传动机器。凡机器的危险零件未配有适当防护器者，均应禁止出售或出租；凡机器的任何危险零件包括操作限制点未配有适当防护器者，应禁止使用。

(8) 工作环境（大气污染、噪声和振动）。1977 年通过了《保护工人免受工作场所中的空气污染、噪声和振动而造成的职业危害公约》和同名建议书。公约适用于一切经济活动部门，除规定了应采取的一般措施外，还专门规定了预防和保护措施。建议书具体规定了预防措施和工人健康状况的监督、培训、传递信息和研究等方面的问题。

（四）预防标准

(1) 工业事故预防。1923 年《组织检查系统以保证实施有关保护工人的法律和条例的一般原则建议书》规定，对劳工检查员应委以各项任务，以便防止工业事故。1929 年《防止工业事故建议书》要求采取一系列防止事故的措施，包括调查事故的起因和情况，收集整理事故的统计资料，开展劳工检查工作；还规定了一些预防事故的具体措施，如办展览，印小册子，开设适当的课程，与保险公司合作等。1993 年《预防重大工业事故公约》是在若干职业安全和卫生方面标准的基础上制定的专门强调采取措施预防重大事故的规定。公约关于雇主责任的规定是识别其管辖的任何重大危害设施和装备并向主管当局报告，制定规章制度，编写安全报告和事故报告。主管当局的责任包括现场以外的应急准备，重大危害设施的选址和开展监察。

（2）保护工人健康。1953 年《工作场所保护工人健康建议书》规定了对工作场所工人健康的保护，对从事特别有害健康职业的工人进行体格检查，职业病的通知、急救和紧急治疗等。1995 年《矿业安全与卫生公约》要求成员国制定法律或法规，就矿业安全和卫生方面的监督、监察、重大事故报告与调查程序、事故和职业病统计数据的编辑和公布、主管机关职权、工人参与等事项作出规定。

（3）职业卫生工作。1959 年《工作场所职业卫生工作建议书》，确定了“职业卫生工作”的定义，比较详细地规定了此项工作应如何组织以及其职能上主要是预防，还规定了此项工作的人员与设备。建议书确定了一项原则：这些服务不应由工人负担任何费用。根据 1985 年《职业卫生设施公约》和相应的建议书，“职业卫生设施”是指主要具有预防职能的，负责向雇主、工人及企业内代表就职业卫生方面的问题提供咨询的设施。

三、我国劳动安全与卫生立法

新中国成立前夕，中国人民政治协商会议通过的《共同纲领》明确规定：“公私企业目前一般应实行八小时至十小时的工作制”，“保护青工女工的特殊利益”，“实行工矿检查制度，以改进工矿的安全和卫生设备”。我国第一部《宪法》中明确规定：逐步扩大就业，加强劳动保护，改善劳动条件和工资待遇，以保障公民享有这些权利。劳动者有休息的权利，国家规定工人和职员的工作时间和休假制度，逐步扩充劳动者休息和休养的物质条件，以保障劳动者享有这种权利。这为劳动安全卫生立法提供了宪法依据。

1951 年 9 月，劳动部在北京召开了第一次全国劳动保护工作会议。国家在劳动保护方面进行了大规模的立法工作，先后发布了有关安全技术教育，编制安全技术措施计划，防止沥青、汽油中毒，防止爆炸，防止矽尘危害，职业病范围及职业病患者处理，装卸搬运作业劳动条件，锅炉运行注意事项，工业企业设计暂行卫生标准等法规。

1982 年国务院颁布了《锅炉压力容器安全监察暂行条例》、《矿山安全条例》和《矿山安全监察条例》，使劳动安全监察工作得到很大加强，并逐步形成了国家监察、行业管理和群众监督相结合的体制。

1984 年 7 月国务院发布《关于加强防尘防毒工作的决定》，提出各地区、各部门基本建设项目和全厂性的技术改造，其尘毒治理和安全设施必须与主体工程同时设计、同时施工、同时验收、投产使用。

1987 年 12 月国务院发布《尘肺病防治条例》，规定：“作业场所的粉尘浓度超过国家卫生标准，又未积极治理，严重影响职工安全健康时，职工有权拒绝操作。”同年有关部门发布规章，扩大了职业病范围，规定了职业病患者处理办法。

1988 年 7 月，《女职工劳动保护规定》系统规定了女职工劳动保护法律制度。

1992 年 11 月第七届全国人大常委会第二十八次会议通过了《矿山安全法》，这是我国第一部有关劳动安全卫生的法律，该法于 1993 年 5 月 1 日起正式实施。

1993年8月，劳动部颁布了《劳动监察规定》，在我国初步确立了劳动监察制度。2004年颁布了《劳动保障监察条例》，完善了我国的劳动监察制度。

1994年《劳动法》颁布，《劳动法》第六章专章规定了“劳动安全卫生”，以劳动基本法的形式对劳动安全卫生作了原则性规定。为进一步落实《劳动法》的规定，劳动部还颁布了一系列与劳动法相配套的有关劳动安全卫生的法规，如《劳动监察员准则》《未成年工特殊保护规定》等。

《中华人民共和国职业病防治法》于2001年10月27日经第九届全国人大常委会第二十四次会议审议通过，于2011年12月31日经第十一届全国人大常委会第二十四次会议修正。为了预防、控制和消除职业危害，防治职业病，保护劳动者健康，《职业病防治法》在总结我国职业病防治工作经验的基础上，借鉴了国外立法，使我国的职业病防治工作进一步规范化、法制化。

第二节 劳动安全卫生法的责任原则和内容

一、用人单位（雇主）负责制原则

由用人单位（雇主）负责劳动者（雇员）在劳动中的安全和卫生是各国劳动法普遍奉行的原则。

在德国，采用技术措施确保劳动安全与卫生的义务是由工业法典规定的，适用范围包括工业、商业中的所有工人、技术雇员、学徒、技工和工头。雇主的基本义务主要有：（1）安装、维护工作间、单位仪器、机器和设备，负责雇员在得到保护、无危及健康生命的环境下工作；（2）提供有足够光线、空气流通的工作场所，有效处理灰尘、蒸汽、气体和运营中出现的废物；（3）保护雇员避免与危险机器、机器零件接触，避免工作中的危险，如火灾；（4）采用工厂规定，确保安全运营；（5）采用维护公共道德和财产的规则，特别要提供男女更衣室和冲洗室、适当的盥洗设备；（6）确保雇员住房设施得到装修，并防止雇员健康和道德观念受损。

法国法律规定雇主要采取各种必要措施确保企业或机构内的劳动者的安全和健康，这些措施包括提供情况、预防手段、进行培训、落实制度和监督检查等。雇主负责排除危险，对不能排除的危险作出估计，消除危险隐患。依照各人的情况安排相适应的工作，尤其在设计岗位、选配劳动班组、采用生产方法时应安排得当，尽量减少单调、重复的劳动，减轻此种劳动对人体的影响。考虑技术的发展情况，用不具危险或危险性小的设备、材料、方法替代具有危险性的设备、材料和方法。统一筹划预防措施，将技术、劳动组织、劳动条件、劳动关系等周围因素的影响纳入一个有机整体加以考虑。相对于个人保护措施而言，优先采取集体保护措施，并根据劳动者的职务进行定期的培训与指导。雇主对存在的可能损及劳动者安全与健康的危险应有所估计，在此基础上采取预防性措施，使劳动的方法和环境达到保护劳动者安全与健康的最佳水平。

俄罗斯法律规定：企业、机关、团体都应创造健康和安全的劳动条件。保障健康安全的劳动条件是企业、机关、团体行政管理部门的责任。用人单位必须采取现代化安全技术手段保障卫生保健条件以预防工伤事故和职业病。企业、机关、团体的行政管理部门必须保障所有工作岗位的技术设备适当，并建立依法定程序制定和批准的统一的部门或跨部门劳动保护规则、卫生规则和标准的劳动条件，如果规则中缺乏保障安全劳动条件所必需的规定，则企业、机关、团体的行政管理部门可会同相应工会机构协商采取措施保障，并由企业、机关、团体行政管理部门负责指导职工掌握安全、生产卫生、防火技术及其他劳动保护。

二、劳动安全的主要内容

1. 建筑物和通道的安全。工厂内的建筑物必须坚固、安全，符合防火防爆的规定，发现建筑物有损坏或者危险征兆，应立即修理。厂区内的道路要求平坦、畅通，夜间要有足够的照明设备。道路和轨道交叉处必须有明显的警告标志、信号装置或者落杆。为生产需要所设的坑、壕等地，应该有围栏或者盖板。原材料、成品、半成品和废料的堆放，应该不妨碍通行和装卸时的便利。电网内外都应该有护网和明显的警告标志。

2. 机器设备的安全。机器设备的安全装置是劳动安全规程中的重要内容。为预防和避免工人在使用机器设备过程中发生伤亡事故，我国劳动安全规程要求机器设备要有防护装置、保险装置、信号装置、危险牌示和识别标志等。

3. 电气设备的安全。电气设备是许多企业都普遍采用的设备。为防止工人在生产中发生触电事故和电气设备引起的火灾事故，我国劳动安全规程作出了相应规定。电气设备必须设有可熔保险器或自动开关；电动工具在使用前必须采取保护性接地或接零的措施，必须有良好绝缘；裸露的带电导体应该安装到人碰不着的处所，否则必须设置安全遮栏和显明的警告标志。行灯的电压不超过 36 伏特，在金属容器内或者潮湿处所不超过 12 伏特。

4. 劳动防护用品。劳动防护用品使用一定的屏蔽体，采取阻隔、封闭、吸收、分散、悬浮等手段，保护机体的局部或全身免受外来有毒有害物质的侵害。防护用品对于保障劳动者的安全健康，防止职业病和慢性病损害，减少或杜绝伤亡事故的发生十分重要。为预防工伤事故的发生，保护工人在生产过程中的安全和健康，对从事有关作业的人员要发放劳动防护用品。劳动防护用品品种有：(1) 防尘用品，如呼吸道防尘用品——口鼻罩、防尘衣、披肩帽等。(2) 防毒用品，如防毒面具、防毒手套等。(3) 防噪声用品，如耳塞、耳帽等。(4) 防电用品，如绝缘手套、绝缘靴鞋等。(5) 防高温辐射用品，如防护眼镜、隔热防火眼镜等。(6) 防微波和激光辐射用品，如防微波眼镜、防激光眼镜等。(7) 防放射性用品，如白布、塑料工作服等。(8) 防酸碱用品，如橡胶、塑料薄膜等。(9) 防油用品，如橡胶、乳胶等。(10) 防水用品，如胶布防水衣、雨衣等。(11) 防冲击用品，如防砸鞋、竹板护腿等。(12) 防坠落用品，如电信安全带、安全网等。(13) 防机械外伤用品，如工作服、护肘等。(14) 防脏污用品，如工作服、手套等。(15) 防寒用品，如防寒服、防寒鞋等。

三、劳动卫生的主要内容

(一) 劳动者的劳动卫生保障权

劳动卫生方面的立法，是国家为了改善劳动条件，保障职工在生产过程中的健康，防止、消除职业病和职业中毒而规定的各种法律规范，主要包括各种生产卫生、医疗预防、健康检查等方面的规定。《职业病防治法》是这方面的一部重要法律，它全面规定了职业病的前期预防、劳动过程中的防护与管理、职业病诊断与职业病人保障、监督检查和法律责任，全面、具体地规定了劳动者和职业病人的健康权益。

根据《职业病防治法》的规定，我国劳动者的劳动卫生保障权包括：(1) 获得职业卫生教育、培训的权利。(2) 获得职业健康检查、职业病诊疗、康复等职业病防治和服务的权利。(3) 了解工作场所产生或者可能产生的职业病危害因素、危害后果和应当采取的职业病防护措施的权利。(4) 要求用人单位提供符合防治职业病要求的职业病防护设施和个人职业病防护用品，改善工作条件的权利。(5) 对违反职业病防治法律、法规以及危及生命健康的行为提出批评、检举和控告的权利。(6) 拒绝违章指挥和强令进行导致职业病的作业的权利。(7) 参与用人单位职业卫生工作的民主管理，对职业病防治工作提出意见和建议的权利。

(二) 劳动卫生的主要内容

1. 防止粉尘危害。凡是有粉尘作业的环境，要努力实现生产设备的机械化、密闭化，设吸尘、滤尘和通风设备，矿山采用湿式凿岩和机械通风。劳动者在劳动过程中如果吸入过多粉尘，会引发肺组织纤维化的各种尘肺疾病。因此，国家对工作场所中的粉尘浓度含量作了严格规定，厂矿企业的车间或者工作地点每立方米所含游离二氧化硅10%以上的粉尘或石棉尘，最高容许浓度为2毫克。

2. 防止有毒有害物质的危害。作业场所中，有毒有害物质的浓度不得超过国家标准。有毒物和危险物品应该分别储藏在专设处所，而且应该严格管理。在接触酸碱等腐蚀性物质并且有烧伤危险的工作地点，应该设有冲洗设备。对有传染病危险的原料进行加工时，必须采取严格的防护措施。对于有毒或有传染病危险的废料，应该在当地卫生机关的指导下进行处理。

3. 防止噪声和强光的刺激。在从事衔接、锻压、电焊、冶炼等作业环境中所产生的噪音和强光，对工人的视觉和听觉都有影响。为防止工业企业噪声的危害和强光的刺激，劳动卫生规程要求作业环境要有消音设备、达到有关规定的要求。发生强烈噪声的生产，应该尽可能在设有消音设备的单独工作房中进行。在有噪声、强光、辐射热和飞溅火花、碎片、锯屑场所操作的工人，应分别供给护耳器、防护眼镜、面具等。

第三节　女职工特殊保护的立法和意义

一、女职工特殊保护的立法

(一) 女职工特殊保护的概念

“女职工”一般是指全体女性工作者，既包括女性脑力劳动者，又包括女性体力劳动者。女职工特殊保护是世界各国劳动法和劳动保护工作的一个重要组成部分，女职工本身的特点决定了应当在法律上给予其特殊的劳动保护。

我国《劳动法》中所指的女职工包括所有从事体力劳动和脑力劳动的已婚、未婚的女性职工。女职工由于其生理特点，往往在劳动和工作中遇到一些特殊的困难，同时她们还承担着生育和抚育婴幼儿的天职，如果在劳动中对于女职工的这些特点不予注意，不加以保护，不仅会影响女职工本身的安全和健康，而且会影响到下一代的安全和健康。

女性在一生中要经历“四期”，即经期、孕期、产期和哺乳期这几个特殊的生理时期。在经期时，女性常常会感到疲倦，神经紧张，情绪波动也较大，虽然仍能继续参加生产劳动，但体力与智力的发挥都受到了相当的影响。妇女怀孕后，会出现一系列的生理反应，如呼吸加快、行动不便、出现生理性贫血等，怀孕后期常常需要离开工作岗位，只能休息或干一些极轻便的活。哺乳期的妇女既要照看婴儿，又要康复身体。

在劳动能力方面，由于身体结构和生理结构方面的特点，妇女的身高、体重不及男子，负载能力较差。妇女的输氧能力不及男子，基础代谢的能力比男子低。妇女的体力较差，从事体力劳动的能力不及男子，对劳动环境的适应能力也不及男子，特别是有毒、紧张、环境恶劣的工作对女性尤为不适。但是，妇女的平衡能力强，耐性和持久力好，而且比较容易掌握准确的手部运动和高度集中注意力的工作，如电子、纺织等。妇女的观察力、想象力、记忆力、形象思维能力和语言能力都呈现出相当的优势，在从事艺术性、教育性、社交与服务性劳动方面，妇女有其独具的优势。

（二）女职工特殊保护的立法

随着世界各国社会的进步和民主程度的提高，目前多数国家都相继制定了对女工实行特殊劳动保护的法律，一致强调不得安排女工从事过分艰苦的工作。

各国原则上都禁止女工从事夜间工作，严格限制加班加点时间，禁止让女工从事繁重体力劳动及有害健康的作业。日本《劳动标准法》规定，雇主不得使用女工从事运转中机械和动力传动装置上危险部位的扫除、注油、检查、维修工作和搬运重物的工作，不得雇用女工从事井下工作；不得在夜晚10时至次日清晨5时期间使用女工；女工的加班时间一天不得超过2小时，一星期不得超过6小时，一年不得超过150小时。

各国也普遍对女工实行“四期”保护，即孕期、产期、哺乳期和经期保护。在孕期和经期，女工可以要求调换较轻的工作；产期和哺乳期享受一定的休假等。1977年法国颁布的《家长育婴假法》规定母亲（必要时父亲也可以）享受抚育婴儿的假期。法国规定产假为16周，英国规定为18周，意大利规定为20周，瑞士规定为16周，比利时、德国、丹麦规定为14周，爱尔兰、荷兰、西班牙规定为12周。罗马尼亚规定，妇女有权享有工资照发的产假，包括52天产前假和60天产后假。

二、女职工特殊保护的意义

对女职工的劳动需要给予特殊保护，是由女职工本身特点所决定的。妇女的身体结构和生理特点都与男子有很大的差别。妇女有经期、孕期、生育期、哺乳期等生理阶段。如果在劳动中对妇女的这些情况不加以保护，不仅会影响女职工本身的安全和健康，而且会影响下一代的素质。

对女职工进行特殊保护对于促进我国生产力发展具有重要的意义。妇女是一种伟大的人力资源。在我国，妇女参加的工作和劳动范围很广，遍布各个行业，为了使女职工有充沛、持久的精力，从而在各项建设事业中充分发挥作用，必须关心她们的疾苦，认真做好女职工劳动保护工作。这是调动广大女职工积极性的一项重要措施。

妇女担负着孕育下一代的特殊任务，对女职工的特殊保护不仅是对女职工本身的保护，而且是对下一代的安全和健康的保护。例如，女职工从事特别繁重的体力劳动和有毒有害作业，将会影响到胎儿和婴儿的发育和成长，甚至会造成流产、早产、胎儿的中毒死亡和畸形等。为了使下一代具备优秀的身体素质，必须从法律上保障孕期和哺乳期的女职工在劳动过程中的安全与卫生。

第四节　女职工特殊保护的内容

根据宪法保护妇女的原则，为了保护妇女在劳动中的特殊权益，在不同的历史时期我国曾发布过一些行政性文件，指导各地加强女职工的劳动保护工作。自 1986 年以来，我国相继发布了《女职工保健工作暂行规定（试行草案）》《女职工劳动保护规定》《女职工禁忌劳动范围的规定》等。尤其是 1988 年 7 月国务院发布的《女职工劳动保护规定》，是我国首次系统规定女职工劳动保护法律制度的专门法规。它就女职工的招收、禁忌从事的劳动、产假及其待遇、有关保护设施等问题作了全面规定，使我国女职工的劳动保护工作有了较为明确的法律依据。2012 年 4 月，《女职工劳动保护特别规定》的颁布，全面完善了我国女职工劳动保护的法定内容。

一、女职工禁忌从事的劳动

女性的生理机能和身体结构都与男子不同，各种不良劳动条件及各种职业危害会对妇女的身体健康产生不良影响。《劳动法》第 59 条规定，禁止安排女职工从事矿山井下、国家规定的第四级体力劳动强度的劳动和其他禁忌从事的劳动。

根据 2012 年 4 月 18 日国务院第 200 次常务会议通过，并自公布之日起施行的《女职工劳动保护特别规定》中的“附录”，我国女职工禁忌从事的劳动范围包括：（1）女职工禁忌从事的劳动范围；（2）女职工在经期禁忌从事的劳动范围；（3）女职工在孕期禁忌从事的劳动范围；（4）女职工在哺乳期禁忌从事的劳动范围。

女职工禁忌从事的劳动范围有：（1）矿山井下作业；（2）体力劳动强度分级标准中规定的第四级体力劳动强度的作业；（3）每小时负重 6 次以上、每次负重超过 20 千克的作业，或者间断负重、每次负重超过 25 千克的作业。禁止女职工从事国家规定的第四级体力劳动强度的劳动。

二、女职工孕期、经期、产期、哺乳期的特殊劳动保护

（一）孕期保护

女职工在孕期禁忌从事的劳动范围有：（1）作业场所空气中铅及其化合物、汞及其化合物、苯、镉、铍、砷、氰化物、氮氧化物、一氧化碳、二硫化碳、氯、己内酰胺、氯丁二烯、氯乙烯、环氧乙烷、苯胺、甲醛等有毒物质浓度超过国家职业卫生标准的作业；（2）从事抗癌药物、己烯雌酚生产，接触麻醉剂气体等的作业；（3）非密封源放射性物质的操作，核事故与放射事故的应急处置；（4）高处作业分级标准中规定的高处作业；

(5) 冷水作业分级标准中规定的冷水作业；(6) 低温作业分级标准中规定的低温作业；(7) 高温作业分级标准中规定的第三级、第四级的作业；(8) 噪声作业分级标准中规定的第三级、第四级的作业；(9) 体力劳动强度分级标准中规定的第三级、第四级体力劳动强度的作业；(10) 在密闭空间、高压室作业或者潜水作业，伴有强烈振动的作业，或者需要频繁弯腰、攀高、下蹲的作业。

（二）经期保护

女职工在月经期间机体抵抗力降低，双腿无力、酸软，如从事高处作业，易发生伤亡事故；从事低温冷水作业时，易致经血不畅，淤积盆腔，引起痛经、闭经，机体抵抗力较低，有患疾病的危险；接触有毒物质，可能引起多量出血。不良的劳动条件对妇女在经期的健康是有影响的，如在这方面不注意特殊保护，将会影响女职工的健康及生育能力。

《劳动法》第 60 条规定："不得安排女职工在经期从事高处、低温、冷水作业和国家规定的第三级体力劳动强度的劳动。"高处作业，又称高空作业，根据《高处作业分级》标准，凡在坠落高度基准面 2 米以上（包括 2 米）有可能坠落的高处进行的作业，均称为高处作业。高处作业高度在 2 米至 5 米时，称为一级高处作业；高处作业高度在 5 米以上至 15 米时，称为二级高处作业；高处作业高度在 15 米以上至 30 米时，称为三级高处作业；高处作业高度在 30 米以上，称为特级高处作业。女职工在月经期间禁忌从事《高处作业分级》国家标准中二级以上（含二级）的作业。

女职工在经期禁忌从事的劳动范围有：(1) 冷水作业分级标准中规定的第二级、第三级、第四级冷水作业；(2) 低温作业分级标准中规定的第二级、第三级、第四级低温作业；(3) 体力劳动强度分级标准中规定的第三级、第四级体力劳动强度的作业；(4) 高处作业分级标准中规定的第三级、第四级高处作业。

（三）产期保护

产期保护是指女职工在生育期间的保护。女职工在产期内，享受一定时期的生育假和生育待遇。产期保护，包括正产和流产。

按照《女职工劳动保护特别规定》，女职工在孕期不能适应原劳动的，用人单位应当根据医疗机构的证明，予以减轻劳动量或者安排其他能够适应的劳动。对怀孕 7 个月以上的女职工，用人单位不得延长劳动时间或者安排夜班劳动，并应当在劳动时间内安排一定的休息时间。怀孕女职工在劳动时间内进行产前检查，所需时间计入劳动时间。女职工生育享受 98 天产假，其中产前可以休假 15 天；难产的，增加产假 15 天；生育多胞胎的，每多生育 1 个婴儿，增加产假 15 天。女职工怀孕未满 4 个月流产的，享受 15 天产假；怀孕满 4 个月流产的，享受 42 天产假。女职工产假期间的生育津贴，对已经参加生育保险的，按照用人单位上年度职工月平均工资的标准由生育保险基金支付；对未参加生育保险的，按照女职工产假前工资的标准由用人单位支付。女职工生育或者流产的医疗费用，按照生育保险规定的项目和标准，对已经参加生育保险的，由生育保险基金支付；对未参加生育保险的，由用人单位支付。

（四）哺乳期保护

哺乳期亦称"授乳期"，即女职工用于哺乳其婴儿的时间。《劳动法》第 63 条规定："不得安排女职工在哺乳未满一周岁的婴儿期间从事国家规定的第三级体力劳动强度的劳动和哺乳期禁忌从事的其他劳动，不得安排其延长工作时间和夜班劳动。”这里对哺乳期女职工的保护作了原则规定。

女职工在哺乳期禁忌从事的劳动范围有：（1）孕期禁忌从事的劳动范围的第 1 项、第 3 项、第 9 项；（2）作业场所空气中锰、氟、溴、甲醇、有机磷化合物、有机氯化合物等有毒物质浓度超过国家职业卫生标准的作业。

对哺乳未满 1 周岁婴儿的女职工，用人单位不得延长劳动时间或者安排夜班劳动。用人单位应当在每天的劳动时间内为哺乳期女职工安排 1 小时哺乳时间；女职工生育多胞胎的，每多哺乳 1 个婴儿每天增加 1 小时哺乳时间。女职工比较多的用人单位应当根据女职工的需要，建立女职工卫生室、孕妇休息室、哺乳室等设施，妥善解决女职工在生理卫生、哺乳方面的困难。

三、工作场所的“性骚扰”

（一）性骚扰与职业女性

“性骚扰”一词最早出现在 20 世纪 70 年代，而在法律上进行界定则来自美国 20 世纪 80 年代末一家律师事务所的女性法律助理对她的老板在办公室的言行提出的诉讼，理由是她认为老板对她进行“性骚扰”。大法官们由此作出了一项新的判例，从法律上将“性骚扰”定义为：在一方并不情愿的情况下，另一方依仗其地位、权力、工作的优势，对一方进行性暗示、性语言挑逗或者有性的举动。可见，“性骚扰”一开始就与“工作场所”相联系，成为劳动法律领域关注的对象。①

日本第一个有关性骚扰的案例也源于一位出版社女职员状告男上司散布“性”流言给自己造成精神痛苦。根据日本劳动部的统计资料，该部在 2002 年全年受理的关于《男女雇用机会均等法》的咨询件数为 18 000 件，其中 7 000 件与性骚扰有关，最终裁定雇主违法、必须接受有关行政指导的有 5 448 件，其中性骚扰竟占了 9 成以上，达 4 900 件。日本政府 2002 年公布的一份调查报告显示，超过半数的日本公务员受到过某种形式的性骚扰，其中女性公务员受骚扰的比例超过总人数的 2/3。虽然很少接到“身体接触”类型的严重性骚扰案件的报案，但事态的发展仍令人担忧。在欧洲很多国家，超过 50%的职业妇女被性骚扰。②

（二）工作场所的性骚扰与立法

美国平等就业机会委员会于 1980 年 11 月 10 日确立的“性骚扰”范畴包括：（1）在性方面占便宜达到不受欢迎的程度；（2）要求性方面的好处；（3）其他具有性含义的口头或肢体行为。这些行为在下列情况下构成违法：（1）顺从该行为是作为某人明示或默示之就业条件或情况；（2）个人顺从或拒绝该项行为，成为影响其就业决定之基础；（3）该项行为之目的或结果，会不合理干涉个人之工作表现；（4）该项行为之目的或结果会造成胁

① 美国法学家凯瑟琳·麦金农（Catharine A. MacKinnon）在《职业女性的性骚扰》中指出，工作场所的性骚扰不应被理解为个别事件，也不是因生理因素所致，而是整体上两性关系权利不对等与雇佣关系（妇女在劳动力市场中居于下位）结合所导致；并从多个案例中得出“性骚扰是一种性别歧视”“工作场所的性骚扰是一种雇用歧视”的结论。郭玲惠. 男女工作平等法理与判决之研究. 台北：五南图书出版有限公司，2000：153.

② 世界首例性骚扰案内情. 环球杂志，2003 - 07 - 15.

迫性、敌意性或冒犯性之工作环境。

1980 年加拿大联邦人权法典中规定了禁止性骚扰，给雇主增加了防止工作场所出现性骚扰的义务。1984 年澳大利亚颁布实施《禁止性歧视法》，规定除企业外，教育部门的性骚扰也属违法。1989 年西班牙在《劳动宪章修改法》中规定禁止性骚扰，保障女性在工作中不受性骚扰的权利；并将“性骚扰”归入侵犯性自由。1991 年法国在《刑法》中补充了对性骚扰的惩罚规定，同时立法对雇主增加了防止工作场所出现性骚扰的义务。加拿大、法国等国家还将“性骚扰”定为妨害风化罪。1993 年韩国颁布实施了《对性暴力犯罪以及保护受害人的有关法律》，对于业务、雇用中以及其他“凭借诡计或权势的丑行”的行为处以刑罚和罚款。

瑞典 1980 年《平等机会法》规定，雇主不但不能对雇员进行性骚扰，而且有义务对工作场所的性骚扰采取防止及制止措施。1986 年《禁止性歧视法》及《高等教育条例》《职业安全和健康法案》《瑞典刑法》《雇用安全法案》等多部法案也都有针对性骚扰的规定。议会还专门设立“平等事务监察官办公室”，工作之一就是打击各类性骚扰，设置专人调查制度，监督范围上至议会下至最小的公司。

联合国于 1993 年通过了《消除对妇女暴力行为宣言》，其中第 2 条第 1 款将“在工作场所、教育机构和其他场所的性骚扰”列入对妇女的暴力行为。

我国《女职工劳动保护特别规定》第 11 条规定：“在劳动场所，用人单位应当预防和制止对女职工的性骚扰。”

（三）工作场所“性骚扰”的形式

1. 有报酬性的性骚扰。通过明示或暗示性方面的要求，作为员工或求职者取得职务、丧失职务、变更其劳动条件的交换。一般都发生在有管理监督权能的上司对待其下属的情况下，若拒绝上司或雇主的性要求，就可能会丧失工作，或得不到晋升的机会，甚至会遭受到降级、减薪或受到其他工作上的刁难与报复。这对下属的人格尊严及工作权益造成相当大的侵害，也会直接影响员工的工作表现，如在长期紧张或对抗中出现无力感、自责、失眠、愤怒、紧张、忧郁等身心症状，导致被害人被迫辞职；也可能造成员工彼此间的猜忌与敌对，工作效率降低、缺席率偏高等。

2. 敌意的工作环境。这种性骚扰通常是发生在同事之间，但也可能是由雇主的主顾或顾客所实施，如在职场中以与“性”有关的语言、举动或其他方法对员工或求职者造成困扰。雇主已实际知悉这种情况，不采取防范及纠正措施的，应当承担法律责任。

第五节　未成年工的特殊劳动保护

一、未成年工特殊劳动保护的概念和意义

未成年工的特殊劳动保护是指根据未成年工的身体发育尚未定型的特点，对未成年工在劳动过程中进行特殊权益的保护。未成年工的身体发育尚未完全定型，正在向成熟时期过渡，在安排未成年工劳动时要注意他们的生理特点。过重的体力劳动、不良的工作体位、过分紧张劳动、不适合的工具等，对未成年工的发育都会造成影响。为了保障未成年

工的正常发育和安全健康，除改善一般劳动条件外，还需在工作时间、工作场所等方面给予特殊保护。

二、未成年工特殊劳动保护的主要内容

（一）最低就业年龄

根据我国有关招工制度的规定，未成年工是指16周岁至18周岁的少年工人，也就是说我国最低就业年龄为16周岁。特殊行业（如文艺、体育等部门）需要招收16周岁以下的人员时，需经劳动人事部门批准。

确定最低就业年龄必须考虑青少年的身体发育状况以及保障他们在就业前有接受完整基本教育的时间。《劳动法》第15条第1款规定："禁止用人单位招用未满十六周岁的未成年人。"为保障未成年人的就业权利，在就业问题上不得歧视被人民检察院免予起诉、人民法院免除刑事处罚或者宣告缓刑、被解除收容教养或者刑满释放的已满16周岁的未成年人。

为了保证未成年工的健康成长，日本《劳动标准法》规定了劳动者的最低年龄，并把限制未满18岁的未成年人就业作为保护未成年工的一项措施；还规定了尊重未成年人的人权、劳动权，以及签订劳动合同的特别准则。日本《劳动标准法》规定：不得雇用身体尚未成熟，并处在义务教育时期的未满15岁的儿童。但是，如果对儿童的健康以及福利无害，其劳动轻易，本人又不坚持继续学习方可就业，但要经学校校长证明、家长的同意以及劳动署长的批准。电影、戏剧等事业，可让12岁以下的儿童在学习时间外就业，由于儿童没有亲自签订合同的能力，他们的演出合同是他们的父母和雇主间的合同，他们的父母允许雇主教他们演技，雇主向其父母支付报酬。法律禁止未成年工从事危险、有害生产及井下劳动。由于未成年工一般缺乏社会经验，也没有准确的判断力，日本《劳动标准法》规定在家长同意的情况下，由未成年人亲自签订劳动合同，工资也由本人领取。另外，当劳动合同损害未成年工利益，家长不尽职责时，可强制解除合同。

（二）未成年工的工作时间

为保障未成年工的正常发育和身体健康，在我国，一般情况下，对未成年工实行缩短工作时间，禁止安排未成年工从事夜班工作及加班加点工作。对某些招收16周岁以下学徒的特殊行业，国家还专门规定了对学徒的保护制度规定在进行生产实习时的劳动时间为：第一学年每天不得超过6小时，第二学年每天不得超过7小时，第三学年每天不得超过8小时。随着我国工时的缩短，对未成年工的工作时间也会有新的相应规定。

（三）禁止未成年工从事的劳动

《劳动法》第64条规定："不得安排未成年工从事矿山井下、有毒有害、国家规定的第四级体力劳动强度的劳动和其他禁忌从事的劳动。"为了切实保障未成年工的身体健康，一般禁止未成年工从事严重有毒有害工种，禁止未成年工从事机械危险部位的检修工作等。对未成年工的保护，要根据上述规定和《未成年工特殊保护规定》的规定严格执行，否则，造成伤亡事故和国家财产重大损失者，要追究主管单位和直接责任者的责任；情节严重，构成犯罪的，要依法惩处。

这里所指其他禁忌从事的劳动包括：(1) 森林业伐木、归楞及流放作业；(2) 凡在坠落高度基准面5米以上（含5米）有可能坠落的高处进行的作业，即二级高处作业；(3) 作业

场所放射性物质超过《放射防护规定》中规定剂量的作业；（4）其他对未成年工的发育成长有影响的作业。

未成年工禁忌从事劳动范围包括：（1）《生产性粉尘作业危害程度分级》国家标准中第一级以上的粉尘作业。生产性粉尘是指在生产过程中产生的能长时间飘浮在作业环境空气中的固体微粒。在生产环境中，长期吸入生产性粉尘能引起尘肺。目前对尘肺尚无理想的治疗方法。（2）《有毒作业分级》国家标准中第一级以上的有毒作业。（3）《高处作业分级》国家标准中第二级以上的高处作业。（4）《冷水作业分级》国家标准中第二级以上的冷水作业。（5）《高温作业分级》国家标准中第三级以上的高温作业。（6）《低温作业分级》国家标准中第三级以上的低温作业。（7）《体力劳动强度分级》国家标准中第四级体力劳动强度的作业。（8）矿山井下及矿山地面采石作业。（9）森林业中的伐木、流放及守林作业。（10）工作场所接触放射性物质的作业。（11）有易燃易爆、化学性烧伤和热烧伤等危险性大的作业。（12）地质勘探和资源勘探的野外作业。（13）潜水、涵洞、涵道作业和海拔 3 000 米以上的高原作业（不包括世居高原者）。（14）连续负重每小时在 6 次以上并每次超过 20 千克，间断负重每次超过 25 千克的作业。（15）使用凿岩机、捣固机、气镐、气铲、铆钉机、电锤的作业。（16）工作中需要长时间保持低头、弯腰、上举、下蹲等强迫体位，动作频率每分钟大于 50 次的流水线作业。（17）锅炉司炉。

未成年工患有某种疾病或具有某些生理缺陷（非残疾型）时，用人单位不得安排其从事以下范围的劳动：（1）《高处作业分级》国家标准中第一级以上的高处作业；（2）《低温作业分级》国家标准中第二级以上的低温作业；（3）《高温作业分级》国家标准中第二级以上的高温作业；（4）《体力劳动强度分级》国家标准中第三级以上体力劳动强度的作业；（5）接触铅、苯、汞、甲醛、二硫化碳等易引起过敏反应的作业。

（四）未成年工的身体检查制度

为了保护未成年工的身体健康，按法定年龄招收未成年工时，应当进行全面的健康检查，取得身体合格证明以后，才能够正式被录用。未成年工被录用后，也应在每年一定时期进行体格检查。

对未成年工进行定期的健康检查是用人单位的一项法定义务，用人单位不得以任何借口加以取消。1994 年 12 月劳动部颁发的《未成年工特殊保护规定》对未成年工定期健康检查制度作了具体规定：（1）用人单位应在以下情况下对未成年工定期进行健康检查：安排工作岗位之前；工作满 1 年；年满 18 周岁，距前一次的体检时间已超过半年。（2）未成年工的健康检查，应按劳动部统一制作的“未成年工健康检查表”列出的项目进行。（3）用人单位应根据未成年工的健康检查结果安排其从事适合的劳动；对不能胜任原劳动岗位的，应根据医务部门的证明，减轻劳动量或安排其他劳动。

案例与事例

一、行政罚款应当缓行

河北某建筑工程有限公司在衡水市施工建设的某住宅楼、地下车库项目，作业层未铺满脚手板、建筑东侧立杆搭接，安全防护不到位。负责人赵某与安全生产管理人员邸某某未及时排查生产安全事故隐患，其行为违反了《安全生产法》第 25 条第 1 款第（5）项“生产经营单位的安全生产管理机构以及安全生产管理人员履行下列职责：……（五）检查本单位的安全生产状况，及时排查生产安全事故隐患，提出改进安全生产管理的建议”的规定。根据《安全生产法》第 96 条“生产经营单位的其他负责人和安全生产管理人员未履行本法规定的安全生产管理职责的，责令限期改正，处一万元以上三万元以下的罚款；导致发生生产安全事故的，暂停或者吊销其与安全生产有关的资格，并处上一年年收入百分之二十以上百分之五十以下的罚款；构成犯罪的，依照刑法有关规定追究刑事责任”的规定，衡水市城市管理综合行政执法局对负责人赵某与安全生产管理人员邸某某各作出罚款 10 000 元的行政处罚。[①]

2008 年，笔者曾就工厂未给工人提供防护用品导致工人汪美珠等人重度苯中毒，卫生局对工厂罚款人民币 10 万元的事件写道：我们更关心的是江美珠们的命运！他们的现状与未来：劳动条件是否已经得到改善？职业病是否得到救治？职业伤害是否得到赔偿？工厂是否在继续生产出更多的江美珠？等等！这些让人揪心的痛苦似乎与“10 万元”罚款无关。我们制定了专门的法律，我们设立专门的劳动安全与卫生监督部门，我们动用国家强制力让“10 万元”收归国库，这一切是我们立法的本意与初衷吗？是我们应当追求的立法目的吗？我们以江美珠们的身体和生命为代价，强制伤害他们身体和生命者交出“10 万元”用于罚款，但这 10 万元既不直接拯救受到伤害的江美珠们，也不直接终止对江美珠们的继续伤害。那么：“罚款”何为？进而：何必“罚款”？

为了落实民事赔偿责任优先原则，保护投资者合法权益，证监会、财政部联合研究起草了《关于证券违法行为人财产优先用于承担民事赔偿责任有关事项的规定》，明确违反《证券法》规定的违法行为人因同一违法行为，需要同时承担民事赔偿责任和缴纳罚没款行政责任，缴纳罚没款后剩余财产不足以承担民事赔偿责任时，受害投资者可以提出书面申请，请求将违法行为人因同一违法行为已缴纳的罚没款用于承担民事赔偿责任。

好！但是最应该这样做的是把违反劳动法和社会保障法的罚款用于劳动者的赔偿，毕竟人比钱贵，人身损失重于资金损失。

劳动行政罚款几乎遍及整个劳动过程，从延长工作时间到拖欠劳动者工资，从伤亡事故到职业危害，从压力容器到起重机械，从招聘歧视到不保护女工，从拒不缴纳到逾期不缴纳社保。这每一项罚款后面，都有实实在在遭受损失的劳动者个人，他们为此付出的是健康甚至生命的代价。那么，这些罚款对于他们有意义吗？对于他们的损失有补偿吗？一个拖欠劳动者工资的用人单位被罚款后支付工资的能力增加了吗？一个连工伤保险都不缴纳的用人单位罚款后更有钱去赔偿健康或者生命受损的劳动者吗？

希望有关部门少罚款甚至不罚款，多强制用人单位把劳动者应得的工资或赔偿支付给劳动者本人。或者至少，学习证监会财政部，把罚款拿出来用于补偿劳动者应当得到却没有得到的工资、劳保、社保和赔偿。

二、女骑手的方便

“女外卖员送外卖时在楼道小便，居民：挺不好的，憋不住可以求助顾客”。居民得知

① 河北省住建厅通报第三批 10 起典型违法案件. 河北住建，2023-03-30.

该女子在生理期都很生气，说这样很不好。①

1949 年 9 月的《共同纲领》、1953 年的《劳动保险条例》都有女职工生理期保护的专门规定。“一五”期间，公共汽车司机和售票员多为女性，由于没有固定的厕所大小便，以及月经时期间的种种不便，许多人得了膀胱炎等疾病。主管部门出面向沿途单位和居民借厕所，并且规定女职工在大小便时可提前一站下车。在停车场放置多箱卫生纸，供女职工经期免费使用。

1958 年，中共中央发表《关于人民公社若干问题的决议》，提出：“在月经期间一定要让妇女得到必要的休息，不做重活，不下冷水，不熬夜。”1988 年国务院《女职工劳动保护规定》颁布实施后，多地规定从事野外作业的女职工在月经期间休假一天，对其他岗位的女职工给予经期照顾。

2023 年 2 月 10 日晚，一名外卖员在居民楼道小便被监控拍下。“我们小区经常反映有人在楼道小便，这次正好业主装了监控看到了。”辖区龙河路社区工作人员表示此现象与个人素质、道德水平有关，住户最好在家门口装个监控留下证据，揪出来曝光，或者报警。2 月 11 日，石家庄一外卖员送餐后在居民楼楼道小便。当事居民称，自己向外卖平台投诉，客服人员表示会进行处理。13 日，外卖平台公关表示，目前正在调查处理。

三、外卖骑手的禁忌劳动

上网看各平台招用骑手的要约，发现这是入职条件最低的一项劳动。只要具备基本的劳动条件，几乎没有任何入职限制。再接下来，就该他们骑车送货了。这个劳动就不简单了，是一项具有高强度体力支出和高风险责任承担的劳动。骑手需要快捷的灵敏反应，需要完成高频率的劳动行为，要在拥挤的交通中穿行甚至抢行，要在高高低低的陌生楼道间搬运，要遵守算法的严格时限，要习惯客户的春夏秋冬。

接下来就会发现，他们没有任何劳动保护，也没有任何劳动禁忌。在现代社会，任何劳动都要接受劳动法的调整，任何劳动者都要受到劳动法的保护，任何劳动力使用者都必须提供安全与卫生的劳动环境，任何劳动环境和劳动强度都不能突破劳动法上的禁忌。

以女外卖骑手为例。我国女职工受到劳动法的严格保护，从特有的“四期”到劳动的等级，从攀高到下井，从负重单位到负重时长，从作业场所的空气质量到接触物体的有毒有害，从冷水作业到低温作业，从高温作业到噪声分级。对于怀孕的女职工，禁忌劳动细化到：“在密闭空间、高压室作业或者潜水作业，伴有强烈振动的作业，或者需要频繁弯腰、攀高、下蹲的作业。”这些规定一方面源于女性有特殊的生理和生理需要，另一方面是因为女性肩负着生儿育女的重任，影响着一个民族未来的质量。遗憾的是，这些规定难以在外卖骑手工作中落实。更加严重的是，这些规定都是应对工业时代集体化生活而制定的。在平台经济时代，劳动的分散化、危害的多元化、保护的虚拟化、救济的缺位化严重地弱化了女职工的劳动保护。因此，尽快制定平台经济中女职工劳动保护的规范已迫在眉睫。

再以残疾骑手为例。网络上聋哑骑手在店内取餐、用户沟通、订单缺损、路线受阻等方面存在诸多障碍，平台的回答是暂无针对聋哑人配送员的特殊功能。这些都还只是停留在用户体验层面，又有谁想过他们在送餐途中的安全吗？他们在骑行中远大于其他人的安

① 女外卖员送外卖时在楼道里小便，居民：挺不好的，憋不住可以求助顾客. 腾讯网，2013－02－13.

全隐患和远大于其他人的安全风险能够消弭和转移吗？如果能，怎样转移；如果不能，该由谁来承担？①

工业社会发展的历史告诉我们：如果不用法律手段事先消灭和排除工人的劳动风险，工人将为此付出沉重的生命和健康代价。任何车间的大门必须向外开启的立法，就是在车间大火中堆积在门后的工人向我们诉说的。

四、为抗诉点个赞

周某原系公司员工，签有2016年8月9日至2017年8月8日的劳动合同，试用期2016年8月9日至2016年10月8日。2016年9月30日，公司以周某试用期不符合录用条件等为由对周某某作出“试用期解除劳动合同告知书”，周某于次日签收。

此时，周某已怀孕。周某申请仲裁要求恢复劳动关系，仲裁委员会未予支持。诉至一审法院，判决恢复周某与公司的劳动关系。周某提起上诉，二审判决驳回周某恢复劳动关系的请求。周某于2017年4月8日生育。

2019年2月20日，上海市人民检察院向上海高院提出抗诉，认为周某工作时已怀有身孕，终审判决未支持周某恢复劳动关系的诉请于法无据。高院判决：怀孕并非女职工的免责金牌，对劳动者欲利用法律以达其个人不法目的者依法予以驳回。②

本案，法院的终审判决适用法律“依法”没有毛病。在我国劳动立法的“解雇禁止”条款中，女职工的“三期保护”是重中之重、禁中之禁——无论是《劳动法》第29条，还是《劳动合同法》第42条的禁止解雇条款都包括了“女职工在孕期、产期、哺乳期内”。然而，同样是这两个禁止性条款都明确了不包括劳动者有过错的情形——《劳动法》排除了第25条所规定的情形，《劳动合同法》排除了第39条所规定的情形。

那么，我为什么还要为检察院的抗诉点赞呢？

因为从法理上，“三期保护”中的女职工即便有过错，也不应当解雇。这样的解雇不仅有违女职工特殊保护的法理基础，也会对女职工和胎儿婴儿构成严重的伤害。在这种情形下，我们对女职工的保护不仅是在保护女职工本人，更加重要的是在保护胎儿和婴儿；往大了说，是保护中国人民的下一代，保护中华民族的未来。

我们这里可以参照《刑法》和《刑事诉讼法》。《刑法》第49条规定审判的时候怀孕的妇女不适用死刑。《刑事诉讼法》第262条规定人民法院在执行死刑时，发现罪犯正在怀孕应当停止执行，并且立即报请最高人民法院改判。刑事法律中被判处死刑的行为人都是罪大恶极的。但无论在审判中还是在执行时，只要行为人怀有身孕，都必须网开一面。在劳动法上，法律的适用应当奉行更加有利于怀孕女工的理念和原则。

五、重大劳动安全事故罪

家住桐柏县的郭某头脑灵活，是个生意人，常年从事建筑工程生意，并雇用了一批建筑施工人员。2014年6月，郭某承包了一桩建房工程。为了赶工期，在未取得建筑施工资质和缺少必要安全防护措施的情况下，郭某便组织工人开始施工。2015年2月13日，建筑工人李某在工地粉刷外墙体时，不幸从二楼的简易吊篮上摔落，随即被送往医院，后经

① 聋哑骑手送餐“有苦说不出”，外卖平台何时完善“无声送餐”. 成都商报，2021-08-31.

② 孕期职工被解雇，检察院抗诉，再审结果令人意外. 法星邦，2022-03-11.

抢救无效于2015年2月17日死亡。同日，郭某到公安机关投案，如实供述了犯罪事实，并支付被害人郭某家属医疗费1.3万元。对于郭某的行为如何定罪，有两种不同意见。一种意见认为，郭某为了赶工期，组织工人施工，造成一人死亡的重大事故，应以重大责任事故罪对郭某定罪；另一种意见认为，郭某作为安全生产设施、安全生产条件的主管人员，在未取得建筑施工资质和缺少必要安全防护措施的情况下，造成施工人员死亡，应当以重大劳动安全事故罪追究郭某的刑事责任。

法院审理后认为，被告人郭某在承建施工过程中，安全生产设施不符合国家规定，因而发生一人死亡的重大事故，其行为已构成重大劳动安全事故罪。案发后，被告人郭某自动投案并如实供述了犯罪事实，系自首，可依法对其从轻处罚，被告人郭某赔偿被害人李某医疗费1.3万元，在量刑时酌情从轻处罚。法院遂根据《刑法》第135条第1款、第67条的规定，判处被告人郭某有期徒刑1年。

重大责任事故罪和重大劳动安全事故罪二个罪名比较相近，前者是指在生产、作业中违反有关安全管理的规定，或者强令他人违章冒险作业，因而发生重大伤亡事故或者造成其他严重后果的行为；后者则是指安全生产设施或者安全生产条件不符合国家规定，因而发生重大伤亡事故或者造成其他严重后果的行为。我国《刑法》第135条规定，工厂、矿山、林场、建筑企业或者其他企业、事业单位的劳动安全设施不符合国家规定，经有关部门或者单位职工提出后，对事故隐患仍不采取措施，因而发生重大伤亡事故或者造成其他严重后果的，对直接责任人员处3年以下有期徒刑或者拘役；情节特别恶劣的，处3年以上7年以下有期徒刑。①

六、实习生对公司经理的投诉

崔某系加拿大国籍，于2005年12月29日进入英某尔（中国）有限公司上海分公司工作，属经理级岗位。双方签订的劳动合同第9.1条载明：“员工应通过培训、接收电子通知或查阅公司总部网站、公司当地网站或公司公告板熟悉、理解并遵守所有英某尔规章制度……”第11.2条载明：“如发生下列情况之一，英某尔可以解除本合同：……11.2.6严重违反英某尔规章制度以及惩戒条例……”崔某在工作中，与正在英某尔（中国）有限公司北京分公司实习的一名女实习生相识。2013年1月14日，崔某去北京开会，并事先与该女实习生相约在崔某下榻酒店见面。当日会后，双方在酒店房间内发生了超越一般朋友关系的亲密行为。

次日，女实习生向直接经理举报，称其受到崔某性侵犯。2013年1月23日，英某尔（中国）有限公司上海分公司向崔某调查时，崔某自认与已婚女实习生发生了亲吻、拥抱、脱衣等行为。2013年2月6日，公司向崔某发出解除劳动合同通知书，载明：“……因你的行为严重违反了英某尔的规章制度，根据《中华人民共和国劳动合同法》及相关法律法规，英某尔的相关规章制度，和双方签订的《劳动合同》中关于解聘和终止的约定，公司决定从2013年2月7日起解除与你的劳动合同，而你在公司的最后工作日为2012年2月6日……”公司制定的《英某尔行为准则》中“雇员彼此平等相待”规定：“……英某尔

① 贾吉振. 重大责任事故罪VS重大劳动安全事故罪. 河南法制报，2015-08-26［2016-07-14］. http://news.dahe.cn/2015/08-26/105529681.html.

完全反对，而且决不容许经理或同事骚扰雇员……”同时《英某尔行为准则》规定：“……任何违反《准则》的人都会受纪律处分，最严重的包括终止雇佣关系。”公司制定的《反骚扰规定》规定：“……由于违法骚扰行为比较难以界定，所以员工应在任何时候都举止专业且恭敬。违反本规定的行为举例包括：种族污秽，关于种族或者性的笑话；在工作中，或通过电子邮件，或通过任何英某尔的计算机网络传播不恰当的笑话、言论或图片；浏览色情视频或者软件。你不得寻求性需求，做出不受欢迎的性举动，或以口头、视觉行为的方式从事带有性属性的行为。”“如果发生骚扰事件，在遵守当地法律的前提下，无论员工或是经理，英某尔都将对违反规定者采取惩戒措施。惩戒措施包括从口头或书面警告直至立即解聘一系列措施。”公司制定的《禁止暧昧关系规定》中，“主题”规定“英某尔经理绝不能与员工发生暧昧关系或性关系”。其中“认定问题”规定：“本规定适用于员工和直接或间接管理该员工的经理之间存在亲密关系或性关系。如果你身居管理或领导职位，则直接向你或者你的下属汇报的员工均视为你所管理的员工。员工和处在矩阵型汇报关系中的经理之间的暧昧关系或性关系也适用于本规定。例如，员工虽处在该经理的工作监督下但又处于另一个组织结构内。对经理来说，即使与下属的关系是基于双方完全自愿，但经理也视为违反本规定。根据当地法律，如有以下违规行为，该经理将受到惩戒，情节严重的可导致解聘：发展与下属之间的暧昧关系、未将你与下属之间的暧昧关系通知英某尔、在通知英某尔后继续与下属维持暧昧关系。”

崔某认为，其受公司指派前往北京开会，事先与女实习生相约在下榻酒店见面。会后在崔某房间内，双方对于女实习生的新工作进行讨论，随后出于自愿曾发生一些亲密行为，但其没有任何强迫行为，更没有发生公司指称的实质性行为。女实习生并未因此受到伤害，警方也没有介入调查。其行为不属于骚扰行为和暧昧行为。同时其并不知悉公司相关《行为准则》、《反骚扰规定》和《禁止暧昧关系规定》，公司仅对其进行过商业贿赂等方面的培训。女实习生并非公司员工，与其分属不同部门，不存在上下级关系，双方未利用工作时间见面，不适用上述三项规定。故请求法院判令撤销公司作出的解除劳动合同通知；自 2013 年 2 月 7 日起恢复其与公司的劳动关系，继续履行劳动合同，并以月工资人民币 71 409 元标准支付自 2013 年 2 月 7 日起至恢复劳动关系期间的工资。

法院生效判决［(2013) 沪一中民三（民）终字第 1664 号］认为，从本案查明的事实看，崔某在 2013 年 1 月 14 日出差期间，在英某尔（中国）有限公司上海分公司提供的酒店内与英某尔（中国）有限公司北京分公司的女实习生发生了超越正常关系的亲密举动。目前虽然尚无证据证明崔某存在违背该实习生意愿的行为，但是不论该实习生是否出于自愿，崔某的行为均违反了英某尔（中国）有限公司上海分公司的禁止性规定。此外，崔某和该实习生均系已婚人士，该行为亦有违道德准则。综上，英某尔（中国）有限公司上海分公司据此作出的解除劳动合同的决定合法有据。[①]

① 李迎春. 七夕必读：经理因与女实习生酒店开房被解雇（终审判决）. (2015-08-20) [2016-07-15]. 人力资源法律网：http://blog.sina.com.cn/s/blog_4c70fff50102vqu3.html.

第八章　劳动争议处理法

导读

劳动争议就是指劳动关系的双方当事人之间因劳动权利或义务而产生的纠纷。本章阐述劳动争议的概念和种类、劳动争议处理的范围及特征，并重点对劳动争议的调解、劳动争议仲裁和劳动争议诉讼进行介绍。

第一节　劳动争议处理概述

一、劳动争议的概念

劳动争议就是劳动纠纷，是指劳动关系双方当事人因劳动问题引起的纠纷。劳动法中的劳动争议是指劳动关系双方当事人之间因实现劳动权利、履行劳动义务而发生的争议。

1950 年 11 月，经政务院批准，劳动部公布了《关于劳动争议解决程序的规定》，该规定适用于一切国营、公营、私营、公私合营及合作社经营的企业中之劳动争议。1987 年 7 月 31 日，国务院发布了《国营企业劳动争议处理暂行规定》，系统地规定了国营企业劳动争议的处理机构和程序。

1993 年 7 月 6 日颁布《中华人民共和国企业劳动争议处理条例》，在劳动仲裁受案范围、办案组织形式等方面作了较大的调整、修改和补充：将受理对象由国营企业扩大到我国境内所有企业，受理内容包括因职工辞职、自动离职，因工资、保险、福利、培训、劳动保护发生的争议等。在仲裁组织形式上，规定劳动仲裁委员会处理劳动争议，实行仲裁员、仲裁庭制度。仲裁庭依法办案，保证办案公正、准确、高效。

2007 年 12 月 29 日，《中华人民共和国劳动争议调解仲裁法》公布，自 2008 年 5 月 1 日起施行。该法第 1 条在一审稿中表述为："为了公正及时处理劳动争议，促进劳动关系和谐稳定，保护当事人合法权益，制定本法。"二审稿改为："为了公正及时解决劳动争议，保护当事人合法权益，促进劳动关系和谐稳定，制定本法。"将"促进劳动关系和谐稳定"放在最后。三审稿和表决通过时对此条无修改。

按照我国相关法律、法规的规定，中华人民共和国境内的用人单位与劳动者因为劳动合同关系而发生的争议都属于劳动争议，包括国家机关、事业单位、社会团体和与之建立劳动合同关系的劳动者之间发生的权利义务争议。需要注意的是，按照《劳动争议调解仲裁法》第52条的规定，事业单位实行聘用制的工作人员与本单位发生劳动争议的，依照该法执行；法律、行政法规或者国务院另有规定的，依照其规定。还需要注意的是，要区别基于劳动合同所发生的争议和基于劳动行政管理所发生的争议，后者一般是指自然人、法人或者其他组织不服行政主管机关及其工作人员的劳动行政行为而产生的争议，其主体限于劳动者或者用人单位和劳动行政部门。

劳动争议的存在基础是劳动关系，劳动关系的主要表现形式是劳动合同。但是，这并不排除劳动争议存在于劳动合同终止以后或者是在此之前就是否存在劳动关系所发生的争议，也不排除劳动关系解除或者终止后当事人间因履行后合同义务发生的争议。

二、劳动争议处理的范围

劳动争议处理的范围，即哪些属于劳动争议，可以进行劳动争议处理程序。劳动争议的范围，视国家不同而有所区别。我国的《劳动争议调解仲裁法》第2条对劳动争议进行了详细的规定。

1. 因确认劳动关系发生的争议

劳动关系是享受劳动权利，承担劳动义务和法律责任的前提。在劳动争议中，由于存在不签订劳动合同的现象，双方的劳动关系难以确定。劳动争议涉及的日常管理制度、档案材料、考勤记录、考核情况、工资发放记录、缴纳社会保险记录等，均由用人单位单方面制作与存档，致使劳动者难以举证，合法权益难以维护，对劳动关系的和谐稳定造成不利影响。

在实际认定中，未签订劳动合同时认定劳动关系可参照下列凭证：（1）工资支付凭证或记录（职工工资发放花名册）、缴纳各项社会保险费的记录；（2）用人单位向劳动者发放的“工作证”“服务证”等能够证明身份的证件；（3）劳动者填写的用人单位招工招聘“登记表”“报名表”等招用记录；（4）考勤记录；（5）其他劳动者的证言等。其中，（1）、（3）、（4）项的有关凭证由用人单位负举证责任。

2. 因订立、履行、变更、解除和终止劳动合同发生的争议

当事人因订立劳动合同的行为或对劳动合同的条款发生分歧而产生的争议常见的有：因劳动合同内容违反法律、法规的规定而产生的争议，因订立违反平等自愿、协商一致原则的劳动合同而引发的争议，因故意拖延不续订劳动合同而引发的争议。

劳动合同依法订立即具有法律约束力，当事人必须履行劳动合同规定的义务。对劳动合同条款进行变更、修改发生分歧而产生的争议主要有：因用人单位的生产经营出现变动而变更劳动者的工作岗位、工作地点、工资待遇等条款而发生的争议；因劳动者不胜任工作，经培训或调整岗位后仍不能胜任工作而变更劳动合同所引发的争议。

解除劳动合同应当符合法定的条件，履行法定的手续。劳动合同的双方当事人因没有履行相关法定或约定义务而解除劳动合同的，应当承担相应的责任。劳动合同终止应当依据《劳动合同法》第44条的规定进行。

3. 因除名、辞退和辞职、离职发生的争议

除名是劳动者自行脱离工作岗位或者无正当理由经常旷工，经批评教育无效且旷工时

间超过法定期限，由用人单位采取的一种强制解除劳动关系的处理措施。

辞退分为违纪辞退和正常辞退。违纪辞退是指用人单位对严重违反劳动纪律，但不够开除、除名条件，经教育或者行政处分仍然无效的职工，决定解除其工作，从而终止劳动关系的制度。正常辞退是指用人单位根据生产经营情况和职工富余情况，按照有关政策规定与其职工终止劳动关系的行为。

辞职是指职工根据劳动法规或劳动合同的规定，提出辞去工作，从而解除劳动关系的行为。离职也叫自动离职，是指职工终止劳动关系时不履行解除手续，擅自出走离岗，或者解除手续没有办理完毕而离开用人单位的行为。

除名和辞退所依据的《企业职工奖惩条例》和《国营企业辞退违纪职工暂行规定》均已废止，因此实务中用人单位不宜采用该种形式解聘劳动者，而应采取依照《劳动法》《劳动合同法》的相关规定解除或者终止劳动合同的做法。

4. 因工作时间、休息休假、社会保险、福利、培训以及劳动保护发生的争议

工作时间要按照国家规定执行，法定节假日应安排劳动者休息。社会保险，包括工伤保险、医疗保险、生育保险、失业保险、养老保险和病假待遇、死亡丧葬抚恤等社会保险待遇。福利是用人单位用于补助职工及其家属和举办的集体福利事业，包括集体福利、职工上下班交通补助费、探亲路费、取暖补贴、生活困难补助费等。培训是指职工在职期间（含转岗）的职业技术培训，包括在各类专业学校（职业技术学校、职工学校、技工学校、高等院校等）和各种职业技术训练班、进修班的培训及与其相关的培训合同、培训费用等。

劳动保护是为保障劳动者在劳动过程中获得适宜的劳动条件而采取的各项保护措施，涉及工作时间和休息时间、休假制度的规定，各项保障劳动安全与卫生的措施，女职工的劳动保护规定，未成年工的劳动保护规定等。

5. 因劳动报酬、工伤医疗费、经济补偿或者赔偿金等发生的争议

参照劳动部《〈中华人民共和国企业劳动争议处理条例〉若干问题解释》的规定，工资，是指按照国家统计局的规定应统计在职工工资总额中的各种劳动报酬，包括标准工资、有规定标准的各种奖金、津贴和补贴。津贴和补贴是为了补偿职工特殊或额外的劳动消耗和因其他特殊原因支付给职工的津贴，以及为了保证职工工资水平不受物价影响而支付给职工的物价补贴。津贴包括补偿职工特殊或额外的劳动消耗的津贴、保健性津贴、技术性津贴、年功性津贴及其他津贴。物价补贴包括：为保证职工工资水平不受物价上涨或变动而支付的各种补贴。

国家统计局 1990 年《关于工资总额组成的规定》第 11 条第 3 项规定：有关离休、退休、退职人员待遇的各项支出，不列入工资总额的范围。

工伤医疗费是工伤保险待遇的一项内容，工伤职工治疗非工伤引发的疾病，不享受工伤医疗待遇，按照基本医疗保险处理。经济补偿，是用人单位与劳动者解除劳动合同或劳动合同终止后，依照法律规定一次性支付给劳动者的经济上的补助。

依据我国《劳动合同法》的规定，用人单位在下列情形下给劳动者造成损害的，应当承担赔偿责任，向劳动者支付赔偿金：（1）规章制度违法；（2）劳动合同缺乏必备条款或不交付劳动合同文本；（3）不订立书面劳动合同；（4）违法约定试用期；（5）以担保或者

其他名义向劳动者收取财物；（6）未依法支付劳动报酬、经济补偿等；（7）订立无效劳动合同；（8）违法解除或者终止劳动合同；（9）侵害劳动者人身权益；（10）不出具解除、终止书面证明；（11）无合法经营资格单位的赔偿责任；（12）个人承包经营者的连带赔偿责任等。

6. 法律、法规规定的其他劳动争议

此系兜底条款，是以列举方式的立法体例避免挂一漏万的通常做法，以便于随着现实情况发展变化而使适用范围适当扩大。特别需要注意最高人民法院的司法解释，这些司法解释将司法实践中出现的很多新类型劳动争议案件纳入了受理案件的范围。

三、劳动争议处理的特征

（一）劳动争议的主体是特定的

劳动争议的双方为劳动关系特定的双方，即劳动者与用人单位，一方当事人是劳动者，另一方当事人则必须是用人单位，两者在法律上处于平等地位。

不具有劳动关系主体身份者之间所发生的争议，不属于劳动争议的范围。例如，以提供劳务为主，用自己的设备为他人进行加工承揽作业的人与委托人之间发生的纠纷，是依据《民法典》来调整的普通民事纠纷；争议不是发生在劳动关系双方当事人之间，即使争议内容涉及劳动问题，也不构成劳动争议。此外劳动者之间在劳动过程中发生的争议，仅在用人单位之间由于劳动者流动发生的争议，劳动者或企业与国家行政部门之间发生的争议等，都不是劳动争议。

在劳动者与原用人单位之间有未依法解除的劳动合同，或者劳动者违反了竞业限制、保密协议而另一单位连带作为被告的情形下，虽然同时有劳动者与两家用人单位为当事人，但也构成了特殊情形的劳动争议。劳动者在劳务派遣中与实际用工单位之间的争议要依据《劳动合同法》来处理。

（二）劳动争议的内容是为实现劳动关系权利、义务而产生的争议

未涉及劳动关系双方权利、义务的争议均不属于劳动争议，即劳动争议的产生是基于双方当事人关于劳动权利、义务的分歧。劳动权利、义务分为法定的权利、义务与约定的权利、义务。前者是由国家法律明文规定的，例如劳动者工作时间的规定、获得休息休假权的规定、用人单位有支付给劳动者劳动报酬的义务规定等；后者是当事人在法律允许的范围内在劳动合同中约定的，如工作任务和岗位、劳动报酬等的约定。无论是法定的还是约定的劳动权利、义务，双方当事人的法律地位是平等的，双方都必须按照法律规定或者约定享有劳动权利和履行劳动义务。任何一方违反了劳动权利、义务规定或约定而导致的争议均属于劳动争议。

至于军队、武警部队作为用人单位，与无军籍职工发生的劳动争议，1995 年 6 月 5 日劳动部、总后勤部《关于军队、武警部队的用人单位与无军籍职工发生劳动争议如何受理的通知》明确指出，军队、武警部队的用人单位（含机关、事业组织、企业）与本单位无军籍职工发生劳动争议，各级劳动争议仲裁委员会应按照《劳动法》和《劳动争议调解仲裁法》的规定予以受理。

（三）不同的劳动争议按不同程序处理

劳动争议的处理程序包括协商、调解、仲裁和诉讼。我国法律规定，劳动争议发生后，当事人应当协商解决；不愿协商或者协商不成的，可以向劳动争议调解委员会申请调解；调解不成的，可以向劳动争议仲裁委员会申请仲裁。当事人也可以直接向劳动争议仲裁委员会申请仲裁，对仲裁裁决不服的，可以向人民法院起诉。发生劳动争议的职工一方在 10 人以上，并有共同理由的，应当推举代表参加调解或者仲裁活动。

在德国，强制性解决劳资冲突被认为是非法的。在集体协议中通常双方都确定了解决争议的条款，以便在谈判失败后、罢工等行动开始之前有解决冲突的程序。按照德国《劳资冲突中调解与仲裁组织》的规定，冲突的双方必须要求由一名州劳工部选择的调解员调解，如果调解不成功，双方可以协议，将冲突提交到州委员会。该委员会是由州劳工部部长设立的执行委员会，其中立的主席是在冲突双方同意的情况下，由州劳工部部长从劳动部与雇员和雇主的组织所列出的名单中选出的；助手是从雇主和雇员的组织所列出的名单中选择的。委员会的决定只有在双方同意接受时才具有约束力。

第二节　劳动争议的调解

一、劳动争议调解组织

《劳动争议调解仲裁法》第 10 条规定，发生劳动争议，当事人可以到调解组织申请调解。

1. 企业劳动争议调解委员会

企业劳动争议调解是指企业和职工发生劳动争议后，在企业劳动争议调解组织的主持下，在查明事实、分清是非的基础上，遵循一定原则，通过宣传国家法律和政策，促使企业和有争议的职工达成协议，从而把劳动争议解决在企业内的一种活动。企业劳动争议调解委员会解决劳动争议，具有便于及时查清情况、方便争议当事人参与调解活动等优点。《劳动法》第 80 条规定，企业可以设立劳动争议调解委员会，负责调解本企业发生的劳动争议。在《劳动争议调解仲裁法》颁布以前，企业劳动争议调解委员会是法定的、唯一的处理劳动争议的民间调解组织。

企业劳动争议调解委员会由职工代表和企业代表组成。职工代表由工会成员担任或者由全体职工推举产生；企业代表由企业负责人指定。企业劳动争议调解委员会主任由工会成员或者由双方推举的人员担任。

2. 基层人民调解组织

人民调解组织即人民调解委员会，它是调解民间纠纷的群众性组织。人民调解委员会的基本形式是村民调解委员会和居民调解委员会，《人民调解委员会组织条例》第 2 条第 1 款规定：人民调解委员会是村民委员会和居民委员会下设的调解民间纠纷的群众性组织，在基层人民政府和基层人民法院指导下进行工作。

人民调解委员会的任务主要有：（1）调解民间纠纷，防止民间纠纷激化；（2）通过调解工作宣传法律、法规、规章和政策，教育公民遵纪守法，尊重社会公德，预防民间纠纷发生；（3）向村民委员会、居民委员会、所在单位和基层人民政府反映民间纠纷和调解工作的情况。其中，纠纷解决是最核心的职能，纠纷预防、法制宣传等职能都必须以纠纷解决为基础，都是通过纠纷解决为纽带实现的。

劳动争议调解组织的调解员需要具备一系列的素质和条件，主要包括为人公道正派，密切联系群众，热心调解工作，即具备一定的法律知识和政策水平，具备一定的文化水平。提高调解员素质需要加强自律，常修品德，定期培训，终身学习。

二、劳动争议调解的申请与受理

1. 劳动争议调解的申请

调解的启动与否取决于当事人的申请，因为调解属于第三方介入的争端解决方式，第三方解决的效力和威信来源于当事人双方的认同，由当事人启动调解程序是当事人意思自治的体现，符合调解的自愿原则。申请调解是当事人表明自己希望通过调解解决劳动争议的意思表示。申请调解是劳动争议当事人的一项权利，可以选择，也可以放弃，任何他人不得干涉、限制和剥夺。

当事人申请劳动争议调解可以书面申请，也可以口头申请。口头申请的，调解组织应当当场记录申请人基本情况、申请调解的争议事项、理由和时间。书面申请是向劳动争议调解委员会递交调解申请书，载明申请人和被申请人的基本情况、争议事项、调解要求等内容，请求调解委员会予以处理。口头申请指的是通过口头陈述而不是书面申请，向劳动争议调解委员会表明申请人和被申请人之间的劳动争议事项、申请人的调解要求及理由等，要求调解委员会从中调解，促使申请人和被申请人之间达成调解协议。口头申请与书面申请具有同样的效力。

劳动争议发生后，当事人不愿协商或者协商不成并自愿选择调解的，应及时申请。当事人应当自知道或应当知道其权利被侵害之日起 15 日内提出调解申请。

2. 劳动争议调解的受理

调解委员会接到调解申请后，应对调解申请书进行审查，看其是否符合受理条件和范围。经审查决定受理的，应征询对方当事人的意见，对方当事人愿意调解的，应将调解的地点、要求等以口头或书面形式通知双方当事人；对方当事人不愿调解的，应做好记录，在 3 日内以书面形式通知申请人。调解委员会应在接到“劳动争议调解申请书”后 4 日内作出受理或不受理的决定，对不予受理的，应向申请人说明理由。对调解委员会无法决定是否受理的案件，由调解委员会主任决定是否受理。

调解委员会对决定受理的案件，应及时指派调解员对争议事项进行全面调查核实，调查应作笔录，并由调查人签名或盖章。对于复杂的案件，由调解委员会主任主持召开由争议双方当事人参加的调解会议，有关单位和个人可以参加调解会议协助调解；简单的争议，可由调解委员会指定 1～2 名调解委员进行调解，依据事实和法律及劳动合同的约定，促使双方当事人协商达成协议。

三、调解协议书和调解意见书

调解达成协议的，制作调解协议书，双方当事人应自觉履行。协议书应写明争议双方当事人的姓名（单位、法定代表人）、职务、争议事项、调解结果及其他应说明的事项，由调解委员会主任（简单争议由调解委员）以及双方当事人签名或盖章，并加盖调解委员会印章。调解协议书一式三份，争议双方当事人、调解委员会各一份。

调解不成的，应做好记录，并在调解意见书上说明情况。调解意见书要写明当事人的姓名（单位、法定代表）、年龄、性别、职务、争议的事实、调解不成的原因、调解委员会的意见；调解意见书由调解委员会主任签名、盖章，并加盖调解委员会印章。调解意见书一式三份（争议双方当事人、调解委员会各一份），及时送达当事人，并告知当事人在规定的期限内向当地劳动争议仲裁委员会申请仲裁。

针对劳动争议处理周期长的问题，《劳动争议调解仲裁法》将调解期限从原来的 30 日缩短至 15 日，自调解组织收到调解申请之日起计算。调解不成即可进入仲裁程序，避免拖延时间给劳动者带来不利。达不成调解协议可以分成两种情况：一种情况是当事人明确表示不接受调解，或明确表示不愿意或不能达成调解协议；另一种情况是视为达不成调解协议，即在一定期限内未达成调解协议的，视为达不成调解协议。

四、调解协议的履行与不履行

调解协议书对双方当事人具有约束力。当事人应当按照调解协议的约定，自觉履行协议约定的权利和义务，使劳动争议得到圆满解决。

人力资源和社会保障部自 2012 年 1 月 1 日起施行的《企业劳动争议协商调解规定》规定，双方当事人可以自调解协议生效之日起 15 日内共同向仲裁委员会提出仲裁审查申请。仲裁委员会受理后，应当对调解协议进行审查。对程序和内容合法有效的调解协议，出具调解书。

双方当事人未按前条规定提出仲裁审查申请，一方当事人在约定的期限内不履行调解协议的，另一方当事人可以依法申请仲裁。仲裁委员会受理仲裁申请后，应当对调解协议进行审查，调解协议合法有效且不损害公共利益或者第三人合法利益的，在没有新证据出现的情况下，仲裁委员会可以依据调解协议作出仲裁裁决。

有下列情形之一的属于仲裁时效中断，从中断时起，仲裁时效期间重新计算：（1）一方当事人提出协商要求后，另一方当事人不同意协商或者在 5 日内不作出回应的；（2）在约定的协商期限内，一方或者双方当事人不同意继续协商的；（3）在约定的协商期限内未达成一致的；（4）达成和解协议后，一方或者双方当事人在约定的期限内不履行和解协议的；（5）一方当事人提出调解申请后，另一方当事人不同意调解的；（6）调解委员会受理调解申请后，在第 29 条规定的期限内一方或者双方当事人不同意调解的；（7）在第 29 条规定的期限内未达成调解协议的；（8）达成调解协议后，一方当事人在约定期限内不履行调解协议的。

第三节　劳动争议的仲裁

一、劳动争议仲裁委员会

仲裁也称公断，其基本含义是由一个公正的第三者对当事人之间的争议作出评断。劳动争议仲裁是劳动争议仲裁委员会对用人单位与劳动者之间发生的争议，在查明事实、明确是非、分清责任的基础上，依法作出裁决的活动。

劳动争议仲裁委员会是依法成立的专门机构，它作出的裁决具有强制性。我国的劳动争议仲裁具有立案及时、程序简单、办案迅速、收费低廉等特点，对于维护当事人合法权益具有重要的意义。

1. 劳动争议仲裁委员会的设立

劳动争议仲裁委员会的设立实行统筹规划、合理布局和适应实际需要的原则。既方便当事人申请仲裁，又可以提高仲裁机构的效能。

劳动争议仲裁委员会如果按照行政区划层层设立，不仅造成行政资源的浪费，而且受地方保护主义等影响，劳动争议仲裁委员会容易受到来自各个方面的干扰，其功能不能得到有效发挥。因此，《劳动争议调解仲裁法》规定，省、自治区人民政府可以决定在市、县设立劳动争议仲裁委员会；直辖市可以决定在区、县设立劳动争议仲裁委员会。直辖市、设区的市也可以设立一个或者若干个劳动争议仲裁委员会。

这一规定将设立劳动争议仲裁委员会的权力赋予了省一级政府。省、自治区、直辖市人民政府劳动行政部门对本行政区域的劳动争议仲裁工作进行指导。

2. 劳动争议仲裁委员会的组成和职责

劳动争议仲裁委员会人员组成实行三方原则：劳动行政部门代表政府、工会代表职工、用人单位的代表代表用人单位，共同组成劳动争议仲裁委员会，共同处理劳动争议。在实践中，用人单位的代表既可以直接由用人单位选定，也可以将企业家协会、外商投资企业协会和工商业联合会等作为用人单位的代表，可以由他们推荐的代表共同组成，共同行使用人单位在仲裁委员会中的权利。

由于劳动争议仲裁委员会处理劳动争议通常需要作出仲裁裁决，而裁决案件常常需要表决，所以劳动争议仲裁委员会组成人员必须是单数，并实行少数服从多数的原则。

劳动争议仲裁委员会的职责有：(1) 聘任、解聘专职或者兼职仲裁员。劳动争议仲裁委员会可以聘任劳动行政主管部门或者政府其他有关部门的人员、工会工作者、专家学者和律师为专职的或者兼职的仲裁员，兼职仲裁员与专职仲裁员在执行仲裁公务时享有同等权力。(2) 受理劳动争议案件。受理劳动争议案件是劳动争议仲裁委员会最重要的职责，对依法应当受理的劳动争议不得拒绝受理。(3) 讨论重大或者疑难的劳动争议案件。对于重大或者疑难案件，仲裁庭进行裁决有困难的，可以交由劳动争议仲裁委员会讨论。(4) 对仲裁活动进行监督。劳动争议仲裁委员会可以对仲裁庭以及仲裁员的仲裁活动实行有效的监督，有利于提高仲裁员的整体素质，保证劳动争议案件得到公正裁决。

3. 仲裁员的任职条件

劳动争议仲裁员是具有特定资格，由劳动争议仲裁委员会聘任的处理劳动争议案件的专门人员。劳动仲裁的质量主要取决于仲裁员。如果没有当事人满意的仲裁员制度，就不会有令人满意的劳动仲裁制度。仲裁员的任职资格、人品、能力、业务经验等因素都对劳动争议的解决有着决定性意义。

根据《劳动争议调解仲裁法》第 20 条第 2 款的规定，仲裁员除了要公道正派之外，还要符合以下条件之一：(1) 曾任审判员的。审判员是在法院中担任审判工作的法官，获得过法律职业资格证书，从事案件审理工作。因此，只要是公道正派并曾任审判员的，都符合仲裁员的任职资格。(2) 从事法律研究、教学工作并具有中级以上职称的。在大专院校和科研机构从事法律专业的研究和教学，并且获得讲师及以上职称的法律研究与教学人员，由于职业的特殊性，能够满足从事劳动争议仲裁工作的需求。(3) 具有法律知识、从事人力资源管理或者工会等专业工作满 5 年的。这些人员在劳动人事部门和工会组织长期工作，具有法律知识和实践经验，能够胜任劳动争议仲裁员的工作。(4) 律师执业满 3 年的。由于律师工作专业性较强，执业满 3 年之后，其社会经验和法律知识都可以满足劳动争议仲裁员的要求。

二、劳动争议案件的管辖

《劳动争议调解仲裁法》第 21 条规定："劳动争议仲裁委员会负责管辖本区域内发生的劳动争议。劳动争议由劳动合同履行地或者用人单位所在地的劳动争议仲裁委员会管辖。双方当事人分别向劳动合同履行地和用人单位所在地的劳动争议仲裁委员会申请仲裁的，由劳动合同履行地的劳动争议仲裁委员会管辖。"据此，我国的劳动仲裁管辖以地域管辖为主，级别管辖为辅。

1. 地域管辖

地域管辖是指同级劳动争议仲裁委员会之间关于劳动争议案件的职权划分。同级劳动争议仲裁委员会的管辖权，原则上依行政区域划分。

地域管辖分三种：(1) 一般地域管辖，即按照发生劳动争议的行政区域确定案件的管辖。这是最常见的方式。(2) 特殊地域管辖，即法律、法规特别规定当事人之间的劳动争议由某地的劳动争议仲裁委员会管辖。如劳动者和用人单位分别向劳动合同履行地或者用人单位所在地的劳动争议仲裁委员会申请仲裁的，由劳动合同履行地的劳动争议仲裁委员会管辖。(3) 专属管辖，即法律、法规规定某类劳动争议案件只能由特定的劳动争议仲裁委员会管辖，如在我国境内履行、于国（境）外签订的劳动合同发生的劳动争议，只能由合同履行地的仲裁委员会管辖。如一些地方规定外商投资企业由设区的市一级劳动争议仲裁委员会管辖。

2. 级别管辖

级别管辖是指各级劳动争议仲裁委员会受理劳动争议的分工和权限。我国劳动争议仲裁的级别管辖主要有两种。

(1) 在直辖市，其市辖区仲裁委员会处理本辖区内的劳动争议案件，而直辖市仲裁委员会则受理一些在本市有重大影响的（如集体劳动争议）、案情复杂的（如法规适用存在问题）以及外商投资企业及大型企业的劳动争议。

(2) 省、自治区仲裁委员会，一般不直接受理劳动争议案件，只负责指导全省（区）的劳动仲裁工作。计划单列市、省辖市乃至地区一级仲裁委员会受理本行政区域内的有重大影响、案情复杂以及外商投资企业和大型企业的劳动争议。

此外，还有 (1) 移送管辖，即劳动争议仲裁委员会将已受理的但自己无管辖权的或不便于管辖的劳动争议案件，移送有权或便于审理此案的劳动争议仲裁委员会；(2) 指定管辖，即两个劳动争议仲裁委员会对案件的管辖发生争议，由双方协商，协商不成时报送共同的上级劳动行政主管部门，由上级部门指定管辖。

三、劳动争议仲裁的当事人和参加人

（一）劳动争议仲裁的当事人

劳动争议仲裁当事人，是指认为自己的合法权益受到侵害，要求通过劳动仲裁活动来维护自己合法权益的用人单位和劳动者。《劳动争议调解仲裁法》扩大了当事人的范围，发生劳动争议的劳动者和用人单位为劳动争议仲裁案件的双方当事人。劳务派遣单位和用工单位为共同当事人。

劳动争议仲裁当事人在仲裁活动中享有以下权利：（1）申请劳动仲裁与撤销、变更仲裁申请的权利。（2）劳动仲裁答辩权，承认或者反驳仲裁申诉人申诉请求的权利。（3）提起反诉权。（4）委托代理人进行劳动争议仲裁的权利。丧失或者部分丧失民事行为能力的劳动者，由其法定代理人代为参加仲裁活动；无法定代理人的，由劳动争议仲裁委员会为其指定代理人。劳动者死亡的，由其近亲属或者代理人参加仲裁活动。（5）申请劳动争议仲裁员回避的权利。（6）参加开庭审理的权利。（7）自行和解的权利。（8）要求或拒绝调解及达成调解协议的权利。（9）提供证据、要求调查、勘验和鉴定的权利。（10）要求延期审理的权利。（11）对未生效的非为终局裁决的裁决不服，向人民法院起诉的权利。（12）对已生效的裁决申请强制执行的权利。

劳动争议仲裁当事人在仲裁活动中应该遵守的义务有：（1）依法行使自己的权利，尊重对方权利；（2）遵守劳动仲裁程序和纪律，不得干涉、阻碍与破坏劳动仲裁的正常进行；（3）按时出庭、应诉、答辩与提供证据；（4）遵守并履行已经发生法律效力的裁决书。

（二）劳动争议仲裁的参加人

劳动争议仲裁参加人是指那些为了维护自己的合法权益而参加劳动争议仲裁活动的单位与个人，他们依法享有劳动仲裁的权利、承担劳动仲裁的义务，包括劳动争议仲裁当事人、共同当事人、与劳动争议案件的处理结果有利害关系的第三人。劳动争议仲裁代理人（包括委托代理人、法定代理人和指定代理人）由于代理劳动争议当事人，维护当事人的合法权益，所以也是仲裁参加人。

劳动争议仲裁中产生第三人的主要情况有：（1）劳动者跳槽，对原用人单位造成损害，新的用人单位使用未解除劳动合同的劳动者而应承担相应的连带责任；（2）用人单位的劳动者在履行与用人单位和另一单位签订的经济合同时，由于另一单位的原因使劳动者受到伤害的；（3）因履行职务受到他人伤害的；（4）劳动者被其他单位借用、聘用，而与原单位仍然保持劳动关系的；（5）劳动者在一个用人单位工作，名额挂靠在另一用人单位的；（6）部分合资、合作企业的职工没有与原用人单位解除劳动合同，甚至仍保持劳动权利义务关系的；（7）企业被租赁或承包，在此期间内形成原用人单位与租赁或承包者的劳动关系的。

劳动争议案件中第三人的特征有：（1）为保护自己的权益而参加劳动仲裁；（2）被当事人或者劳动争议仲裁委员会引入；（3）以自己的名义参加劳动仲裁；（4）他人的劳动争议仲裁已经开始，在劳动争议仲裁机构作出裁决之前参加仲裁。据此，与劳动争议案件的处理结果有利害关系的第三人，可以申请参加仲裁活动或者由劳动争议仲裁委员会通知其参加仲裁活动。

经劳动争议仲裁委员会调解达成协议，其内容涉及第三人的权利和义务的，第三人应在调解书上署名，劳动争议仲裁委员会应当将调解书依法送达第三人。开庭审理劳动争议案件时，第三人经通知不到庭的，可以作缺席裁判。仲裁裁决第三人承担义务时，第三人对裁决不服的，在符合法律规定的情况下，有权向人民法院提起诉讼。第三人在规定的期限内不履行已发生法律效力的仲裁调解书、裁决书所规定的义务时，权利人可以向人民法院申请强制执行。

（三）劳动争议仲裁的代理人

劳动争议仲裁涉及很多法律专业问题，当事人可能因为自己的知识或者精力不够，无法有效参加劳动仲裁活动。这时，委托代理人代为参加劳动争议仲裁就非常必要。代理人，就是指受当事人、当事人的法定代理人或者劳动争议仲裁委员会的委托，根据代理权限，以被代理人的名义，代为参加劳动争议仲裁活动的仲裁参加人。

用人单位的法定代表人、当事人的法定代理人都有权委托律师等人作为劳动争议仲裁的代理人参加劳动争议仲裁。可以接受当事人委托，作为仲裁代理人的有：（1）律师；（2）当事人的近亲属；（3）当事人的其他亲友；（4）社会团体和当事人所在单位推荐的其他公民。委托代理人参加劳动争议仲裁活动，必须向劳动争议仲裁委员会提交由委托人签名或者盖章的委托书，委托书应当载明委托事项和权限。当事人也可以变更或解除委托代理关系。

《劳动争议调解仲裁法》第 7 条规定，发生劳动争议的劳动者一方在 10 人以上，并有共同诉求的，可以推举代表参加调解、仲裁或者诉讼活动。其代表同时还可以委托其他人作为他们的共同代理人。第 25 条规定："丧失或者部分丧失民事行为能力的劳动者，由其法定代理人代为参加仲裁活动；无法定代理人的，由劳动争议仲裁委员会为其指定代理人。劳动者死亡的，由其近亲属或者代理人参加仲裁活动。"

四、劳动争议仲裁的开庭与裁决

（一）劳动争议仲裁的开庭

劳动争议仲裁的开庭是指劳动争议仲裁委员会在劳动争议案件当事人参加的情况下，依照法定的形式和程序，对劳动争议案件进行仲裁的一系列活动。劳动争议仲裁开庭审理的具体程序包括开庭准备阶段、调查阶段、辩论阶段、评议和作出裁决阶段。

1. 劳动争议仲裁庭

劳动争议仲裁委员会在处理劳动争议案件时采用的具体制度是仲裁员、仲裁庭办案制度，即仲裁委员会根据不同的劳动争议案件，从以一定条件任命或聘请的专职或兼职仲裁员中挑选 1 名或 3 名仲裁员组成仲裁庭，由仲裁庭代表仲裁委员会行使处理劳动争议的权力。

劳动争议仲裁员在劳动争议案件审理中，遇有法律规定的情形时应退出案件的审理，当事人及其代理人也有权要求更换相关人员。回避制度无论是在刑事案件审理中还是在民事案件审理中都是一个基本的制度，其目的是保证案件的公正处理。《劳动争议调解仲裁法》规定适用回避的法定原因包括：仲裁员是本案当事人或者当事人、代理人的近亲属；仲裁员与本案有利害关系；仲裁员与本案当事人、代理人有其他关系，可能影响公正裁决；私自会见当事人、代理人，或者接受当事人、代理人的请客送礼。

回避的方式有两种：一种是申请回避，即当事人认为仲裁员具有法定回避原因之一时，可以口头或者书面形式申请回避。另一种是自行回避，即承办具体案件的劳动争议仲裁员如果发现自己有法定回避原因，应主动提出回避。劳动争议仲裁庭在接到当事人的回避申请后，应及时作出决定，并以口头或者书面方式通知当事人。

2. 开庭前的准备工作

在事先确定的开庭日期到来之前，为保证开庭裁决的顺利进行，劳动争议仲裁庭还应完成开庭前的准备工作。

仲裁庭应当在开庭5日前，将开庭日期、地点书面通知双方当事人。当事人有正当理由的，可以在开庭3日前请求延期开庭。是否延期，由劳动争议仲裁委员会决定。申请人收到书面通知，无正当理由拒不到庭或者未经仲裁庭同意中途退庭的，可以视为撤回仲裁申请。被申请人收到书面通知，无正当理由拒不到庭或者未经仲裁庭同意中途退庭的，可以缺席裁决。

仲裁庭对专门性问题认为需要鉴定的，可以交由当事人约定的鉴定机构鉴定。这一规定将启动鉴定程序的决定权赋予了仲裁庭，而不是当事人，但同时赋予了当事人优先选择鉴定机构的权利。只有在当事人没有约定或者无法达成约定的情况下，才由仲裁庭指定的鉴定机构鉴定。

3. 当事人质证和辩论的权利

仲裁审理的主要内容是对当事人提供的证据进行质证，并由仲裁庭进行认证。

质证是指在仲裁庭上当事人就所提出的证据进行辨认和质对，以确认其证明力的活动。质证是当事人实现自己权利的重要手段，是仲裁庭认定事实的必经程序。未经质证的证据，不得作为定案的证据。

辩论是指在仲裁庭审过程中，当事人根据仲裁庭已经查明的事实，阐明自己的观点，相互进行言词辩论的活动。仲裁辩论的任务是通过当事人及其代理人对争议焦点口头辩论，进一步查明案件事实，核实有关证据，分清是非责任。

4. 证据与举证责任

经过查证属实的证据可以证明案件的真实情况，仲裁庭将以之为认定事实的根据。当劳动者无法提供由用人单位掌握、管理的与仲裁请求有关的证据时，仲裁庭可以要求用人单位在指定期限内提供。用人单位在指定期限内不提供的，应当承担不利后果。这是将劳动者的举证责任转移给用人单位承担。

在一般情况下，劳动争议案件证明责任的分配适用“谁主张，谁举证”的原则。但由于大量与劳动争议相关的证明材料都掌握在用人单位手中，劳动者往往无法用有效的证据来证明自己的主张。最高人民法院规定，因用人单位作出的开除、除名、辞退、解除劳动合同、减少劳动报酬、计算劳动者工作年限等决定而发生的劳动争议，用人单位负举证责任。

（二）劳动争议的仲裁裁决

劳动争议仲裁裁决是仲裁庭经过审理后，对当事人之间的劳动争议依法作出具有法律效力的结论性判定。劳动争议仲裁裁决与判决的不同之处在于，仲裁裁决是劳动争议仲裁委员会作出的，而判决则是人民法院依法作出的。虽然仲裁裁决和法院判决最终都要由人民法院执行，但人民法院在一定条件下有权撤销劳动争议仲裁委员会作出的仲裁裁决。

1. 仲裁和解与仲裁调解

和解是指劳动争议双方当事人之间自愿协商，在法律允许的范围内互相让步或者一方让步，在没有第三者参加的情况下就劳动争议协商解决。劳动争议仲裁阶段当事人和解后可以撤回仲裁；撤回仲裁后如果反悔的，可以再次向劳动争议仲裁委员会提出仲裁申请。

仲裁调解是仲裁裁决作出之前的必经程序，裁决之前必须进行调解。在劳动争议仲裁程序中，根据双方达成的调解协议制作的调解书属于劳动争议裁决的范畴，具有法律强制执行力。调解书一经送达即产生法律效力，其效力与仲裁裁决相同，当事人可以申请法院强制执行。劳动争议双方当事人一经达成调解协议并收到调解书，争议的处理程序即告终止，当事人不能再向人民法院起诉。

仲裁和解不同于仲裁调解。劳动争议仲裁调解是在劳动争议仲裁委员会的主持下达成的，而和解的达成并不需要第三方的介入，是劳动争议双方当事人之间通过互谅互让而达成的。和解可以在劳动争议发生之后进行，也可以在劳动争议仲裁裁决作出之前进行；而仲裁调解只能发生在仲裁阶段，一般的顺序是先进行协商和解，如果达不成和解的，则进行调解，但是也可以不进行和解，直接进行调解。和解协议只需要劳动争议的双方当事人签字即可生效；但经调解达成协议的，应当制作调解协议书。调解协议书由双方当事人签名或者盖章，经调解员签名并加盖调解组织印章后生效。

2. 仲裁裁决

劳动争议仲裁庭经过评议后，应在规定的期限内作出仲裁裁决。仲裁庭裁决劳动争议案件，应当自收到仲裁申请之日起 45 日内结束。案情复杂需要延期的，经劳动争议仲裁委员会主任批准，可以延期并书面告知当事人，但是延长期限不得超过 15 日。逾期未作出仲裁裁决的，当事人可以向人民法院提起诉讼。

同时，对劳动争议案件的一部分事实已经清楚的，可以就该部分先行裁决。仲裁裁决书由仲裁员署名。对裁决持不同意见的仲裁员，可以签名，也可以不签名。仲裁裁决书要加盖仲裁委员会印章，送达双方当事人。仲裁庭当庭裁决的，应当在仲裁裁决作出之日起 7 日内发送裁决书；定期另庭裁决的，当庭发给裁决书。

3. 先予执行

先予执行是民事诉讼法中一项特殊的制度，根据《民事诉讼法》的规定，先予执行是指在终局执行以前，由于权利人生活或者生产经营的急需，法院裁定义务人预先给付权利人一定数额的金钱或者财物的措施。

在劳动争议案件中，先予执行是为了保障劳动者迫切的生活需要，否则会使劳动者的生活无着或者失去治疗良机。所以，劳动争议仲裁中的先予执行范围限于追索劳动报酬、工伤医疗费、经济补偿或者赔偿金的案件。劳动者申请先予执行的，可以不提供担保。

4. 终局裁决

为了提高劳动争议案件的解决效率，降低劳动争议当事人的维权成本，立法对不同情况下的劳动争议仲裁裁决的效力作了不同的规定，一些裁决具有终局效力，即仲裁裁决作出后立即发生法律效力。

具有终局效力的仲裁裁决有两种：第一，追索劳动报酬、工伤医疗费、经济补偿或者赔偿金，不超过当地月最低工资标准 12 个月金额的争议；第二，因执行国家的劳动标准在工作时间、休息休假、社会保险等方面发生的争议。

5. 用人单位申请撤销仲裁裁决

对于具有终局效力的仲裁裁决，法律赋予了用人单位申请撤销的权利。用人单位可以自收到仲裁裁决书之日起 30 日内向劳动争议仲裁委员会所在地的中级人民法院申请撤销裁决。

用人单位必须有证据证明劳动争议仲裁裁决具有应予撤销的法定情形：（1）适用法律、法规确有错误的；（2）劳动争议仲裁委员会无管辖权的；（3）违反法定程序的；（4）仲裁裁决所根据的证据是伪造的；（5）对方当事人隐瞒了足以影响公正裁决的证据的；（6）仲裁员在仲裁该案件时有索贿受贿、徇私舞弊、枉法裁决行为的。

第四节 劳动争议的诉讼

一、劳动争议诉讼的概念和管辖

劳动争议的诉讼，是指劳动争议当事人不服劳动争议仲裁机构的裁决，在规定的期限内向人民法院起诉，人民法院依法受理后，依法对劳动争议案件进行审理的活动。此外，劳动争议的诉讼，还包括当事人一方不履行劳动争议仲裁机构已发生法律效力的裁决书或调解书，另一方当事人申请人民法院强制执行的活动。

实行劳动争议诉讼制度，从根本上将劳动争议处理工作纳入了法制轨道，以法的强制性保证了劳动争议的彻底解决。同时，这一制度也初步形成了对劳动争议仲裁委员会的司法监督机制，对提高仲裁质量十分有利。此外，还较好地保护了当事人的诉讼权，给予不服仲裁裁决的当事人求助于司法的权利。

劳动争议的诉讼，是解决劳动争议的最终程序。人民法院审理劳动争议案件适用《民事诉讼法》所规定的诉讼程序。根据《民事诉讼法》的有关规定，结合劳动争议案件的诉讼主体既有法人又有劳动者个人，以及劳动争议必须及时处理等特点和要求，劳动争议诉讼案件一般由劳动争议仲裁委员会所在地的人民法院受理。具体来讲，对于案情比较简单、影响不大的劳动争议案件，一般由劳动争议仲裁委员会所在地的基层人民法院做第一审法院；对于案情复杂、影响很大的劳动争议案件，基层人民法院审理有困难的，可由中级人民法院做第一审法院。

最高人民法院《关于审理劳动争议案件适用法律问题的解释（一）》第 7 条规定：劳动争议仲裁机构以申请仲裁的主体不适格为由，作出不予受理的书面裁决、决定或者通知，当事人不服依法提起诉讼，经审查确属主体不适格的，人民法院不予受理；已经受理的，裁定驳回起诉。人民法院受理劳动争议案件后，当事人增加诉讼请求的，如该诉讼请求与讼争的劳动争议具有不可分性，应当合并审理；如属独立的劳动争议，应当告知当事人向劳动争议仲裁机构申请仲裁。劳动争议仲裁机构仲裁的事项不属于人民法院受理的案件范围，当事人不服依法提起诉讼的，人民法院不予受理；已经受理的，裁定驳回起诉。

劳动争议案件由用人单位所在地或者劳动合同履行地的基层人民法院管辖。劳动合同履行地不明确的，由用人单位所在地的基层人民法院管辖。当事人双方就同一仲裁裁决分别向有管辖权的人民法院起诉的，后受理的人民法院应当将案件移送给先受理的人民法院。根据最高人民法院《关于审理劳动争议案件适用法律问题的解释（一）》的规定，当事人双方不服劳动争议仲裁机构的同一裁决，向同一人民法院起诉的，人民法院应当并案审理，双方当事人互为原告和被告。

用人单位与其他单位合并的，合并前发生的劳动争议，由合并后的单位为当事人；用人单位分立为若干单位的，其分立前发生的劳动争议，由分立后的实际用人单位为当事人。用人单位分立为若干单位后，具体承受劳动权利义务的单位不明确的，分立后的单位均为当事人。用人单位招用尚未解除劳动合同的劳动者，原用人单位与劳动者发生的劳动争议，可以列新的用人单位为第三人。原用人单位以新的用人单位侵权为由提起诉讼的，可以列劳动者为第三人。原用人单位以新的用人单位和劳动者共同侵权为由提起诉讼的，新的用人单位和劳动者列为共同被告。劳动者在用人单位与其他平等主体之间的承包经营期间，与发包方和承包方双方或者一方发生劳动争议，依法提起诉讼的，应当将承包方和发包方作为当事人。

劳动争议仲裁机构以当事人申请仲裁的事项不属于劳动争议为由，作出不予受理的书面裁决、决定或者通知，当事人不服依法提起诉讼的，人民法院应当分别情况予以处理：(1) 属于劳动争议案件的，应当受理；(2) 虽不属于劳动争议案件，但属于人民法院主管的其他案件，应当依法受理。

最高人民法院《关于审理劳动争议案件适用法律问题的解释（一）》第 15 条规定，劳动者以用人单位的工资欠条为证据直接提起诉讼，诉讼请求不涉及劳动关系其他争议的，视为拖欠劳动报酬争议，人民法院按照普通民事纠纷受理。这在一定程度上拯救了劳动者因为超过《劳动法》规定的 60 天的仲裁时效而丧失本应该获取工资的诉讼权利。因为在长期拖欠工资和欠薪逃匿的案件中，常常是一些用人单位凭借 60 天的仲裁申请期限来达成消灭债权的目的。结合最高人民法院《关于人民法院为建设社会主义新农村提供司法保障的意见》中关于拖欠农民工工资或者劳务报酬纠纷以及有财产给付内容的涉及农民工的劳动争议纠纷，符合先予执行法定条件的，人民法院应当及时裁定先予执行的规定，其保护劳动者工资的效果就更为明显。

二、劳动法院与劳动法庭

1952 年，德国劳动法院从普通法院中独立出来，成为德国法院体系中一个独立的专门法院。劳动法院共分为三级：基层劳动法院、州劳动法院和联邦劳动法院。其中基层劳动法院为初审法院，州劳动法院为上诉法院，联邦劳动法院为终审法院。德国共设立基层劳动法院 123 个，有职业法官 840 名，平均一个基层法院有职业法官 7 名。德国共有 16

个州，设立州劳动法院19个，其中北威州设有3个州劳动法院、巴伐利亚州有2个。19个州劳动法院共有职业法官200名，平均每个法院10名。联邦劳动法院共设有10个法庭，每个法庭有3名职业法官负责本法庭的案件审理。每个基层法院的法官要面对近4 000名雇员，每个州级劳动法院的法官平均要面对16 500名雇员，负责处理他们中间发生的劳动争议。①

根据德国《劳动法院法》的规定，劳动法院负责受理下列三类劳动争议：（1）单个雇主与雇员的私法性的争议。包括：劳动关系方面的争议，劳动关系存在与否的争议，劳动关系终止及其相关法律后果的争议，与劳动关系相关的非法行为引起的争议，与劳动关系相关的文书文件方面的争议等。（2）集体合同方面的争议。包括：集体合同签订双方就集体合同的内容或集体合同是否存在而发生的争议，集体合同签订双方和第三人之间关于集体之间因不允许行为如劳资斗争等而发生的争议。（3）关于《企业章程法》发生的争议。主要是指雇主与企业委员会在签订和履行企业协议方面发生的争议。

德国的劳动法院实行三审制。第一审由基层劳动法院负责进行。劳动争议一经发生，只要符合劳动法院的受案范围和《劳动法院法》关于起诉等的规定，不管争议标的大小如何，基层劳动法院都应受理。第二审级为上诉审，如果当事人不服基层劳动法院的判决，可向州劳动法院上诉。如果争议涉及财产内容的，只有在初审法院在判决中明确允许上诉或争议标的价值超过800马克的情况下当事人才有权向州法院提出上诉。如果案件具有重大的原则意义或符合《劳动法院法》规定的其他条件，初审法院应当允许当事人上诉。第三审级为复审，由联邦劳动法院负责进行。根据法律规定，二审法院必须在其判决中说明对于该判决结果是否允许当事人提出复审。如果争议案件涉及重大的原则问题，二审法院必须允许当事人提出复审。即使在二审法院不允许当事人提出复审的情况下，当事人还可以就二审法院不允许其提出复审的决定，向联邦劳动法院提起申诉。联邦劳动法院不再对案件事实进行调查，只对法律适用的正确与否进行法律审。因此，复审的意义在于保持整个劳动法院系统判决和适用法律的统一性。

判决程序与决议程序是劳动法院在审理不同类型劳动争议时所采用的两种不同的审判程序。判决程序适用于一般的劳动争议，如单个的雇员与雇主在劳动关系方面发生的争议。决议程序适用于集体劳动争议，实践中多是关于《企业章程法》的争议，即雇主与企业委员会的争议。在判决程序中，由当事人提出争议的事实，提出自己的法律请求，法官根据当事人双方的陈词对争议进行审判。而在决议程序中，诉讼程序如何进行主要取决于法官。判决程序中双方当事人负有举证的责任，而在决议程序中由法官调查取证。因为在集体劳动争议中，有些争议会涉及整个企业雇员的利益，如果适用判决程序会使多数人的利益受损，由法官对整个诉讼进行引导和参与，能够妥善地解决集体劳动争议。

劳动法院的审判程序遵循了以下原则：（1）不告不理。只有在当事人认为其权利受到

---

① 1995年基层劳动法院共审理劳动争议案件631 000件，平均每个法官审理752件。在这些案件中，有42%是涉及解雇保护的劳动争议。以这类争议为例，审结时间在1个月之内的占23%，1～3个月内结案的占39%，3～6个月内结案的占19.5%，其余17.5%的案件要6～12个月甚至更长的时间才能审结。1995年19个州劳动法院共审理劳动争议案件28 000件，平均每个法官审理139件。德国技术合作公司，中国劳动和社会保障部. 中德劳动和社会法合作文集（1996—1999）. 1999：202.

了侵害，并向法院提出了诉讼请求的情况下，法院才可对争议立案受理，并进行有关的审判。(2) 调解。调解程序是劳动法院处理劳动争议的必经程序。在法院的审判实践中许多案件是通过调解结案的。据统计，在有些基层劳动法院调解的结案率高达40%。(3) 充分辩论。要求法院在作出判决前应充分听取当事人双方的陈述，充分了解争议事实。(4) 开庭审理。在双方当事人到场的情况下，法官当场提问，当事人当场回答，有助于对案情的了解和方便当事人双方诉讼请求的提出与变更。

案例与事例

一、劳动争议的举证责任

朱某于2008年1月至2012年12月期间在某公司工作，于离职当月申请劳动仲裁，要求该公司向其支付工作期间未休带薪年假的工资。该公司称每年均已安排朱某休带薪年假，但未举证。朱某亦未就其未休带薪年假且未享受未休带薪年假工资的主张提供证据。最终，法院判决该公司向朱某支付2011年、2012年未休带薪年假工资，驳回了朱某的其他诉讼请求。法院的判决依据在于：发生劳动争议，当事人对自己提出的主张有责任提供证据。与争议事项有关的证据属于用人单位掌握管理的，用人单位应当提供；用人单位不提供的，应当承担不利后果。对于用人单位保存劳动合同文本、工资支付凭证、考勤记录等，现行规定均要求了2年的保存期间，用人单位在此期限之内应承担举证责任。

李某系某建筑公司员工，2010年11月因工伤回家治疗休养，建筑公司向其支付工资及医疗费等，直至2012年4月双方发生矛盾，李某起诉至法院要求建筑公司向其支付一次性伤残补助金、一次性工伤医疗补助金与一次性伤残就业补助金等。因李某未经社会保险行政部门进行工伤认定，法院最终裁定驳回其起诉。法院的判决依据在于：法院受理劳动者因工伤待遇而产生的劳动争议，以劳动者已进行工伤及伤残等级认定为前提。在社保行政部门未作出工伤认定结论的情况下，劳动者向法院起诉主张工伤待遇的，人民法院不予受理，或受理后驳回起诉。

钱某于2010年2月至2012年7月在某培训学校工作，双方签订有书面劳动合同，该合同未明确约定钱某的月工资标准，只是约定“不低于北京市最低工资标准”。根据钱某的工资存折转账记录，钱某每月的收入不固定，在4 000元左右。钱某离职后申请劳动仲裁，要求该学校支付加班工资并按照月工资4 000元的标准向其支付解除劳动合同的经济补偿金等。该学校则称钱某的月工资为2 000元，其余为加班工资，即钱某加班工资已经支付，解除劳动合同的经济补偿金亦应按照2 000元的标准计算。最终，法院驳回钱某关于加班工资的请求。法院的判决依据在于：按照法律规定，员工工资标准及发放情况等应由用人单位来举证，但如本案例中的情况，用人单位提交的工资表显示金额与劳动者的实发工资数额相符，考勤记录亦显示存在劳动者所述加班情况，在关于工资构成双方说法不一致的情况下，法院很难仅凭劳动者的陈述就采信其主张。如果劳动合同对劳动报酬有明确的约定，本案例中的争议则完全可以避免。（本案判决的瑕疵在于：如果认定了钱某的工资为用人单位所主张的每月2 000元，又认定钱某每月所领工资为4 000元左右，那么，再将其中的2 000元认定为加班工资并进而驳回劳动者的主张就于法无据了。因为劳动者的加班是受到法律严格限定的，在合法的前提下，一个劳动者是不可能拿到与月工资金额等同的加班工资的。）

金某系某机械公司职工，2009 年 7 月入职。工作期间，该公司未为其缴纳社会保险。2012 年 1 月，金某向该公司提出辞职。在离职申请表上，金某填写的离职理由为“个人原因”。2012 年 5 月，金某申请劳动仲裁，称因该公司未为其缴纳社会保险，其提出辞职，并依据《劳动合同法》之规定要求该公司支付解除劳动合同的经济补偿金。最终，法院驳回金某的诉讼请求。法院的判决依据在于：依据《劳动合同法》的相关规定，用人单位存在未及时足额支付劳动报酬、未依法为劳动者缴纳社会保险费等情况的，劳动者可以提出解除劳动合同，并可要求用人单位支付解除劳动合同的经济补偿金。若劳动者以“个人原因”“身体原因”“家庭原因”等理由申请离职，并在此后以用人单位欠发工资、欠缴社保等为由要求支付解除劳动合同经济补偿金，一般是难以得到支持的。（本案判决的瑕疵在于：用人单位是否为劳动者缴纳了社会保险是有据可查的。本案中，判决已经认定“该公司未为其缴纳社会保险”，劳动者也称“因该公司未为其缴纳社会保险”而提出辞职，并据此要求该公司支付解除劳动合同的经济补偿金。然而，法院判决的依据却依然是劳动者的“个人原因”，显而易见这样的判决依据与本案事实不符。）①

二、出具不实工资证明的法律后果

黄某系某公司职员，从事跟车工作。一天下班途中，不幸被一辆货车撞倒，导致右髂骨、头部、腰部及大腿等多处受伤。发生交通事故时，黄某在该公司工作仅 7 天，尚未签订劳动合同，工资的具体数额尚未确定。

在交通事故人身损害赔偿诉讼中，为了获取更多的赔偿款，黄某的父亲多次恳求公司给黄某开具一份高于其本人实际收入的证明。公司出于黄某年纪尚轻、父母离异、家庭困难，且公司的法定代表人与其为老乡的考虑，基于同情，便依其请求出具了证明。黄某在交通事故的诉讼中顺利地获得了各项赔偿款。

后黄某向公司索要工伤赔偿，要求该公司支付相应的工伤保险待遇。黄某以公司之前出具的工资证明作为证据主张其月工资为 2 466 元，而公司则认为，该证明系为方便黄某向交通肇事方索取更高额赔偿的请求而开具的，并非黄某的真实工资情况，事实上因为黄某入职时间太短，工资尚不能确定，只能参照公司同岗位其他员工的月工资水平确定为 1 500 元左右。

法院经审理后认为，因该公司已在其出具的证明中承认黄某为其员工，在职期间每月工资为 2 466 元，该公司又没有合法有效的其他证据证明黄某的收入情况，应承担不利后果，法院采信公司出具的证明，对黄某的相关工伤保险待遇标准以 2 466 元计算。

法官对此的阐释是：劳动者的工资标准与其加班工资、经济补偿金、赔偿金、因工受伤后应享受的工伤保险待遇等息息相关。本案中，正是由于该公司出具的用工和收入证明，导致法院在认定事实方面存在重大障碍。该公司作出前后不一致的陈述，主张先前出具的工资证明虚假。由于该公司出具的用工和工资证明明确记载黄某是其公司职工，且月

① 许跃芝，等. 劳动者维权易入十大“误区”. 经济日报，2013－05－27［2016－07－15］. http：//www. chinanews. com/fz/2013/05－27/4858088. shtml.

工资数额为 2 466 元，法院据此判决肇事方依据该工资标准向黄某支付相应的交通事故赔偿费用。在这份证据已被交通事故赔偿案认定后，公司就很难在工伤事故赔偿案中否定该证据的效力。虽然该公司可以提供与黄某签订的劳动合同中的工资约定或者要求黄某提供其银行转账明细来进行反驳，但大部分劳动合同中要么只约定基本工资数额，要么只是约定工资的构成。银行转账明细也只能反映每月单位给黄某实际支付多少工资，并不能说明每月均已足额支付。在这样的情况下，该公司极可能面临败诉风险。

单位出具虚假工资证明是一种违背诚实信用原则的行为。若虚假证明被用作民事诉讼的证据，用人单位的行为更是属于妨害民事诉讼的违法行为，法院可依法对其作出处罚。虚假收入证明不仅扰乱社会和法律秩序，同时也使出具证明的单位自身利益受损。出具一纸收入证明，看似简单，但如果缺乏诚信，最终将“引火上身”①。

三、处理违纪员工的时限

1997 年，徐某应聘至某电子元件公司，从事采购工作。2016 年 1 月，电子元件公司根据上级要求进行系统审计，结果发现徐某在 2008 年至 2009 年担任采购经理期间存在严重的“账外账”行为。2016 年 5 月，公司根据规章制度对徐某作出了解除劳动合同处理。徐某认为，自己的违纪行为发生在 7 年前，单位已经超过了处理的时限。单位则认为，徐某的违纪行为是 2016 年 1 月才被发现的，单位的处理应当在时效期内。那么，处理违纪职工，有时效限制吗？

已经废止的《企业职工奖惩条例》第 20 条曾规定：“审批职工处分的时间，从证实职工犯错误之日起，开除处分不得超过五个月，其他处分不得超过三个月。职工受到行政处分、经济处罚或者被除名，企业应当书面通知本人，并且记入本人档案。”按照这一规定，劳动者违纪并经调查核实后，作出解除劳动合同处理的，用人单位应当在证实劳动者犯错误之日后 5 个月内进行处分；作出警告、严重警告、记过等一般性处分的，用人单位应当在证实劳动者犯错误后 3 个月内实施处理。用人单位一旦逾期处理违纪职工，将面临败诉的风险。

而《企业职工奖惩条例》废止后，国家并未就这一问题作出相关规定。笔者认为，对违纪职工的处理时效，不妨结合劳动争议的时效来认定。《劳动争议调解仲裁法》第 27 条第 1 款规定：“劳动争议申请仲裁的时效期间为一年。仲裁时效期间从当事人知道或者应当知道其权利被侵害之日起计算。”同理，用人单位处理违纪职工的时效也可以确定为 1 年，处理时效从用人单位证实或者应当证实职工犯错误之日起算。劳动者发生违纪，一般都会侵犯用人单位的合法权益，比如劳动者旷工侵犯了用人单位的劳动义务获取权；劳动者失职侵犯了用人单位的管理权；劳动者兼职且拒不改正则侵犯了用人单位对劳动者完整工作精力的获得权；哪怕是劳动者被追究刑事责任，也将影响到用人单位的社会形象。因此，用人单位对违纪职工实施处理，其目的就是维护自身的合法权利。但是这一“维权”行为，应当在合理的期限内行使。由于劳动者对用人单位侵权行为的仲裁时效为 1 年，用人单位对违纪职工的处理也应当在证实劳动者犯错误之日起 1 年内进行处理。

---

① 公司为员工出具高于实际收入的工资证明，结果哭死了.（2016-01-22）[2016-07-15]. 人力资源法律网：http://www.360doc.com/content/16/0122/23/22513831_529918281.shtml.

值得注意的是，“劳动者犯错误之日”与“证实劳动者犯错误之日”并不一定是重合的。一般来说，“证实劳动者犯错误之日”往往晚于“劳动者犯错误之日”。如果劳动者所犯错误经过若干年后才被发现并予以证实，处理违纪职工的时效该如何把握？鉴于劳动法律中未作规定，结合《民法通则》第137条关于“诉讼时效期间从知道或者应当知道权利被侵害时起计算。但是，从权利被侵害之日起超过二十年的，人民法院不予保护。有特殊情况的，人民法院可以延长诉讼时效期间”之规定，用人单位处理违纪职工的时效也不得超过20年。

当然，上述关于处理违纪职工的时效结论是建立在国家规定不明确且地方规定也不明确的前提下得出的。如果地方法规或司法解释中对处理违纪职工的时效作出相关规定，则从其规定。比如，《浙江省高级人民法院民事审判第一庭 浙江省劳动人事争议仲裁院关于审理劳动争议案件若干问题的解答（二）》规定：“劳动者违反用人单位规章制度，符合用人单位与其解除劳动合同的条件，用人单位一般应在知道或者应当知道之日起5个月内行使劳动合同解除权。”[①]

四、规章制度的司法矫正

某单位《员工考勤管理制度》第7.6条规定：“迟到或早退3小时以上者视为一天旷工，一年内累计三天旷工者将给予书面严重警告处罚，情节严重者予以开除处理。”2018年1月4日，该用人单位对孙某作出解除劳动合同决定。孙某申请仲裁，仲裁委支持了孙某部分请求。孙某和单位均不服，都向法院起诉。一审法院认为单位的第7.6条规定扩大了对劳动者违纪情节的认定，这种扩大看待劳动者违纪情节的行为明显扩大了劳动者的违纪结果，加重了劳动者的违纪责任，判定该项规定不合理，支持了孙某大部分诉求。孙某和单位均不服，都向中级人民法院提起上诉。中院认为用人单位制定规章制度不仅要符合法律法规的规定，而且要兼具合理性。若单位规章制度过于苛刻，没有弹性空间，劳动者只能被迫接受，显然有失合理性。其判决“迟到或早退30分钟以上者视为半天旷工，3个小时以上者视为一天旷工”有失合理性，不能作为解除劳动关系的依据。终审判决支持了孙某绝大部分诉求。[②]

这是一个少见的在实际内容上直接否定用人单位规章制度的判例，而且否定的理由是规章制度的相关规定合法不合理。这是需要司法勇气和法学素养的。

用人单位的规章制度是对劳动者进行过错解雇的直接依据，既具有《劳动法》第25条的规定，也为《劳动合同法》第39条所承续。最高人民法院亦明确指示用人单位的规章制度在满足内容合法程序具备的条件后即具有法律效力，可为司法判决所直接引用。

用人单位的规章制度要做到“内容合法程序具备”不是难事，前者因为相关立法的概括性文字，想要违法都不容易，比如“两个严重”。后者则更加容易操作。因而，有必要在正确认知法律条款含义的前提下判定规章制度的合法性，也有必要在“不得严苛”的范畴中判定规章制度的合理性。

就合法性而言。《劳动法》第25条继承和取代的是《企业职工奖惩条例》，具体到

① 鲁志峰. 处理违纪职工是否有时效限制. 中国劳动保障报，2016-06-30 [2016-07-17]. http://www.clssn.com/html1/report/16/276-1.htm.

② 迟到或早退3小时以上视为旷工1天？法院这样判. 潍城司法，2021-07-27.

"旷工除名"则是该《条例》第18条:"职工无正当理由经常旷工，经批评教育无效，连续旷工时间超过十五天，或者一年以内累计旷工时间超过三十天的，企业有权予以除名。"不难看出，"连续旷工时间超过15天或者一年以内累计旷工时间超过30天"与本案中"一年内累计三天旷工者予以开除处理"天差地别，是从量变到质变了。至于"迟到或早退3小时以上者视为一天旷工"的规定更是对客观事实的公然漠视。

就合理性而言。世界各国在过错解雇中都有解雇保护。显失公平或者过分严厉的解雇都会在解雇保护框架内被否定，也从未得到过司法审判支持或者维持。典型的案例有：面包房的伙计拒绝在下班前十分钟再去送一趟外卖，餐厅服务员拒绝临近下班时顺路带送一份快餐，一位没有任何违纪行为的老员工某天在岗位上喝了几口酒，等等，都在劳动者被解雇后由法官进行了矫正。

五、"类劳动"的司法谦抑

所谓"类劳动"说的是球员、演员、网络主播、电竞选手等。这些人的特殊之处在于他们在法律上的救济之道不是依据劳动法诉诸劳动仲裁和劳动司法，而是依据行业规则解决于行业仲裁。并且，由此产生出具有特定含义和"仲裁优先"的行业规则。①

一看立法。《劳动法》第15条规定"文艺、体育和特种工艺单位招用未满十六周岁的未成年人，必须遵守国家有关规定"，表明他们已经被纳入劳动法的调整范围。但《体育法》第92条规定，在竞技体育活动中发生的纠纷，当事人可以根据仲裁协议、体育组织章程、体育赛及规则及申请由体育仲裁机构负责调解、仲裁。

二看行规。《国际足联章程》第15条和第23条规定了各成员协会、各洲足联需促成利益相关方（比如职业俱乐部）将仲裁作为争议解决的首选形式。《国际足联章程》第57条确立国际体育仲裁院（Court of Arbitration for Sport，简称"CAS"）为解决FIFA管辖下足球运动各方（球员、协会、俱乐部以及FIFA自身）等争议的机构。同时，FIFA还确认，其内部作出的决定（如关于球员身份委员会的决定）可以且仅可上诉至CAS。《国际足联章程》第59条还明确禁止其辖下洲足联、各国足协及俱乐部将法院诉讼作为争议解决方式。要求在各国足协的章程和规则里确立对诉讼的禁止，以及通过仲裁解决争议。

与FIFA平级的水上运动最高管理机构国际泳联（FINA）也在其宪章中确认了CAS对FINA内部决定（包括纪律委员会和道德委员会作出的决定）的排他上诉管辖权。多年来，CAS所作的裁决已为国际体育界广泛接受，CAS实际上是解释并适用国际体育法的不二人选。

《中国足球协会章程》第11章名为"争议处理"。这里的"争议"是一个全称概念，并未为"劳动争议"留下例外空间。该章第61条第1项就明确规定:"本会会员协会、注册俱乐部必须保证遵守《国际足联章程》、《亚足联章程》的规定，不将自己与国际足联、亚足联及其会员协会和俱乐部的任何争议提交法院，而同意将争议提交各方认可的仲裁委员会，并接受仲裁委员会的裁决。"请注意，这里说的是"任何争议"。第3项规定:"本会及其成员与国际足联、亚足联其他会员协会成员，在运动员注册、转会等问题上发生争议时，本会及

① 刘福元. 权益保障、违规处罚与申诉救济——电竞职业选手的三维规则体系建构. 上观，2022-06-29.

其成员保证服从国际足联、亚足联执委会根据运动员资格审查委员会的报告作出的决定。”这里的“注册、转会”等属于劳动关系成立、解除、终止或变更的重中之重。

《中国足球协会仲裁委员会工作规则》更是“明人不做暗事”——在第5条“仲裁委员会受理下列案件”中，具体明确地强调：“会员协会、足球俱乐部、足球运动员、教练员、经纪人相互间，就注册、转会、参赛资格、工作合同、经纪人合同等事项发生的属于行业管理范畴的争议”。这里的“工作合同”，如无意外，我只能理解为“劳动合同”。

三看司法。2004年重庆江北区劳动争议仲裁委员会受理谢晖诉力帆俱乐部追薪一案，裁决俱乐部向谢晖支付工资、补偿金、滞纳金等共计400万元。同年，虽然原东方篮球俱乐部队员马健的劳动争议案件被上海市徐汇区劳动争议仲裁委员会以不属于劳动争议受理范围为由决定不予受理，但上海市徐汇区人民法院和上海市第一中级人民法院均按照劳动纠纷对该案进行了审理。2005年陕西国力朱永胜讨薪案，2007年的范志毅讨薪案，2011年孙吉诉申花欠薪案均由劳动争议仲裁委员会受理，并得到了劳动争议仲裁委员会的支持。

2015年10月16日，陈某等人所在俱乐部对陈某等13人作出“三停”（停训、停赛、停薪）并罚款1万元等处罚。11月3日，陈某向俱乐部提交解除劳动合同通知书。后因解除劳动合同一事协商未果，陈向辽宁省沈阳市劳动人事争议仲裁委员会提出仲裁申请。该委以陈某的仲裁申请不属于劳动人事争议仲裁事项为由不予受理。陈某向法院起诉。一审法院判令俱乐部支付陈某经济补偿1 300元。俱乐部上诉后，沈阳市中级人民法院作出民事裁定，撤销一审判决，驳回陈某的起诉。中院认为：足球行业属于特殊行业，职业球员与俱乐部之间属于特殊的劳动关系，根据特殊优于一般的原则，双方之间纠纷解决方式应适用《体育法》规定，而不适用《劳动合同法》和《劳动争议调解仲裁法》规定。陈某应将本案纠纷提交中国足协仲裁委员会裁决，其处理结果为最终结果，而不应诉诸人民法院。

四说缘由。司法应当对类劳动者的各项争议（包括且不限于劳动争议）保持谨慎与谦抑，无论这些争议是线下的还是线上的。理由有三：

1. 劳动法为了解决劳动者“一职难求，一职难保”的困境，殚精竭虑地为劳动者提供就业支持和就业保障。但无论是运动员还是电竞选手，都无一例外地有一笔价值不菲的“签约费”。这到底是想要这份工作还是不想要这份工作？如果是前者，他是劳动者；如果是后者，他还是劳动者吗？

2. 劳动法固守“招聘容易解雇难”的立法基准，对雇主解除劳动合同设置重重阻碍和高昂代价。但无论是运动员还是电竞选手，都无一例外地有一笔价值不菲的“转会费”——这是什么？难道是他本人“其实不想走，其实我想留”吗？如果是真要走，他便真能走，因为他是劳动者。如果他走或者他不走都不是一个问题，只是他走或者他不走的巨款是一个问题，那他还是劳动者吗？

3. 劳动法特别关注劳动者的工资，因为这是劳动者全家的生计，是他父母住院、儿女上学的资金源泉。并且，凡工资都有一个重要的特征——劳动者所得越多越好。正因此，劳动法才不遗余力地保障着劳动者的工资，不仅把工资列为甚至高于税收的优先债权，而且专门动用刑罚来予以加持。但无论是运动员还是电竞选手，他们的报酬都无一例外地直接在数十万元、数百万元上起跳。这一定不能再被称为“工资”了。

第九章　社会保障法的基本原理

导读

社会保障是现代社会中重要的法律制度，目的在于保障社会成员的基本生存条件，对象是该社会的全体社会成员，尤其是丧失劳动能力和需要某些特殊帮助的社会成员。本章介绍社会保障法律制度的基本问题，包括社会保障法的调整对象、特征和原则。

第一节　社会保障法的概念

一、社会保障法的概念和调整对象

1. 社会保障法的概念

社会保障法是调整社会保障关系的法律规范的总称，既包括以基本法律形式出现的社会保障法，也包括其他法律、法规中有关社会保障事项的规范，还包括具有法律效力的关于社会保障事项的地方性法规和规章。

社会保障法在内容上除要对社会保障的项目体系、实施范围与实施对象、经费来源、待遇标准、计算公式、申请程序和审批程序等进行规范外，还应当规范：（1）社会保障管理与实施机构的性质与职能；（2）社会保障组织的形式与地位问题；（3）社会保障不同对象的管理问题；（4）社会保障机构与相关部门的关系问题；（5）社会保障基金的筹集、运用和支付问题。

2. 社会保障法的调整对象

社会保障法的调整对象，是国家、各类单位和社会成员在社会保障活动中所发生的各种社会经济关系，或者说，社会保障法以社会保障关系为其调整对象。

对社会保障关系，从不同角度可以作出多种分类。就直接关系而言，在内容上，社会保障关系可以分为社会保险关系、社会救济关系、社会福利关系、社会优抚关系。在主体上，社会保障关系涉及国家与社会成员之间的关系、社会保障机构与政府之间的关系、社会保障机构与社会成员之间的关系、社会保障机构之间的关系、社会保障机构与用人单位之间的关系、用人单位与劳动者之间的关系。就间接关系而言，包括在社会保障基金管理与运营中，社会保障机构与投资市场不同主体之间的关系。这些关系都需要社会保障法从不同方面予以规范和调整。

二、社会保障法的特征

1. 具有广泛的社会性

广泛的社会性是社会保障法最主要的特征，这一特征表现为社会保障法的权利与义务广泛地涉及全体社会成员。

在权利方面，享受社会保障的权利人是全体社会成员。社会保障权利由全体社会成员共同地、平等地享有，并且随着一国社会经济条件的发展，社会保障待遇和项目也逐步扩展。从公民出生至死亡，从特定的劳动者到不分身份的任何社会成员都是社会保障的受益人。

在义务方面，社会保障的义务也由全社会承担。国家通过立法，在社会保障的主要制度上实行强制措施，要求社会中的不同主体都共同承担社会保障的义务，共担风险，共同筹措社会保障基金。

2. 强制性规范与非强制性规范的统一

在社会保障的主要制度中，对于涉及社会成员基本保障权益的项目，社会保障法规定了强制性规范，明确规定国家（各级政府）、社会、企业、个人及有关各方在社会保障中必须履行的义务，对于社会保障的具体项目、实施范围、资金筹集、待遇标准、计算方式等，有关各方无论其意愿如何，均必须依据法律的规定执行。

社会保险中的各项保险义务都是当事人必须履行的、不可选择的，其中的一些项目还是一部分当事人只尽义务，另一部分当事人只享受权利的，如工伤保险和生育保险。对于这些强制性规范，有关单位和个人必须严格遵行，按期、足额地缴纳社会保险费，否则会受到法律的制裁。而对于一些临时性、突发性事件中的社会保障方式，除基本制度建立中的强制性规定外，还采用非强制性的、自愿的方式。例如，救灾救济、扶贫救济中的捐赠，就是由社会成员自愿选择的，不具有法律强制力的行为。

3. 人道主义与互助共济的统一

人道主义是人类社会文明进步的结果。人道主义在社会生活中的重要体现是强者对弱者的帮助和付出。社会保障法通过在社会组织的个人中合理地分配社会保障责任和义务，形成风险共担的社会保障责任机制，实现富裕的对贫困的、健全的对病残的、年轻的对垂老的、强者对弱者的社会关照和社会扶助，体现出尊老爱幼、扶弱济贫、友爱助人、和谐共存的道德伦理原则。

社会保障法也实行社会成员间互助共济的原则，体现"人人为我，我为人人"的社会准则。以养老保险为例，其实质是家庭养老模式社会化的结果，即由家庭中的儿子养老人放大为社会中的年轻人养活老年人。而任何人都是会由年轻人变为老年人的，因此，年轻人今天的义务与其明天作为老年人的权利是对等的。即使是在"捐赠"这种单方付出行为中，也能找到全社会互助共济的根据，因为救济灾民不仅保持了整个社会的稳定，而且也有助于灾区的重建，使灾民今后有能力以同样方式救济其他受灾者。

4. 承担实现社会公平的职能

社会公平要求社会以公正的态度对待每一个社会成员，并将这种公正主要体现在社会成员的收益分配与生活状况上。

社会保障法规定社会成员平等参与社会保障的权利，任何社会成员不论其地位、职业、贫富等，均平等地被纳入社会保障的范围中，不存在任何特殊的阶层或个人。通过社会保障，社会成员能够在基本生活得到保障的前提下参与社会的竞争，不至于因先天不足或生活无保障而生存困难，失去平等参与社会公平竞争的机会。对灾祸中的不幸者进行灾害救济、为失业者提供失业保险或失业救济、为疾病患者提供医疗保障等，都能够使他们在灾害和困境中尽快恢复正常生活，开始新的生活。

可见，社会保障法在一定程度上起到了消除社会发展过程中因意外灾害、竞争失败及疾病工伤等因素导致的社会不公平现象的作用。通过社会保障法的实施，还可以在一定程度上缩小社会分配的不公平。

第二节　社会保障法的功能和原则

一、社会保障法的功能

1. 市场经济的保障者

保护劳动力的再生产和合理配置劳动力资源是市场经济的客观要求。在市场经济条件下，竞争机制所形成的优胜劣汰，必然会造成部分劳动者被迫退出劳动岗位，从而使其本人和家庭因失去收入而陷于生存危机。社会保障法通过提供各种帮助使这部分社会成员获得基本的物质资料，维持基本生活水平，从而使劳动力的再生产成为可能。

市场经济要求建立劳动力合理流动机制。社会保障法通过建立全社会统一的保障网络，打破了劳动者自我保障或企业保障的局限，使劳动者在更换劳动岗位和迁徙时没有后顾之忧，促进了劳动力的合理流动与合理配置。

随着市场经济的发展，日益增多的社会保障项目，必然给社会成员提供更多的社会保障服务，而社会保障的服务性工作的增多，也会增加劳动者的就业机会。

2. 社会公平的调节器

社会公平是人类社会发展中产生的一种客观要求。社会公平体现在经济利益方面主要是社会成员之间没有过分悬殊的贫富差别，即“不患贫，患不均”。在市场经济条件下，收入分配机制与竞争机制相联系，必然形成社会成员之间在收入分配方面的不均等，甚至相差悬殊，强者成为富翁，弱者陷于困境。

为此，需要运用政府的力量对社会经济生活进行干预，通过社会保障措施，通过对社会成员的收入进行必要的再分配调节方式，将高收入者的一部分收入适当转移给另一部分缺少收入的社会成员，从而在一定程度上缩小社会成员之间的贫富差距，弥补市场经济的缺陷，缓和社会矛盾，以促进社会公平目标的实现。

3. 维护社会稳定的安全网

没有社会的稳定，就没有经济的发展和社会的进步，而社会保障法则是社会稳定的重要防线。

社会保障制度本身就是一种社会安全体系。它通过对没有生活来源者、贫困者、遭遇不幸者和一切工薪劳动者在失去劳动能力或工作岗位后，给予救助，满足其基本生活需要，消除社会成员的不安全感，以维护社会稳定。因此，社会保障法又被誉为“社会安全网”和“社会减震器”。

二、社会保障法的原则

社会保障法的原则是调整社会保障法律关系所应遵循的基本准则。它全面地反映社会保障法所调整的社会关系的客观要求，对社会保障法如何调整社会保障法律关系进行整体的指导和规范。

1. 实行有条件的社会共同责任的原则

在现代社会环境中，全体社会成员都承受着诸如失业、伤残、疾病、年老等多方面的风险，并会因这些风险的发生而丧失工作能力、失去作为生活来源的收入保障。这种伴随着人类社会工业化进程而出现的伤残、职业病、失业、破产以及人口老龄化等风险，不仅对社会成员的生活甚至生存构成威胁，而且这些风险产生的原因在很大程度上是社会因素导致的。例如，由于工业生产中机械化程度的提高，工伤事故发生的几率随之增加；由于电器设备的使用，工人在生产中伤亡的可能性增大；即使是在技术条件进步的情况下，也会由于人工需求的减少导致严重失业率上升。因此，人们把这些风险称为社会风险。对于社会风险完全靠个人来承担其后果不仅是不可能的，而且对于社会成员中的弱者也是不公平的。这就要求全体社会成员互相帮助，有条件的共同分担社会风险。

实行有条件的社会共同责任的原则还意味着社会保障的实施范围应包括所有社会成员。社会保障制度作为社会安全的保障网，在物质上应给所有社会成员的基本生活提供保证。有关社会保障的立法应对所有社会成员同等对待，把他们都纳入社会保障法的调整范围之中。所以，社会共同责任与社会成员普遍受益是相辅相成的。

2. 社会保障水平与经济发展相适应的原则

社会保障制度的建立和发展，要与社会发展阶段和经济发展水平相适应。世界各国的社会保障制度，都不是凭空建立起来的，立法所确定的社会保障对象、社会保障项目、社会保障待遇水平，无一不受本国社会经济发展阶段和经济发展水平的制约与影响。西方工业化国家的历史经验还证明，社会保障水平并非越高越好。社会保障的发展水平应既能保障公民的基本生活，又能促进国民经济的健康发展；既要保证社会稳定，又能激励社会成员积极劳动，提高社会成员的素质，促进社会进步。

我国社会经济还不发达，人民的生活水平普遍不高，一部分人的温饱问题还没有解决。这是我国的基本国情，也是我们建立和发展社会保障的立足点。在对有关社会保障的项目、标准进行立法时，一定要从我国经济发展的实际情况出发，从国家、社会以及公民个人可负担的财力、物力出发。就现阶段而言，满足人民基本生活需求是我国社会保障制度的重要目标。

3. 社会保障制度的内容和模式应适应本国国情的原则

社会保障制度的内容和模式选择，具有鲜明的国情特点。综观当今世界各国的社会保障制度，无一不是从本国的国情出发，制定社会保障法律和相应的社会保障措施。例如，美国根据联邦制这一国情，国会通过的联邦统一立法所规定的保障项目和保障标准适用于全国，但允许各州通过立法增加保障内容。有些国家为了提高国民素质，把义务教育和就业培训列入社会保障项目之中。

我国是世界上最大的发展中国家，仍处在社会主义初级阶段，人口多，底子薄，各地经济发展状况不平衡。我们必须从自己的国情出发，借鉴和吸取国际社会带有共性的经验，适当参照国际标准但不能照搬。总结我国社会保障法制建设的经验，通过改革和制度创新，建立起具有中国特色的社会保障法律制度。

4. 坚持社会公平与提高经济效率兼顾的原则

在发达国家，随着福利国家制度的推行，社会保障对经济发展的负面效应逐渐显现出来。由于福利国家社会保障的项目多，待遇标准太高，人们即使不劳动也能得到不低的生活水平。特别是失业补助金给付期长，标准高，失业者的收入与在业者的收入相差不多，使失业者不愿从事新的工作，从而在劳动者中滋长依赖、懒惰情绪。高福利制度体现了形式上的“公平”，却牺牲了经济效率。而且高福利制度还由于社会保险和津贴标准高，提高了企业产品成本，进而影响了国家的对外竞争能力，同时也影响了企业的再投资，导致资金外移、科技人员外流等一些不利的后果。

因此，无论是经济发展还是社会进步，都需要注意社会保障制度的负面效应，防止其本身可能出现的不良效应。

案例与事例

一、社保不能“多缴多得”

中国社会保障学会会长、中国人民大学教授郑功成认为，“多缴多得”从来不是社会保障的原则，而是市场法则、商业保险的法则；社会保障不能单纯强调多缴多得，而是要强调互助共济的制度本质和参保意识。

财新记者：目前社会保障机制的设计原则还有一些争论，比如“十三五”规划建议中提出“健全多缴多得激励机制”，但是正式发布的“十三五”规划却删除了这一点，对此你怎么看？

郑功成：这一句话删得好，我今年2月在《人民日报》上发表文章，就明确阐述了“多缴多得”从来不是社会保障的原则，而是市场法则、商业保险的法则。

社会保障不能单纯强调多缴多得，要强调互助共济。比如养老保险，人们参加养老保险最可靠、最重要的功能，就是希望无论我们多长寿，都有一份稳定、可靠的经济收入。再比如失业保险，一般机关事业单位的人很少失业，但是他们也缴费。如果只有存在失业风险的人才参加失业保险，那么这个制度怎么能持续存在？

实际上，失业保险就是在岗者帮助失业者，如果失业就可以得到帮助，在失业的过程中有基本的经济来源。

再看生育保险，如果考虑多缴多得原则，那么只有20岁、30岁的女职工愿意多缴，男职工和已经生育的女职工就都不参加了，这一制度还怎么持续？生育保险就是为生育的女性解除后顾之忧，尽管女职工过了生育期，但是也可以为年轻女性提供支持，正如自己当年享受其他人提供的支持一样。

医疗保险更是如此，多缴不一定多得，少缴不一定少得，关键是让所有参加医保的人，能够不再担心疾病医疗开支的后顾之忧。因此，在社会保险方面，要强调互助共济和集体主义的意识，要强调社会的公平公正，不能只从利己出发，更不能等同于市场交易，否则就不是社会保障，而是商业保险。

社会保障自古以来、古今中外从来就是政治决策。当年俾斯麦创立社会保险制度，就是为了化解劳资矛盾；美国罗斯福支持社会保障，则是为了应对经济危机，当时失业工人比例高达28.7%，这样的决策依据完全不是精算。

社会保障不能仅仅考虑效率，更为重要的是公平。就像养老保险的全国统筹，有些地区反对搞，但是世界上哪个国家像我们一样？各个地区社保缴费不一样，如珠三角等地方，单位养老缴纳费率只有12%，其他地区则为20%左右。社保缴费是法定的劳工成本，这是市场经济的底线——公平。

现在全国统筹遇到很多阻碍，但是哪个理由都站不住脚，因为社保缴费是法定劳动成本，全国各地应该要公平。从全局角度来讲更是，社保缴费从来就不是地方利益，而是国家利益。因此，我们需要多考虑国家利益、社会公正，而不是简单地将市场交易、利己主义搬入社会保障领域；社会保障，应当是维护社会公正的基本制度安排，也应当是维护社会稳定与和谐的基本制度保障，其许多价值都不是可以从经济上计量得出来的。①

二、不能用多发工资替代社保

李某是上海芳云（化名）美容店的员工。2000年9月，李某进入该店，随后即被安排在上海某百货公司的化妆品专柜销售化妆品。一直到2003年10月15日李某辞职，双方始终没有签订劳动合同，美容店也没有给李某缴纳过社会保险。李某在辞职后的一个月向上海市劳动争议仲裁委员会申请仲裁，要求上海芳云美容店为其补缴2000年9月1日至2003年10月15日的社会保险费。

上海芳云美容店称，李某于2000年9月被安排在某百货公司做营业员，因为当时李某称自己下岗，不需要单位缴纳社会保险，只要每个月多发点钱就行了。为了方便起见，美容店同意私下将社会保险费发给李某。于是，单位每个月在工资中补贴240元给李某。现在，单位已经意识到这种将社会保险费私下发给员工的做法不妥，愿意为其补缴社会保险费。但是，前提是李某必须将从2000年9月开始领取至今的每个月的240元退还给上海芳云美容店。

仲裁庭查证：李某于2000年9月1日进入上海芳云美容店工作。美容店营业员的收入是底薪加上销售提成，具体的比例是：完成1万元提奖率1.5%，完成1.5万元提奖率2.5%，完成2万元提奖率3%；李某在职期间，和她搭班的同事享受同样的分配方法。2003年10月15日，李某辞职。工作期间，李某和单位双方没有签订劳动合同，也没有缴纳过社会保险费。审理中，李某称自己的月收入除工资外其余均是按销售业绩提奖的，不存在单位所说的每月补贴240元费用的情况。而美容店提供的证据与提奖比例和李某的收入不符，无法证明单位每月多支付240元。

---

① 石睿．专访郑功成（三）："多缴多得"不该成为社保原则．(2016-03-28)[2016-07-15]．财新网：http://china.caixin.com/2016-03-28/100925465.html?from=timeline&isappinstalled=0.

上海市劳动争议仲裁委员会认为，李某是失业人员，2000 年 9 月 1 日进入上海芳云美容店工作后，单位就应及时为其缴纳工作期间的社会保险费；单位提供的证据无法证实李某于 2000 年 9 月起每月领取 240 元社会保险费用，故要求李某退还已领费用的主张依据不足，仲裁委员会难以支持。最后裁决上海芳云美容店为李某补缴 2000 年 9 月至 2003 年 9 月的社会保险费 16 650 元，其中包括代扣代缴由李某承担的社会保险费部分 3 350 元（因李某 2003 年 10 月工作未满月，要求缴纳 2003 年 10 月社保费请求缺乏依据）。李某把个人承担的社会保险费 3 350 元交给单位。①

三、假病退的真刑罚

2016 年 12 月，倪某某找到梁某某，声称自己有“内部渠道”，可以帮忙办理病退，只要给点“好处费”就行。梁某某的丈夫李某某当即表示同意，支付了 1 万元“好处费”后，将身份证件交给倪某某。一个月后，李某某收到假病历，人力资源和社会保障局为其出具完全丧失劳动能力的鉴定书，办理了“因病或非因工”提前退休。李某某开始了长达 6 年的非法领取养老金之路。

倪某某随后提出让梁某某和李某某帮自己进行“宣传”，介绍别人前来办理“病退”，成功一单给予 2 000 元“佣金”。梁某某和李某某共为倪某某介绍 5 人，获得“佣金” 7 000 余元。在倪某某的“运作”下，前后共有 13 人伪造了患癌病历，办理了病退手续。

京山市人力资源和社会保障局认为这些人很可能涉嫌诈骗。2022 年 4 月 15 日，该局将线索移送至京山市公安局。2022 年 10 月 24 日，京山市人民检察院受理此案。经查，2016 年至 2020 年，犯罪嫌疑人倪某某以接近退休年龄的职工为目标，通过蒙骗、诱导受害人提供本人身份信息，寻找某些医院“黄牛”伪造癌症等严重疾病病历，申报提前病退。倪某某先后为李某某等 13 人办理了虚假病退手续，涉案金额约 70 万元，并从中非法获利 30 余万元。案发后，倪某某退还违法所得 17 万元，李某某等 13 人退还全部违法所得。

2023 年 3 月 6 日，京山市人民检察院以涉嫌诈骗罪对倪某某等人提起公诉。京山市人民法院以涉嫌诈骗罪判处被告人倪某某有期徒刑 10 年，并处罚金 5 000 元；判处李某某等人有期徒刑 3 年，缓刑 4 年至 5 年不等，并处罚金 3 000 元。2023 年 3 月 20 日，判决正式生效。②

四、残疾人的社会融合

残疾人的社会融合是残疾人权利实现的重要标志。我们应当关注残疾人社会融合所面临的制度性缺陷，在政策和法律层面持续解决残疾人的社会融合。

1. 完善残疾人信息融合

我国《残疾人保障法》规定了残疾人的信息无障碍权，在任何情境中残疾人都依法享有信息无障碍权，残疾人的信息无障碍权对于残疾人其他人权的实现具有十分重要的意义。信息的有效、及时获取是自我保护的第一道关口。应当针对残疾人士的信息融合作出专门性安排，并把它置入公共政策和相关立法的规划之中。确保残疾人获得公共卫生信

---

① 不缴社保费，赔了夫人又折兵. 职场指南.（2004 - 09 - 13）[2016 - 07 - 18]. http://www.chinajob.gov.cn/FAQs/content/2004 - 09/13/content_518054.htm.

② 13 人非法领取养老金？判了！. 腾讯网，2023 - 03 - 30.

息，将公共信息及时转换为各类残疾人都“易读”的模式，使残疾人得到有力的保护。

2. 完善残疾人资源融合

残疾人社会融合需要各类资源的支持，包括社会资源、医疗资源、社区资源等等。残疾人在社会生活中面临着众多障碍，导致其可获得资源的局限。社区资源在整个社会运转及防疫过程中发挥了重要作用，承担着链接医疗资源的关键性作用。要强化政府主导，建立特殊的、倾斜性的、有针对性的制度以满足残疾人的特殊需求，针对残疾儿童、残疾老人建立专门性的保障制度。

3. 完善残疾人保障融合

以残疾人就业保障为例，在健全人的就业状况都不容乐观的情况下，残疾人的就业保障更难。国家的公共政策应当向残疾人群体适度倾斜，建立残疾人就业者专项保障机制。要充分考虑残疾人的特殊性和脆弱性，建立体系化、规范化、同时兼具灵活性和前瞻性的保障机制，联合残疾人长效保障机制，更好地实现残疾人保障融合。

4. 完善残疾人救助融合

在紧急情况下的社会救助制度方面，我国目前立法多做原则性规定，且未明确具体责任主体。具体实施细则迫切需要权威规定，且由于残疾人群体的脆弱性，救助保障要求明确各类细节，立法应当严密谨慎。未来应当建立起一个针对残障群体的应急机制，完善残疾人救助法制建设，联动残联和非政府公益组织，充分发挥国家资源的充足性和社会资源的灵活性。

5. 完善残疾人救治融合

如何保障残疾人的救治需要，如何平衡社会救治与残疾人救治的需要，防止救治中的残疾歧视，实现救治融合是一个重要课题。残疾人由于自身的弱势地位，相较健全人而言，还存在着需求反映渠道单一、不足的情况，进而承担着更大的健康风险。未来制度建设中应当建立完善残疾人的救治渠道，公共政策适度向残疾人倾斜，保障残疾人同其他人一样平等享有紧急情况中的得到救治的权利，禁止救治获得与接受救治中的残疾歧视，实现公平救治、融合救治。

五、我国的无障碍环境立法

习近平总书记明确指出，“无障碍设施建设问题是一个国家和社会文明的标志，我们要高度重视”。推进我国无障碍环境立法，涉及我国无障碍环境的立法基础、无障碍环境的立法需求和我国无障碍环境的立法思路。

1. 无障碍环境的立法基础

我国无障碍立法开始较早，相关的建规立制在时间上始于20世纪，在形态上始于物质环境无障碍。如果我们从法律的表现形态来看，从1988年建设部、民政部、中残联发出《关于发布专业标准〈方便残障人使用的城市道路和建筑物设计规范〉（通知）》，到2012年的《无障碍设计规范》等数十个规范性文件和标准。无障碍环境的内容逐步从单一的建设场所扩展至城市道路，从公共建筑发展到公共设施。2012年6月28日，国务院公布《无障碍环境建设条例》。明确无障碍环境是保障残疾人平等参与社会生活的必要条件，同时也为老年人等其他社会成员提供生活便利。

无障碍环境建设建规立制的历史过程给我们三个提示：第一，立法准备时间应该较长。我们进行无障碍环境立法已经有了近40年全方位的法律准备和持续推进的立法基础。第二，在立法重点上也给我们一个提示：以前我们主要注重的是环境建设，而我们今后的立法重点应该放在信息化的无障碍上面。第三是无障碍立法的形态。在以前它能表现为行政法规和部门规章，以及分散在多个部门的法律之中。但我们需要一个全社会共同遵循的立法，一个具有基本权利形态的立法。

2. 无障碍环境的立法需求

2012年《无障碍环境建设条例》制定时指出的三个问题分别是无障碍设施建设有待加强，特别是无障碍设施改造力度需要进一步加大；无障碍信息交流建设滞后；无障碍社区服务水平亟待提高。这些问题中的“无障碍设施建设和改造”取得了一定的进展，但无障碍信息交流滞后和社区服务欠缺没有根本性好转。

而且，从《无障碍环境建设条例》实施以来，我国的无障碍法制建设还突出地表现出了下列问题：第一，立法实施不力。具体表现为：(1) 无障碍建设整体水平较低，出行不便的问题普遍存在。(2) 城乡发展水平不均，乡村的无障碍设施建设较为落后。(3) 信息无障碍普及面狭窄，残障人获取信息不便。第二，立法理念过时。先前的立法都偏重于对无障碍环境的建设和改造，强调无障碍环境建设目标是为残障人的出行等生活带来更多的便利和安全，着重点是物理性环境本身的便利性和安全性。但无障碍环境的内涵不仅仅限于客观的、物质的或者有形的环境，而是在于整个社会的无障碍整体性环境，包括物理的，也包括信息的；包括有形的，也包括无形的；包括社区的，也包括家庭的；包括群体的，也包括个体的；包括有声的，也包括无声的；包括要视的，也包括触摸的。第三，法律位阶较低。最高级别的专项立法当属《无障碍环境建设条例》，在立法位阶上仅为国家的行政法规，而不是国家的基本法律或者法律。因此，其不能发挥法律的效力和影响力，也不能有效地在无障碍环境事项上依法追究相关违法者的法律责任。第四，部门色彩浓重。有关无障碍环境的相关条文分别抽象地散见于《残疾人保障法》《老年人权益保障法》，也具体地分散到《建筑法》《道路安全法》《民用航空法》《铁路法》等立法之中。这些法律的等级高于《无障碍环境建设条例》，却并不是专门规定人们多方面无障碍需求的。这些不同部门的法律间各行其是，难以协调统一。第五，执法力度不足。比如如果有人在盲道上停一辆车，应该说这一行为的违法性更加严重，它可能伤害残疾人或者老年人的身体，也可能会危及他们的生命。但是人们完全不知道如何维权，这个车的车主该承担什么样的责任。

3. 无障碍环境的立法思路

(1) 无障碍立法对象的拓展

应对老年社会的需求，无障碍立法的对象已经在很大程度上扩展到老年人。他们是无障碍立法的关注群体，也是无障碍立法的受益人群。上海的老年人是残疾人的10倍，其他城市和地方也是大致相同的比例。老年人在无障碍方面的需求普遍同于残疾人的无障碍需求，因为老年人不仅有物理性障碍的困难，也有数字化生活的困难。这两种困难的双重叠加，严重地影响了老年人的正常生活，阻碍了老年人的社会生活，加剧了老年人的健康问题，包括生理健康和心理健康。

同时，其他社会成员在不同时期和不同情形下也有着同样的无障碍环境需求。需要明确的是无障碍法不是一个残疾人方面的单独或者特定社会群体的立法，而是一个全社会共同需求共同受益的立法。以杭州为例，该市现有残疾人数量 50 万人，老年人 170 万人，儿童 133 万人，老年人数量是残疾人的 3 到 4 倍。这个比例与我国的整体数据是相对吻合的。据统计，我国现有残疾人 8 000 多万人，老年人 2.5 亿人。这意味着为一位残疾人解决了无障碍的个人问题，实际上是为社会上其他有同样需求的多个人解决了无障碍的社会问题，因为这些社会群体都对于无障碍有着同样的需求，同样存在无障碍的问题。所以，无障碍立法是一个社会性立法，是为了全社会共同利益的立法。这是一部事关每一个人的法律，是一个在总则里写明以老年人、残疾人、老年人、少年儿童及其他有特殊需求者为对象的法律，因为他们也需要我们在立法内容上给予关注。

（2）无障碍产销标准的强制

在中国社会科学研究院最近发布的报告中，把后疫情时代老年人分成四类群体：自由族、适应族、老宅族、碰壁族。这些群体主要是由数字生活变化导致老年人不适而产生的："自由族"适应能力强、数字素养好，实现了"二维码自由"。"适应族"在环境的倒逼机制下基本掌握了查询健康码等出行办事的基本要求。"老宅族"被二维码困住了生活，不得不改变原有的生活方式，减少外出、避开需要使用智能手机扫码的公共场所，居家生活的时间大大地延长。"碰壁族"受到主客观因素的影响，不会使用智能手机和健康码，在日常生活中经常碰壁，乃至于爆发冲突。

这里的立法提示是数字产品和数字运用软件应当具有普遍适用性，即满足全体人群的需要。一部智能手机在制造时可能只要增加几个元件，就能保障老年人正常使用；一个 App 在编码时可能只是改写一行代码，就能为老年人提供方便。但是，这些老年人对数字产品的需要，不应当仅仅依赖厂家的自觉或者自愿，也不能单单听凭商家的随意或者任意，而应当通过无障碍立法明确强制性的生产和销售标准，强制厂家和商家在产销环节满足全体社会成员的无障碍需要。

（3）无障碍建设标准的完善

近年来，北京、上海等超市门口的坡道上都发生过顾客摔伤骨折，诉诸法院要求超市赔偿的案件。这些超市基本都是在原台阶上进行的无障碍改造，铺设了坡道。由于没有具有法律强制力且为社会周知的规范和标准，这些坡道的建设和改造具有很大的随意性。比如没有扶手，不能防滑等，遇到天气变化就可能会对行人造成伤害。因此，如何有明确强制性标准，这些标准如何为广大社会成员所掌握，如何进行监督和整改都是无障碍立法应当着力之处。

在无障碍设施方面，我们既要继续坚持建筑、道路、公交和运输的无障碍，也要考虑到就业场所、服务车位、生活需求和居室安全。在信息无障碍方面，我们应该涉及公共卫生、医疗救助、网络交流、考试升学、电视电影、图书资料等。在社区无障碍当中，要注意它的服务与设施不仅仅涉及停车位，尤其要注意家庭无障碍。

在公共卫生事件中，大家居家的日子变多，也越来越感觉到家庭生活的重要。实际上，人们生活的主要时间还是在家庭里面的。在相关立法的起草中，家庭无障碍原来是计划放到社区无障碍里面的，但现在笔者觉得还是应该坚持"家庭无障碍"单独成章，以显示它的重要性并突出它的专业化。

(4) 无障碍立法的术语规范

《残疾人保障法》第58条规定："盲人携带导盲犬进入公共场所，应当遵守国家有关规定。"该规定被解读为"遵守哪些规定一直是空白，因此拒绝导盲犬并不违法"。残障朋友说这是"给盲人挖的一个坑"。《盲人医疗按摩管理办法》对盲人按摩师在职称考评审核中有不合理规定。其标题也引起了盲人朋友的不适。能不能去掉"盲人"二字？能不能使用"推拿医师"的称谓？这些呼声都是可以在无障碍立法中给予充分注意的。

最后应当强调的是立法后的监督与管理，即要更加注意执法、监管和投诉与协调机制的建立和完善，开展无障碍的"公益诉讼"。要落实到只要有人在盲道上停一辆车，自然而然地就有人马上进行干预，有人进行管理，有人去追究停车人的法律责任。

第十章　社会保险法（上）

导 读

社会保险是社会保障制度的主要内容，是国家对公民在患病、伤残、失业、年老等情况下给予帮助的法律制度。本章介绍社会保险的概念和内容，分析社会保险的特点，介绍国外的相关立法。

第一节　社会保险和社会保险法

一、社会保险的特点

社会保险，是指国家通过立法建立的，对劳动者在其生、老、病、死、伤、残、失业以及发生其他生活困难时给予物质帮助的制度。对年老、疾病或丧失劳动能力的人给予物质帮助是公民的基本权利。我国《宪法》赋予我国公民的这一基本权利，就劳动者而言，主要通过社会保险实现。我国《劳动法》第70条规定："国家发展社会保险事业，建立社会保险制度，设立社会保险基金，使劳动者在年老、患病、工伤、失业、生育等情况下获得帮助和补偿。"

对社会保险定义有不同的理解和不同的表述，但都包含了一些共同的内容：其一，它是一项法定的社会保障制度；其二，它强制劳动者及其用人单位参加；其三，它是国家对劳动者履行的社会责任，也是劳动者应该享受的基本权利；其四，它是社会保障的重要组成部分。

社会保险的特点如下。

1. 社会性。（1）保险范围的社会性。享受保险的对象范围广泛，包括社会上不同层次、不同行业、不同所有制形式和不同身份的各种劳动者。社会保险对象的范围广泛，是社会保险的最核心特点之一。我国《劳动法》将社会保险的范围扩大到中华人民共和国境内所有的企业、国家机关、事业组织、社会团体、个体经济组织的劳动者，不仅克服了以前社会保险制度覆盖面小和不统一的缺陷，而且完全符合社会主义市场经济体制的要求。（2）保险目的的社会性。保障劳动者在年老、疾病、工伤、失业、生育和丧失劳动能力的情况下，获得最基本的生活需要，对于促进社会稳定和进步，协调社会经济关系，促进社会经济持续稳定发展都具有十分重要的意义。(3) 保险组织和管理的社会性。社会保险，主要是一种政府保险制度，它由国家通过立法确认和规定，并在保险资金的筹集、发放、调剂、管理等方面，由政府组织实施。

2. 强制性。社会保险由国家立法加以确认，并强制实施。社会保险的强制性，决定了保险当事人不得自行确定是否参加保险，以及选择所参加的保险项目。被保险人及其所在用人单位必须依据国家法律规定的保险金额缴纳保险费，而不能自行选择缴费标准。

3. 互济性。社会保险的互济性，一方面表现在保险基金实行社会统筹，并依据调剂的原则集中和使用资金，解决不同情况下劳动者的特定的基本生活需要，使由于年老、患病、工伤、失业、生育和丧失劳动能力等情况对每个劳动者所造成的经济损失，通过互济共助获得帮助；另一方面，劳动者的寿命长短、生病或不生病以及生病严重程度、伤残或丧失劳动能力与否及丧失劳动能力程度等，不以人们意志为转移，并且不可能完全等同，而社会保险的目的则是相同的，即保障劳动者的基本生活需要。

4. 补偿性。劳动者通过劳动创造的价值或财富，除一部分表现为劳动报酬返回给劳动者外，另一部分作为社会的各项扣除纳入了政府收入的范畴。在社会保险基金的来源中，国家负担部分最初来源于劳动者的劳动。国家通过社会保险将这部分再返回给劳动者，其实质是对劳动者过去劳动的一种补偿。另外，劳动者在向社会提供劳动能力，并以此获取劳动报酬的期间，按照国家规定标准将报酬的一定比例作为劳动保险基金缴纳，待年老、患病、负伤、失业、生育和丧失劳动能力时，又依照国家规定标准领回，是社会保险补偿性的具体体现。

二、社会保险法的概念与分类

社会保险法是调整社会保险法律关系的法律规范。它对社会保险的项目体系、实施范围与实施对象、经费来源、待遇标准、发放办法等内容作出法律规定，并且明确社会保险机构的性质与职能、社会保险的组织形式与地位、社会保险的管理与监督等事项。

社会保险法调整的社会关系主要有：社会保险管理机构与管理相对人之间的关系，主要是明确规范各自的权利与义务。社会保险经办机构与用人单位和劳动者之间的关系，主要是规范征收社会保障资金和发放社会保险待遇，保证劳动者实现其社会保险权益，规范用人单位对劳动者的社会保险义务。社会保险监督机构与社会保险管理和经办机构、用人单位和劳动者之间的关系，包括监督机制的建立以及各种监督机构的职责、权限划分及协调性等。

《劳动法》颁布之前，我国社会保险层次单一。《劳动法》规定“国家发展社会保险事业，建立社会保险制度”。我国的社会保险制度包括：(1) 以社会保险基金为主渠道的社会保险。这是最基本的一个层次的社会保险，通常由国家、用人单位和劳动者个人三方出资负担。(2) 用人单位补充保险。这是为提高保险待遇，或者在特殊情况下不致使保险待遇水平降低而设立的社会保险措施。它由用人单位建立并负担费用，由用人单位根据自身情况决定是否建立。(3) 储蓄性保险。这是由劳动者个人以储蓄方式，预防发生困难时无法满足生活需要所采取的措施。

对社会保险法进行科学的分类，是建立社会保险法律制度的基础。参照其他一些国家和国际通行划分标准，我国《劳动法》把社会保险分为：养老保险、疾病保险、失业保险、工伤保险和生育保险。

三、社会保险基金制度

（一）社会保险基金的来源

社会保险基金从总体上讲是来源于整个社会，具体说是由用人单位、劳动者和国家三方合理负担的。劳动者参加社会保险，缴纳合理的社会保险费，是享受社会保险权利和履行社会保险义务相统一原则的具体表现。但是，在劳动者尽了缴费义务，为社会保险金的支付提供了部分来源后，其所缴纳的保险费并不足以支付全部的社会保险待遇。因此，用人单位和国家都要承担一定的责任，社会保险的费用理应由三方共同负担。

根据社会保险项目的不同，社会保险费有不同的分担方式。

（1）由劳动者负担。这种方式是为了增强劳动者的责任感，减轻国家和用人单位的负担。但另一方面却增加了劳动者的经济负担，经济发达国家往往不采取这种方式。

（2）由用人单位负担。这种方式有利于加强用人单位的安全生产，有利于减轻劳动者的经济负担和后顾之忧，也有利于减轻国家的财政负担。因此，工伤保险由用人单位缴纳全部保险费是许多国家通行的做法。

（3）由政府负担。这种方式的前提条件是国家有较为宽裕的财政资金，因为一般国家是难以负担社会保险的全部费用的。

（4）由劳动者和用人单位共同负担。这是一种由来已久并普遍采用的方式，有助于加强用人单位内部的风险管理，避免风险事故的发生，有利于劳动力资源的合理流动与配置，也有利于用人单位自身的经济发展。

（5）由劳动者和政府共同负担。其特点是用人单位不负担保险费用支出，绝大部分由政府支付，劳动者只负担少量的保险费。这种方式减轻了用人单位的经济负担，有利于用人单位自身的发展和资金积累，也有助于政府推行社会保险。

（6）由用人单位和政府共同负担。其特点在于劳动者不承担交费义务。这种方式是政府和用人单位为减轻劳动者的经济负担、扩大社会保险范围而采用的。

（7）由劳动者、用人单位和政府三方共同负担。这是目前世界上多数国家采用的缴纳社会保险费的方式，也是1889年最早在德国创建的养老保险中采用的方式。这种方式能较好地调动各方积极性，便于推广社会保险，有助于社会保险的正常运行和发展。

在我国，养老保险和医疗保险实行社会统筹和个人账户相结合，失业保险要求企业和职工都缴费，这三项最重要的社会保险项目是国家、用人单位和劳动者个人三方负担的，而工伤和生育两项保险劳动者个人不缴纳社会保险费。

（二）社会保险基金的积累与管理

社会保险基金具有专款专用的性质，即社会保险基金只能按照特定的范围、特定的标准用于劳动者的养老、工伤、医疗、失业、生育保险等项目的支出，而不允许挪作他用，更不能用于弥补政府的财政赤字。社会保险基金应当实行全社会统筹，否则条块分割，画地为牢，搞行业保险、部门保险或企业自我保险都是和社会保险的性质不符的。但社会保险基金的统筹也需要逐步实施，不可能一步到位。

社会保险基金的管理包括社会保险基金的运用、保值和增值。

社会保险基金的运用、保值和增值有两方面的含义：其一，从劳动者享受社会保险基金待遇的角度看，是指随着社会其他成员的收入水平或生活费用的变化，特别是随着物价的变化，如何保证领取社会保险金的劳动者实际所得能够保值和增值。其二，从社会保险基金自身的角度看，是指对于一部分处于暂时闲置状态的社会保险基金，采用何种方式使之保值、增值和有效运用。就前者而言，主要是社会保险金待遇标准的调整问题，后者则要求结余基金或后备金必须确保其实际价值，进而使基金获得价值的增加。社会保险基金的管理主要应着眼于后者。

社会保险基金的保值增值方式，通常有三种：第一种是将基金存入银行，或是购买国家及地方政府部门发行的债券。第二种是由社会保障机构将基金直接用于兴办各种实业，如开办矿山、兴办银行或参股合资。第三种是将基金存入银行或交给投资公司，委托其进行投资，所获利润按合同规定共同分享。

在国际上，社会保险基金的保值、增值方式通常有五种：一是购买政府公债或视为政府岁入盈余，充国库之用；二是储存于国家银行或民营银行，由银行选择借款人；三是直接以银行家身份出现，向需要资金的公司贷款或购买有价证券；四是投资于不动产，直接取得经营权，以获得收益；五是对于享受社会保险金待遇的劳动者或其家属提供消费性或借贷服务。但不同国家采取的方式也不尽相同，只有根据本国的具体情况进行管理，才能真正确保其保值、增值。

对社会保险基金的管理还包括审计和监督，主要是监督社会保险基金是否在管理上做到了专款专用，专户存储；审查基金收支能否实现平衡，是否用于平衡当地财政赤字等；是否将基金用于风险投资，以及投资的经济安全性。

第二节　养老保险法

一、养老保险的概念和法律特征

养老保险是指在劳动者达到法定老年年龄并从事某种劳动达法定年限后，由国家和社会依法给予一定物质帮助，以维持其老年生活的一种社会保险法律制度。劳动者只要达到法定年龄，并从事某种劳动达法定年限，被依法解除法定劳动义务后，就可享受养老保险待遇。

养老保险作为社会保险的组成部分，有如下法律特征。

1. 劳动者达到法定老年年龄，并从事某种劳动达到法定年限是享受养老保险的法定条件。养老保险的对象是老年人，即享受养老金者必须达到法定的老年年龄，因此老年的界定就至关重要。对于“老年”的界定，各国因劳动力资源状况、社会经济发展状况、劳动者体质状况等多种因素的不同而有所不同。达到老年年龄只是享受养老保险的条件之一，同时法律还要求劳动者从事某种劳动达法定年限，也即把劳动者的工龄、身体条件和劳动条件等作为补充条件加以规定。还有一些国家规定缴纳养老保险费必须达到一定年限。

2. 劳动者被依法解除法定劳动义务，是享受养老保险的事实前提。达到法定老年年龄并从事某种劳动达法定年限，就符合了享受养老保险的法定条件，但实际享受养老保险尚需符合事实前提，即劳动者被依法解除法定劳动义务。养老保险是在法定范围内的老年人退出社会劳动生活后才发生作用，是以劳动者与生产资料的脱离为前提。法定的年龄界限在各国有不同的标准。

3. 国家和社会依法提供一定物质帮助给被解除劳动义务的劳动者，以维持其老年生活是养老保险的宗旨。鉴于养老保险的唯一宗旨就是提供一定物质帮助给被解除劳动义务的劳动者，以维持其老年生活，养老保险待遇的确定既非按劳分配，也非按需分配，而是以劳动者被解除劳动义务后的基本生活需要、劳动者的劳动贡献和社会经济发展状况等作为基本依据。

4. 养老保险是适用范围最为广泛的社会保险项目。养老保险作为社会保险的一种，具有适用范围最为广泛的特点。由于生理原因，步入老年是每个劳动者无法回避的问题，所以养老保险保障的范围应为全体劳动者。养老保险是世界各国普遍实行的一种社会保障制度，由国家立法强制实行，企业单位和个人都必须参加。由于享受人多且时间较长，费用支出庞大，因而必须设置专门机构统一规划和管理。

二、我国的养老保险制度

（一）我国养老保险的历史与现状

1. 20 世纪 50 年代，是养老保险初创阶段。以 1951 年颁布的《中华人民共和国劳动保险条例》为标志，基本形成了养老保险法律体系。此阶段的养老保险实行两套立法：一是城镇全民所有制企业职工的养老保险制度内含于《劳动保险条例》之中；二是国家机关工作人员的养老保险制度，由若干单行法规组成，国家机关工作人员的养老保险与企业职工的养老保险相比较，主要在待遇标准上不统一。

2. 1958 年至 1966 年，是我国养老保险的调整发展时期。就劳动者的退休、退职等规定进行了修订，进一步完善了我国的养老保险法律体系。1958 年，国家根据当时的情况，将企业和国家机关、事业单位的两套养老保险立法，在适当放宽养老条件和提高待遇标准的基础上作了统一规定，企业职工的养老保险从《劳动保险条例》中分离出来。

3. 第三个阶段是"文化大革命"时期，我国的养老保险法律体系遭到严重破坏。"文化大革命"开始后不久，财政部于 1969 年 2 月颁发了关于国营企业财务工作中几项制度的改革意见，规定不再向国营企业提取"劳动保险费"，企业支付的退休金改在"企业营业外列支"。全国范围的企业退休基金不复存在，养老保险完全变成了"企业保险"。

4. 自 20 世纪 80 年代后，我国的养老保险进入改革时期，逐步重建新的养老保险法律体系。养老保险改革的主要内容为：逐步推行退休费的社会统筹，先以市、县为统筹范围，最后扩大到以省、直辖市、自治区为统筹范围；建立了劳动合同制工人的养老保险制度，进行了基本养老金计发办法改革；开展了补充养老保险的试点，为建立多层次养老保险体系奠定了基础。

在总结各地改革经验的基础上，国务院于 1991 年 6 月 26 日颁布了《关于企业职工养老保险制度改革的决定》，对养老保险改革的原则、养老保险制度、筹资渠道和方式、待遇标准和保险基金管理等作了原则规定。1995 年 3 月 1 日又发布了《关于深化企业职工养老保险的通知》，进一步明确了企业职工养老保险改革的方向、原则和主要任务。同时，农村养老保险的建立也提上日程。1997 年国务院《关于建立统一的企业职工基本养老保险制度的决定》规定了企业缴纳基本养老保险费的比例和个人缴纳基本养老保险费的比例。2003 年 12 月 30 日，劳动和社会保障部通过《企业年金试行办法》，规定符合条件的企业可以建立企业年金。2005 年 6 月 10 日，劳动和社会保障部、财政部与中国残疾人联合会颁布实施了《关于城镇贫困残疾人个体户参加基本养老保险给予适当补贴有关问题的通知》，针对部分困难残疾人个体户参加基本养老保险能力不足等实际困难，采取补贴措施，扶持残疾人个体户参保。

（二）养老保险制度的改革和内容

1. 扩大养老保险适用范围，建立一体化的基本养老保险制度。统一城镇个体工商户和灵活就业人员参保缴费政策，将非公有制企业、城镇个体工商户和灵活就业人员纳入城镇基本养老保险覆盖范围，实行适用于各类劳动者的统一制度、统一标准、统一管理和统一调剂使用基金的基本养老保险制度。

2. 建立多层次养老保险相结合的制度。多层次养老保险是指基本养老保险与企业补充养老保险和职工个人储蓄性养老保险相结合的一种养老制度。

在这种多层次养老保险体系中，基本养老保险为第一层次和最高层次的保险。企业补充养老保险是企业及其职工自愿建立的补充养老保险制度，所需费用由企业和职工个人共同缴纳。个人储蓄性养老保险，是指职工个人在自愿的基础上根据收入状况储备一定资金，为将来养老所用。

3. 改革养老保险资金来源负担。实行基本养老保险费用由企业和个人共同负担，并由国家财政予以补贴的办法。

用人单位缴纳的养老保险费是养老保险基金的最主要来源。国家财政承担养老保险基金份额的方式有：（1）让税：税前提取保险费，养老保险基金增值不征税，退休金超过一定限额不征调节税；（2）让利：对存入国家金融机构的养老保险基金给予偏高利率；（3）补贴：养老保险基金收不抵支时由财政拨款。

4. 实现养老保险基金筹集、管理、监督和发放的社会化。养老保险基金的筹集、管理、监督和发放必须实现社会化，应设置专门的养老保险基金管理机构，负责养老保险基金的管理服务工作。改变企业各自负担本企业退休费的办法，由社会保险机构或税务机关按照一定的计算基数与提取比例向企业和职工统一征收退休费用，形成由社会统一管理的退休基金，企业职工的退休费用由社会保险机构直接发放，或委托银行、邮局代发以及委托企业发放，以达到均衡和减轻企业的退休费用负担，为企业的平等竞争创造条件。

2023 年，我国养老金统筹调剂规模扩大至 2 440 亿元，上缴地区减少至 18 个。为应对退休高峰期对部分地区社保基金的冲击、合理调剂地区间基金余缺，2022 年起，企业职工基本养老保险开始在全国范围内统筹调剂。2023 年养老金统筹调剂的规模较 2022 年预算进一步扩大，18 个地区预计上缴约 2 440 亿元资金，广东仍然是上缴规模最大的省份，获拨付的地区数量增加至 14 个。东三省、内蒙古、河南、天津、甘肃、湖北、山东、江西、青海、河北、宁夏和新疆生产建设兵团 14 个地区获得拨付养老保险统筹调剂基金

2 440.44 亿元，其中辽宁、黑龙江获拨付资金最多，分别达 844.31 亿元、829.32 亿元，合计占拨付总额的 68.6%。①

第三节　农村养老社会保险

一、农村养老方式的历史与变革

我国长期以来对社会成员实行城乡分割的二元保障体制：城市居民实行社会保障体系，农村则是以家庭为主的保障体系。农村没有像城市一样建立起社会保障制度，而是在集体经济之上建立了一套集体保障制度。当时农村的土地归集体所有，并由集体统一经营，人们参加集体劳动，平均分配劳动报酬。当其完全丧失劳动能力时退出农业生产劳动，由家庭中具有生产能力的成员负责其基本的生活品供应。而对于一些没有劳动能力且无依无靠的老人，由生产集体实行“五保”，即保吃、保穿、保医、保住、保葬。自 1978 年改革开放以来，农村的集体经济解体，原有的集体保障消失了，农村的养老方式直接体现为家庭保障。

家庭为其成员提供抵御各类社会风险的保障。在传统社会里，无论是以父子关系为核心的东方家庭还是以夫妻关系为核心的西方家庭，都普遍性地存在相当长时间。尤其在东方国家，老人与自己的孩子居住在一个大家庭（三代或者三代以上）里，包括老人和孩子在内的家庭成员，用各种方式承担其家庭生活的责任。老人抚养孩子并留下财产，年老后由孩子们赡养，代代相传。由家庭承担社会保障的功能有其自身的优势：老人很容易在家庭中找到一些有益的工作，既有利于其自身的身心健康，也减轻了年轻成员的家庭负担，降低了家庭保障的经济成本。同时，在对于老人需求的了解上，家庭成员具有其他人不可替代的优势，能够及时对偶然事件采取最合适的处置措施。

但家庭保障机制的缺陷也是十分明显的。首先是它的极不稳定性。家庭中主要劳动力的病残或者子女的早逝，都可能导致家庭保障机制的瓦解。其次，家庭承担保障功能还必须具备一些条件，包括：社会的生产条件和家庭收入基本不变，如春耕秋收，在正常的气候条件下每年的播种成本和收割收益是基本不变的。在此基础上，还必须由一个具有理智的人来合理安排全家人一生的收入和支出，尤其是为病、老、残之需留有必不可少的积蓄。这个具有理智的人能够对家庭全体成员的收入和风险进行集中调节，可以集中家庭财力和人力抵御各种可能出现的社会风险。在封建社会的道德层面和社会习俗中，老年人控制财产，养儿防老成为主流的社会共识，忠孝节义不仅是支撑家庭保障功能的道德基石，而且得到社会法律的强制性支持，甚至不惜以重罪来惩罚本来是道德教育范畴的行为。

随着社会生产力的发展，经济、政治、社会、法律和人口的改变，家庭抵御社会风险的功能必然地走向衰落。随着经济的发展和生产方式的改变，以城市为基础的工业和服务业发展起来，在很大程度上取代了传统的农业生产。由于我国近些年来经济社会发展带来的人口流动等原因，我国老年人口的比重出现了农村高于城市的现象。人口流动主要是从

① 2023 年养老金统筹调剂规模扩大至 2 440 亿元，上缴地区减少至 18 个. 财新周刊，2023-03-30.

农村迁往城市，导致城市新增年轻人很多，而农村“留守”老人却逐渐增加。人口流动的增加和受教育程度的差距，在动摇传统观念的同时，还在家庭成员中制造了代际距离。在制度层面上，遗产税和继承法使老人通过控制财产来促使年青一代赡养的手段也失去了先前的威力。出生率在下降，人口向老龄化发展进一步弱化了家庭抵御社会风险的作用。①

二、我国农村社会养老保险的变革

我国农村社会保障制度是从农村社会养老保险着手的，并且首先在农村经济发达和比较发达的地区开展。

1987 年 3 月，国务院决定对建立我国农村基层社会保障体系进行探索。在农村经济发达和富裕地区，以村（少数为乡、镇）为主体的社区型养老保障方式开始出现。到 1989 年 6 月，全国有 19 个省（自治区、直辖市）进行了养老保险试点，参加人数达 90 多万人，积累资金 4 100 万元，已有 21.6 万农民开始领取养老金。2005 年年末全国参加农村养老保险人数为 5 442 万人，比上年年末增加 64 万人，全年共有 302 万农民领取了养老金，比上年增加 97 万人。全年共支付养老金 21 亿元，年末农村养老保险基金累计结存 310 亿元。②

与城镇社会养老保险不同，农村社会养老保险的突出特点是政府不承诺投入，实行完全积累的个人账户，农民享有的养老金水平与交费多少直接挂钩。1997 年，东南亚金融危机来临，中国国内的金融风险控制和金融秩序整顿也被提上日程。当年 11 月，国务院成立 12 个金融秩序整顿小组，“农村社会养老保险”被列为保险业整顿的第三专题组。按照 1998 年国务院机构改革方案，在中央政府层面，职能和机构由民政部移交新成立的劳动和社会保障部，农村社会保险司也从民政部成建制地转入劳动和社会保障部。东部地区一些省份，由于地方政府财力较为雄厚，有条件予以支持，整体移交较为顺利，其后的运作也较为平稳。在中西部相当一部分省区，由于各地对农村社会养老保险认识不一，农村社会养老保险处于进退两难的境地，通行的做法是简单退保。③

由于农村社会养老保险管理体制的漏洞，农村社会养老保险基金在全国各省都面临风险，包括投资风险、管理风险、利率风险、支付风险等。随着农村老龄化程度的加剧，领取养老金人数、养老金支出将会继续大幅增加。④

---

① 由于大量的年轻人从农村迁移流向城镇，现在与今后几十年农村人口老龄化程度高于城镇。我国农村与城镇 2000 年 65 岁及以上老人占总人口的比例分别为 7.2%与 6.3%。在比较保守的中死亡率和中生育率以及假定农村向城镇迁移的年龄结构分布与 2000 年相同的预测方案下，我国 2020 年农村、城镇 65 岁及以上老人比例分别为 15.6%和 9.0%，2050 年分别为 32.7%与 21.2%。这是因为 20 世纪五六十年代生育高峰期出生的农村中年人向城镇迁移的几率比年轻人要低，而这一庞大人群将陆续成为老人，其中大多数留住农村；而且他们正好又赶上了自 20 世纪 70 年代初开始的卓有成效的计划生育，这些人很多只有一个或两个子女，当他们成为老人时，子女可能已离开农村。因此，农村老人今后仍然完全靠家庭养老是不现实的。退休金缺口与农村养老保障，政府与公众关注的问题. 劳动新闻网.

② 劳动和社会保障部，国家统计局. 2005 年度劳动和社会保障事业发展统计公报. http://www.molss.gov.cn.

③ 1997 年，全国农村社会保险参保人数达 8 000 多万人。至 2006 年已退保的农民为 2 000 万人左右。四川省 1998 年农村社会养老保险高峰时，参保农民有 360 万人，占全省农民的 5.37%。此后这一项活动仍在继续，但参加人数逐渐减少，2005 年年底降至 291 万人。在中西部地区绝大多数省份，参保农民人数都处于绝对下降之中。常红晓，何禹欣. 农村养老社会保险不相信乌托邦. 财经，2006-06-26.

④ 常红晓，何禹欣. 农村养老社会保险不相信乌托邦. 财经，2006-06-26.

三、我国农村养老保险法制化的建构

社会保险是全体社会成员所必需的，它是社会成员生存、生活和保持人格尊严必不可少的。正如德国学者霍尔斯特·杰格尔所言："在每个人的一生中都会出现困境，例如生病、失业、事故、老年、死亡、生育多胞胎、生育一个有残疾的孩子、住房困难等。在这种情况下，他迫切需要他的家庭、邻居、救济机构、保险机构或者国家的帮助。而人的尊严和价值要求一个有效的保障。只有在充分的社会保障的基础上——同时有精神自由——人们的人格才能得到公平的发展。"①

我国《社会保险法》第 20 条规定："国家建立和完善新型农村社会养老保险制度。新型农村社会养老保险实行个人缴费、集体补助和政府补贴相结合。"新型农村社会养老保险待遇由基础养老金和个人账户养老金组成。参加新型农村社会养老保险的农村居民，符合国家规定条件的，按月领取新型农村社会养老保险待遇。参加基本养老保险的个人，达到法定退休年龄时累计缴费不足 15 年的，可以缴费至满 15 年，按月领取基本养老金；也可以转入新型农村社会养老保险或者城镇居民社会养老保险，按照国务院规定享受相应的养老保险待遇。

进城务工的农村居民依照本法规定参加社会保险。征收农村集体所有的土地，应当足额安排被征地农民的社会保险费，按照国务院规定将被征地农民纳入相应的社会保险制度。

第四节　失业保险法

一、失业保险的概念和特点

失业是指具有劳动能力并有劳动意愿的劳动者得不到劳动机会或者就业后又失去工作的状态。

国际劳工组织对失业特别作了如下界定：失业是指在调查期内达到一定年龄并满足以下条件者：（1）没有工作，即未被雇佣，同时也未自谋职业者；（2）目前可以工作，即可被雇佣或自谋职业者；（3）正在寻找工作，即在最近特定时期已经采取明确步骤寻找工作或自谋职业者。

我国关于失业的概念有以下几个特点：（1）失业人员仅指城镇非农业户口的劳动者，而不包括农村劳动者，因而，大量进城务工的民工并不在失业人员统计之列；（2）失业人员的年龄限于男 16 岁～50 岁、女 16 岁～45 岁，该年龄的上限比我国法定退休年龄，即男 60 岁、女 50 岁要低；（3）失业率的统计是以每一日历年的最后一天的失业人数来计算，而没有采用国际上通行的月度失业率统计方法。

---

① 杰格尔. 社会保险入门：论及社会保障法的其他领域. 刘翠霄，译. 北京：中国法制出版社，1998：1.

二、建立失业保险制度的意义

1. 有利于培育劳动力市场

市场经济的最大特征是通过市场来实现资源的合理配置，建立起发达的生产要素市场，包括资金市场、商品市场和劳动力市场等。企业的生产主要决定于市场的需求，而市场的波动性使得生产对劳动力的需求也会发生不断的变化，这种变化必然导致对劳动力需求不足或过剩的情况，这就要求有一定比例的失业人员存在以适应市场的变化。

因此，必须建立起统一的劳动力市场，打破各种所有制的限制，使劳动力能够合理流动，为企业生产提供足够的和合格的劳动力。要保证能够长期维持市场运行所需要的劳动力结构，必须建立起失业保险制度，使从生产领域游离出来的失业人员得到必要的保障，以适应市场经济对劳动力的需求。

2. 有利于保证失业劳动者的基本生活

竞争机制是市场经济的重要法宝，其通过竞争的优胜劣汰来实现资源的配置。一方面，企业作为市场的主体要参与市场竞争，如果企业的经营方式落后，产品没有竞争力，必然要被市场所淘汰。社会经济领域就像自然界一样，是在不断地新陈代谢过程中发展的，新技术的发明和应用，新资源的开发、新市场的出现等因素都会引起社会经济的变化，竞争的结果必然使一些落后的企业和生产方式落败，也会使一些决策失误的企业落败，这些企业的劳动者最终加入失业大军的行列。另一方面，劳动力市场的建立，劳动者个人之间也必然形成竞争的机制，竞争就业，竞争上岗，没有良好素质和技术的劳动者也必然遭到淘汰，成为失业人员。

劳动者因失业而退出工作岗位，因此失去了工资收入，使得其本人和家庭陷于生存困难。为此，必须对失业劳动者提供失业保险，保证其本人及其家庭的基本生活。

3. 有利于促进失业劳动者的再就业

面对不可避免的失业问题，政府必须考虑如何采取措施实现劳动者的再就业。在市场经济发达的国家，劳动者失业后，主要通过失业保险制度保证其基本生活，并通过劳动力市场来实现其再就业。而目前我国劳动力市场尚未发达，劳动力供求又不均衡，在劳动力供远大于求的情况下，劳动力市场体系还难以解决大量劳动者失业后的再就业问题。

因此，需要发挥失业保险的作用，借助政府的力量帮助失业人员解决再就业的问题。在失业保险的开支中，有一部分基金可用于职业介绍和职业培训上，以帮助失业人员通过职业介绍和职业培训，尽快实现再就业。

三、失业保险的对象和范围

（一）享受失业保险的条件

失业者要获得失业保险的权利，必须要有一定的资格条件。为了保证将失业保险金支付给规定范围内的失业者，防止失业者产生依赖心理和不劳而获的观念，各国对失业保险的资格条件规定得十分具体和严格。概括起来，主要有：

一是失业者必须符合劳动年龄条件。失业保险不包括未达到法律规定最低劳动年龄和超过法定退休年龄的人。对此各国的规定不一，英国和澳大利亚均为男 16 岁～64 岁、女

16 岁～59 岁，世界银行统一规定为 15 岁～65 岁。这是因为，只有处于劳动年龄的就业者才谈得上失业，才有权享受失业保险待遇。

未达到劳动年龄的人和超过劳动年龄的退休者不负有法定的社会劳动义务，各国为保护其身体健康，均明文禁止使用童工，而超过劳动年龄的人已享受有养老保险，故这两种人均不属于社会生产中的劳动力，也就不存在失业问题，不属于失业保险的对象。

二是失业必须是非自愿失业。失业原因并非出于本人意愿，而是由超出其所能控制的各种社会或经济因素所造成的。各国对此均有一致的规定，这是为了防止故意失业以获取失业保险金。

自愿失业者不在失业保险给付范围之内，因为自愿失业责任全在失业者本人，或是出自获取更体面的工作岗位和更优惠工资的考虑，或是出自其他个人考虑，这种自愿离开原工作岗位而暂时失业的现象理应由个人负责，企业和国家没有义务给其以失业保险待遇。而非自愿失业的责任不在失业者本人，是由与失业者本人无关的非本人能力所能控制的一些原因造成的，理应向其提供失业保险。

三是失业者必须满足一定的合格期条件。为了贯彻社会保险权利和义务对等原则，失业保险规定失业前必须达到一定的就业年限或交足一定期限和数额的失业保险金。关于交费期限和就业时间，大多数国家一般以失业前一年中的 6 个月为准。有些国家还规定，失业者失业前在有关国家居住一定期限，才具有享受失业保险给付的资格。

四是失业者必须具有劳动能力和就业意愿。失业保险所保障的对象是那些具备劳动能力和就业意愿的失业者。

失业者在申请失业给付前，须先到就业辅导机构登记申请辅导就业，并在领取失业救济金期间定期向就业辅导机构报到。主要包括：(1) 失业者必须在规定期限内到职业介绍所或失业保险管理机构进行登记并要求重新工作。(2) 失业期间必须定期与失业保险机构联系，报告个人情况，这是为及时掌握失业者就业意愿的变化和向就业机构传递就业信息。(3) 表示愿意接受职业训练和合理的工作安置。若失业者拒绝，则认定无再就业意愿，停止保险金的发放。失业者必须具备上述条件，才有资格享受失业保险待遇。

我国《社会保险法》第 45 条规定：“失业人员符合下列条件的，从失业保险基金中领取失业保险金：(一) 失业前用人单位和本人已经缴纳失业保险费满一年的；(二) 非因本人意愿中断就业的；(三) 已经进行失业登记，并有求职要求的。”

(二) 我国失业保险的覆盖范围

按照《失业保险条例》的规定，国有企业、城镇集体企业、外商投资企业、城镇私营企业以及其他城镇企业和各类事业单位（如学校、医院、科研院所等）都在参加失业保险的范围之内。同时，省、自治区、直辖市人民政府可以根据当地实际情况，决定本省（自治区、直辖市）范围内的社会团体及其专职人员、民办非企业单位及其职工、有雇工的城镇个体工商户及其雇工是否要参加失业保险。

我国失业保险覆盖范围是逐步扩大的。1986 年，为配合劳动合同制度和《企业破产法》的试行，国务院发布了《国营企业职工待业保险暂行规定》，其适用范围是国营企业中的四类人员：宣告破产企业的职工，濒临破产企业法定整顿期间被精简的职工，企业终止、解除劳动合同的工人和企业辞退的职工。

1993年，为适应经济体制改革，特别是《全民所有制工业企业转换经营机制条例》的实施，国务院发布了《国有企业职工待业保险规定》，其适用范围从原来的四类人员扩大到七类九种人员，即：撤销和解散企业的职工，停产整顿企业被精简的职工，企业辞退、除名或者开除的职工，宣告破产企业的职工，濒临破产企业法定整顿期间被精简的职工，依照法律、法规规定或者按照省、自治区、直辖市人民政府规定享受失业保险的其他职工。实行企业化管理的事业单位职工也被纳入失业保险范围。

1999年8月30日，劳动和社会保障部颁布了《关于事业单位参加失业保险有关问题的通知》，要求事业单位在单位所在地进行社会保险登记，按时申报并足额缴纳失业保险费；事业单位职工失业后，应到当地经办失业保险业务的社会保险经办机构办理失业登记；对符合享受失业保险待遇条件的，由经办机构按规定支付失业保险待遇。

劳动和社会保障部办公厅、人事部办公厅、解放军总后勤部司令部2002年2月22日发布《关于对军队机关事业单位职工参加失业保险有关问题的复函》，规定：军队机关事业单位参加失业保险，应按照规定如实提供职工人数、缴费工资基数等情况。失业保险经办机构应按照军队机关事业单位提供的参保人员名单和缴费工资等情况，为缴费单位和缴费个人办理参保手续、建立缴费记录。军队机关事业单位中的参保人员失业时，对符合条件的失业人员，要按时足额发放失业保险金，并提供相应的服务。

四、失业保险基金的发放与标准

（一）失业保险金的支出项目

我国规定，失业保险基金主要支出项目是：（1）失业保险金；（2）领取失业保险金期间的医疗补助金；（3）领取失业保险金期间死亡的失业人员的丧葬补助金和其供养的配偶、直系亲属的抚恤金；（4）领取失业保险金期间接受职业培训、职业介绍的补贴；（5）国家规定或者批准的与失业保险有关的其他费用。

劳动和社会保障部1999年8月25日发布了《关于调整失业保险基金支出项目有关问题的通知》，要求根据《失业保险条例》做好失业保险基金支出项目调整工作。

1. 关于生产自救费的处理。已经提取尚未借出和借出已收回的生产自救费，一律并回基金。

2. 关于转业训练费的处理。结余的转业训练费并回基金。按规定使用转业训练费形成的固定资产，用于职业培训的，转给劳动保障行政部门下属的职业培训机构；由失业保险经办机构或其他部门使用的，转给失业保险经办机构。

3. 关于职业培训补贴和职业介绍补贴。职业培训补贴和职业介绍补贴要列入失业保险基金预算，按照实际发生额，从基金中直接列支，不能按比例预先提取，不得在基金之外设立专项资金。

4. 关于调剂基金支持国有企业再就业服务中心。在保证失业保险待遇正常发放和留足必要的后备资金的同时，要继续加大向国有企业再就业服务中心调剂、拨付基金的力度，切实保障国有企业下岗职工的基本生活。

5. 清理生产自救费、转业训练费账户。按规定借出尚未收回的生产自救费，要查验借款合同，并与借款单位核对无误。

（二）失业保险金的给付标准

根据《失业保险条例》的规定，失业保险金的标准，应当按照低于当地最低工资标准、高于城市居民最低生活保障标准的水平，由省、自治区、直辖市人民政府确定。将失业保险金的发放标准与最低工资和城市居民最低生活保障标准挂钩，使失业保险金标准随着最低工资标准和城市居民最低生活保障标准的调整而调整，这是保证失业人员享受社会进步和经济发展成果的重要措施。

失业保险金的发放标准与最低工资标准和城市居民最低生活保障标准挂钩的原因在于，我国是一个发展中国家，失业人员生活保障程度不宜过高，只能维持其基本生活需要。失业保险金的发放标准不能高于提供了正常劳动的劳动者所得工资的最低标准，即最低工资标准，如果超过这个标准，不仅会引发一些矛盾，也容易使失业人员产生依赖心理，不利于失业人员积极寻找工作，实现再就业；同时，也不应低于城市居民最低生活保障标准，如果低于这个标准，难以保障失业人员的基本生活。

我国《社会保险法》第46条规定："失业人员失业前用人单位和本人累计缴费满一年不足五年的，领取失业保险金的期限最长为十二个月；累计缴费满五年不足十年的，领取失业保险金的期限最长为十八个月；累计缴费十年以上的，领取失业保险金的期限最长为二十四个月。重新就业后，再次失业的，缴费时间重新计算，领取失业保险金的期限与前次失业应当领取而尚未领取的失业保险金的期限合并计算，最长不超过二十四个月。"同时，考虑到各地社会经济发展水平存在较大差异，全国不宜规定一个统一的标准，《失业保险条例》将具体发放标准授权省、自治区、直辖市人民政府根据当地的实际情况自行确定。

各国确定失业保险给付的原则有三：一是确保失业者及其赡养者的基本生活需要，二是给付标准应适当低于失业者原有的工资水平，三是失业保险权利和义务相对等的原则。劳动者失业后有获得基本生活保障的权利，失业前也有为社会劳动、缴纳保险费的义务。因此，失业保险金的给付应与被保险人的工龄、交费年限和原工资收入相联系，使工龄长、交费次数多、原工资收入水平高的失业者获得较多的失业保险金；反之，所获得的失业保险金就少些。

案例与事例

一、缴费满足15年的三种方案

根据现行有效的政策，职工达到法定退休年龄时，基本养老保险累计缴费不足15年的，有三种办法可以解决，职工可根据自己实际情况和意愿，任意选择其中一种。

1. 继续缴费，至满15年止，按月领取基本养老金

《社会保险法》第16条第2款规定，参加基本养老保险的个人，达到法定退休年龄时累计缴费不足15年的，可以缴费至满15年，按月领取基本养老金。人力资源和社会保障部2011年6月29日发布的《实施〈中华人民共和国社会保险法〉若干规定》第2条规定，参加职工基本养老保险的个人达到法定退休年龄时，累计缴费不足15年的，可以延长缴费至满15年。社会保险法实施前参保、延长缴费5年后仍不足15年的，可以一次性

缴费至满 15 年。

首先，上述两个法条都规定了职工达到法定退休年龄时累计缴费不足 15 年的，可以继续缴费至满 15 年，然后按月领取基本养老金。然而，早在 2005 年时，国务院《关于完善企业职工基本养老保险制度的决定》则规定，本决定实施后到达退休年龄但缴费年限累计不满 15 年的人员，不发给基础养老金；个人账户储存额一次性支付给本人，终止基本养老保险关系。也就是说，在《社会保险法》实施之前，职工达到法定退休年龄时累计缴费不足 15 年的，是不能继续缴费至 15 年并领取基本养老金的，职工本人只能一次性领取个人账户储存额，养老保险关系被强制终止。其次，允许继续缴费，是后延缴费呢，还是一次性缴纳（趸交）?《实施〈中华人民共和国社会保险法〉若干规定》第 2 条规定，社会保险法实施前参保、延长缴费 5 年后仍不足 15 年的，可以一次性缴费至满 15 年。除此之外，没有作其他的具体规定。

根据全国人大常委会法工委、国务院法制办、人力资源和社会保障部组织编写的《中华人民共和国社会保险法释义》① 一书的解释，国家层面的法律法规之所以没有规定继续缴费的具体缴费方式，是“由于各地差别较大”，而把此项权力赋予了地方。

2. 转入城乡居民基本养老保险，享受养老保险待遇

《社会保险法》第 16 条第 2 款规定，参加基本养老保险的个人，达到法定退休年龄时累计缴费不足 15 年的……也可以转入新型农村社会养老保险或者城镇居民社会养老保险，按照国务院规定享受相应的养老保险待遇。同样，《实施〈中华人民共和国社会保险法〉若干规定》第 3 条第 1 款规定，参加职工基本养老保险的个人达到法定退休年龄后，累计缴费不足 15 年（含依照第 2 条规定延长缴费）的，可以申请转入户籍所在地新型农村社会养老保险或者城镇居民社会养老保险，享受相应的养老保险待遇。

这里有两个问题需要说明：(1) 根据国务院 2014 年 2 月 21 日发布的《关于建立统一的城乡居民基本养老保险制度的意见》，国务院决定将新型农村社会养老保险和城镇居民社会养老保险合并实施，在全国范围内建立统一的城乡居民基本养老保险。(2)《社会保险法》第 16 条第 2 款规定的“按照国务院规定享受相应的养老保险待遇”、《实施〈中华人民共和国社会保险法〉若干规定》第 3 条第 1 款规定的“享受相应的养老保险待遇”，以及国务院《关于建立统一的城乡居民基本养老保险制度的意见》第 8 点第 2 款提到的“城乡居民养老保险制度与职工基本养老保险、优抚安置、城乡居民最低生活保障、农村五保供养等社会保障制度以及农村部分计划生育家庭奖励扶助制度的衔接，按有关规定执行”，目前为止还没有看到有相关的实施细则出台。根据上文提到的《中华人民共和国社会保险法释义》② 一书的解释，“至于如何转入新型农村社会养老保险或城镇居民社会养老保险，如何享受养老保险待遇，涉及各项制度之间的统筹衔接，在缺乏充分的论证和取得足够的实践经验之前，法律不宜马上就作出具体规定，因此本法作了原则性规定”。

3. 一次性取出个人账户储存额，终止职工基本养老保险关系

《实施〈中华人民共和国社会保险法〉若干规定》第 3 条第 2 款规定，参加职工基本

---

① 全国人大常委会法工委，国务院法制办，人力资源和社会保障部. 中华人民共和国社会保险法释义. 北京：中国劳动和社会保障出版社，2012.

② 同①74

养老保险的个人达到法定退休年龄后，累计缴费不足 15 年（含依照第 2 条规定延长缴费），且未转入新型农村社会养老保险或者城镇居民社会养老保险的，个人可以书面申请终止职工基本养老保险关系。社会保险经办机构收到申请后，应当书面告知其转入新型农村社会养老保险或者城镇居民社会养老保险的权利以及终止职工基本养老保险关系的后果，经本人书面确认后，终止其职工基本养老保险关系，并将个人账户储存额一次性支付给本人。

这款规定有两个问题值得我们注意：(1) 个人可以书面申请终止职工基本养老保险关系，社会保险经办机构必须书面告知相应后果。首先，职工"可以"申请，而不是应当申请，职工既可以申请终止，也可以不申请终止，即选择继续缴费或转入城乡居民基本养老保险。其次，申请终止的，必须提出书面申请。再次，社会保险经办机构收到职工书面申请后，必须书面告知相应后果，职工本人书面确认后，方可终止职工基本养老保险关系，并一次性支付个人账户储存额给职工本人。(2) 只支付职工个人账户储存额给职工本人，不支付社会统筹账户储存额。也就是说，用人单位所缴纳的那部分社会保险费，被国家"统筹"掉了。[①]

二、劳动者自愿放弃社会保险无效

冯某于 2012 年 3 月 15 日进入昆山某电子公司从事清洁工工作，双方签订了书面劳动合同，月工资标准为当地最低工资。试用期过后，单位开始为冯某缴纳社会保险，但两个月后冯某认为扣除社保个人缴费部分后每月收入过低，于是向单位提出放弃社会保险，单位让冯某签订了放弃缴纳社会保险费的书面协议后，中断了冯某的社会保险。2015 年 12 月 8 日晚 22：00 左右，冯某夜班结束后骑电动车回家途中不慎摔倒，被送往医院住院治疗，2016 年 1 月 3 日出院，遵医嘱在家休息。截至 2016 年 1 月 6 日，冯某已现金支付医疗费共计 58 789.94 元。冯某与单位多次协商，希望单位能为其报销部分医疗费，但单位认为冯某自己放弃缴纳社保，故其发生的医疗费用应由其本人全额承担，单位不应承担任何责任。2016 年 1 月 25 日冯某向昆山市劳动人事争议仲裁委员会提交了仲裁申请，主张医疗保险待遇损失。单位得知后，主动联系冯某表达了调解意愿。经过协商，用人单位于 2016 年 2 月 3 日一次性支付冯某 27 500 元，冯某撤诉。

本案争议焦点在于劳动者主动提出放弃缴纳社会保险，用人单位能否免除社会保险待遇损失的赔偿责任？我们认为，社会保险制度具有强制性，为劳动者缴纳社会保险是用人单位的法定义务，用人单位与劳动者之间不能以自行协商的方式来规避法律的明文规定，用人单位亦不能以劳动者自愿放弃社会保险作为抗辩理由而免除责任。根据我国《劳动法》《社会保险法》《社会保险费征缴暂行条例》等相关法律法规的规定，缴纳社会保险是用人单位的法定强制性义务。在社会保险的征缴关系中，不得对社会保险的征缴方式随意作出约定。本案中，单位与冯某私下签订的放弃缴纳社会保险的协议违反了法律法规的强制性规定，应当无效，该协议不能免除单位为冯某参加社会保险和缴纳社会保险费的义务。自中断社保之后，单位一直没有为冯某办理社会保险，导致冯某在非因工负伤期间无

---

① 问律. 达到退休年龄时社保未缴满 15 年怎么办.（2016-05-16）[2016-07-15]. 劳动法库网：http://mini.eastday.com/a/160517090328161.html?btype=index&subtype=guonei&idx=4&ishot=0.

法享受医疗保险待遇，根据最高人民法院《关于审理劳动争议案件适用法律若干问题的解释（三）》第1条的规定，冯某有权要求单位赔偿医疗费用损失。①

三、养老金的来源与归宿

养老压力大，专家建议取消退休金，来缓解养老压力。养老金账户面临缺口，很多人担心养老金用完了靠什么养老?②

劳动者退休后领取的养老金是劳动者工作期间劳动所得的延期支付。任何劳动者在劳动期间都在创造劳动价值，由此得到劳动报酬。但是，劳动者工作期间领取的劳动报酬不是也不可能是劳动者所创造的全部劳动价值，或者说是劳动者应当得到的全部劳动报酬。劳动者在劳动中创造的价值除了雇主心安理得地拿走一大部分外，其余更多的都留存于社会，并以此来推进社会的发展与进步。否则，高铁怎么修？高速怎么建？高校怎么开？国库里的钱等等从何而来?

按理，劳动者可以在劳动期间拿到更多的钱，然后存放在自己家中或者某个银行自己的户头中，用于养老及其他不时之需。但是，由于人性本有的缺陷——没有人能够在一生中面对自己眼前的一笔钱而减损用掉它的冲动，所以，现代国家便以国家立法强制的方式拿走劳动者在劳动中应得并所得的一部分，替劳动者集中保管起来，不到法定条件具备任何人都不能动用，以免劳动者陷入老年困境而不能自保。这便是社会保险建立的重要理由。因此，任何劳动者都不得不在劳动中把自己的钱预存于国家或者社会的既有制度中，等到了劳动者退出劳动行列时，便可以理直气壮地去取用自己存放了多年的这笔钱。

四、日本的老后破产

《老后破产》一书由日本NHK特别节目录制组编著，它还有一个附标题“名为‘长寿’的噩梦”。

破产在汉语是外来词，源于英语的bankrupt。英语里的bankrupt本意是负债者、乞讨者；在动词是使穷困、乞讨。词根rupt与break同义，意思是“断裂”。Bank的本意是堤岸，溃堤的河岸和垮掉的银行，水和钱都没有了。

“老后破产”揭示了老年人在居住、生活、医疗、人际关系等方面的困境。建筑公司的老板娘在独子过劳死、丈夫病逝之后顿失依靠，有病痛不敢看病，只求节省开销。宠物店老板关掉店铺专心护理重病的母亲，送走母亲后却无法再次就业，只能卖掉与母亲共同生活的房子以维持生计。

田代年届80，早年忙于工作，没有结婚。父母过世，兄弟失联，他住在15平方米的公寓里，从不打扫，杂物和用品随意堆放如垃圾。这与没钱吃饭相比就不是个事儿，他的养老金有6 000元人民币，房租3 600元加上水电煤气就只剩下1 300元生活费。这笔钱在东京只能买20碗拉面，所以平时午饭只吃一个饭团，到即将领取养老金前已经没有钱了，只能吃碗光面条。每两月一次的养老金一到账，他就到附近大学的食堂买一份套餐，让自己吃顿饱饭。因为拖欠电费，被停电后就不再用电了，照明用东京的路灯、洗衣用手，从不关门让风进来便是空调。电视本来是唯一的陪伴，现在也只能听口袋收音机了——早早

① 张珍. 劳动者自愿不缴社保，用人单位仍应赔偿其社保待遇损失. 劳援月报（南京大学劳动法援助项目）. [2016-07-15]. www.labourlaw.org.cn.

② 养老压力大，专家建议取消所有人的退休金，来缓解养老压力. 轻阅网，2023-03-30.

地躲进被窝、近近地贴着耳朵、低低地听着动静。

“案例中的每一位老人，年轻时都与你我一样认真工作。做好了退休后的储蓄计划，却从没想过老后生活如此孤独辛苦。”2004年，日本孤身生活老年人有600万，一半人年收入低于最低收入，200万人只有养老金过活。

比没钱更可怕的是社会断绝。田代说：“真正的痛苦是我失去了与他人的社会联系。”调查显示，经济状况与社会联系成正相关，经济困难与社会失联成正比例。除了人们的势利、交际的无效外，一个重要的原因是交际需要钱！

老年人大多在凉台上看日月解闷，隔数月雇人用轮椅把自己弄出去看看世界。一位80多岁的老人与乌鸦做起了朋友，开着窗户在凉台上撒米，在乌鸦吃米时就笑着问：“今天的心情怎么样?”连乌鸦交尾时也不放过：“你们结婚了吗?”邻居不堪其扰，投诉到城管。

“老后破产”不只冲击65岁以上的老人，也蔓延至工作人口。经济衰退、收入减少、物价上涨纷至沓来。年轻人就业困难，中年人失业容易，上班时担心“毕业”，毕业后就一直失业。不管你现在几岁，都可能是“老后破产”的后备人员。①

① 日本NHK特别节目录制组．老后破产：名为“长寿”的噩梦．上海：上海译文出版社，2018.

第十一章　社会保险法（下）

导读

工伤保险对于在现代化生产条件下工作的职工具有特别重要的作用。生育保险是一项专门保护女职工的社会保险，为生育的女工提供产前、产后的经济补偿和医疗保障。疾病保险的目的在于为劳动者因与劳动无直接关系发病、致残时支付医疗费用，弥补收入损失，恢复劳动能力提供帮助。本章讲解工伤保险法、生育保险法和疾病保险法。

第一节　工伤保险法

一、工伤保险的概念和对象

（一）工伤保险的概念

工伤保险又称职业伤害保险，是劳动者在工作中或法定的特殊情况下发生意外事故，或因职业性有害因素危害，而负伤（或患职业病）、致残、死亡时，对其本人或其供养亲属给予物质帮助和经济补偿的一项社会保险制度。

工伤保险具有以下特征。

（1）工伤保险的投保人为用人单位，被保险人是与该用人单位建立了劳动关系的职工。

（2）工伤保险所保之“险”为职业危险，指在生产工作中发生的工伤事故和职业性有害因素对职工健康和生命造成的危险。这种危险客观存在，由外界直接伤害引起，危险发生与否具有不确定性。

（3）工伤保险的方式为：对已经遭受工伤危害的职工及其供养亲属给予物质帮助和经济补偿。

（4）工伤保险是强制性保险，是法律规定必须为职工办理的一种社会保险。我国《工伤保险条例》第2条第1款规定：“中华人民共和国境内的企业、事业单位、社会团体、民办非企业单位、基金会、律师事务所、会计师事务所等组织和有雇工的个体工商户（以下称用人单位）应当依照本条例规定参加工伤保险，为本单位全部职工或者雇工（以下称职工）缴纳工伤保险费。”

（5）工伤保险实行无过失责任原则，即只要发生的工伤事故不是职工的故意行为所致，无论受到伤害的职工是否有过失，都应该享受工伤保险待遇。

我国企业职工的工伤与职业病保障制度建立于20世纪50年代。1951年2月25日，中央人民政府政务院颁布实施的《中华人民共和国劳动保险条例》第12条就对工伤保险待遇作了规定。1957年2月28日，卫生部制定的《职业病范围和职业患病者处理办法的规定》，首次在我国将职业病伤害列入工伤保险的保障范畴。1958年2月9日颁布的《国务院关于工人、职员退休的处理的暂行规定》和1978年6月2日颁布的《国务院关于工人退休、退职的暂行办法》中，曾先后两次对工人工伤保险待遇作了调整和提高。

《劳动法》规定：劳动者有享受社会保险和福利待遇的权利；劳动者在因工伤残或患职业病的情形下，依法享受社会保险待遇。1996年8月12日劳动部发布的《企业职工工伤保险试行办法》，将工伤保险作为一项独立的社会保险制度组织实施。2001年10月27日通过、2011年12月31日修正的《职业病防治法》第7条第1款规定：“用人单位必须依法参加工伤保险。”2002年4月18日卫生部、劳动和社会保障部发出《关于印发〈职业病目录〉的通知》，规定的职业病共有9大类、115种。2003年4月27日，国务院发布《工伤保险条例》，2010年12月8日国务院第136次常务会议通过了《关于修改〈工伤保险条例〉的决定》，自2011年1月1日起施行。

（二）工伤保险的对象

工伤保险最初是在高风险的行业、职业和较大的企业中实行，对象主要是那些靠工资收入、从事有危险工作的工人，主要是体力劳动者，后来才逐步扩展到其他劳动者。一些国家至今仍把农业工人、保姆和家庭工人、独立劳动者排除在工伤保险范围外。但从总的发展趋势看，世界各国都在逐步扩大工伤保险的范围。

国际劳工组织《社会保障最低标准公约》第33条规定的工伤保险对象包括：（1）规定类别的雇员，其在全体雇员中的构成不低于50%，如死亡者系供养人，为照顾起见，包括其妻子和孩子。（2）在根据第3条所作声明业已生效的情况下，在雇用20人或20人以上的工业工作场所的规定类别的雇员，其在全部雇员中的构成不低于50%，如死亡者为供养人，为照顾起见，包括其妻子和孩子。

《1964年工伤事故和职业病津贴公约》第4条规定：（1）关于工伤事故和职业病津贴的国家法规，应保护包括合作社在内的公营或私营部门的全体雇员（包括徒工），并在家庭供养人死亡时，保护各类受益人。（2）但会员国可就下列情形规定它认为必要的例外：1）在雇主企业外工作的临时工；2）在家工作的工人；3）在雇主家里生活，为雇主做工的雇主家属；4）其他种类的雇员，其人数不得超过雇员总人数的10%。

《1964年工伤事故津贴建议书》中要求各会员国将有关工伤和职业病津贴的国家法律的实施范围必要时逐步扩大（扩大到根据《1964年工伤事故和职业病津贴公约》第4条本不属该公约保护之列的任何一类的雇员），并且要求各会员国应根据规定的条件，确保对下述人员实施工伤、职业病补偿的规定：（1）从事生产活动或提供服务的合作机构的成员。（2）规定的各类独立劳动者，特别是小企业者或积极从事小商业、小农场经营活动者。（3）某些不领取工资的劳动者。这些人员包括：1）正在接受培训或者正在试用期内的人员（包括大学生）；2）承担抢险救灾或维护社会秩序与法制任务的志愿人员；3）其他从事公益活动或参与公民义务事业的人员；4）从事主管当局指定或批准的工作的囚犯和在押人员。

我国《工伤保险条例》第 2 条规定，中华人民共和国境内的企业、事业单位、社会团体、民办非企业单位、基金会、律师事务所、会计师事务所等组织和有雇工的个体工商户应当依照本条例规定参加工伤保险，为本单位全部职工或者雇工缴纳工伤保险费。中华人民共和国境内的企业、事业单位、社会团体、民办非企业单位、基金会、律师事务所、会计师事务所等组织的职工和个体工商户的雇工，均有依照本条例的规定享受工伤保险待遇的权利。

我国的工伤保险覆盖全体劳动者，即在中国境内工作的所有职工都可以按照《工伤保险条例》规定的工伤保险待遇水平享受相应的救治和补偿，只是各个单位的出资渠道并不相同：对于缴费参加工伤保险制度的，工伤保险的大部分费用由工伤保险基金支付；而对于没有缴费参加工伤保险制度的单位，其工伤职工的所需费用均由本单位承担。

根据《工伤保险条例》的规定，对不同单位是否参加工伤保险有不同的要求。

1. 所有的企业、有雇工的个体工商户都必须缴费参加工伤保险制度。这些单位的工作伤害风险度相对较高，必须参加工伤保险基金统筹，才能分担风险，从而使工伤职工的权益获得保障。

2. 国家机关由于其工伤风险低、经费来源于财政拨款，社会保险自成体系，因此，《工伤保险条例》第 65 条规定为："公务员和参照公务员法管理的事业单位、社会团体的工作人员因工作遭受事故伤害或者患职业病的，由所在单位支付费用。具体办法由国务院社会保险行政部门会同国务院财政部门规定。"

3. 民办非企业单位实行与不依照或者参照公务员进行人事管理的事业单位、社会团体相同的办法，以体现待遇平等的思想。民办非企业单位是一个较新的法律主体概念，是指企业、事业单位、社会团体和其他社会力量以及公民个人利用非国有资产举办的，从事非营利性社会服务活动的社会组织。主要法律依据是 1998 年 10 月 25 日国务院公布施行的《民办非企业单位登记管理暂行条例》。

4. 个体工商户。我国各地个体工商户的发展很不平衡，劳动用工制度也很不完善。虽然个体工商户中的工伤风险程度不同，但从社会保险的公平性出发，对这部分劳动者也需要予以保护。因此，《工伤保险条例》规定，有雇工的个体工商户应当参加工伤保险，由雇主为其雇员缴纳工伤保险费。

对于外国人在我国境内遭受工伤事故危害的，按照我国政府批准的《本国工人与外国人关于事故赔偿的同等待遇公约》第 1 条的规定，"凡批准本公约的国际劳工组织会员国，承允对于已批准本公约的任何其他会员国的人民在其国境内因工业以外事故而受伤害者，或对于需其赡养的家属，在工人赔偿方面，应给予与本国人民同等的待遇"。我国对批准该公约的其他会员国的人民在我国境内遭受工伤事故危害的，应给予与本国人民同等的待遇。

对于我国被派遣出境工作的职工，《工伤保险条例》第 44 条规定："职工被派遣出境工作，依据前往国家或者地区的法律应当参加当地工伤保险的，参加当地工伤保险，其国内工伤保险关系中止；不能参加当地工伤保险的，其国内工伤保险关系不中止。”在确保出境工作人员参加工伤保险，能够享受工伤待遇的前提下，避免用人单位同时承担双重或多重的工伤保险义务。

二、工伤保险的法律原则

（一）严格区别工伤与非工伤的原则

劳动者因工伤残是劳动者个人在工作中付出的代价，应规定较高的待遇，包括在生活上的照顾、在精神上的奖励和安慰。其社会保险待遇属于“损害补偿”性质。非因工伤残，虽然个人也付出了代价，但不是为社会劳动所付出的代价，保险待遇应适当低一些。它同社会保险中的医疗保险一样，属于“物质帮助”的范畴。

因工伤残造成的直接或间接经济损失均应得到补偿，但对二者应区别对待。造成的直接经济损失，是指劳动者在发生伤残事故后个人所遭受的经济损失。劳动者的直接经济损失是和他的直接经济收入相关的，是其全部收入的主要部分——工资收入。直接经济损失影响本人及其家属生活，影响劳动力再生产，对劳动者所遭受的直接经济损失必须给予全部的补偿。间接经济损失是指职工直接经济收入以外的其他经济收入的损失，包括兼职收入、业余其他劳动收入等损失。这部分收入不是人人都有，是不固定的、时有时无的额外收入。社会保险主要是保障其基本生活，因而这部分经济损失不应与前者受同等对待。

（二）补偿与预防、康复相结合原则

工伤保险制度也包括预防事故发生和帮助伤者康复。世界各国的立法都要求用人单位对劳动者的康复承担责任。用人单位应努力减少事故发生，改善劳动条件，加强对劳动者的安全培训，及时发现事故隐患，及时纠正排除。一旦发生事故要及时治疗，采取包括度假、治疗等措施促进职工早日康复；帮助工伤残疾人员恢复劳动力；为伤残人员生活和劳动创造条件。职业康复旨在帮助工伤残疾人员尽可能恢复劳动能力和提高生活能力。

（三）工伤保险与生产力发展水平相适应的原则

工伤保险基金统筹的水平越高，抗风险的能力越大；工伤保险待遇越高，职工的权益越能得到更高的保障。但是，由于我国正处在社会主义初级阶段，现阶段生产力水平和医疗管理水平有限，工伤保险基金只能实行省、地、市级统筹，工伤保险待遇也必须与生产力发展水平相适应。

（四）无过错责任原则

在劳动者生产和工作中，职业的危险客观存在的事实已得到普遍认同。1884 年 7 月 16 日德国公布的工伤保险法案《工人灾害赔偿保险法》第一次明确规定：劳动者受到工业伤害而负伤、致残、死亡，不管过失或责任在何方，雇主均有义务赔偿工人的收入损失，伤残者均有权获得经济补偿。此后，这一原则被称为“职业的危险”或“无责任补偿”原则。到 20 世纪初，几乎所有的工业化国家都将这一原则写进本国的劳动法规，“职业的危险”或“无责任补偿”原则成为世界各国确定工伤保险责任时普遍适用的准则。

根据“无责任补偿”原则，或者“无过失补偿”原则，工伤保险立法要求用人单位在发生工伤事故进行补偿时，无论事故的责任在用人单位或劳动者本人，都应给予劳动者经

济补偿。劳动者在工作中受到事故伤害，不但身心受到极大的痛苦，而且会影响或断绝正常收入来源。因此，实行“无责任补偿”，给予伤残者以及时的物质帮助，是工伤保险法的首要原则。

我国工伤保险实行无过失责任原则，即：在各种工伤事故中只要不是受害职工本人故意行为所致，无论受到伤害的职工是否有过失，都应该享受工伤保险待遇。

我国工伤保险实行的无过失责任原则，包括以下内容。

1. 工伤保险费由用人单位全额缴纳，职工个人无须缴纳。在工伤保险中，保险费是由用人单位缴纳的，劳动者个人不缴纳任何费用。这是工伤保险区别于养老保险、失业保险等其他社会保险的特点之一。由于工伤是对劳动者造成的伤害，使劳动者部分或者完全丧失劳动能力，而这种损失是在为用人单位劳动过程中发生的，所以不应要求劳动者个人缴纳工伤保险费。

为了保障因工受伤的劳动者及其家庭的基本生活，用人单位应依法给劳动者缴纳全部工伤保险费，以此承担对劳动者的工伤赔偿责任。用人单位按照规定缴纳保险费后，该用人单位的工伤风险即由社会承担。

2. 无过失责任。对依法认定为工伤的职工，无论本人是否有过失，都给予工伤保险待遇。无过失责任原则不适用于职工因犯罪或违反治安管理、酗酒而伤亡，以及自残或自杀的情况。发生这些情况，不应认定为工伤。认定职工工伤，给予职工工伤保险待遇，并不影响企业按规定对违章操作的职工给予其他处分。

三、工伤认定与职业病的确定

（一）工伤认定的条件与排除

工伤事故必须与工作、工作时间和地点相关。1921 年的国际劳工大会《关于工人赔偿（包括农业工人）公约》中，对工伤事故的提法是“由于工作直接或间接引起的事故为工伤事故”。1952 年《社会保障最低标准公约》第 32 条规定，覆盖范围内的意外事故应包括下列因工作造成的事故或疾病：（1）病态；（2）根据国家法律和条例的规定，由于病态而造成不能工作并停发工资；（3）全部丧失挣钱能力，或部分丧失这种能力，但超过规定程度并且可能是永久性的，或相应丧失功能；（4）寡妇或孩子由于供养人死亡而丧失依靠；对于寡妇，享受津贴的权利可根据国家法律或条例以估计其不能自立的条件。

工伤事故的范围从最初仅包括工业上的意外事故，扩展到包括上下班途中发生的意外事故。《1964 年工伤事故津贴建议书》要求把下列事故作为工伤事故：（1）不论其原因，只要是在作业时间内，在作业地点或附近或在作业场所外的任何地点因工作而发生的事故。（2）在工作前后一段合理的时间内，从事与工作有关的诸如运输、清理、备料、安全、储存、收拾工具和衣服等预备和收尾性工作时发生的事故。（3）在直通作业地点的路上发生的事故，包括：在直通雇员主要和第二停留处的路上发生的事故；在直通雇员经常用餐地点的路上发生的事故；在直通雇员接受报酬的地点的路上发生的事故。

我国《社会保险法》《工伤保险条例》对工伤及视同工伤的范围，以及不得认定工伤或视同工伤的情形作出了明确规定。

有下列情形之一的，应当认定为工伤：（1）在工作时间和工作场所内，因工作原因受到事故伤害的；（2）工作时间前后在工作场所内，从事与工作有关的预备性或者收尾性工作受到事故伤害的；（3）在工作时间和工作场所内，因履行工作职责受到暴力等意外伤害的；（4）患职业病的；（5）因工外出期间，由于工作原因受到伤害或者发生事故下落不明的；（6）在上下班途中，受到非本人主要责任的交通事故或者城市轨道交通、客运轮渡、火车事故伤害的；（7）法律、行政法规规定应当认定为工伤的其他情形。

有下列情形之一的，视同工伤：（1）在工作时间和工作岗位，突发疾病死亡或者在48小时之内经抢救无效死亡的；（2）在抢险救灾等维护国家利益、公共利益活动中受到伤害的；（3）职工原在军队服役，因战、因公负伤致残，已取得革命伤残军人证，到用人单位后旧伤复发的。

有下列情形之一的，不得认定为工伤或者视同工伤：（1）故意犯罪的；（2）醉酒或者吸毒的；（3）自残或者自杀的。

（二）职业病的确定

1952年国际劳工会议同意把三种疾病划进职业病的范围，即铅中毒、汞中毒和炭疽病感染。1964年《职业伤害赔偿公约》把15种疾病列入了职业病。1980年国际劳工会议公布了新的国际职业病名录，有各种职业病共29组。

在我国，职业病是指劳动者在生产劳动及其他职业活动中，接触职业性有害因素引起的疾病。根据国家卫生计生委、人力资源社会保障部、安全监管总局、全国总工会2013年12月23日印发的《职业病目录》。《职业病分类和目录》将职业病分为：（1）职业性尘肺病及其他呼吸系统疾病；（2）职业性皮肤病；（3）职业性眼病；（4）职业性耳鼻喉口腔疾病；（5）职业性化学中毒；（6）物理因素所致职业病；（7）职业性放射性疾病；（8）职业性传染病；（9）职业性肿瘤；（10）其他职业病。一共10类132种。

《工伤保险条例》中规定的“患职业病”是指因接触粉尘、放射性物质和其他有毒、有害物质等因素而引起的疾病。如果按照《职业病防治法》的规定被诊断、鉴定为职业病，但是该职工所在单位不在《工伤保险条例》的适用范围内，该职工不能认定为工伤，也不能按照《工伤保险条例》的规定享受工伤保险待遇。根据《职工工伤与职业病致残程度鉴定》的规定，确定职业病，必须经卫生行政部门批准的具有职业病诊断权的医疗卫生机构出具诊断证明。

对于没有纳入《工伤保险条例》适用范围的单位的职工患职业病，《工伤保险条例》第65条规定：“公务员和参照公务员法管理的事业单位、社会团体的工作人员因工作遭受事故伤害或者患职业病的，由所在单位支付费用。具体办法由国务院社会保险行政部门会同国务院财政部门规定。”

《工伤保险条例》第66条对于非法用工主体的职工患职业病规定，无营业执照或者未经依法登记、备案的单位以及被依法吊销营业执照或者撤销登记、备案的单位的职工受到事故伤害或者患职业病的，由该单位向伤残职工或者死亡职工的近亲属给予一次性赔偿，赔偿标准不得低于本条例规定的工伤保险待遇。具体办法由国务院社会保险行政部门规定。

如果某人患有职业病目录中规定的某种疾病，但该疾病不是在职业活动中因接触粉尘、放射性物质和其他有毒、有害物质等因素，而是由于其居住环境周围有生产有毒物品的单位而引起的，那么该人的这种疾病就不属于《工伤保险条例》中所称的职业病，不能按工伤保险的有关规定执行。

（三）工伤保险待遇

工伤保险待遇关系到劳动者的切身利益，历来为各国法律和国际公约所重视。1952年《社会保障最低标准公约》提出：工伤保险对工伤工人提供的所需每一种类型的医疗照顾都不允许工人分担费用，对工伤工人提供不受时间限制的医疗照顾。公约规定的医疗包括：普通开业医生和专家的住院与门诊治疗，包括出诊；牙科治理；家庭护理或在医院或其他医疗机构的护理；在医院、休养所、疗养院或其他医疗机构中的休养；牙科、药物和其他内、外科供应等；由在任何时候都可被法律承认的与医务相关的其他行业的人员在开业医生或牙医的监督下提供的治疗。

在我国，根据《工伤保险条例》的规定，工伤保险待遇主要有如下几种。

1. 工伤医疗待遇。职工因工负伤或者患职业病进行治疗，享受工伤医疗待遇。工伤医疗待遇从工伤保险基金支付，包括：（1）工伤医疗费用。职工治疗工伤所需的符合工伤保险诊疗项目目录、工伤保险住院服务标准的全部费用。（2）康复性治疗费用。（3）辅助器具安装配置费用。工伤职工因日常生活或者就业需要，经劳动能力鉴定委员会确认，可以安装假肢、矫形器、义眼、假牙和配置轮椅等辅助器具，所需费用按国家规定标准从工伤保险基金支付。

2. 伤残待遇。一级至四级伤残职工完全丧失劳动能力，《工伤保险条例》采取的是长期性待遇与一次性待遇相结合的办法，规定向其支付一次性伤残补助金并按月支付伤残津贴。一级至四级伤残职工的一次性伤残补助金标准分别为本人的27个月、25个月、23个月和21个月工资。五级至六级伤残职工大部分丧失劳动能力，一次性伤残补助金标准分别为本人的18个月、16个月工资。七级至十级伤残职工部分丧失劳动能力，一次性伤残补助金标准分别为本人的13个月、11个月、9个月和7个月工资。

工伤职工已评定伤残等级并经劳动能力鉴定委员会确认需要护理的，按照生活完全不能自理、大部分不能自理和部分不能自理分为3个等级，分别按统筹地区上年度职工月平均工资的50%、40%或者30%按月支付生活护理费。

3. 因工死亡待遇。职工因工死亡，其直系亲属按照下列规定从工伤保险基金领取丧葬补助金、供养亲属抚恤金和一次性工亡补助金。其中：（1）丧葬补助金为6个月的统筹地区上年度职工月平均工资。（2）供养亲属（由因工死亡职工生前提供主要生活来源、无劳动能力的亲属）抚恤金按职工本人工资的一定比例发给。标准为：配偶每月40%，其他亲属每月30%，孤寡老人或孤儿每月在上述标准的基础上加10%。核定的各供养亲属的抚恤金之和不应高于因工死亡职工生前的工资。供养亲属的具体范围由国务院社会保险行政部门规定。（3）一次工亡补助金标准为上一年度全国城镇居民人均可支配收入的20倍。

此外，职工因工外出期间发生事故或者在抢险救灾中下落不明的，从事故发生当月起3个月内照发工资，从第4个月起停发工资，由工伤保险基金向其供养亲属按月支付供养亲属抚恤金。生活有困难的，可以预支一次性工亡补助金的50%。职工被人民法院宣告死亡的，按照因工死亡的规定处理。

根据《工伤保险条例》的规定，工伤职工有下列情形之一的，停止享受工伤保险待遇：(1) 丧失享受待遇条件。如果工伤职工在享受工伤保险待遇期间情况发生了变化，不再具备享受工伤保险待遇的条件，如劳动能力得以完全恢复而无须工伤保险制度提供保障时，就应当停发工伤保险待遇。(2) 拒不接受劳动能力鉴定。劳动能力鉴定结论是确定不同程度的补偿、合理调换工作岗位和恢复工作等的科学依据。如果工伤职工没有正当理由，拒不接受劳动能力鉴定，一方面，工伤保险待遇无法确定；另一方面，也表明这些工伤职工并不愿意接受工伤保险制度提供的帮助，不应再享受工伤保险待遇。(3) 拒绝治疗。职工遭受工伤事故或患职业病后，有享受工伤医疗待遇的权利，也有积极配合医疗救治的义务。如果无正当理由拒绝治疗，有悖于《工伤保险条例》关于促进职业康复的宗旨。

第二节　生育保险法

一、生育保险的概念

生育保险是向用人单位筹集生育保险基金，用以解决生育妇女孕、产、哺乳期间的收入与生活保障问题。其基本待遇是提供生育医疗保障、产假及产假工资等。生育保险具有如下特点。

(1) 生育保险是对女职工专门建立的一项社会保险。生育虽为包括男女双方所组成的家庭内的事情，生育带来的经济负担也由夫妻双方共同承担，但生育保险仅为女职工怀孕和分娩的生育行为提供直接的物质帮助和补偿。

(2) 生育保险是对女职工生育子女全方位的物质保障。它不仅对女职工生育时所花费的检查费、接生费、手术费、住院费和药费等费用进行补偿，还包括女职工在规定的生育假期内因未从事劳动而不能获得工资收入的补偿。

(3) 生育保险是对女职工生育子女全过程的社会保险。在我国，女职工无论妊娠期长短或流产，无论娩出者为活胎或死胎，被保险者都享受生育保险待遇。并且，生育保险的待遇保障标准一般高于医疗保险待遇。

(4) 生育保险职工个人无须缴费，参保职工在产假期间享受生育津贴。

德国早在1883年《劳工疾病保险法》中就有关于生育保险的内容。此后，各国都把生育保险作为疾病保险的组成部分或作为妇女权益保障的内容。

国际劳工组织分别在1919年和1952年制定了第3号公约《妇女生育前后工作公约》和第103号公约《生育保护公约》。1952年国际劳工大会通过的《社会保障最低标准公约》也有关于生育保险实施范围、生育津贴、生育医疗服务的规定。根据国际劳工组织统计，至2007年世界上已有102个国家通过立法建立并实行了生育保险制度。

我国生育保险制度是20世纪50年代初建立的，《中华人民共和国劳动保险条例》对生育保险有关待遇作了明确规定。1955年4月26日，国务院又颁发了《关于女工作人员生产假期的通知》，对机关、事业单位女职工生育保险作了规定，使女职工生育待遇的覆盖面从企业女职工扩大到机关、事业单位的所有女职工。1956年的《工厂安全卫生规程》和1979年的《工业企业设计卫生标准》，对女工卫生室、孕妇休息室、托儿园等设施作出了具体规定。1988年7月，国务院颁发了《女职工劳动保护规定》，目的在于减少和解决女工在劳动中因生理机能造成的特殊困难，保护其安全和健康。

1994年12月14日，劳动部颁布了《企业职工生育保险试行办法》，根据改革的要求对我国的生育保险制度作了规定。生育保险制度改革的主要内容有：扩大生育保险的实施范围；提高生育保险的待遇水平；生育保险费用实行社会统筹，建立生育保险基金；合理确定产前、产后、产中各项生育费用的负担办法；调整生育津贴计发基数和加强生育保险基金的管理和监督。

我国《社会保险法》第六章即为“生育保险”，规定了职工应当参加生育保险，职工不缴纳生育保险费，生育保险待遇包括生育医疗费用和生育津贴等。

二、生育保险的对象

1952年国际劳工大会通过的第102号公约《社会保障最低标准公约》第46、47条规定了生育保险的实施范围。该公约规定，生育保险的覆盖范围包括怀孕、分娩及其后果，以及根据本国的法律或法规的规定由于这些导致的停发工资。提供生育保险的受保人至少包含下列三种情况中的一种：（1）规定类别雇员中所有妇女，这几类在所有雇员中的构成不低于50%，在涉及生育医疗津贴时，还包括这几类雇员中的男性雇员的妻子；（2）规定类别经济活动人口中的所有妇女，这几类人在全体居民中的构成不低于20%；（3）在雇用20人或20人以上的工业工作场所中的规定类别雇员的妇女，这几类雇员在全体雇员中的构成不低于50%，在涉及生育医疗津贴时，还包括这几类人中的男性雇员的妻子。

1952年国际劳工大会第103号公约《生育保护公约》，把生育保险的适用范围扩大到在工业、非工业以及在农事职业就业的妇女，包括领取工资、在家劳动的妇女，但不包括只雇用雇主家属的企业中的妇女。公约还允许会员国在批准该公约时声明把非工业中的某些职业、除种植园以外的农业单位中的若干职业、在私人家庭中挣工资的家务劳动者、领取工资在家劳动的妇女，以及从事海上客货运输的企业，从适用范围中排除掉。这两个公约都提出，公约对适用范围内的所有妇女都是有效的，而不论其年龄、民族、种族或信仰，也不论其已婚或未婚。

我国的生育保险是由1951年政务院颁布的《中华人民共和国劳动保险条例》确定的，该条例规定生育保险的实施范围主要包括四类：（1）有工人职员100人以上（业务管理机关及附属单位人数不包括在内）的国营、公私合营、私营及合作社经营的工厂、矿场及附属单位；（2）铁路、航运、邮电的各企业单位与附属单位；（3）工、矿、交通事业的基本建设单位；（4）国营建筑公司。另外，该条例还规定，凡在实行劳动保险的企业内工作的工人与职员，包括工资制、供给制以及学徒工、临时工、试用人员在内的女工人与女职员和男职员的妻子，均可享受不同程度的生育保险待遇。

1994年的《企业职工生育保险试行办法》规定，生育保险的对象和范围包括城镇各类企业及其职工。不少地方在实施中把生育保险的对象延伸到了乡镇企业、社办企业的女职工。因此，我国生育保险制度覆盖中华人民共和国境内一切国家机关、人民团体、企业、事业单位的女职工，企业包括全民、集体、中外合资、合作、独资、乡镇、农村联户企业以及私营和城镇街道企业。

2010年10月的《社会保险法》规定国家建立生育保险制度，保障公民生育时依法从国家和社会获得物质帮助的权利。

三、生育保险待遇

生育保险待遇包括对女职工因生育需要的身体康复和物质上的补偿。享受生育保险待遇的主体只能是女职工本人。享受生育保险待遇的时间是女职工生育期间，生育期间包括怀孕、分娩、哺乳婴儿在内。

我国《社会保险法》规定，生育保险待遇包括生育医疗费用和生育津贴。生育医疗费用包括生育的医疗费用，计划生育的医疗费用和法律、法规规定的其他项目费用。女职工生育享受产假和享受计划生育手术休假的，享受生育津贴。生育津贴按照职工所在用人单位上年度职工月平均工资计发。用人单位已经缴纳生育保险费的，其职工享受生育保险待遇；职工未就业配偶按照国家规定享受生育医疗费用待遇。所需资金从生育保险基金中支付。

我国生育保险待遇的内容主要是：产假、生育津贴、生育医疗服务、生育期间的特殊劳动保护、生育期间的职业保障等。

1. 产假：世界各国规定的产假长短不一，但大多数为12周至14周，其中产假最短的是菲律宾，为45天；产假最长的是芬兰，为258天。在一些实行鼓励多生育人口政策的国家，产期随所生子女数的增多而增加。如法国，生育第一个或第二个子女，产假为16周；生育第三个子女，产假为26周；多胎生育的再增加2周～12周。

我国女职工生育享受98天产假，其中产前可以休假15天；难产的，增加产假15天；生育多胞胎的，每多生育1个婴儿，增加产假15天。女职工怀孕未满4个月流产的，享受15天产假；怀孕满4个月流产的，享受42天产假。

2. 生育津贴：女职工产假期间的生育津贴按照本企业上年度职工月平均工资计发。尚未参加生育保险社会统筹的单位，女职工生育产假期间，由单位照发工资。

许多国家采取在每个子女出生时发给一次性的生育津贴。生育津贴一般是定额的，如英国为25英镑，瑞士为60法郎。此外，还发给生育补助金。生育补助金的发放标准有三种：一是定额制，即不论被保险人情况如何，均发给相当的固定数额的补助金。如英国规定受保人生育补助金一周为27.25英镑，共支付产前18周。二是比例制，即按照被保险人产前工资的一定比例发给生育补助金。有的国家按产前工资的100%发放，有的则是按照疾病补助金的标准发放。三是定额制与比例制的混合制。如爱尔兰，生育补助金采取“基本补助”加上“收入关联补助”的方式发放。“基本补助”采取定额方式，一周39.5镑，共支付12周，“收入关联补助”则采用比例方式，为被保险人收入的20%～40%，共支付14周。固定标准补助和收入关联补助的最高限额为被保险人净收入的75%。

有的国家还提供护理津贴和育婴补助。护理津贴的数额一般为收入的15%～25%，可以采取现金或实物方式。如法国发给育婴母亲津贴或奶票；苏联婴儿用品补助为12卢布，婴儿食品补助为18卢布；墨西哥等国提供新生婴儿的全套用品，或发给购置婴儿用品津贴。根据《全球社会保障》提供的资料，对136个国家的生育津贴进行统计的结果显示：生育津贴占妇女生育前原工资收入100%的有61个国家，占统计总数的44.8%；津贴占生育妇女原工资收入80%～99%的有6个国家，占4.4%；津贴占原收入60%～79%的有37个国家，占27%；津贴占原工资收入50%～69%的有15个国家，占11%；津贴占原工资收入50%以下的仅1个国家，占0.7%。[①]

3. 生育医疗服务：生育医疗服务项目包括检查费用、接生费用、手术费用、住院费和与生育直接相关的医疗费用。女职工生育的检查费、接生费、手术费、住院费和药费由生育保险基金支付。超出规定的医疗服务费和药费（含自费药品和营养药品的药费）由职工个人负担。女职工生育出院后，因生育引起疾病的医疗费由生育保险基金支付，其他疾病的医疗费，按医疗保险待遇规定处理。女职工产假期满后，因病需要休息治疗的，享受有关病假待遇和医疗保险待遇。

4. 生育期间的特殊劳动保护：女职工生育期间特殊劳动保护是指女职工孕期由于生理变化而在工作中可能遇到特殊困难，为保证女职工的基本收入和母子生命安全而制定的一项特殊政策，包括收入保护和健康保护两部分。收入保护的主要措施是国家立法保护女职工怀孕期间不降低其基本工资。健康保护的主要措施有：（1）不得安排怀孕女职工从事高强度劳动和孕期禁忌的劳动，也不得安排在正常工作日以外延长劳动时间；（2）对不能胜任原劳动的孕期女职工，应当减轻其劳动量或安排其他工作；（3）对怀孕7个月以上的女职工，不应延长劳动时间和安排夜班劳动，并应在工作时间内安排一定的休息时间；（4）允许怀孕女职工在劳动时间进行产前检查，检查时间计入出勤时间。

5. 生育女职工的职业保障：在生育女职工职业保障方面，国家制定了一系列保障女职工不因怀孕、分娩、哺乳而失业的规定。任何单位不得在女职工孕期、产期、哺乳期解除其劳动关系。对于劳动合同期满而哺乳期未满的女职工，其劳动关系顺延至哺乳期满。

第三节　疾病保险法

一、疾病保险的概念、范围和对象

（一）疾病保险的概念

疾病保险，指劳动者及其供养亲属患病或非因工负伤后在生活和医疗方面获得物质帮助的一种社会保险制度。其中在医疗方面获得物质帮助，被称为医疗保险。本章所述疾病保险是指狭义的疾病保险。

疾病保险的特征如下。

（1）即时性。疾病与健康是相伴而行的，劳动者在日常生活中随时都有可能患病或发生非因工负伤，因而疾病对个人来说是一个终身的风险。疾病保险是针对疾病风险而设立的一种社会保险，疾病保险对于个人来说，既有享受频率最高的特点，又是一种短期的补偿性措施。

（2）广泛性。疾病发生的普遍性决定了疾病保险的广泛性。它不像生育保险那样仅对女性劳动者实行，也不像养老保险、失业保险那样仅对退出劳动岗位或暂时失去工作的劳

① 世界各国生育津贴的标准．http://www.ldbzjy.com.cn.

动者实行，而是对所有劳动者实行。由于人在一生中都可能遇到疾病侵害的风险，因此在许多国家疾病保险的对象包括了全体国民。

（3）交叉性。疾病保险的普遍性又使疾病保险同其他社会保险形成相互联系和交叉关系。例如，在工伤保险中涉及工伤的治疗和康复以及职业病的预防，生育保险中包含的生育手术费、住院费、药费等医疗及服务。有的国家将生育视为一种特殊的疾病，纳入疾病保险的范畴。老年、遗属和残疾社会保险更是紧密地与医疗保健服务交织在一起。

疾病保险是起源最早的社会保险项目。在中世纪欧洲，手工业者自发地成立“行会”，“行会”中每个成员定期缴纳会费，筹资帮助病人渡过难关，18 世纪末 19 世纪初，同一行业或同一地区的工人和农民通过筹措医疗资金互相帮助。这些早期互助性团体将筹集来的资金用于需要帮助的会员，其基本原则是合作，会员参加管理和根据会员的需求变化而分配救济金。有了救济金，行会不仅可以救济病人的生活，还能请医生给会员看病。疾病保险在 20 世纪上半叶的整个欧洲以各种形式推广，奥地利、挪威、美国、法国等不少国家相继有了疾病保险的立法。

1944 年国际劳工组织通过的《医疗保健建议书》呼吁各国政府满足公民对医疗服务和设施的需要，以便恢复健康和预防疾病进一步恶化，减轻疾病所带来的痛苦，进一步保护和改善健康状况。1969 年《医疗和疾病津贴公约》又扩大了疾病保险的适用范围。目前，所有发达国家和许多发展中国家都建立了疾病保险制度。

我国从 20 世纪 50 年代起，在城镇职工中实行的劳动保险制度包括了疾病保险的内容，对于在实施范围内的职工患病或非因工负伤，给予生活救济，发给病假工资；医疗服务方面，分别对企业职工实施劳保医疗和对机关、工业单位、社会团体职工实施公费医疗。我国的医疗保险实施多年来在保障职工身体健康和维护社会稳定等方面发挥了积极的作用。但是，随着社会主义市场经济体制的确立和国有企业改革的不断深化，这种制度已难以解决市场经济条件下的职工基本医疗保障问题。国务院于 1998 年 12 月下发了《关于建立城镇职工基本医疗保险制度的决定》，部署在全国范围内全面推进职工医疗保险制度改革工作。

（二）疾病保险的范围和对象

世界各国疾病保险的被保险人范围，均有一个起初较狭其后渐广的过程，一般都是先在个别地区，后扩大到全国范围；先从个别行业、职业，后扩大到所有行业和职业；先在工薪劳动者中实施，后扩大到非工薪劳动者和全体居民；先职工后家属。具体实施范围的大小，既与一个国家的社会经济发展水平有关，也与疾病保险制度的历史发展和类型有密切关系。

在许多国家的法律中，通常将疾病保险的被保险人分为强制被保险人和任意被保险人，将普通劳动者规定为强制被保险人，将经济地位较高、收入较为多者或临时工规定为任意被保险人。另外，在许多国家，特别是发展中国家，疾病保险仅适用于一定规模的公司或一定地区的雇员，或者一般先在首都和其他少数大城市实行。大多数国家对农业工人未实行疾病保险。

我国疾病保险的对象和范围最早与其他保险项目一样，由 1951 年政务院颁布的《中华人民共和国劳动保险条例》规定。1966 年 4 月 15 日劳动部和全国总工会颁发了《关于改进企业职工劳保医疗制度几个问题的通知》，对劳保医疗作了新的规定。我国疾病保险的范围也随着经济体制改革的进程不断扩大。1998年国务院《关于建立城镇职工基本医疗保险制度的决定》，把城镇职工都纳入医疗保险的实施范围。该决定的主要内容包括七个方面：一是明确了改革的任务和原则，二是确定了覆盖范围、统筹层次和缴费的控制比例，三是制定了关于医疗保险统筹基金和个人账户的主要政策，四是规范了基本医疗保险基金的管理和监督机制，五是提出了配套推进医疗机构改革和加强医疗服务管理的要求，六是规定了有关人员的医疗待遇，七是提出了改革工作的组织领导和具体要求。这些内容基本上制定了新的城镇职工基本医疗保险制度的总体框架，奠定了将来统一全国制度的基础，便于各地在制订改革方案时有所遵循，同时也给各地留下了根据实际情况作出具体规定的空间。

2002年10月，我国建立以大病统筹为主的新型农村合作医疗制度，到2008年实现了全面覆盖，2012年6月参合人口达到8.12亿人，参合率达到95%以上。新农合人均筹资水平由2003年的30元提高到2011年的250元。2011年，有13.15亿人次从新农合受益，次均住院补偿额为1 894元。2012年，新农合政策范围内住院费用报销比例进一步提高到75%左右，最高支付限额提高到全国农民人均纯收入的8倍以上，且不低于6万元。

2023年，新农合的报销率提升到70%。报销范围包括门诊、大病保险、谈判药品、高血压、糖尿病等。同时也为特定的疾病提供更多的健康保障。其中Ⅰ类（7种）、Ⅱ类（15种）、Ⅲ类（23种）、Ⅳ类（7种），而Ⅰ类（肾功能不全的）透析（肾脏功能不全）的患者，每年的累计报销上限为60 000元，其他疾病每年是20 000元。Ⅱ类苯丙酮尿症患儿，每年的累积报销上限为14 000元，其他疾病的上限为10 000元。二代伤残、70岁以上、优抚对象等还可以享受新农合的优惠，费用由地方政府承担。

我国《社会保险法》第三章的内容是“基本医疗保险”。该法规定，职工应当参加职工基本医疗保险，由用人单位和职工按照国家规定共同缴纳基本医疗保险费。无雇工的个体工商户、未在用人单位参加职工基本医疗保险的非全日制从业人员以及其他灵活就业人员可以参加职工基本医疗保险，由个人按照国家规定缴纳基本医疗保险费。国家建立和完善新型农村合作医疗制度。新型农村合作医疗的管理办法，由国务院规定。国家建立和完善城镇居民基本医疗保险制度。城镇居民基本医疗保险实行个人缴费和政府补贴相结合。

二、疾病保险待遇

（一）疾病津贴

疾病津贴，是对受保人因疾病中断工作而给予的帮助。疾病津贴的金额按受保人平均收入的一定比例发给，一般规定为受保人工资的50%～75%。但大多数国家有关疾病津贴金额的法律一般明文规定最高限额，或者间接规定缴纳保险费和享受疾病津贴待遇的收入最高限额。

大多数国家规定，受保人领取疾病津贴需有2天至7天的等待期。如果受保人患病在等待期内，则不享受疾病津贴。受保人每次患病，或一年之内享受疾病津贴的累计周数，通常有一个法定最高限度，一般不超过26周，但有的国家规定受保人享受疾病津贴的期限很长，甚至没有期限；有的国家授权管理机构把个别情况的补助金领取期限延长到39

周或 52 周。许多国家还规定，若受益人享受疾病津贴的期限已满，而仍不能工作者，准予改发伤残抚恤金。

1952 年的《社会保障最低标准公约》规定，疾病津贴每例期限为 26 周，停发工资的前 3 天无须支付。疾病津贴的标准为受保人本人工资的 45%。公约还规定，疾病津贴应定期予以支付，并在发生意外事故的整个过程中，均应予以发放。1969 年的《医疗照顾与疾病补贴公约》规定，因病不能工作并导致收入中断时，疾病补贴应在该不测事件整个期间予以发给，疾病补贴的标准为受益人过去收入的 60%。疾病津贴的准发期限可依照规定将每一不能工作事例限制在至多 52 周。

（二）医疗补助

医疗补助是指受保人可以享受的疾病医疗服务。各国疾病保险为受保人提供医疗服务的种类不尽相同，但一般都包括各种普通医生的治疗、一定的住院治疗以及必要的药品供应。有的国家还规定可提供专科医生、外科手术、产科护理、牙科治疗，以及范围较广的药品和某些供病人使用的辅助器械。

1969 年的《医疗照顾与疾病补贴公约》规定，医疗照顾应致力于维护、恢复或改善受保人的健康以及工作和处理个人需要的能力。医疗照顾至少应包括以下内容：（1）内科医生的护理，包括家庭出诊；（2）在医院内对住院或非住院人员的专家护理以及专家可能给予的院外护理；（3）依照医生或其他合格医务人员的处方提供必需的药品；（4）必要时住院治疗；（5）依照规定的牙科护理；（6）医疗康复，包括依照规定的肢体替代或矫正器材的提供、维护和更换。

各国疾病保险规定的医疗服务费用的具体支付办法，主要有三种方式。

（1）由公共卫生系统或社会保险机构直接将医疗费用支付给医疗照顾的提供者，病人一般与医疗服务的提供者很少或不发生经济关系。

（2）偿还病人的治疗费用或由病人报销的方式。通常先由病人按其所得到的医疗服务向医生、药房或医院缴纳医疗费，然后由社会保险机构按规定的比例报销病人所交的费用。报销时一般有最高限额的规定。

（3）直接向病人提供医疗照顾。一些国家的社会保险机构或政府自己拥有并经办医疗设施，这些设施一般由领取薪金的人员掌管，由他们直接向合格的受保人提供医疗服务，病人对大部分医疗服务不支付费用，只是他们缴纳的保险费的一部分要拨作医疗经费。

（三）供养亲属的医疗照顾

各国规定在向受保人提供医疗补助的同时，也应向他们的亲属提供类似的服务。受供养的亲属包括配偶和未成年子女，有时还包括和受保人共同居住并依靠受保人供养的其他成年人或年幼的亲属。但有的国家规定给予受保人亲属的医疗服务要少于受保人。

（四）我国疾病保险待遇

职工享受疾病保险待遇，除完全丧失劳动能力外，只限于规定的医疗期内。此医疗期，即职工因患病或非因工负伤停止工作治病休息且不得辞退的期限，其长度根据职工本人连续工作时间和在本单位工作时间分档次确定，最短不可少于 3 个月，最长一般不超过 24 个月；难以治愈的疾病，经医疗机构提出，本人申请，劳动保障行政部门批准后，可适当延长医疗期，但延长期最多为6个月。

在此期间的疾病保险待遇，由下述两部分组成：

1. 医疗保险待遇。职工一般可在与社会保险经办机构和用人单位签订的医疗服务合同规定的多个定点医疗机构中选择就医。其保险待遇项目主要有：规定范围的药品费用，规定的检查费用和治疗费用，规定标准的住院费用。上述费用按规定比例从医疗保险个人账户和社会统筹基金中支付，超出支付限额的费用和其余费用由个人负担。

2. 疾病津贴（病假工资）。职工患病或非因工负伤，停止工作满一个月以上的，单位停发工资，改按其工作时间长短给付相当于本人工资一定比例的疾病津贴。

（1）致残待遇。职工患病或非因工负伤致残的，在医疗期内医疗终结或医疗期满后，经用人单位申请，由劳动鉴定机构进行劳动能力鉴定并确定残废等级，享受致残待遇。致残疾病保险待遇因残废等级不同而有区别：1）1级至4级残废者，应退出劳动岗位，终止劳动关系。按现行规定，享受退休或退职待遇，由社会保险经办机构从养老保险基金中支付相当于本人工资一定比例的伤残津贴，符合享受养老金条件后，按规定改发养老金。2）5级至10级残废者，在规定的医疗期内不得辞退，用人单位为其另行安排工作，不能从事所安排工作的，可按规定继续发给疾病津贴；规定医疗期满后，可以解除劳动合同并按规定给予经济补偿。

（2）职工亲属医疗待遇。按原规定，职工供养亲属患病治疗时，单位仅就某些项目（如药费、手术费等）的医疗费用给予一定比例（一般为50%）疾病补助。1998年《国务院关于建立城镇职工基本医疗保险制度的决定》未对职工亲属的医疗待遇作规定。

案例与事例

一、工伤的双重赔偿

对于工伤案件的双重赔偿，劳动行政部门与司法机关可说是各说各话。劳动部持“二者赔一说”，法院坚持“法律关系说”。前者认为在两项可得赔偿中，劳动者只得领取其中一项，不得同时领取或者说两项都领取。后者认为在两项可得赔偿中，劳动者两项都可能而且应当领取，因为这两笔钱来源于两个不同的法律关系，都是劳动者应当得到的赔偿。劳动部观点价值在于“法律关系说”有硬伤：两次赔偿中的许多项目重合，连赔两次，比如医药费、护理费，尤其是丧葬费。当然，“二者赔一说”也有硬伤。

中央电视台《今日说法》播出的案例再次揭示了劳动部观点的硬伤：重庆两岁男孩遭遇车祸生命垂危，打工父母无力支付高额医疗费，由水滴筹筹款得以渡过难关。肇事车辆投有金额高达百万元的交强险和三者险，理赔时保险公司要扣除父母在水滴筹筹得的58 000元。保险公司认为这58 000元是受害人超出损失的获利行为，受害人不能因交通事故而获利，损害赔偿只能用于填补损失。法官和专家不同意这种说法，他们的说法很有启发意义：水滴筹的钱不是爱心人士捐给保险公司的；爱心人士不能代替保险公司履行其赔付义务；受害人所筹款项与司机的侵权责任和保险公司的保险责任均无因果关系；爱心人士的捐款是为了救助孩子而不是减轻司机或者保险公司的责任；即便因捐款而起的争议也只限于受赠人与捐助人，而不涉及侵权人和保险公司；筹款不能代替司机的侵权责任，也不能抵扣保险公司的赔偿给付。这是将法律关系进行到底的说法，是将法律关系的相对性贯彻到底的结论。①

这些理由和最后的判决都是令人鼓舞的，也揭示了“二者赔一说”的硬伤：免除二者中任何一方责任的理由何在？免除一方应付未付的赔偿款项由谁受益？两个责任主体一方承担责任一方置身事外的抉择标准是什么？由谁用怎样的程序来选择两者中的其中一方？承担赔偿责任一方能否向另一方主张分享？

在这些问题之上难以弥合的还是两大法系在损害赔偿上的两种主张——应赔尽赔还是损失填补？如果是前者，如何体现不能从灾难中获利的法律原则？这也是“同命同价说”不应回避的问题。如果是后者，多出损失填补的部分归属于谁？是事前减免还是事后追偿，更主要还是谁该减免谁又不该？

二、法条不能嫁接

在薛翠英与甘肃省人社厅、甘肃省政府不予工伤认定案［（2018）最高法行申 10944 号］中，最高人民法院裁判：井鹏因在上班途中突发疾病死亡，而非受到“非本人主要责任的交通事故或者城市轨道交通、客运轮渡、火车事故伤害”，故井鹏的死亡不符合《工伤保险条例》第 14 条的规定。

在一些案件中，尤其是在工伤认定中经常对法条进行嫁接适用，即合并两个条文得出一个结论。如本案中再审申请人的主张就是嫁接了《工伤保险条例》第 14 条和第 15 条，具体地说是把第 14 条第 6 项的前半句“在上下班途中”与第 15 条的后半句“突发疾病死亡或者在 48 小时之内经抢救无效死亡”嫁接起来，从而得出本案应当认定工伤的结论。

法律条文是不能嫁接的，因为一加一不等于其中的任何一个一。法理学告诉我们法律规范是由假定、处理和制裁三要素构成的，其中的“假定”既是特定的法律适用前提，也是特定的法律适用的条件。这个前提和条件既不能挪移也不能借用，否则就会张冠李戴，所用非法。

在本案中，最高人民法院首次明确了“视同工伤”与“认定工伤”的差异：视同工伤不要求必须是工作原因导致的伤害，而是基于社会公共利益或者公平正义的原则，对职工的一种倾斜性保护，给予职工以工伤保险待遇。对视同工伤应当严格按照法律规定执行，对工作时间和工作岗位不宜再作扩大解释。这么精彩的认知也应当归功于法理学，因为其准确理解来源于对工伤的法理认知，其严格适用运用了法理学中的“从严解释”规则。最高法院在法理基础上对两者进行区别不仅非常必要也非常准确，还在一定程度上回应了笔者 2016 年说过的：“工伤的根本特点在于‘三工’：工作时间、工作地点、因工作原因。其中，伤害是不是工作原因造成的，是关键。”“对于自身疾病，《工伤保险条例》规定，突发疾病死亡或者在 48 小时之内经抢救无效死亡的，视同工伤，这是对传统工伤界限的突破。”②

三、实习生的劳动与工伤

在中国，“实习”是指学生在校期间到用人单位的具体岗位上参与实践工作的过程，

---

① 中央电视台《今日说法》：“捐款引来的官司”，2022-07-17.

② 一槌定音！最高法裁判：上班途中突发疾病死亡，不能认定为工伤．贵州时空，2022-05-20；人民日报．因工作受伤过多久都得赔偿．人民日报，2016-09-07.

因而实习期只适用于在校学生。严峻的就业形势加速了大学生实习现象的普遍化，一份良好的实习不仅能够帮助大学生顺利就业，还可以在一定程度上提高大学生的就业质量，因而越来越多的大学生利用暑假或者课业负担较轻的学期进入国家机关、事业单位和企业中实习。

以新闻行业为例，实习是新闻学生无法绕过的必经关卡。统计资料显示，51.9%的新闻学生曾在传统纸媒实习，43.4%的学生在广播电视台实习，21.9%的学生曾在门户网站实习。许多用人单位在招聘时，甚至有“实习大于一切”的说法，而一份好的实习可以成为未来工作的“敲门砖”，因而实习生的“市场”上是很明显的“供过于求”。正因如此，不少用人单位将实习生视为“廉价劳动力”甚至“免费劳动力”，因为“即使你不来，有的是人想来实习”，所以就造成了实习生“排队被剥削”的现状。

可问题在于，即使费尽周折为自己争取到了“被剥削”的机会，但许多时候做的还是“端茶、倒水、订餐、复印、取快递”的事情，很难真正地进行业务实习，到头来不过是一纸“实习鉴定”。2014 年 8 月，人人网发布国内大学生 2014 年暑期实践专项调查，数据显示，有 61.5%的大学生认为参加的暑期实践与所学专业无关，4 成左右的大学生对暑期实践的工作内容并不满意，还有超过 3 成的大学生表示暑期实践支出超过收入。

中国大学生在实习期间的权益主要受到以下三种形式的侵害。

第一，工作时间被随意延长，休息时间难以保证。2011 年，《中国青年报》刊文《广州一家企业聘用实习生人数超过正式员工》，指出：广州一家世界 500 强的子公司，使用实习生人数达 1 200 余名，其正式员工也不过 1 100 余名。这些实习生经过短时间的培训后，立即和正式员工一样每个月高负荷加班上百个小时，远远超过《劳动法》规定的 36 个小时。

第二，实习工资、交通费用、用餐补助、休假权等正当劳动报酬和劳动权益难以得到保障，许多实习单位在确定实习生工资时表现出了很大的随意性。“低薪”“无薪”早已常见，以媒体行业为例，超过 6 成的实习生没有补贴，只有少部分人会有稿费或者交通费。而现在，甚至有些单位要求实习生每月交纳 500 元甚至 1 000 元的“实习生管理费”，许多时候实习生都要倒贴交通费和餐费。

第三，关于企业与实习生的合同订立，中国目前并没有强制性的规定，这使得许多用人单位并不与实习生签订实习合同或协议，一旦出现问题，实习生权益难以得到保障。即使签订实习合同或实习协议，也只是对实习时间、专业、岗位、待遇等作出粗略的约定，对实习的具体内容、工作时间、实习工资、相关福利、医疗保险、出现实习纠纷时的解决渠道等方面并没有具体规定。

与实习相关的法律、法规主要体现在：2003 年，教育部办公厅颁布了《关于进一步加强中等职业学校实习管理工作的通知》，指出：“职业学校要妥善选择实习单位，安排学生到生产技术先进、管理严格、经营规范、遵纪守法和社会声誉好的企事业单位和其他社会组织实习，并就实习事宜与实习单位签订协议，明确双方的权利、义务以及学生实习期间双方的管理责任。”我国《劳动法》第 2 条规定：“在中华人民共和国境内的企业、个体经济组织（以下统称用人单位）和与之形成劳动关系的劳动者，适用本法。国家机关、事业组织、社会团体和与之建立劳动合同关系的劳动者，依照本法执行。”《劳动法》第 16

条规定："劳动合同是劳动者与用人单位确立劳动关系、明确双方权利和义务的协议。建立劳动关系应当订立劳动合同。"但是，由于许多时候实习学生没有与实习单位签订正式的劳动合同，实习行为很难用劳动法来约束。此外，由于实习协议没有准确定位学生在实习期间，学校、学生及实习单位三方的法律关系和各方应尽的义务，容易造成学生权益受到侵害时互相推诿的情况。

针对职业学校的学生，《中华人民共和国职业教育法》第37条规定，"企业、事业组织应当接纳职业学校和职业培训机构的学生和教师实习；对上岗实习的，应当给予适当的劳动报酬"，但对什么样的薪酬才算是"适当的劳动报酬"，法律并没有具体规定。

人力资源和社会保障部的前身劳动部于1995年8月颁布了《关于贯彻执行〈中华人民共和国劳动法〉若干问题的意见》，第12条明确规定："在校生利用业余时间勤工助学，不视为就业，未建立劳动关系，可以不签订劳动合同。"学生在实习期间发生伤害事故，不属于工伤，不能享受工伤保险待遇，但可以以雇佣关系向用人单位主张权利，或由学校基于与单位之间的实习合同的相关约定主张权利。

那么，欧美国家如何保障实习生的权益？

在欧美等国的许多地区，实习已经被列为教学部分，相应地，保障大学实习生权益的法律体系建设已经比较完善，有很多值得中国借鉴之处。

美国也存在无薪实习，电影《当幸福来敲门》中的男主角当时在一家股票公司实习的时候也是没有实习工资的，美国《联邦劳动法》也没有明确规定实习生一定要有薪酬，但却对提供"无薪实习"的企业提出要求，即"必须提供类似职业学校一样的实习培训，并且能够使实习生受益"。这就避免了实习生成为"无偿的清洁工或送餐员"，而电影《当幸福来敲门》中的男主角在实习过程中虽然没有工资，但也没有"打杂"，做的都是与股票交易有关的工作。在美国，即使是带薪实习，老板也不能让实习员工做额外工作，否则就要另外支付薪水，在许多金融公司中，如果实习生需要加班，算上加班费的实习工资甚至高于正式员工的工资。

德国实行"双元制"，即职业院校和企业合作教学，实习已经成为教学的一部分，由于学校规定和企业要求，一个普通大学生的实习次数不会少于三次，因而德国社会对实习生的待遇和权益保护问题非常重视。德国劳工部和工会组织就此提议制定一份详细的实习规范，具体到"煮咖啡"是否写入劳动协议。一些德国大学生还成立了"公平工作"组织，旨在提高实习生待遇。德国法律规定实习期的最低报酬标准为每小时7欧元，同时规定实习期所得薪酬不需要缴纳任何税费。

在英国，实习生要被当作正式员工一样平等对待，已经被纳入英国社会人员管理体系的重要范畴，甚至有些企业还把实习生看作是人才储备的重要部分。英国法律规定，实习生每小时最低工资为5英镑，且给予税收减免。

在澳大利亚，有300多个负责学生培训实习的社会服务机构，这些机构免费帮助学生寻找实习单位、协商实习内容和安排、辅助学生鉴定实习合同、落实学生的工资及福利待遇，并将这些实习培训合同注册到相应的州和地区的培训局。①

---

① 实习生遭性侵背后的潜规则.［2016－07－16］. http://m.sohu.com/n/457220854/?wscrid=1137_18.

凡劳动均有风险，实习生也不例外，实习生反而由于年纪轻、无经验等青春期特征，遭遇工伤的概率远大于其他劳动者。在我国，由于法律的缺失或者说排斥，实习生在劳动中受到的伤害不受工伤相关的法律认定与保障，这对实习生们来说无疑是雪上加霜。1996年10月1日，劳动部颁布实施的《企业职工工伤保险试行办法》第61条明确规定，到参加工伤保险的企业实习的大中专院校、技工学校、职业高中学生发生伤亡事故的，可以参照本办法的有关待遇标准，由当地工伤保险经办机构发给一次性待遇。工伤保险经办机构不向有关学校和企业收取保险费用。但是，到了现行的《工伤保险条例》，这一条文的内容和精神都不复存在，相关认定和保障也就无从谈起。而且，一项已经实施过的法律条文被删除，其立法意义并不等同于立法中没有规定，尤其不等同于立法从未涉及。将已有的规定从法律文本中删除或者修改，表明的是立法者对此项规定的否定，体现的是立法者的否定性评价或者说否定性立法意图。于是，我国实习生在实习劳动中遭遇工伤，便成了司法实践中的一个难题。司法实践或者可以在理论上探讨，但对遭受身体和精神创伤的年轻学子们来说，这些是难以承受的双重打击和痛楚。

四、上下班绕道与干私活

刘某某系上海×××国际贸易有限公司员工，1991年7月20日生，担任外贸销售一职。2016年11月9日17时17分许，刘某某在下班返回其男友余某某的居住地时发生交通事故，刘某某承担次要事故责任，人社局对刘某某受伤情况未予认定工伤。2017年9月21日，刘某某向人社局提出工伤认定申请。2017年12月22日，人社局作出不予认定工伤决定，余某某的居住地并非刘某某的经常居住地，亦不符合工伤保险相关法律所规定的其他居住地址。因此，事发当日刘某某下班后的行进路线不属于法定的下班途中范畴，其受伤不符合工伤认定的法定情形。

刘某某不服，遂起诉到上海市浦东新区人民法院。刘某某认为，其在较为固定的男友住处往返于工作地点上下班途中发生交通事故，且属于在合理时间内并未改变以上下班为目的的合理线路范围内，应当认定为工伤，故诉请撤销被诉不予认定工伤决定。上海市浦东新区人民法院在审理中适用《工伤保险条例》第14条第6项规定：在上下班途中，受到非本人主要责任的交通事故或者城市轨道交通、客运轮渡、火车事故伤害的，应当认定为工伤。最高人民法院《关于审理工伤保险行政案件若干问题的规定》第6条规定，对社会保险行政部门认定下列情形为“上下班途中”的，人民法院应予支持：(1) 在合理时间内往返于工作地与住所地、经常居住地、单位宿舍的合理路线的上下班途中；(2) 在合理时间内往返于工作地与配偶、父母、子女居住地的合理路线的上下班途中；(3) 从事属于日常工作生活所需要的活动，且在合理时间和合理路线的上下班途中；(4) 在合理时间内其他合理路线的上下班途中。

上海市浦东新区人民法院认为，“上下班途中”是指职工为了上下班而往返于居住地和工作场所之间的合理路途。刘某某往返于男友余某某的居住地的路线非上述规定中的“上下班途中”，理由说得很明白：第一，工伤认定中“上下班途中”一般指从固定居所到工作场所之间的正常路线。公司为刘某某提供住宿，也具有长期在宿舍居住的事实，而刘某某在8、9月份在男友余某某处居住系基于两人恋爱关系的留宿，而非基于生产、生活的经常居住。在缺乏证据证明刘某某具有其他合法居住地时，公司提供的宿舍即应为刘某某的居住地。第二，基于工伤认定保障劳动者因工受伤后能够得到救济的法律原则与精神，除经常居住地外，对于“居住地”可以进行适当扩大解释，根据相关法律规范的规定，一般包括：当事人户籍所在地，父母、配偶、子女居住地，基于生产、生活而具有合法居住基础及居住事实的居住场所等，但刘某某男友的居住地仍不属于上述任何一种情形。第三，对“居住地”的扩大解释一般应考量以下因素：日常工作生活需要，基于所有权、租赁关系等而具有合法居住权利，基于家庭生活、近亲属关系等具有居住事实，具有较为频繁、固定的居住规律。刘某某虽具有下班后前往男友居住地的事实，但其既没有户籍、所有权、租赁关系等居住基础，也不属于配偶、父母、子女等居住地的范畴。所以，男友居住地并不能等同于刘某某的居住地，其实质系刘某某基于恋爱关系而留宿男友处，在遇到人口普查登记地址时刘某某以登记在单位为由未予登记也可予以佐证。

刘某某男友余某某的居住地，并非刘某某的日常居住地，而是刘某某基于两人恋爱关系的留宿地，故刘某某在下班后前往余某某居住地发生交通事故而受伤的情形不符合《工伤保险条例》第 14 条、第 15 条应当认定为工伤或视同工伤的情形，人社局据此作出被诉不予认定工伤决定并无不当。人社局在经补正程序受理刘某某工伤认定申请后，经调查在法定期限内作出被诉不予认定工伤决定并送达各方当事人，程序合法。法院判决驳回刘某某的诉讼请求。①

本案刘某某下班后去其男友居住地时发生交通事故，人社局对刘某某未予认定工伤。刘某某起诉到上海市浦东新区人民法院。法院认为“上下班途中”是指职工为了上下班而往返于居住地和工作场所之间的合理路途。刘某往返于男友的居住地的路线并非“上下班途中”，判决驳回了刘某的诉讼请求。点赞，因为工伤是工人在工作中受到伤害。“上下班途中”已然是对工伤的扩大解释，其合理性在于劳动者是为了去工作或是工作后回家。如果再加之扩充，就如同真理多往前走了一步。

对“上下班途中”的扩大解释包括两个方面：一是对“返回居住地”的扩大解释：劳动者的住所地包括其户籍所在地，父母、配偶、子女居住地，基于生产、生活而具有合法居住基础及居住事实的居住场所等。这样的扩大把异地探亲包括了进来，出现跨省跨市的上下班途中及其工伤认定。二是对“上下班绕道”的扩大解释，把上下班的绕道和绕道后的买菜、接送、访友、去银行商店等等事由都包括了进来，以满足“日常生活需要”之名把这些行为认定为工伤的“上下班途中”。

上述两项扩大都有悖工伤保险的基本原理和法律原则，都扩大了用人单位的责任范围，也加重了工伤保险的不合理负担。工伤就是工作之伤，满足日常情感和需要是一种生活，但不是工作。用工作需要来满足生活需要，如同用上班时间来干私活一样。大概没有人会认为劳动者上班干私活受到的伤害应当认定为工伤吧？

---

① 下班去男友家留宿发生交通事故，90 后女员工不满工伤认定状告人社局，法院的判决说得很明白. 每日经济新闻，2021-09-07.

第十二章　社会救济法

导读

社会救济法，是指国家对于那些因自身、自然和社会原因不能维持最低生活标准的贫困者提供帮助，以保障他们基本生活的法律制度。本章内容介绍社会救济标准、救济范围、资金来源和救济方式与程序。

第一节　社会救济

一、社会救济的概念

（一）社会救济

社会救济，是指国家对于遭受灾害、失去劳动能力的公民以及低收入的公民给予物质救济，以维持其最低生活水平的一项社会保障制度。社会救济主要是对社会成员提供最低生活保障，其目标是扶危济贫，救济社会脆弱群体，对象是社会的低收入人群和困难人群。社会救济是一种基于同情和慈善心理，体现浓厚的人道主义思想，从对贫困者行善施舍到积极的救困助贫，进而作为政府的责任而形成的长期性的救济制度。

早已存在的社会救济是人类社会古老的一种保障形式，建立在慈善的、施舍的基础上，而不是人民的一项权利。但现代社会救济制度则是基于保障公民生存权的思想而发展起来的，改变了社会救济的慈善、恩惠的观念，将原来由教会、私人或地方政府办理的济贫行动变成国民的一项权利，并树立起了政府的责任观念，将对社会贫困群体的救济视为国家的责任。1948 年联合国大会通过的《世界人权宣言》就写有：人类有“脱离恐惧和贫困”的自由，消除贫困、获得有保障的生活成为人类基本的人权。

（二）我国社会救济制度

新中国的社会救济法律制度，伴随着国家社会经济的发展而变革。新中国建立初期百废待兴，城市中工厂关闭，大批工人失业，广大居民生活困难，无依无靠的孤老残幼处境更惨。针对这些情况，各级政府进行了大规模的紧急救济工作。对失业工人和知识分子给予临时救济；对孤老残幼给予经常性救济；对其他的生活困难者根据情况给予了不同的社会救济，从而使城市居民的基本生活得到了保障。

从 20 世纪 50 年代到 1978 年改革开放之前，城市社会救济制度没有发生实质性变化。但由于“三年自然灾害”和“文化大革命”等因素的影响，社会救济对象的种类及数量有所增加。

1978 年以后，我国的经济体制从计划经济向市场经济转变，社会救济逐步从“单位”中分离出来，由政府的社会救济部门去完成。同时，企业内的大批冗员被精减，破产企业的职工也被推向社会，使那些具有劳动能力者因失业而面临生活困难。需要救济的对象由原来那些没有劳动能力而生活困难者扩大至有劳动能力却陷于贫困者，包括暂时失去工作而生活困难者，以及尽管有工作，但由于种种原因（如赡养人口多、家中有重病号等）其家庭生活困难者。传统的城市社会救济制度的救济标准也偏低。1994 年，城市孤老残幼与社会困难户的定期定量救济标准分别为年人均 585 元、421 元，与城市年人均收入 3 000 元相差近 7 倍，与城市贫困线标准年人均收入 1 440 元也相差甚多，救济对象的基本生活难以得到保障。改革传统的城市社会救济制度已势在必行。

在农村社会救济制度中，1958 年“大跃进”时期曾一度取消了社会救济。自 1960 年起，由于连续三年遭受严重的自然灾害，贫困对象大量增加，社会救济的任务相当繁重。国家拨出了大量的救济款物用于农村救济。随着农村经济体制的改革，家庭联产承包责任制的实行，农村经济迅速发展，许多贫困对象依靠自己的劳动脱贫致富，使农村的贫困对象逐渐减少。

二、我国城市居民最低生活保障制度

城市居民最低生活保障制度，是国家对城市中的贫困居民，按照最低生活保障线标准给予基本生活保障的制度。这是适应我国社会主义市场经济体制而建立的新型社会救济制度。

（一）救济标准

城市居民最低生活保障制度首先要涉及的是救济标准，或者称为“最低生活保障线”。我国目前的“最低生活保障线”是由当地政府在调查研究的基础上，根据城市居民维持基本生活的最低支出和物价指数，并考虑社会平均生活水平和政府财政的承受能力等因素，经过测算和论证后制定的。并且，“最低生活保障线”还应随物价上涨等因素进行调整。

关于“城市最低生活保障线”的确定，通常是以城市居民达到最低生活水平为标准。最低生活水平包含有两个层次：一是“绝对贫困”，指维持生命所需要的最低限度的饮食、穿戴和居住条件；二是“相对贫困”，指享有和当地生产力相适应的数量最少的消费资料和服务，它并非指缺衣少食，而是一种相对于其他居民才有的“贫困”之感。“城市最低生活保障线”应以“绝对贫困”为主，适当兼顾“相对贫困”。

在确定“城市最低生活保障线”的具体方式上，各地大都采取了“菜篮子法”，即选择若干生活必需品，依据其最低消费作为确定最低生活水平的标准。这种方式在具体测算时考虑三个因素：其一是生活必需品品种选择的准确性，其二是生活必需品价格指数的可靠性，其三是贫困家庭及其消费特征选择的可代表性。

1999 年 9 月 28 日，国务院第 21 次常务会议通过《城市居民最低生活保障条例》，规定城市居民最低生活保障标准，按照当地维持城市居民基本生活所必需的衣、食、住费用，并适当考虑水电燃煤（燃气）费用及未成年人的义务教育费用确定。

2008 年 10 月 22 日公布的《城市低收入家庭认定办法》规定，城市低收入家庭收入标准主要包括家庭收入和家庭财产两项指标，应当根据当地经济和社会发展水平，统筹考虑居民人均可支配收入、最低生活保障标准、最低工资标准以及住房保障和其他社会救助的关系，以满足城市居民基本生活需求为原则，按照不同救助项目需求和家庭支付能力确定。[①]

家庭收入是指家庭成员在一定期限内拥有的全部可支配收入，包括扣除缴纳的个人所得税以及个人缴纳的社会保障支出后的工薪收入、经营性净收入、财产性收入和转移性收入等。家庭财产是指家庭成员拥有的全部存款、房产、车辆、有价证券等财产。

家庭成员按照国家规定获得的优待抚恤金、计划生育奖励与扶助金、教育奖（助）学金、寄宿生生活费补助以及见义勇为等奖励性补助，不计入家庭收入。

（二）救济范围

城市居民最低生活保障制度救济的范围是城市有常住户口的居民，包括所有家庭人均收入低于“最低生活保障线”的贫困对象。

这些对象或由于先天或后天的因素失去劳动能力；或虽有劳动能力但因客观环境限制以致失业、无法获得收入，或收入中断、收入减少，而且又无法获得社会保险给付；或因受到天灾、人祸等因素的突然打击，如果不接受紧急救济就无法维持生活。这些原因使他们成为无劳动能力者，或虽有谋生能力但一时遭遇困难的不幸者。对于前者，如贫穷的鳏寡孤独、残疾者，应给予长期救济，以保障其生活。而对于后者，即一般人之遭遇意外灾难或一时生活困难，无法维持生活而需援助者，则给予短期救济，以帮助他们渡过难关而恢复正常生活。

《城市居民最低生活保障条例》规定持有非农业户口的城市居民，凡共同生活的家庭成员人均收入低于当地城市居民最低生活保障标准的，均有从当地人民政府获得基本生活物质帮助的权利。这里的“收入”是指共同生活的家庭成员的全部货币收入和实物收入，包括法定赡养人、扶养人或者抚养人应当给付的赡养费、扶养费或者抚养费，不包括优抚对象按照国家规定享受的抚恤金、补助金。

（三）资金来源

最低生活保障的资金筹集主要采取两种形式：一是由市、区两级财政与机关、企事业单位分担，救济对象有工作单位的，由其所在单位给予困难补助；救济对象无工作单位的和所在单位无力负担的，由市区财政给予社会救济。二是完全由市、区两级财政负担。

《城市居民最低生活保障条例》规定城市居民最低生活保障所需资金，由地方人民政府列入财政预算，纳入社会救济专项资金支出项目，专项管理，专款专用。

国家鼓励社会组织和个人为城市居民最低生活保障提供捐赠、资助，所提供的捐赠资助，全部纳入当地城市居民最低生活保障资金。

---

① 我国 2016 年一季度城市低保标准北京市为每月 800 元，上海市是 790 元，广东省为 515.52 元，新疆维吾尔自治区是 356.73 元。（数据来源：2016 年 1 季度低保标准.（2016－04－28）[2016－07－18]. 民政部门户网站：http://www.mca.gov.cn/article/sj/tjjb/bzbz/201604/20160400000089.shtml.）

（四）救济方式和程序

一般采取现金救济，包括定期救济与临时救济。也有个别地方采取现金和实物相结合的救济方式。

在程序上，首先由救济对象向当地居委会提出申请，并填写救济申请表，在居委会初审后报街道办事处民政科，由其调查复核并提出解决意见，报区民政局，由区民政局发给救济证。救济对象凭证领取救济费。

《城市居民最低生活保障条例》规定申请享受城市居民最低生活保障待遇，由户主向户籍所在地的街道办事处或者镇人民政府提出书面申请，并出具有关证明材料，填写“城市居民最低生活保障待遇审批表”。城市居民最低生活保障待遇，由其所在地的街道办事处或者镇人民政府初审，并将有关材料和初审意见报送县级人民政府民政部门审批。管理审批机关为审批城市居民最低生活保障待遇的需要，可以通过入户调查、邻里访问以及信函索证等方式对申请人的家庭经济状况和实际生活水平进行调查核实。申请人及有关单位、组织或者个人应当接受调查，如实提供有关情况。

县级人民政府民政部门经审查，对符合享受城市居民最低生活保障待遇条件的家庭，应当区分不同情况批准其享受城市居民最低生活保障待遇。对经批准享受城市居民最低生活保障待遇的城市居民，由管理审批机关采取适当形式以户为单位予以公布，接受群众监督。城市居民对县级人民政府民政部门作出的不批准享受城市居民最低生活保障待遇或者减发、停发城市居民最低生活保障款物的决定或者给予的行政处罚不服的，可以依法申请行政复议；对复议决定仍不服的，可以依法提起行政诉讼。

享受城市居民最低生活保障待遇的城市居民有下列行为之一的，由县级人民政府民政部门给予批评教育或者警告，追回其冒领的城市居民最低生活保障款物；情节恶劣的，处冒领金额 1 倍以上 3 倍以下的罚款：（1）采取虚报、隐瞒、伪造等手段，骗取享受城市居民最低生活保障待遇的；（2）在享受城市居民最低生活保障待遇期间家庭收入情况好转，不按规定告知管理审批机关，继续享受城市居民最低生活保障待遇的。

三、我国农村社会救济

（一）农村社会救济对象

农村社会救济，是国家和集体对农村中生活困难的贫困对象采取物质帮助、扶持生产等形式保障其基本生活的制度。农村社会救济主要针对无法定扶养义务人、无劳动能力、无生活来源的老年人、残疾人、未成年人，以及因病、灾、缺少劳动能力等生活贫困者。

农村低保对象范围是家庭人均纯收入低于当地低保标准的贫困居民，保障的重点是因疾病、残疾、年老体弱、丧失劳动能力和生存条件恶劣等原因，家庭生活常年困难的农村居民。

（二）农村最低生活保障制度

农村最低生活保障的对象是家庭人均收入低于最低生活保障线的村民，保障的方式是发放现金与实物救济相结合。救济的程序是，由救济对象向村民委员会提出申请，村民委员会审核后，报乡镇民政办事机构审批，并报县民政部门备案。农村最低生活保障线的实施和管理由县级民政部门和乡镇民政办事机构负责。

农村低保制度以地方人民政府为主，实行属地管理，低保标准要由县以上各级地方政府自行制定和公布执行。各地确定低保标准主要从以下几方面考虑：一是维持当地农村居民基本生活所必需的吃饭、穿衣、用水、用电等费用，二是当地经济发展水平和财力状况，三是当地物价水平。

（三）农村“五保”供养

“五保”供养是农村为缺乏劳动力、生活没有依靠的鳏寡孤独残疾人提供生活帮助和照顾的一项制度。1994 年 1 月 23 日国务院发布了《农村五保供养条例》，2006 年 1 月 11 日国务院第 121 次常务会议通过了《农村五保供养工作条例》，自 2006 年 3 月 1 日起施行。该条例所称农村“五保”供养，是指在吃、穿、住、医、葬方面给予村民的生活照顾和物质帮助。

1. 供养对象

老年、残疾或者未满 16 周岁的村民，无劳动能力、无生活来源又无法定赡养、抚养、扶养义务人，或者其法定赡养、抚养、扶养义务人无赡养、抚养、扶养能力的，享受农村“五保”供养待遇。

享受农村“五保”供养待遇，应当由村民本人向村民委员会提出申请；因年幼或者智力残疾无法表达意愿的，由村民小组或者其他村民代为提出申请。经村民委员会民主评议，对符合上述条例第 6 条规定条件的，在本村范围内公告；无重大异议的，由村民委员会将评议意见和有关材料报送乡、民族乡、镇人民政府审核。乡、民族乡、镇人民政府应当自收到评议意见之日起 20 日内提出审核意见，并将审核意见和有关材料报送县级人民政府民政部门审批。县级人民政府民政部门应当自收到审核意见和有关材料之日起 20 日内作出审批决定。对批准给予农村“五保”供养待遇的，发给“农村五保供养证书”；对不符合条件不予批准的，应当书面说明理由。

2. 供养内容

农村“五保”供养包括下列供养内容：（1）供给粮油、副食品和生活用燃料；（2）供给服装、被褥等生活用品和零用钱；（3）提供符合基本居住条件的住房；（4）提供疾病治疗，对生活不能自理的给予照料；（5）办理丧葬事宜。农村“五保”供养对象未满 16 周岁或者已满 16 周岁仍在接受义务教育的，应当保障他们依法接受义务教育所需费用。

农村“五保”供养标准不得低于当地村民的平均生活水平，并根据当地村民平均生活水平的提高适时调整。农村“五保”供养标准，可以由省、自治区、直辖市人民政府制定，在本行政区域内公布执行；也可以由设区的市级或者县级人民政府制定，报所在的省、自治区、直辖市人民政府备案后公布执行。

第二节　救灾救济

我国是一个灾害多发的国家。救灾救济是救灾和社会救济的合称。救灾是灾害发生过程中或灾后，为尽量减少损失，保证群众生活而进行的救护工作。社会救济是人们不能维持最低限度的生活水平时，要求国家和社会按照法定标准向其提供最低生活需求的资金或实物。两者都同属于社会保障制度。

一、灾害救济款的使用原则

（一）实行专款专用、重点使用的原则

救灾款是拨给遭受自然灾害地区的专项资金，有其特定的使用范围：(1) 解决灾民生活上无力克服的吃饭、穿衣、住房、治病的困难；(2) 紧急抢救、转移和安置灾民；(3) 适当扶持灾民开展生产自救。根据专款专用的要求，灾害救济款除不得用于规定范围之外的开支，更不得贪污、挪用或私分。

灾害救济款使用的重点是灾情严重、连年遭灾的地区和自救能力较差的重灾户及受灾的贫困户。不允许平均分配，不允许向当年（指救灾年度）无灾的地区拨发救灾款，以及将救灾款顶替地方其他经费开支使用。

（二）生活救济与扶持生产自救相结合的原则

必须将国家拨给救灾款的主要部分，无偿用于解决困难灾民的基本生活问题，使灾民通过国家提供的无偿救济得到基本生活的保障。这是灾害救济款最主要的使用方式。与此同时，把灾害救济款中的一部分有偿用于扶持生产自救，即以低息或无息借贷给救济对象，扶持其进行生产自救。这有助于帮助救济对象摆脱困境，走上正常的发展之路。

在生活救济与扶持生产的关系上，生活救济始终是主要的和第一位的。有偿用于扶持生产自救的部分，以省、自治区、直辖市计算，不得超过全年救灾款总额的30%。具体到各灾县所占比例，由省、自治区、直辖市分别不同情况确定。生活救济的对象，重点是缺乏劳动能力的受灾户。扶持生产自救，应着重组织有劳动能力的重灾户和遭灾的贫困户，重点是帮助发展投资少、周期短、见效快的工副业生产，以增加现金收入，解决当前困难。

与生活救济不同的是，有偿用于扶持生产自救的资金要逐年收回，专款专用，逐年积累，周转使用。在灾年结合救灾用于生产自救，抗灾度荒；在非灾年用于扶持贫困户发展生产，逐年建立救灾扶贫的生产基地。不准挪作他用，或扶持富裕户和专业大户。

二、灾害救济的捐赠管理

（一）救灾捐赠的含义与特点

救灾捐赠是在发生较严重的突发性自然灾害后，由政府部门或社会团体等机构有组织地向海内外各界募集资金和物资，帮助灾区和灾民解决因灾造成的困难。捐赠款物来自海内外各界，包括友好国家和地区政府、国际组织、外国民间团体、企业及个人，海外华人华侨组织及个人、港澳台同胞，国内社会各界机关、团体、企事业单位、军队、学校和个人。

通过捐赠活动募集到的款物，首先是用于满足灾区和灾民的紧急需要，包括解决灾民的食品、饮水、医疗防疫、临时住所、衣被等问题；其次是安置灾民和帮助灾区恢复重建，包括帮助灾民修复重建住房、灾区敬老院、福利院、中小学校、医疗诊所，修建灾民新村，改善灾区饮水条件，提供基本的生产资料；再次是帮助灾区恢复交通、通信等基础设施。

救灾捐赠是一项社会公益性活动。作为一项社会活动，其运作动机、方式和目的都与灾害救济有关，从而具有区别于一般的社会捐赠等社会公益事业的特点。

1. 救灾捐赠一般没有长期、具体的计划，而是受突发事件的制约，其结果也难以预测。救灾捐赠的直接目的是对每次受灾的重灾民进行有效的救济，其服务对象往往是特定

范围内的某些灾民群体；在救灾捐赠中受到救济的灾民也是“一次性”的。

2. 救灾捐赠依靠整个社会。任何单位和个人都是潜在的捐赠者。救灾捐赠的运作必须是社会性和群体性的，体现整个社会对所发生的灾害人人关心、人人有责。救灾捐赠是自发的社会行为同有组织的机构管理相结合，它既依赖于现代社会人们群体纽带作用的加强，又通过该项活动进一步增强人的社会性和群体化形式。

3. 救灾捐赠只具有社会效益。救灾捐赠行为完全是出于捐赠单位或个人的自愿，而且是无偿的支付，它只产生社会效益。无论是捐赠者还是管理者都不在其中追求任何直接的经济效益。但捐赠者作为付出方有指明捐赠对象、了解救济过程和效果的权利；管理机构应同时对捐赠者和灾民负责；而灾民无须事先履行任何义务而享有无条件接受救济的权利。

（二）救灾捐赠的管理

2008 年 4 月 28 日，民政部发布《救灾捐赠管理办法》，规定救灾捐赠应当是自愿和无偿的，禁止强行摊派或者变相摊派，不得以捐赠为名从事营利活动。救灾捐赠款物的使用范围如下：（1）解决灾民衣、食、住、医等生活困难；（2）紧急抢救、转移和安置灾民；（3）灾民倒塌房屋的恢复重建；（4）捐赠人指定的与救灾直接相关的用途；（5）经同级人民政府批准的其他直接用于救灾方面的必要开支。

开展义演、义赛、义卖等大型救灾捐赠和募捐活动，举办单位应当在活动结束后 30 日内，报当地人民政府民政部门备案。具有救灾宗旨的公募基金会，可以依法开展救灾募捐活动，但在发生自然灾害时所募集的资金不得用于增加原始基金。

1. 救灾捐赠款物的接受

县级以上人民政府民政部门接受救灾捐赠款物，根据工作需要可以指定社会捐助接收机构、具有救灾宗旨的公益性民间组织组织实施。乡（镇）人民政府、城市街道办事处受县（县级市、市辖区）人民政府委托，可以组织代收本行政区域内村民、居民及驻在单位的救灾捐赠款物。代收的捐赠款物应当及时转交救灾捐赠受赠人。

自然人、法人或者其他组织可以向救灾捐赠受赠人捐赠其有权处分的合法财产。法人或者其他组织捐赠其自产或者外购商品的，需要享受税收优惠政策的，应当提供相应的发票及证明物品质量的资料。捐赠人捐赠的食品、药品、生物化学制品应当符合国家食品药品监督管理和卫生行政等政府相关部门的有关规定。

国务院民政部门负责对境外通报灾情，表明接受境外救灾捐赠的态度，确定受援区域。国务院民政部门负责接受境外对中央政府的救灾捐赠，县级以上地方人民政府民政部门负责接受境外对地方政府的救灾捐赠。具有救灾宗旨的公益性民间组织接受境外救灾捐赠，应当报民政部门备案。

2. 救灾捐赠款物的管理和使用

县级以上人民政府民政部门根据灾情和灾区实际需求，可以统筹平衡和统一调拨分配救灾捐赠款物，并报上一级人民政府民政部门统计。对捐赠人指定救灾捐赠款物用途或者受援地区的，应当按照捐赠人意愿。在捐赠款物过于集中在同一地方的情况下，经捐赠人书面同意，省级以上人民政府民政部门可以调剂分配。

捐赠人有权向救灾捐赠受赠人查询救灾捐赠财产的使用、管理情况，并提出意见和建议。对于捐赠人的查询，救灾捐赠受赠人应当如实答复。

对灾区不适用的境内救灾捐赠物资，经捐赠人书面同意，报县级以上地方人民政府民政部门批准后可以变卖。对灾区不适用的境外救灾捐赠物资，应当报省级人民政府民政部门批准后方可变卖。变卖救灾捐赠物资应当由县级以上地方人民政府民政部门统一组织实施，一般应当采取公开拍卖方式。变卖救灾捐赠物资所得款必须作为救灾捐赠款管理、使用，不得挪作他用。

各级民政部门在组织救灾捐赠工作过程中，不得从捐赠款中列支费用。经民政部门授权的社会捐助接收机构、具有救灾宗旨的公益性民间组织，可以按照国家有关规定和自身组织章程，在捐赠款中列支必要的工作经费，捐赠人与救灾捐赠受赠人另有协议的除外。

第三节　社会救助

我国自古以来即具有“慈幼”“恤孤”等观念，较早地形成了以政府为主体，辅以家庭抚养、家族收养及私人捐助施舍的流浪儿童救助模式。在政府型或民间性救助机构中，“养”与“教”始终都是抚养流浪儿童健康成长不容忽视的两个方面。同时，因自身无力解决食宿，无亲友投靠，又不享受城市最低生活保障或者农村“五保”供养，正在城市流浪以乞讨度日的人员也为社会救助制度保障的对象。

2003 年 6 月 20 日，国务院发布《城市生活无着的流浪乞讨人员救助管理办法》，为在城市生活无着的流浪、乞讨人员实行救助，保障其基本生活权益，完善社会救助制度制定。救助站应当根据受助人员的需要提供下列救助：（1）提供符合食品卫生要求的食物；（2）提供符合基本条件的住处；（3）对在站内突发急病的，及时送医院救治；（4）帮助与其亲属或者所在单位联系；（5）对没有交通费返回其住所地或者所在单位的，提供乘车凭证。此后，该办法被列入民政部 2019 年立法工作计划（修订）。

2003 年 7 月 23 日，民政部《关于将收容遣送站更名为救助管理站的通知》将此前的“收容遣送站”更名为“救助管理站”，表明在前面冠以所在行政区划地名的“救助管理站”是我国实施社会救助的法定机构。2005 年 6 月 1 日，民政部办公厅公布了“全国跨省救助管理站设置情况表”，标志着全国救助管理网络体系初步确立。

一、流浪儿童救助

流浪儿童是指年龄在 18 周岁以下，离开家庭，脱离监护人的保护，流浪街头连续超过 24 小时，基本生活失去保障的未成年人。

流浪儿童因家庭破裂、教育不当、经济贫困等多种因素产生。[①] 流浪儿童离开监护人，

---

① 鞍山市流浪少年儿童救助保护中心成立的 8 年时间里，共救助流浪少年儿童 700 多人次。家庭生活和教育环境的不和谐，是造成他们流浪社会的主要原因。其不和谐因素有以下几个方面：（1）父母离异。有 60%的流浪儿童来自父母离异的单亲家庭或再婚家庭。（2）家庭生活不和睦，父母经常吵架、酗酒、赌博成性。来自这样家庭的孩子约占 10%。（3）父母残疾，家庭生活困难，基本生活和受教育的机会得不到保证。来自这样家庭的孩子约占 15%。（4）父母犯罪被判刑。这部分流浪儿童约占 10%。（5）被拐骗或走失的约占 5%。参见鞍山市流浪少年儿童救助保护中心. 探讨流浪儿童救助保护工作的特殊管理与教育方式. http://www. mca. gov. cn.

流落街头，他们的生存权、发展权等基本生活权利难以得到有效保障，成为特殊的社会弱势群体。我国坚持“儿童优先”原则，发展流浪儿童救助保护事业，预防流浪儿童违法犯罪，保护流浪儿童合法权益。流浪儿童救助保护中心是为流浪儿童提供救助保护，保护流浪儿童合法权益的专门机构。

流浪儿童救助保护中心的管理与教育表现为依托社区类似家庭照顾流浪儿童的新模式。针对有“家”难回等年龄较小流浪儿童，对他们实施过渡性保护措施——“家庭寄养”。在街头为流浪儿童提供流动救助，邀请街头流浪儿童进入中心或全天候街头救助点，以便给予更好的援助和疏导教育。针对流浪儿童处境困难及自身问题较多的特点，对年龄较大、文化程度偏低的流浪儿童进行基本技能培训。

为解决孩子们的教育问题，组织志愿者师资队伍，建立救助小学给流浪儿童上课。为巩固教育成果，建立信息采集和跟踪回访机制。对实施过救助的流浪儿童，采取电话回访、信函回访、实地跟踪回访与帮困助学相结合的方式，同时与流浪儿童所在社区/村委会、学校、民政部门、家庭建立良好的协作关系。通过回访所反馈的信息，总结评估救助效果，不断地提高救助工作质量。

在流浪儿童中，孤儿救助是一项特殊的重要内容。截至 2015 年年底，全国共有孤儿 50.2 万人，其中集中供养孤儿 9.2 万人，社会散居孤儿 41.0 万人。① 他们失去父母，无人抚养，处于生存、发展的困境，是社会救助工作的重点对象。

2006 年 3 月民政部等十余个部委联合颁布实施了《对关于加强孤儿救助工作的意见》，要求各级政府应当按照有利于孤儿成长的原则，区别不同情况，依据有关法律、法规，妥善做好孤儿安置工作：（1）孤儿的监护人应当依法履行监护职责，维护孤儿的合法权益。监护人不履行监护职责或侵害被监护人的合法权益的，应当承担相应的法律责任。人民法院可以根据有关人员或有关单位的申请，依法撤销监护人的资格。（2）由孤儿父母生前所在单位或孤儿住所地的村（居）民委员会担任监护人的，可以由监护人委托有抚养意愿和抚养能力的家庭养育孤儿。（3）由民政部门监护的孤儿，可以在社会（儿童）福利院、敬老院、孤儿学校、SOS 儿童村和流浪未成年人救助保护中心等机构集中安置，并可以根据《家庭寄养管理暂行办法》的规定，开展家庭寄养。（4）要根据《中华人民共和国收养法》的规定，积极开展孤儿收养工作。对“事实收养”问题，要根据不同情况予以解决，符合收养条件的，依法办理登记和相关手续，切实保护被收养儿童的合法权益。（5）对于暂时查找不到家庭的流浪未成年人，可以根据具体情况延长其在流浪未成年人救助保护机构的救助和教育时间。对于确实无法查明身份的流浪未成年人，可由流浪未成年人救助保护机构和儿童福利机构安置。（6）对因父母服刑或其他原因暂时失去生活依靠的未成年人，可以依据相关法律规定妥善安置。②

① 数据来源：2015 年社会服务发展统计公报．（2016－07－11）［2016－07－18］．民政部门户网站：http://www.mca.gov.cn/article/sj/tjgb/201607/20160700001136.shtml.

② 2015 年全国办理家庭收养登记 2.2 万件，其中：内地居民收养登记 1.9 万件，港澳台华侨收养 179 件，外国人收养登记 2 942 件。数据来源：2015 年社会服务发展统计公报．（2016－07－11）［2016－07－18］．民政部门户网站：http://www.mca.gov.cn/article/sj/tjgb/201607/20160700001136.shtml.

二、流浪乞讨人员救助

对城市生活无着的流浪乞讨人员救助遵循自愿受助、无偿救助原则，临时性救助原则，政府、社会、家庭责任有机结合的原则。

自愿受助、无偿救助是新的救助制度区别于收容遣送制度的重要标志，指求助人向救助管理站自愿求助，经询问符合救助对象的范围，救助管理站应给予救助；同时，受助人可以放弃救助，告知救助管理站后自愿离站，救助管理站不得限制。无偿救助指救助管理站不得向受助人及其家属和单位收取费用，也不得组织受助人从事生产劳动以自挣生活费及返家所需费用。

救助管理站对流浪乞讨人员的救助是一项临时性社会救助措施，这与城市最低生活保障和其他社会保障制度在救助内容、方式上都有重大区别。救助管理站对救助对象实施的救助，主要是解决其临时的生活困难，并使其返回家庭或所在单位。救助管理站对受助人员的救助时限不超过 10 天。受助人员在接受救助或生活无着情形消除后必须离站，不能长时间滞留站内。对于无正当理由拒绝离站的，应终止救助。绝不应把救助管理站办成"收养院""福利院"。

政府、社会、家庭三者责任的有机结合是现代社会救助制度的共同特征，也是对城市流浪乞讨人员进行临时性救助必须遵循的原则。救助管理站所在地人民政府应负责救助管理站机构设施建设、经费保障，以及对于查找不到家庭及其家属，同时也查找不到户籍所在地的老年人、未成年人、残疾人承担妥善安置等责任。受助人员户籍所在地人民政府要承担帮助解决返家受助人员的生产生活困难以及安置无家可归的残疾人、未成年人、老年人等责任。社会组织及个人可以采取捐赠、义工等方式支持救助管理站工作，也可探索由社会力量兴办公益性机构救助城市生活无着的流浪乞讨人员。家庭及其成员应依法履行赡养、抚养之责，以免造成老年人、未成年人、残疾人生活无着流浪乞讨；对已流浪乞讨的，应予接回。

《城市生活无着的流浪乞讨人员救助管理办法》对受助人员规定了五项基本救助内容，并规定救助管理站对受助人员实施救助时，应以受助人员的救助需求确定救助内容和救助方式，而不能以满足受助人员的主观愿望为尺度。对于残疾人、未成年人、老年人，救助管理站要在生活上给予照顾，并给予必要的保护。对于救助管理站对受助人员的伙食标准、住宿条件及其他救助标准，全国无统一规定。由各级民政部门根据当地财政状况、物价水平及居民生活水平的状况提出意见，商财政部门合理确定。

案例与事例

一、外孙有钱，低保被撤

耄耋之年的孙老太太不服被告丹阳市民政局民政行政审批，于 2015 年 7 月 31 日向丹阳法院提起行政诉讼。丹阳法院依法组成合议庭，2016 年 1 月 8 日公开开庭审理。

丹阳法院经审理查明，原告居住在丹阳市访仙镇瓦西村，属农村居民。2008 年，原告以家中无其他人住、有一女也身体多病且无生活能力、无经济来源为由，申请农村最低生活保障。被告经审批，认为原告符合领取最低生活保障金的条件，于 2008 年 7 月 1 日向原告发放了农村居民最低生活保障金领取证。2014 年 8 月至 9 月，被告了解到原告不再符合继续领取最低生活保障金的条件，于 2014 年 10 月停发了原告孙老太太的最低生活保障金。原告不服，于 2015 年 1 月 12 日向法院提起诉讼，要求被告依法按时发放原告的最低生活保障金。

在该案审理过程中，因被告恢复发放，原告于 2015 年 3 月 25 日撤回起诉。2015 年 5 月 29 日，丹阳市访仙镇人民政府和原告所在地村委会工作人员进行复查入户调查，才知原告一人独自生活，非共同生活的家庭成员中 65 岁女儿尚在，而招婿已亡，女儿还育有三子，长子系江苏某律师事务所合伙律师，次子是从事铝合金生意的个体工商户，三子是江苏省中医院主任医师（博士学历）。丹阳市访仙镇低保入户调查表载明长子每年收入 100 万元，三子每年收入 20 万元，原告和调查人员均在该调查表中按手印和签字确认。

原告所在的丹阳市访仙镇仁里村村民委员会和丹阳市访仙镇人民政府均认为原告的三个孙子有足够的赡养能力，其应给付的赡养费应当作为原告的家庭收入，原告不符合领取最低生活保障金的条件，建议被告取消原告的最低生活保障待遇。2015 年 6 月 19 日，被告根据丹阳市访仙镇人民政府的变更材料，按照审批程序，作出取消原告的最低生活保障待遇的决定。2015 年 6 月 29 日，被告向原告作出丹阳市最低生活保障待遇停发通知书，并于当日送达给原告。原告对该停发通知不服，诉至法院。

丹阳法院认为，根据国务院《关于在全国建立农村最低生活保障制度的通知》要求，民政部《最低生活保障审核审批办法（试行）》（2021 年失效）第 2 条、第 3 条和《江苏省居民最低生活保障工作规程》第 3 条第 2 款、第 3 款的规定，被告丹阳市民政局有对本辖区内最低生活保障进行审批的管理职责。根据《中华人民共和国婚姻法》（2021 年失效）第 28 条的规定，有负担能力的孙子女、外孙子女对于子女已经死亡或者子女无力赡养的祖父母、外祖父母有赡养的义务。《镇江市居民最低生活保障实施细则》第 2 条规定，居民最低生活保障制度是指对家庭人均收入低于当地最低生活保障标准，且家庭财产状况符合有关规定的我市居民实行救助的制度。该《细则》第 13 条规定，赡养费应当计入家庭收入。该《细则》第 15 条第 1 款第 11 项规定，具有赡养关系的家庭成员非共同生活的，如果义务人家庭人均收入高于当地最低生活保障标准 2 倍的，一般将其收入高出部分的 50%平均到其应当赡养的每个对象计算。该《细则》第 10 条第 1 款第 5 项还规定，法定赡养人有赡养能力，但未履行赡养义务，致使申请人未获得赡养权益的家庭不得享受最低生活保障。

本案中，虽然原告的女儿无力赡养，但是其三个外孙有足够的负担能力，故三个外孙对原告有法定的赡养义务。原告申请最低生活保障待遇时遗漏了三个外孙，且三个外孙应当给付的赡养费远超当地最低生活保障标准。被告审核认定原告不符合最低生活保障对象，作出停发最低生活保障金的通知，符合上述规定。根据该《细则》第 30 条、第 31 条的规定，最低生活保障工作实行动态管理，所在镇人民政府应当对最低生活保障家庭进行定期复核，采取入户调查、邻里走访等方式实施，复核人员和最低生活保障对象对复核结果签字确认，民政部门根据镇人民政府上报的变更材料及时作出审批决定。在作出审批决定的当月，书面通知最低生活保障对象。原告所在的丹阳市访仙镇人民政府在复核时采取了入户调查、邻里走访的方式，调查人员和原告均在复查入户调查表上签字和按手印，被告根据丹阳市访仙镇人民政府提供的变更材料于2015年6月19日作出审批，于2015年6月29日作出停发通知书，并于当日送达，程序上符合上述规定。

据此，依照《中华人民共和国行政诉讼法》第69条的规定，一审法院判决如下：驳回原告孙老太太要求撤销被告丹阳市民政局于2015年6月29日作出的丹阳市最低生活保障待遇停发通知书的诉讼请求。[①]

二、扶贫款不是“唐僧肉”

虚报冒领、截留挪用，是当前扶贫领域涉腐基层干部惯用的违法手段。“近年来查办的扶贫领域腐败案件，主要发生在惠农专项资金、退耕还林补贴、低保发放等领域，有的干部‘雁过拔毛’，贪婪程度令人震惊。”陕西省山阳县检察院副检察长席健康说，全县有86项惠民补贴，形式上虽然实现了“一卡通”，但在申报环节仍存在漏洞。犯罪分子往往采取虚列名单、偷刻印章、复印村民身份证、冒领等方式，或在申请审批过程中“吃拿卡要”，犯罪形式也更加隐蔽。

《经济参考报》记者近日在中部地区一国家级贫困县下乡时，有村民反映，2014年，该村以42户村民名义申报了一个茶叶种植的扶贫项目，种植规模为222亩，项目资金44万元，按照政策，75%的资金要分配到户。而经村民实地丈量，项目实际面积不足20亩，且42户村民中还有去世多年之人。同时，发放到村民“一卡通”的资金第二天就被村里套走，村民每户只拿到200元，项目至今仍未实施。

西部地区一设区市检察院反贪局负责人告诉记者，他们曾查办当地的一起案件，一国家级贫困县申请了100万元资金为一个村修桥，经各级干部层层截留，最后真正用于工程的竟然只剩下7万元。广西博白县查处的一起案例中，新田镇百岸村原村支书蓝元雄在帮助群众申报农村厕改项目时，按每户50元至100元的额度收取好处费共1.27万元。陕西省山阳县十里铺镇一村主任为村民申请低保后，困难群众来领取低保金时，先要交500元的好处费，否则“一律免谈”。

极个别手握扶贫项目和资金的权力部门负责人，更是明目张胆地将手中的“自由裁量权”变现谋利。已被提起公诉的江西省分宜县扶贫和移民局原局长龚平供述，每年除固定的扶贫资金外，省里下拨的数百万元经济发展资金由该局自主安排。为获得这笔款项，当地12名村支书累计向他“进贡”32万余元。一位村支书告诉记者，他们之所以热衷于向龚平争项目争资金，一方面是因为争取到项目后可以加强村里的基础设施建设，另一方面则是因为移民项目的验收，虽然县移民局要求项目要做到100%，但实际上只要做到七八成就可以通过，剩余的钱就成了村里的开支。

此外，个别基层干部还存在“优亲厚友”行为。记者在采访中发现，一些地方在发放低保过程中，有基层干部利用手中的权力照顾亲属，大搞“人情保”“关系保”，搞“利益集团”。发放危房改造补贴、农村改厕补贴、义务教育阶段寄宿生生活补助费等时，不从实际出发，对不符合条件的亲属，“创造条件”也要给亲属，对符合条件的其他群众却视

---

① 万凌云，等. 镇江一近九旬老太低保被撤，原因是外孙太有钱.（2016-04-29）[2016-07-18]. 新华报业网：http://view.inews.qq.com/a/JSC2016042900858902?from=timeline&isappinstalled=0.

而不见。记者在安徽省金寨县采访了解到，该县白塔畈镇光慈村党总支书记王孝华存在违规办理低保、优亲厚友问题。经查，2009 年至 2015 年 3 月，王孝华利用职务之便，违反有关规定为其父母办理低保，先后骗取低保补助款 1.63 万元。

此外，法律界定存在分歧，形成了监管中的"模糊地带"。西部地区一位市级反贪局负责人说，全国人大常委会和最高人民法院曾就村干部犯罪问题有一个立法解释和两个司法解释，规定了村干部在从事"社会捐助公益事业款物的管理""代征、代缴税款"等七类工作时，属于《刑法》第 93 条第 2 款规定的"其他依照法律从事公务的人员"，当出现贪污、挪用公款或受贿犯罪行为，由检察机关查办。而当前移民搬迁、农业专项资金管理等腐败高发领域却不在七类情况之列，这些领域的贪腐问题被归为职务侵占范畴，由公安机关经侦部门监管，形成了检察机关和公安机关职能范围的交叉。①

① 扶贫领域现腐败黑手：民众领低保需交 500 好处费. 经济参考报，2016-06-16 [2016-07-18]. http://yn.people.com.cn/news/domestic/n2/2016/0616/c228494-28516254.html.

第十三章　社会优抚法

导读

社会优抚制度是随军队产生和发展而建立的。本章讨论社会优待和社会优抚中的法律问题。

一、发放优待金

1984年颁布、四次修改的《兵役法》规定：国家建立义务兵家庭优待金制度。义务兵家庭优待金标准由地方人民政府制定，中央财政给予定额补助。具体补助办法由国务院退役军人工作主管部门、财政部门会同中央军事委员会机关有关部门制定。

根据2004年8月1日公布、2011年7月29日、2019年3月2日两次修订的《军人抚恤优待条例》，义务兵服现役期间，其家庭由当地人民政府发给优待金或者给予其他优待，优待标准不低于当地平均生活水平。驻边疆国境的县（市）、沙漠区、国家确定的边远地区中的三类地区和军队确定的特、一、二类岛屿部队的现役军官、文职干部、士官，其符合随军条件无法随军的家属，所在地人民政府应当妥善安置，保障其生活不低于当地的平均生活水平。复员军人生活困难的，按照规定的条件，由当地人民政府民政部门给予定期定量补助，逐步改善其生活条件。

优待金的来源，一是财政拨款，二是由军属所在单位或军人参军前所在单位承担，三是通过社会统筹方式解决。优待金标准的确定，一是要与当地经济条件和群众生活水平相适应，二是要保障优待对象相当或略高于当地一般群众的生活水平，三是考虑优待金筹集的可行性。目前，对服现役的义务兵家属的优待范围、优待金标准和统筹办法等，是由省、自治区、直辖市人民政府根据本地区的实际情况制定的。

负有军人优待义务的单位不履行优待义务的，由县级人民政府退役军人事务部门责令限期履行义务；逾期未履行的，处以罚款。对直接负责的主管人员和其他直接责任人员依法给予行政处分、纪律处分。因不履行优待义务使抚恤优待对象受到损失的，应当依法承担赔偿责任。

二、抚恤优待

《军人抚恤优待条例》2004 年 8 月 1 日由国务院和中央军事委员会颁布，2011 年 7 月 29 日第一次修订，2019 年 3 月 2 日第二次修订。中国人民解放军现役军人、服现役或者退出现役的残疾军人以及复员军人、退伍军人、烈士遗属、因公牺牲军人遗属、病故军人遗属、现役军人家属均为抚恤优待对象，依照条例的规定享受抚恤优待。保障军人的抚恤优待与国民经济和社会发展相适应，保障抚恤优待对象的生活不低于当地的平均生活水平。军人抚恤优待所需经费由国务院和地方各级人民政府分级负担。中央和地方财政安排的军人抚恤优待经费，专款专用，并接受财政、审计部门的监督。

1. 死亡抚恤

现役军人死亡被批准为烈士，现役军人死亡被确认为因公牺牲的，现役军人因其他疾病死亡确认为病故的（现役军人非执行任务死亡或者失踪，经法定程序宣告死亡的按照病故对待），对烈士遗属、因公牺牲军人遗属、病故军人遗属，由县级人民政府民政部门分别发给《中华人民共和国烈士证明书》《中华人民共和国军人因公牺牲证明书》《中华人民共和国军人病故证明书》。

现役军人死亡，根据其死亡性质和死亡时的月工资标准，由县级人民政府民政部门发给其遗属一次性抚恤金，标准是：烈士，80 个月工资；因公牺牲，40 个月工资；病故，20 个月工资。月工资或者津贴低于排职少尉军官工资标准的，按照排职少尉军官工资标准发给其遗属一次性抚恤金。

获得荣誉称号或者立功的烈士、因公牺牲军人、病故军人，其遗属在应当享受的一次性抚恤金的基础上，由县级人民政府民政部门增发一次性抚恤金。多次获得荣誉称号或者立功的烈士、因公牺牲军人、病故军人，其遗属由县级人民政府民政部门按照其中最高等级奖励的增发比例，增发一次性抚恤金。对生前作出特殊贡献的烈士、因公牺牲军人、病故军人，除按照本条例规定发给其遗属一次性抚恤金外，军队可以按照有关规定发给其遗属一次性特别抚恤金。一次性抚恤金发给烈士、因公牺牲军人、病故军人的父母（抚养人）、配偶、子女；没有父母（抚养人）、配偶、子女的，发给未满 18 周岁的兄弟姐妹和已满 18 周岁但无生活费来源且由该军人生前供养的兄弟姐妹。

对符合下列条件之一的烈士遗属、因公牺牲军人遗属、病故军人遗属，发给定期抚恤金：（1）父母（抚养人）、配偶无劳动能力、无生活费来源，或者收入水平低于当地居民平均生活水平的；（2）子女未满 18 周岁或者已满 18 周岁但因上学或者残疾无生活费来源的；（3）兄弟姐妹未满 18 周岁或者已满 18 周岁但因上学无生活费来源且由该军人生前供养的。对符合享受定期抚恤金条件的遗属，由县级人民政府民政部门发给《定期抚恤金领取证》。

定期抚恤金标准应当参照全国城乡居民家庭人均收入水平确定。定期抚恤金的标准及其调整办法，由国务院民政部门会同国务院财政部门规定。县级以上地方人民政府对依靠定期抚恤金生活仍有困难的烈士遗属、因公牺牲军人遗属、病故军人遗属，可以增发抚恤金或者采取其他方式予以补助，保障其生活不低于当地的平均生活水平。享受定期抚恤金的烈士遗属、因公牺牲军人遗属、病故军人遗属死亡的，增发 6 个月其原享受的定期抚恤金，作为丧葬补助费，同时注销其领取定期抚恤金的证件。

2. 残疾抚恤

现役军人残疾被认定为因战致残、因公致残或者因病致残的享受抚恤。根据劳动功能障碍程度和生活自理障碍程度确定，由重到轻分为一级至十级。残疾等级的具体评定标准由国务院民政部门、劳动保障部门、卫生部门会同军队有关部门规定。

现役军人因战、因公致残，医疗终结后符合评定残疾等级条件的，应当评定残疾等级。义务兵和初级士官因病致残符合评定残疾等级条件，本人（精神病患者由其利害关系人）提出申请的，也应当评定残疾等级。因战、因公致残，残疾等级被评定为一级至十级的，享受抚恤；因病致残，残疾等级被评定为一级至六级的，享受抚恤。

退出现役的残疾军人，按照残疾等级享受残疾抚恤金。残疾抚恤金由县级人民政府民政部门发给。因工作需要继续服现役的残疾军人，经军队军级以上单位批准，由所在部队按照规定发给残疾抚恤金。残疾军人的抚恤金标准应当参照全国职工平均工资水平确定。残疾抚恤金的标准以及一级至十级残疾军人享受残疾抚恤金的具体办法，由国务院民政部门会同国务院财政部门规定。县级以上地方人民政府对依靠残疾抚恤金生活仍有困难的残疾军人，可以增发残疾抚恤金或者采取其他方式予以补助，保障其生活不低于当地的平均生活水平。

退出现役的因战、因公致残的残疾军人因旧伤复发死亡的，由县级人民政府民政部门按照因公牺牲军人的抚恤金标准发给其遗属一次性抚恤金，其遗属享受因公牺牲军人遗属抚恤待遇。退出现役的因战、因公、因病致残的残疾军人因病死亡的，对其遗属增发 12 个月的残疾抚恤金，作为丧葬补助费；其中，因战、因公致残的一级至四级残疾军人因病死亡的，其遗属享受病故军人遗属抚恤待遇。退出现役的一级至四级残疾军人，由国家供养终身；其中，对需要长年医疗或者独身一人不便分散安置的，经省级人民政府民政部门批准，可以集中供养。对分散安置的一级至四级残疾军人发给护理费。退出现役的残疾军人的护理费，由县级以上地方人民政府民政部门发给；未退出现役的残疾军人的护理费，经军队军级以上单位批准，由所在部队发给。

残疾军人需要配制假肢、代步三轮车等辅助器械，正在服现役的，由军队军级以上单位负责解决；退出现役的，由省级人民政府民政部门负责解决。

3. 社会优待

义务兵服现役期间，其家庭由当地人民政府发给优待金或者给予其他优待，优待标准不低于当地平均生活水平。义务兵和初级士官入伍前是国家机关、社会团体、企业事业单位职工（含合同制人员）的，退出现役后，允许复工复职，并享受不低于本单位同岗位（工种）、同工龄职工的各项待遇；服现役期间，其家属继续享受该单位职工家属的有关福利待遇。义务兵和初级士官入伍前的承包地（山、林）等，应当保留；服现役期间，除依照国家有关规定和承包合同的约定缴纳有关税费外，免除其他负担。义务兵从部队发出的平信，免费邮递。

国家对一级至六级残疾军人的医疗费用按照规定予以保障，由所在医疗保险统筹地区社会保险经办机构单独列账管理。具体办法由国务院民政部门会同国务院劳动保障部门、财政部门规定。七级至十级残疾军人旧伤复发的医疗费用，已经参加工伤保险的，由工伤保险基金支付，未参加工伤保险，有工作的由工作单位解决，没有工作的由当地县级以上地方人民政府负责解决；七级至十级残疾军人旧伤复发以外的医疗费用，未参加医疗保险且本人支付有困难的，由当地县级以上地方人民政府酌情给予补助。残疾军人、复员军人、带病回乡退伍军人以及烈士遗属、因公牺牲军人遗属、病故军人遗属享受医疗优惠待遇。中央财政对抚恤优待对象人数较多的困难地区给予适当补助，用于帮助解决抚恤优待对象的医疗费用困难问题。

在国家机关、社会团体、企业事业单位工作的残疾军人，享受与所在单位工伤人员同等的生活福利和医疗待遇。所在单位不得因其残疾将其辞退、解聘或者解除劳动关系。现役军人凭有效证件、残疾军人凭《中华人民共和国残疾军人证》优先购票乘坐境内运行的火车、轮船、长途公共汽车以及民航班机；残疾军人享受减收正常票价50%的优待。现役军人凭有效证件乘坐市内公共汽车、电车和轨道交通工具享受优待，具体办法由有关城市人民政府规定。残疾军人凭《中华人民共和国残疾军人证》免费乘坐市内公共汽车、电车和轨道交通工具。现役军人、残疾军人凭有效证件参观游览公园、博物馆、名胜古迹享受优待，具体办法由公园、博物馆、名胜古迹管理单位所在地的县级以上地方人民政府规定。

烈士、因公牺牲军人、病故军人的子女、兄弟姐妹，本人自愿应征并且符合征兵条件的，优先批准服现役。义务兵和初级士官退出现役后，报考国家公务员、高等学校和中等职业学校，在与其他考生同等条件下优先录取。残疾军人、烈士子女、因公牺牲军人子女、一级至四级残疾军人的子女，驻边疆国境的县（市）、沙漠区、国家确定的边远地区中的三类地区和军队确定的特、一、二类岛屿部队现役军人的子女报考普通高中、中等职业学校、高等学校，在与其他考生同等条件下优先录取；接受学历教育的，在同等条件下优先享受国家规定的各项助学政策。现役军人子女的入学、入托，在同等条件下优先接收。具体办法由国务院民政部门会同国务院教育部门规定。残疾军人、复员军人、带病回乡退伍军人、烈士遗属、因公牺牲军人遗属、病故军人遗属承租、购买住房依照有关规定享受优先、优惠待遇。居住农村的抚恤优待对象住房困难的，由地方人民政府帮助解决。经军队师（旅）级以上单位政治机关批准随军的现役军官家属、文职干部家属、士官家属，由驻军所在地的公安机关办理落户手续。随军前是国家机关、社会团体、企业事业单位职工的，驻军所在地人民政府劳动保障部门、人事部门应当接收和妥善安置；随军前没有工作单位的，驻军所在地人民政府应当根据本人的实际情况作出相应安置；对自谋职业的，按照国家有关规定减免有关费用。

驻边疆国境的县（市）、沙漠区、国家确定的边远地区中的三类地区和军队确定的特、一、二类岛屿部队的现役军官、文职干部、士官，其符合随军条件无法随军的家属，所在地人民政府应当妥善安置，保障其生活不低于当地的平均生活水平。

随军的烈士遗属、因公牺牲军人遗属和病故军人遗属移交地方人民政府安置的，享受本条例和当地人民政府规定的抚恤优待。

复员军人生活困难的，按照规定的条件，由当地人民政府民政部门给予定期定量补助，逐步改善其生活条件。

国家兴办优抚医院、光荣院，治疗或者集中供养孤老和生活不能自理的抚恤优待对象。各类社会福利机构应当优先接收抚恤优待对象。《军人抚恤优待条例》适用于中国人民武装警察部队。军队离休、退休干部的抚恤优待按照现役军人抚恤优待执行。因参战伤亡的民兵、民工的抚恤，因参加军事演习、军事训练和执行军事勤务伤亡的预备役人员、民兵、民工以及其他人员的抚恤，参照条例的规定办理。

案例与事例

一、军人退役养老保险关系的转移与接续

由人力资源和社会保障部、财政部、总参谋部、总政治部、总后勤部颁布，并于2012年7月1日起施行的《关于军人退役养老保险关系转移接续有关问题的通知》明确了军人退役养老保险关系转移接续中的有关问题。

1. 军人退出现役参加基本养老保险的，国家给予退役养老保险补助，军人服现役期间单位和个人应当缴纳的基本养老保险费由中央财政承担，所需经费由总后勤部列年度预算安排。

2. 军人退役养老保险关系，由军人所在单位后勤（联勤、保障）机关财务部门转移到地方负责职工基本养老保险的社会保险经办机构。

3. 退役养老保险补助由军人所在单位后勤（联勤、保障）机关财务部门在军人退出现役时一次算清。计算办法为：军官、文职干部和士官，按本人服现役期间各年度月工资20%的总和计算；义务兵和供给制学员，按本人退出现役时当年下士月工资起点标准的20%乘服现役月数计算。其中，12%作为单位缴费，8%作为个人缴费。

军官、文职干部和士官计算服现役期间养老保险补助的工资项目包括：基本工资、军人职业津贴、工作性津贴、生活性补贴和奖励工资。

4. 计划分配到企业工作的军官、文职干部，由接收安置单位向军人所在单位后勤（联勤、保障）机关财务部门提供社会保险经办机构开户银行、户名和账号；军人所在单位后勤（联勤、保障）机关财务部门，依据军官、文职干部转业命令，安置地军队转业干部安置工作部门的报到通知和军队团级以上单位政治机关干部部门的审核认定意见，开具《军人退役养老保险参保缴费凭证》《军人退役养老保险关系转移接续信息表》（以下简称转移凭证），将退役养老保险补助通过银行汇至安置地社会保险经办机构，转移凭证和银行汇款凭证复印件一并交给本人；本人参加基本养老保险后，将转移凭证和银行汇款凭证复印件交给接收安置单位，由接收安置单位到当地社会保险经办机构办理转移接续手续。

5. 符合由人民政府安排工作条件、退役时未选择自主就业的士兵，由安置单位或者本人持军人所在单位后勤（联勤、保障）机关财务部门出具的《关于提供社会保险经办机构开户银行信息的函》，联系安置地社会保险经办机构获取开户银行、户名和账号，提供给军人所在单位后勤（联勤、保障）机关财务部门；军人所在单位后勤（联勤、保障）机关财务部门，依据士兵退役命令、安置地退役士兵安置工作主管部门的报到通知和军队团级以上单位司令机关军务部门的审核认定意见，开具转移凭证，将退役养老保险补助通过银行汇至安置地社会保险经办机构，转移凭证和银行汇款凭证复印件一并交给本人；本人参加基本养老保险后，将转移凭证和银行汇款凭证复印件交给接收安置单位，由接收安置

单位到当地社会保险经办机构办理转移接续手续。

6. 由人民政府扶持自主就业的退役义务兵、服现役不满12年的士官和符合由人民政府安排工作条件但退役时自愿选择自主就业的士兵，以及复员的军官、文职干部，由军人所在单位后勤（联勤、保障）机关财务部门于每年8月底前，根据本单位军人退役安置及户籍分布情况，分别给有关县级社会保险经办机构发出《关于提供社会保险经办机构开户银行信息的函》。县级社会保险经办机构应在收到之日起的10个工作日内，将回执返回军队有关部门。

军人所在单位后勤（联勤、保障）机关财务部门依据军人退役命令或者复员命令，开具转移凭证，将退役养老保险补助通过银行汇至本人退役时户籍所在地社会保险经办机构，转移凭证和银行汇款凭证复印件一并交给本人，按规定办理转移接续手续。

二、退役军人保障的立法与实效

2021年1月1日，《退役军人保障法》正式施行。这是我国第一部关于退役军人的专门法律，对退役安置、教育培训、就业创业、服务保障、优待抚恤等进行顶层设计，首次提出建立参战退役军人特别优待、为退役军人建档立卡等一系列创新制度，标志着新时代退役军人工作进入法治化新阶段。

“在国家层面加强对退役军人管理保障工作的组织领导，健全服务保障体系和相关政策制度。”习近平总书记提出了新时代退役军人工作总体要求，推动制定修订《退役军人安置条例》《军人抚恤优待条例》《烈士褒扬条例》；编制印发《“十四五”退役军人服务和保障规划》，提出“十四五”时期退役军人工作的目标任务；出台思想政治、安置就业、优待褒扬、军休管理、服务保障等方面政策80多个，清理新中国成立以来政策文件800多件，其中废止、宣布失效220件。体现尊崇尊重、服务管理保障并重的退役军人事务政策制度体系正在成型。

退役军人安置工作坚持“重牺牲奉献、重实绩贡献”导向，实施“阳光安置”“直通车安置”，增强选岗透明度，提升安置精准度，80%以上的军转干部安置到公务员（参公）岗位、70%以上的退役士官安排到事业单位。退役军人事务部编制适合退役军人就业职业目录，开发公益岗位托底帮扶，与大型企业签署合作协议，带动各地签约当地骨干企业，举办专场招聘会，大力支持退役军人创新创业；推进高等学校单列计划、单独招考退役军人，教育培训学费减免、助学金发放等具体优惠措施，与教育部、人力资源社会保障部大力协作，将促进退役军人学历教育和职业技能提升纳入专项行动，仅2021年就有87万人次参加教育培训。此外，设立退役军人学院，实施退役军人教师培养计划，开展“退役军人进校园”工作试点；实施“浪花计划”，推动船员培训机构和航运企业以校企合用、定向培养方式面向退役军人招生。

2019年1月17日，习近平总书记到天津考察调研，强调各级党委和政府要高度重视，切实把广大退役军人合法权益维护好，把他们的工作和生活保障好。退役军人事务部从国家经济发展水平出发，科学确定优抚保障政策，范围逐步扩大，待遇渐进提标。连续4年以10%的幅度提高部分退役军人和其他优抚对象抚恤补助标准；开展部分退役士兵基本养老保险集中补缴工作，285万人享受政策红利，大大解决了养老、医疗等后顾之忧；实施“兜底线工程”，推进优抚医院、光荣院、烈士纪念设施等64个规划项目建设，建立优抚医院军地结对帮扶机制；启动军休大学建设，推进军休老旧小区改造和服务用房建设；建立健全困难退役军人帮扶援助机制，设立关爱基金，发动更多社会力量服务退役军人。

2019年7月26日，在全国退役军人工作会议上，习近平总书记看到94岁的老英雄张富清，双手紧握住老人的手，同他亲切交谈："你是全党全国人民的楷模。保重身体，健康长寿。"95岁的张富清是原西北野战军一名战士，在解放战争的枪林弹雨中九死一生，先后荣立一等功三次、二等功一次，被西北野战军记特等功，两次获得"战斗英雄"荣誉称号。2018年年底退役军人信息采集中，这段英雄往事重现人们面前。习近平总书记作出重要指示强调，老英雄张富清60多年深藏功名，一辈子坚守初心、不改本色，事迹感人。在部队，他保家卫国；到地方，他为民造福。他用自己的朴实纯粹、淡泊名利书写了精彩人生，是广大部队官兵和退役军人学习的榜样。要积极弘扬奉献精神，凝聚起万众一心奋斗新时代的强大力量。一个月后，中央宣传部授予张富清"时代楷模"称号，在全社会掀起学习热潮。

2021年以来，退役军人事务部大力推动"全国县级及以下英雄烈士纪念设施整修工程"，按照"应迁尽迁、集中管护"的原则，重点对县级以下（含县级）英雄烈士纪念设施进行集中整修，从根本上改善英雄烈士纪念设施整体面貌。不断夯实烈士褒扬工作的保障制度：《烈士纪念设施保护管理办法》《烈士公祭办法》《烈士安葬办法》《境外烈士纪念设施保护管理办法》等一系列行政规章相继出台，让烈士纪念设施的规划、建设、修缮管理维护和英烈褒扬纪念工作有章可循；制订《关于建立英雄烈士保护部门联动协调制度的意见》，对保护英烈事迹和精神、名誉，以及保护英雄烈士及烈属的合法权益和地位等内容进行细化，对烈士遗骸搜寻发掘鉴定保护工作进行系统部署。

鼓励退役军人返乡入乡就业创业的号角吹响后，27万余名优秀退役军人加入基层"两委"，部分地区"兵支书"比例接近30%。在北京冬奥会、冬残奥会上，数百支退役军人志愿服务队，上万名退役军人活跃在场地保障、应急救护、医疗安保等各个角落，向全世界展示着中国退役军人阳光自信、忠诚奉献的形象。退役军人事务部门大力开展常态化志愿服务，建立特色志愿服务队伍、打造具有地域特点的志愿服务品牌，全国有超过24.7万支退役军人志愿服务组织、350万名退役军人志愿者奋战在社会治理、疫情防控和应急救援一线。①

---

① 倪光辉，吕高排. 奋楫扬帆再出发——写在退役军人事务部成立四周年之际. 华声在线，2022-04-23.

第十四章　社会福利法

导读

社会福利是以提高公民的生活质量为目的的社会保障制度，特别着眼于保障弱势人群的基本生活，改善这些群体的生活状况。本章介绍社会福利法律制度，包括公共福利、职业福利（仅限于特殊群体享受的福利）。

第一节　社会福利概述

一、社会福利的概念

社会福利的概念可以从广义和狭义两方面进行定义。从广义上讲，社会福利泛指国家和社会对全体社会成员生命全过程中在生活、卫生、环境、住房、教育、就业等方面的需要所提供的全面的公共服务。从狭义上讲，社会福利主要是国家为发展各种社会保险、社会救助事业，适应社会经济发展的需要，有针对性地解决已经出现的社会问题，减少社会病态，预防社会问题的发生和恶化而制定的各种政策和采取的各种措施。

社会福利是社会保障的一个组成部分，是国家和社会为保障和维持社会成员一定的生活质量，满足其物质和精神的基本需要而采取的社会保障政策以及所提供的设施和相应的服务，是指由国家出资举办各种福利事业和发放各种福利性补贴的一种社会服务。社会福利既包括由国家举办的以公民为对象的公益性事业，如教育、科学、文化、体育、卫生、环境保护等设施，也包括由国家举办的以某一特定群体为对象的专门性福利事业，如为残疾人举办各种福利企业，为无依无靠的老人举办养老院，为孤儿举办孤儿院等，还包括国家发放的各种福利性补贴，如为城镇居民发放的副食品价格补贴等。

我国《劳动法》第 76 条明确规定："国家发展社会福利事业，兴建公共福利设施，为劳动者休息、休养和疗养提供条件。用人单位应当创造条件，改善集体福利，提高劳动者的福利待遇。"

二、社会福利的特征

1. 社会福利具有权利与义务的不对等性

社会福利是全体社会成员共同享有的，力图满足人们的福利要求，使全体社会成员都能得到基本的生活保障，促进社会物质文明和精神文明的更快发展和整个社会的更快进步。发展社会福利是国家和社会的责任，社会福利的资金主要由国家和社会单向提供，社会成员享受各项福利待遇不需要先缴纳费用或履行其他义务，即权利与义务没有直接的关系。这是社会福利区别于社会保险的显著特征。

2. 社会福利具有对象的普惠性

社会福利在保障待遇的获得方面，是由国家和社会向社会成员单向提供的，因而强调“人人有份”的普惠性，即社会福利是全社会享有的，或为满足某些人的特殊需要而提供的物质帮助和社会服务。社会成员在获得社会福利待遇之前，无须做家庭经济状况的调查。这是社会福利区别于社会救助的最显著特征。

但是，国家社会福利政策都有明确的政策取向，部分项目是为特殊群体提供的。对这些特殊的群体，如残疾人、孤寡老人等，社会福利措施并不代表福利的增加，而是对因某些社会原因造成的“福利丧失”的部分补偿。可见，社会福利也具有补偿性，而补偿性与普惠性并不矛盾，补偿性是为了实现真正意义的普惠性，而且，在享受“补偿”的特殊群体内部，各个对象享受福利待遇的机会是均等的，仍然是普遍受惠的。

3. 社会福利待遇标准的一致性

社会福利追求社会公平，在资源分配上与“按劳分配”有明显区别，它不像社会救助那样，越穷困可申请越多的救助；也不像社会保险那样，履行义务愈多获得的回报愈多，而是对于所有同类对象给予享受一致的标准，即无论“贫富贵贱”都是一个待遇标准。显然，一致性的标准对于不同的人产生的满足感不一样，但对于迫切需要的人来说，社会福利无异能产生巨大的正面作用。

但是，社会福利强调标准的一致性并不等于搞平均主义。事实上，地区经济发展是不平衡的，尤其在我国这样一个幅员广大、情况复杂的国家，地区之间、城乡之间经济、社会发展不平衡的特点更为突出。同时，社会福利水平高低也没有硬性指标规定，而是根据社会经济发展水平来调整的。一般来说，经济发展水平较高，社会福利水平也就比较高。

可以认为，社会福利是指社区或社会的满意状况。在此意义上，社会福利是社会不断努力追求的结果，在这一追求过程中，人们对生活质量是什么及应该是什么进行了界定，并且努力将其变为现实。不同的国家有不同的方式，并深受不同的历史、文化传统、权力布局以及价值观的影响。

第二节　我国的社会福利

在我国，社会福利是指由国家、集体和社会兴办的各种社会福利事业单位和场所，即国家、集体或个人为收养社会上丧失劳动能力，无依无靠，无法定义务抚养人的孤老残幼和家庭无力照管的老人、孤残儿童、精神病人而举办的社会福利服务机构。它主要包括老年人福利、儿童福利、妇女福利和残疾人福利，例如兴建的社会福利院、敬老院、儿童福利院、疗养院、职工食堂、托儿所、幼儿园和文化体育场所以及以安置残疾人就业为主要目的的社会福利工厂等。

一、老年人福利

（一）老年人福利的概念

老年人福利是以老年人为对象的社会福利项目，指国家和社会为了安定老人生活，在社会各方面力量的参与下，对于处在特殊困境下的老年人所提供的养护、康复等方面的服务。老年人福利是养老保险的延续和提高，在保障老人基本物质生活需要，解决好“养”的基础上，进一步满足老年人精神文化生活的需要，努力实现“老有所养、老有所医、老有所为、老有所乐”。

1996 年 8 月 29 日，我国通过了《老年人权益保障法》，该法在第三章以“社会保障”专章对老年人的社会福利问题作了原则性规定。2009 年 8 月 27 日根据第十一届全国人民代表大会常务委员会第十次会议通过的《关于修改部分法律的决定》。2012 年 12 月 28 日根据第十一届全国人民代表大会常务委员会第三十次会议再次进行了修订。

2016 年 3 月 16 日，第十二届全国人大四次会议审议通过了《中华人民共和国慈善法》。慈善法系统规范了慈善组织、慈善募捐、慈善捐赠、慈善信托、慈善财产、慈善服务、信息公开、监督管理、法律责任等内容，为开展慈善活动提供了依据，为发展慈善事业提供了引领，为做好慈善工作提供了保障。

民政部《养老机构设立许可服务指南》明确了设立养老机构应当符合下列条件：(1) 有名称、住所、机构章程和管理制度；(2) 有符合养老机构相关规范和技术标准，符合国家环境保护、消防安全、卫生防疫等要求的基本生活用房、设施设备和活动场地；(3) 有与开展服务相适应的管理人员、专业技术人员和服务人员；(4) 有与服务内容和规模相适应的资金；(5) 床位数在 10 张以上；(6) 法律、法规规定的其他条件。

申请设立养老机构，应当向许可机关提交下列文件、资料：(1) 设立申请书；(2) 申请人、拟任法定代表人或者主要负责人的资格证明文件；(3) 符合登记规定的机构名称、章程和管理制度；(4) 建设单位的竣工验收合格证明，卫生防疫、环境保护部门的验收报告或者审查意见，以及公安消防部门出具的建设工程消防设计审核、消防验收合格意见，或者消防备案凭证；(5) 服务场所的自有产权证明或者房屋租赁合同；(6) 管理人员、专业技术人员、服务人员的名单、身份证明文件和健康状况证明；(7) 依照法律、法规、规章规定，需要提供的其他材料。申请设立经营性养老机构的，还应当提供营业执照及复印件。

（二）老年人福利的内容

1. 老年福利服务

社会福利机构的建立和发展维护了老年人的生活、教育、医疗和康复等方面的基本权利。

社区老年人福利服务主要有如下几方面。

(1) 为老年人提供生活照料服务。通过各种途径兴建老年公寓、小型福利院、敬老院、托老所等养老服务设施，为社区老年人提供收养服务；开展包户服务，由社区服务中心等实体组织志愿人员上门为老年人提供洗衣、洗澡、做饭、购物、家务、访谈等其他特殊服务；开办老年人食堂、浴室、理发店、婚姻介绍所、聊天站等设施，照顾本社区老年人的生活。

(2) 为老年人提供医疗、康复和保健服务。动员、组织社区内的医疗机构为老年人看病提供“三优先”（挂号、看病、取药）服务，定期为老年人体检；一些医疗和福利机构利用自身优势，创办老年病院，在社区开设老年门诊、家庭病床、家庭医疗咨询站等，常年为体弱多病和伤残老年人服务；各社区服务设施普遍购置健身康复器材，开展老年人保健运动和养生讲座。

(3) 为老年人提供文体娱乐和再学习条件。通过举办老年学校、老年兴趣小组，开展多种多样的文体娱乐活动，引导老年人适应老年生活，愉快而平静地安度晚年。

(4) 保护老年人的合法权益。各地基层组织在社区服务工作中将把贯彻落实《老年人权益保障法》作为一项根本任务常抓不懈，主要通过社区内的社会道德舆论和基层政权组织，帮助老人具体落实“老有所养”规定；在社区服务设施内设立维权办公室或法律咨询站，宣传法律知识，调解纠纷；成立老年人庇护所，为身心受到伤害的老人提供暂时的安身场所。

(5) 组织老年人投身社区服务，实现老有所为。在社区服务中，老年人已成为一支最富有生机的志愿者队伍，他们积极投身社会公益事业，成立各种老年协会，开展互帮活动，以老助老。

2. 处在特殊困境下的老年人保障

保护处在特殊困境下老年人合法权益方面的法律、法规，是我国老年社会福利事业存在和发展的基础。我国《宪法》规定，“中华人民共和国公民在年老、疾病或者丧失劳动能力的情况下，有从国家和社会获得物质帮助的权利”。《老年人权益保障法》在家庭赡养和扶养、社会保障、参与社会发展、法律责任等方面，对老年人应有的权利作出了明确规定，为老年人，特别是为处在特殊困境下的老年人，实现“老有所养、老有所医、老有所乐、老有所学和老有所为”提供了法律保障。

二、儿童福利

儿童福利是未成年人福利的重要内容。联合国在1959年公布的《儿童权利宣言》中指出：“凡是以促进儿童身心健全发展与正常生活为目的的各种努力、事业及制度等均称之为儿童福利。”美国的《社会工作年鉴》定义儿童福利为：“旨在谋求儿童愉快生活、健全发展，并有效地发掘其潜能，它包括了对儿童提供直接福利服务，以及促进儿童健全发展有关的家庭和社区的福利服务。”

从法律上看，儿童福利法应当明确儿童社会福利的基本思想和准则，政府、社会、家庭及父母对儿童应负有的责任和义务，儿童在家庭和社会上应享有的权利，政府有关部门的职责和任务，儿童福利的措施，儿童福利机构的设置方法与具体需要，儿童福利有关事项的运行流程以及违反规定的处置和惩处等。

在我国现行的儿童社会福利制度中，儿童社会福利事业专指以社会福利为保障手段的社会收养、社会服务机构和设施，向孤儿、残疾儿童提供的社会福利型服务。我国政府在现阶段解决孤儿、弃婴收养问题上采取的主要措施是：在有条件的地方，举办社会福利设施，集中收养孤儿、弃婴；在条件尚不具备的地方，采取分散供养的形式。收养孤儿的社会福利设施主要有：儿童福利院、孤儿学校、儿童村等。此外，城市的社会福利院、农村敬老院以及优抚社会福利设施，也收养了部分孤儿。

我国儿童社会福利事业单位基本分为三类：第一类是收养性的儿童社会福利事业单位，如儿童福利院、儿童村等，它们的主要职能是对孤儿进行收养，并使其享有受教育的权利，成为对社会有用的人才；第二类是康复型的儿童社会福利事业单位，如聋儿康复中心、弱智儿童康复中心等，它们的主要职能是对那些可以康复的残疾儿童实施治疗和康复，减轻其残疾程度，回归社会；第三类是教育性的儿童社会福利事业单位，如残疾儿童寄托所、残疾儿童学前班、特殊教育学校等，它们的主要职能是使各类残疾儿童受到足够的教育，增强他们的生活和劳动能力，使之作出对社会有益的贡献。

2014 年 6 月 22 日，民政部发布《生活无着的流浪乞讨人员救助管理机构工作规程》，要求救助管理机构的引导标志应当醒目、容易识别，设置在人流量较大的交通要道、繁华地段。救助管理机构应当将机构名称牌匾等标志悬挂在楼院门外醒目位置。救助管理机构实行 24 小时接待服务，开通救助热线，热线号码应当向社会公开并在当地 114 查询台登记。救助热线电话录音保存时间不少于 3 个月。受助人员有疑似走失、被遗弃或被拐卖情形的，救助管理机构应当及时向公安机关报案。受助人员因年老、年幼、残疾等原因不能提供个人信息的，救助管理机构应当及时报请公安机关协助核查求助人员身份，并在其入站后 24 小时内以适当形式发布寻亲公告。

在对受助未成年人实施医疗措施过程中，救助管理机构应当尊重医疗机构意见。救助管理机构应当为受助未成年人提供关爱型服务和保护性措施，及时与受助未成年人沟通，了解其思想状况和遇困原因，经常组织受助未成年人参加有益于身心健康的文体活动、公益活动和社会实践活动，帮助受助未成年人树立正确的价值观、人生观。救助管理机构应当对受助未成年人开展心理咨询和需求评估。受助未成年人存在心理和行为偏差的，救助管理机构应当进行有针对性的心理辅导和行为矫治。对于重复流浪或经评估发现不宜返回家庭的受助未成年人，救助管理机构可以延长救助期限。流出地救助管理机构应当对受助未成年人的家庭监护情况进行调查评估：对确无监护能力的，由救助管理机构协助监护人及时委托其他人员代为监护；对拒不履行监护责任、经反复教育不改的，由救助管理机构向人民法院提出申请撤销其监护人资格，依法另行指定监护人。救助管理机构应当区分受助未成年人年龄、文化程度、身体、精神状况和智力发展水平、滞留时间等不同情况，协助提供义务教育、替代教育等服务。救助管理机构应当主动联系当地人力资源和社会保障等部门，协助年满 14 周岁、不宜接受义务教育且有职业技能培训意愿的受助未成年人接受免费职业技能培训。受助未成年人在机构内接受教育培训的，救助管理机构应当制定适宜的教学计划，并对日常教学培训做好监督、检查工作。受助未成年人有严重不良行为的，救助管理机构可以依法送其到专门学校进行矫治和接受教育。受助未成年人暂时无法查明家庭情况或暂时无法离站的，救助管理机构可以为其办理家庭寄养、类家庭养育、机构托养等服务。安排具有意思表达能力的受助未成年人寄养托养的，应当征得其本人同意。办理寄养托养手续，应当符合相关标准要求。

三、残疾人福利

残疾人福利是指国家和社会在保障残疾人基本物质生活需要的基础上，为残疾人在生活、工作、教育、医疗和康复等方面提供的设施、条件和服务，是社会福利的一个重要项目。我国已颁布了多部与残疾人福利有关的法律，如《教育法》和《残疾人教育条例》就明确规定了残疾人享有的受教育的权利、受特殊教育的权利；《残疾人保障法》也全面地规定了残疾人福利事业。

截至 2015 年年底，全国有为残疾人提供服务的机构 1.5 万个，吸纳残疾职工就业 42.9 万人，固定资产 1 778.8 亿元，实现利润 81.4 亿元。[①]

第三节　职业福利

一、职业福利的概念

职业福利是指基于业缘关系，行业和单位为满足职工物质文化生活需要，保证本系统、本行业、本单位职工及其亲属的一定生活质量，而提供的工资收入以外的津贴、设施和服务的社会福利项目。

职业福利与其他社会福利项目比较，具有以下特点。

（1）职业福利是以业缘关系为标志的，只有在本行业、本单位就业的职工才能享受，有些内容项目职工家属也可享受。

（2）职业福利一般以普遍性原则向职工提供，但某些企业可能在服务时间长短（工龄）和贡献大小上规定职工享受待遇的高低差别。

（3）职业福利具有功利性。职业福利的直接目的在于保证职工一定生活水平和提高生活质量。当然，也包括企业和雇主保证职工的向心力、凝聚力，造就职工归属感和群体意识的目的。

（4）职业福利水平取决于企业的经济效益，也受企业所有者观念意识的左右。职业福利的资金来源于企业利润，福利水平的高低也取决于企业效益的好坏。

国际劳工公约和建议书中有对职业福利的专门规定。如 1936 年《海员港口福利建议书》、1970 年《海员福利建议书》、1987 年《（海员）健康保护和医疗公约》等。1987 年《海员福利公约》和相应的建议书中，规定了海员在船上和港口应有的福利。标准适用于以任何职务受雇于公共所有或私人所有的远洋船舶的任何人员，但不含受雇于军舰者。标准所说的“福利设施与服务”是指福利、文化、娱乐和信息设施与服务。公约要求成员国保证在港口和船上为海员提供并资助适当的福利设施与服务，这些设施与服务应不加歧视地为所有海员享用。

1977 年召开的国际劳工大会通过了《护理人员就业及工作和生活条件公约》和相应的建议书。公约在序言部分提到：制定这一标准是由于认识到了护理人员同其他医务人员合作，在保护和提高人民健康和福利方面所起的重要作用。公共部门作为护理人员的雇主应在改善护理人员就业和工作条件方面作出努力，有必要在已经存在的一般标准的基础上，针对护理职业的特殊性制定一些专门标准作为补充。公约要求成员国制定和实施关于

① 数据来源：2015 年社会服务发展统计公报.（2016-07-11）[2016-07-19]. 民政部门户网站.

护理部门和护理人员的政策，尤其应当采取措施，保证护理人员受到必要的教育和培训；提供有吸引力的就业和工作条件，其中包括职业前途和报酬；鼓励护理人员参与护理部门的规划；确定劳动争议的处理程序；保证在工作时间、每周休息、带薪年休假、教育假、产假、病假和社会保障方面，得到与其他部门国家工作人员相等的待遇。

二、法定福利与法定外福利

日本企业福利的具体内容包括法定福利和法定外福利。①

1. 法定福利

法定福利是指企业按法律规定有支出义务的福利，其98%为保险费，具体包括：(1) 年金保险的保险费。(2) 雇佣保险的保险费。(3) 工伤保险的保险费。(4) 儿童补助金的企业捐款。(5) 法定补偿费（在劳动基本法、工伤保险法中由事业主承担的补偿费）。(6) 残疾人雇佣缴纳金。

2. 法定外福利

法定外福利是企业任意或基于与工会签订的劳动合同而实行的福利。

(1) 住宅方面：1) 供家庭使用的住宅/供单身者使用的住宅。在供单身者使用的住宅（包括独身宿舍）经费中，包括在独身宿舍中实行供给饮食时的费用。2) 私有房产援助。包括对就业人员住宅建筑费用的部分补助，再加上由企业承担的返还部分外部借款时的费用和企业用于新建或建成的住宅、宅地及其消耗费用更便宜的价格，分期出售给就业人员时所分担部分的费用。

(2) 医疗、保健方面：1) 医疗设施。包括医院、诊所、医务室、委托病床、休养室、保健恳谈室等医疗设施的经费以及诊疗、治疗费等其他保健对策方面的备品、器具费（包括医师、护士的人事费）。2) 保健卫生。包括对健康保险工会的补助金，其他健康诊断（只限于法定之外），疾病预防、牛奶、维生素剂、预防感冒药的支付等健康管理、保健对策所需要的费用，以及工厂内部浴池和洗衣设施一类的环境卫生对策等法定外保健卫生对策费用。

(3) 生活救助方面：1) 饮食供给。包括经营食堂、饮茶店等设施的经费。还包括发放食物、饭票补贴等。2) 购买。包括商店等物品销售设施、理发店、洗染店等生活经济设施的经费（不包括自动销售机等设备费等），以及生活合作工会运营上的经费，本公司产品等免费或降价销售的费用。3) 被服。包括工作（事务）服、工作帽、工作鞋等被服的出借及发放所需要的费用。除去防寒服、耐热服等发给特定工作者物品的费用。4) 通勤设施。包括供通勤使用的公共汽车、渡船、汽车、单人摩托车、自行车等通勤设施的经费（公共汽车、渡船的维修费、折旧费、搬运工的人事费、车船租用费等）。5) 托儿、青少年教育。包括企业经营或给予补助的托儿所、保育所、幼儿园、就业子弟学生宿舍等设施经费，保姆等专职就业人员的人事费、托儿、青少年教育设施经费，有关奖学金（除去青少年教育贷款）的支付额。6) 家属救助。包括遗属、遗儿年金（除去共济会的支出），结婚仪式、出借衣服、葬仪设备等庆吊仪式所需经费，用于家庭帮助制度的费用，生活指

---

① 吕学静. 日本社会保障制度. 北京：经济管理出版社，2000：198-203.

导费用，与其他家属援助有关的公司负担额。

（4）庆吊、互助、保险方面：1）庆吊金。包括公司支付的结婚祝贺金、工作多年表彰金、生孩子祝贺金、伤病慰问金、灾害慰问金、死亡吊唁金、家属死亡吊唁金等庆吊金支出额，也包括对工作多年者、退休退职者发放的纪念品，旅行费用等实物支付费用。2）互助金。包括对互助会的捐款，但除去互助年金使用者捐款部分。3）保险。包括团体人寿保险等集体保险费的公司负担额（承担把就业人员作为被保险者的人寿保险费等一部分或全额的费用）。

（5）文化、体育、娱乐方面：1）文化、娱乐设施。包括文化会馆、图书馆、礼堂、体育馆、运动场、网球场、游泳池、会场（会堂）、海之家、山之家、各种学校（烹饪学校、日洋裁缝学校等）等文化、体育、娱乐设施的经费。2）文化、体育、娱乐活动。包括讲演会、讲习会、文化节、运动会、慰问会等按计划举办的各种文化、体育、娱乐活动及其补助金，俱乐部活动的补助金，集体加入音协、棋院、童子军等文化、体育、娱乐活动所需要的费用。

（6）其他：1）法定的福利附加补助。包括在保健、劳动灾害的法定补助以外附加的补助（例如超过停业补偿法定部分以外而支付平均工资的20%时的金额）。但除去来自福利工会的附加补助。2）财产积累。包括对于财产积累补助金制度、基金制度的捐款，持股奖励金以及事务委托手续费，与外部金融机构合作的储蓄制度，公司方面支付的利息补助部分。但是除去住宅的自有房产援助部分。3）其他。包括在法定外福利费中，不适宜算人以上各个项目的费用或难以算人的费用。4）通勤津贴。包括在现金补助总额以内，作为通勤津贴支付的费用。5）通勤费。包括在定期票发放和实际费用支付等方面的费用中用通勤津贴以外方法计入的费用。

（7）按计划进行的安全卫生活动、健康诊断等。包括有计划进行的安全周、安全表彰、安全教育、安全会议等有关安全的启蒙、宣传活动所需要的费用，法定的健康诊断费用、环境测定费。

案例与事例

一、老年护理的分类立法

长期以来，我国沿袭的是居家养老方式，以配偶或子女护理、雇工护理为主，社会福利院护理为辅。因此，我国家庭一直是老人养老护理的主要承担者。随着家庭小型化和空巢家庭的增多，居家养老不仅本身成为问题，而且也不能担负长期照料老年人的重任。在我国，应当建立以社会保险为主、商业保险为辅的老年护理保险制度。因此，有必要制定我国的《老年护理法》，充分反映老年护理保险在保障目的、保障对象、保障范围、保障方式上的特殊需求和要求，规范老年护理机构、规定护理人员的资质、确立护理服务质量的标准。在制度设计上，要从医疗护理、居家护理、护理防治以及护理环境等方面，为需要护理服务的老年人提供全面的保障，同时制定出针对老年痴呆、高位伤残等特殊老年群体的保障规范。对于农村和城市中的贫困老人、边远地区和经济欠发达地区的老人，政府应当承担更多护理保障的责任。

在对老年长期护理机构立法中，应当分门别类地进行规范。护理组织中的专业经营主体、中介管理主体、护理服务提供主体应当各自分担风险，承担专业管理和护理服务提供等职责。鼓励并大力发展老年护理院、养老院等民间护理机构，大力发展社区卫生保健服务体系，引导基层医疗卫生机构转型为社区服务中心，将病房改造成多种形式的为老年人提供保健、医疗等服务的场所。建立各级医院、社区（村）医疗点、社会福利院、私营老年护理院、养老院等多功能的老年护理机构体系，从事医疗护理和老年康复护理工作。对护理人员的任务、职业标准、教育训练、护士的职业资格和权利、义务等方面作出具体规定。

在老年长期护理对象上，应当根据不同社会群体的实际情况，制定不同的法律规范。

对于城镇居民，可以在其医疗保险体系中设立强制性的老年护理保险，作为医疗保险的附属险，保险费由企业与职工共担。医疗保险重在治疗，护理保险重在预防和护理，治疗和预防能够互相补充、节约开支、提高效率。城镇居民中的无业者，可以借鉴日本的做法，对于达到一定年龄容易出现需要长期护理事由的人群，为每人设立专门的护理保险账户，按照规定的保险费标准按期征缴。对于这类人群中失业者或者低收入者，应当由政府来承担相关费用。

在农村居民中，进城务工人员可以加入务工城镇所在地的职工护理体系。对于贫困的农村老年人，则必须采用政府全部负担的长期护理保险模式。在形式上，可以建立老年护理院为老年人提供集体居住场所，配套相应的服务设施，开展长期医疗护理、康复和临终关怀等服务。

对于残疾老年人，可以采取特殊或者高额残疾津贴的方式，建立专门的残疾老年人护理制度。例如，对 60 岁以上残疾老年人，每月均可以给予专门的护理津贴。一户多残家庭中的健全人士，每月也可以享受一定的津贴补偿。《北京市残疾人护理补贴暂行办法》规定，生活不能自理的残疾人每月可获得 100 元或 300 元的护理补贴，护理补贴所需资金，由区（县）财政负担。

对于高收入行业以及高收入人群，可以采用商业性护理保险模式。商业护理保险的经营主体是商业性保险机构，它是作为法定护理保险的必要补充而存在的，以填补法定护理保险的空白以及提高护理水平。商业护理保险设计灵活，可以满足被保险者的特殊需求。老年人是风险高发群体，开发老年护理保险的保险公司要承担很大的经营风险，政府应当给予税收方面的优惠。长期护理商业保险可以选择经济效益较好、职工收入水平较高的行业，重点发展团体长期护理保险，使其作为一些企业员工福利计划的一部分。相关立法要对商业护理保险的范围、标准、支付办法等程序作出明确规定，同时规定参加老年护理商业保险的优惠政策。例如，企业缴纳老年护理保险费应当纳入税前成本，职工个人缴纳的护理保险费也不列入个人所得税计税依据。经营护理保险的保险公司可以在营业税等方面得到减免。

为了保障老年人有充分的养老护理权利和护理方式选择权，还可以参照国外“护理经理”制度，由他们来帮助病人和其家属选择最合适的综合服务方案。同时，根据护理服务的内容不同，将护理服务划分为不同的护理等级，既满足不同老年群体的需求，也可以降低护理费用，合理界定给付水平。

中华民族历来有尊老尽孝的优良传统，因此，在老年护理中推行慈善事业、志愿服务项目，设立非营利性的老年护理机构，为贫困老人代付老年护理保险费用等，都可以作为我国老年人长期护理立法的重要内容。充分利用社区护理资源，倡导建立社区志愿护理服务团队，重点开展空巢老人社区护理，既能保障老年护理服务的技术水平，也可以充实老年护理人员队伍，有效提高社区内家庭护理能力和质量，满足居家养老人员的护理需求。①

二、做慈善不应“从工资中扣捐款”

在北京市劳动和社会保障法学会社会保障法分会召开的慈善法（草案）研讨会上，有学者建议应单独规定“自愿原则”，规定“捐赠坚持自愿原则，任何个人和组织不得摊派或者变相摊派，不得设定捐赠指标”。

北京市劳动和社会保障法学会社会保障法分会会长黎建飞教授说，增加这一规定能与草案第35条“开展募捐活动，不得摊派或者变相摊派，不得妨碍公共秩序、企业生产及人民生活”的规定相呼应，共同规范现实中各种设定捐赠指标，强行摊派捐赠任务的现象，特别是行政事业性单位为了自身形象直接从工资中扣除捐款的行为。“这种行为不仅有违慈善初衷，也严重损害了个人从事慈善活动的积极性。”

慈善法草案提请全国人大常委会初次审议。草案在规范慈善行为方面，除规定强化信息公开、加强慈善组织内部治理、规范慈善财产管理使用外，还区分不同主体募捐以及不同种类募捐，对募捐资格、方式及其程序分别作出规定。不少与会者表示草案初审稿亮点很多，但一些内容还有进一步修改完善的空间。比如，草案对信息公开作了专章规定，这为慈善组织信息公开提供了一个基本规则，是慈善立法的一大亮点。慈善的公开透明度决定慈善组织的公信力，用法律形式将慈善信息公开加以规范，是解决信任危机的重要手段。其中，草案第72条规定：“慈善组织以及有关部门应当依法履行信息公开义务。慈善信息公开应当真实、完整、及时，不得有虚假记载和误导性陈述。”对此内容，有学者提醒“慈善信息公开并不是完全透明的”。可能民众对慈善事业还不了解，存在理解上的误区。国外的信息公开相对成熟，该透明的透明，该保护的保护，因为部分捐赠者或者受捐者不愿意暴露身份，慈善组织内部活动流程涉及商业秘密，法律要保护这些隐私，慈善组织也要尊重其意愿。因此，该会副会长余少祥建议慈善法草案应进一步规定：涉及国家秘密、个人隐私、商业秘密的信息以及法律、行政法规规定不予公开的其他信息，不得公开。捐赠人或者受益人不同意公开自己的姓名、名称、住所等信息的，不得公开。

此外，社会保障法分会提交的意见稿还建议，草案应在附则部分对“非营利”一词作出解释，明确“本法中的非营利性是指慈善组织不得向能够控制该组织的任何成员、高级管理人员或受托人分配其利润，慈善组织的财产以及收益只能用于慈善活动”②。

三、诉讼无障碍

我国诉讼法对于残疾人参与诉讼在《刑事诉讼法》中有规定：犯罪嫌疑人、被告人是盲、聋、哑人，或者是尚未完全丧失辨认或者控制自己行为能力的精神病人，没有委托辩

① 李静，等. 我国老年护理制度的立法思考. 中国劳动保障报，2015-10-22［2016-07-18］. http://www.lm.gov.cn/NewsCenter/content/2015-10/22/content_1113881.htm.

② 张伟杰. 做慈善要杜绝直接“从工资中扣捐款”. 中工网—工人日报（北京）.（2015-12-05）［2016-07-20］. http://news.163.com/15/1205/08/BA2CR62600014AEE.html.

护人的，人民法院、人民检察院和公安机关应当通知法律援助机构指派律师为其提供辩护。被告人是盲、聋、哑人，或者是尚未完全丧失辨认或者控制自己行为能力的精神病人的不适用简易程序审理。

这些规定很难满足残疾人参与诉讼，尤其是进行民事诉讼的需求，致使相关人士的诉讼权利和实体权利都受到损害。“中国听障群体人数就超 2 000 万，被隔绝在由声音和文字搭建的主流世界之外，他们是不法分子觊觎的目标，但背后却缺乏与之相匹配的完善法律服务体系。”

《无声之辩》① 记录了李岳三次受骗，张晓雨陷入“套路贷”、两次向“劳务中介”转账被骗、被某疑似传销的微商代理发展为下线囤货 2 万余元。但是他们维权的难度超乎想象。

1. 取证难。李岳和白桂枝主要通过视频通话交流，没有留下文字或语音记录，难以形成李岳遭遇婚恋诈骗的实质证据。“聋哑人对法律意识、证据保留这块确实做得不行，没有在第一时间保留证据，通过我们过后再去收集的证据，再拿到公安机关去，一般就不够充分。”没有实质性证据就难以立案，而不立案又难有更多调查权限，律师被困在这个循环中。

2. 沟通难。李岳曾到派出所报案，但派出所民警不具备手语能力，双方只好写字交流。李岳没上过学，不具备基本的书面表达能力，难以阐明案情。警察让他在纸上写下事情原委，也没核对、询问，便通知他回家等消息。李岳使用的自然手语作为一门独立语言，拥有其独立的词汇和语法，无法与汉语一一对应。大部分时候，他们只能用直译的方式，将为数不多自己知道的汉字词汇码放在一起，而无法组合成流利的句子和段落。“基层派出所在不涉及刑事案件讯问的普通问话中，往往不与聋人直接交流。”无效沟通加剧不信任感。司法公信力在听障人群中普遍丧失，听障者认为报警解决不了问题，不少选择忍气吞声，也有人索性诉诸暴力。

3. 手语难。我国听障人群中并存着两套手语体系。自然手语是在听障群体中自发形成的，广泛运用于我国听障人群中；文法手语与汉语逐字对应，需要同时懂得汉语拼音、汉字字形和象形手语，掌握者多为特教学校教师及高校学生，社会上大部分听障者无法看懂和使用。聘请文法手语使用者为自然手语使用者做翻译，如鸡同鸭讲，双方互不理解。通晓自然手语的健全人多为听障人士亲属，不具备翻译资质，缺乏出庭经验，亲属自主代替原告发言，扰乱法庭秩序的情况在所难免。另外，自然手语能表达的词汇有限，大多不能用于法律词汇的手语表达。

4. 确认难。我国诉讼遵循“案件事实清楚，证据确实、充分”的定案原则，但手语翻译准确性难以得到核实。庭审中，手语翻译问当事人是否认罪认罚，犯罪嫌疑人表示自己没看懂对方什么意思。翻译则告之：“不管不管，你就打（手势）同意”。一位听障人士曾因翻译不畅，在不知情的情况下承认了多余罪行，被判重罪服刑。②

解决之道：要充分认识到诉讼权利是公民的一项基本权利，必须得到充分的法律保障

---

① 李燕燕. 无声之辩. 天津：天津人民出版社，2020.
② 张芮雪. 无声之辩. 财新周刊，2022-09-23.

和诉讼体现。要全面建立无障碍诉讼的法律制度，从立法、司法和执法上全方位地让残疾人士的诉权充分实现。要在高校法律专业中招收听障学生，在特殊教育学校中开设法律课程。要在司法系统中拥有懂手语的法官和检察官，有沟通无障碍的律师。

四、公共卫生事件中工伤的认定与扩展

1. 医护工作者

2003 年 7 月 14 日，国务院办公厅在《关于妥善处理因防治非典型肺炎引发的矛盾和纠纷的通知》中规定，“对因履行职务感染的人员，要按工伤对待”。2015 年 1 月 6 日，国务院办公厅在《关于加强传染病防治人员安全防护的意见》中规定：“将重大传染病防治一线人员，纳入高危职业人群管理。对在重大传染病疫情中参与传染病防治工作致病、致残、死亡的人员，参照机关事业单位工伤抚恤或工伤保险等有关规定给予抚恤、保障。”

这些规定一以贯之地表明，由于公共卫生事件关系人民群众的身体健康和生命安全，医护人员在公共卫生事件防治工作中直接面临职业暴露的感染风险。加强传染病防治人员的安全防护，是保障其身心健康和生命安全的必然要求，也是科学有效开展传染病防治的重要举措，给予他们工伤认定保障是对公共卫生事件中传染病防治人员健康权益的切实维护。

2. 检疫人员

卫生检疫是我国公共卫生工作的重要组成部分和关键环节，在传染病防治中发挥着特殊的不可替代的作用。口岸卫生检疫人员在严防传染病跨境传播时，也直接面临着职业暴露的感染风险。加强口岸传染病防治人员的安全防护，切实维护口岸传染病防治人员的健康权益是公共卫生事件中必不可少的。2016 年 3 月 15 日，原国家质检总局在《关于加强传染病防治人员安全防护的意见》明确规定，将从事口岸重大传染病防控工作的一线人员纳入高危职业人群管理。将因工作原因感染传染病致残的等级与工伤伤残等级相衔接，建立明确的补助标准。对工伤情况按照短期失能、长期致残、死亡三个方面进行分类并予以相应的医疗救助和经济补偿。

3. 空乘人员

空乘人员在密闭的环境中工作，在公共卫生事件中极易感染。将空乘等服务人员在工作中受到感染纳入工伤范围，是对这些在特殊时期仍然为社会需要和公众出行提供服务者合法权益的保障，也是现代社会发展中应当正视的一个普遍性社会问题。与空乘人员类似的还有超市职工及公交、地铁和轮渡上的司乘人员。

在公共卫生事件中，一些特殊工作环境中的劳动者，受到公共卫生事件感染的风险远远高于其他行业和其他劳动者。对于他们的感染，应当考虑认定为工伤，因为他们是在不安全也不卫生的劳动环境中工作，并且由此染病的。对于这种由劳动环境直接导致劳动者感染重大疾病进行工伤认定，与工伤保险坚持的“因工作受到伤害”的立法精神是吻合的。

4. 志愿人员

在公共卫生事件中，人们常以“志愿者”的名义参与各项工作，包括危险性很高的防疫和救治工作。他们大多与其他参与者一样，进行全天候的相关劳动，也领取相应的报酬。由于志愿者不是有特定身份的医护人员，也不是在编的防疫工作人员，在公共卫生事件中应当为志愿者提供工伤保险。对在志愿工作中感染疾病或者受到其他伤害的志愿者进行工伤认定，并为他们提供一视同仁的工伤保险待遇。

图书在版编目（CIP）数据

劳动与社会保障法教程 / 黎建飞著. --6 版. --北京：中国人民大学出版社，2023. 8
21 世纪民商法学系列教材 / 王利明总主编
ISBN 978-7-300-31967-4

Ⅰ. ①劳… Ⅱ. ①黎… Ⅲ. ①劳动法-中国-教材②社会保障法-中国-教材 Ⅳ. ①D922. 5②D922. 182. 3

中国国家版本馆 CIP 数据核字（2023）第 137746 号

21 世纪民商法学系列教材
总主编 王利明
劳动与社会保障法教程（第六版）
黎建飞 著
Laodong yu Shehui Baozhang Fa Jiaocheng

出版发行	中国人民大学出版社		
社　　址	北京中关村大街 31 号	**邮政编码**	100080
电　　话	010－62511242（总编室）		010－62511770（质管部）
	010－82501766（邮购部）		010－62514148（门市部）
	010－62515195（发行公司）		010－62515275（盗版举报）
网　　址	http://www. crup. com. cn		
经　　销	新华书店		
印　　刷	天津鑫丰华印务有限公司	**版　　次**	2007 年 9 月第 1 版
开　　本	787 mm×1092 mm　1/16		2023 年 8 月第 6 版
印　　张	16. 75 插页 1	**印　　次**	2025 年 6 月第 5 次印刷
字　　数	388 000	**定　　价**	48. 00 元

《　　　　　　　　》※任课教师调查问卷

为了能更好地为您提供优秀的教材及良好的服务，也为了进一步提高我社法学教材出版的质量，希望您能协助我们完成本次小问卷，完成后您可以在我社网站中选择与您教学相关的 1 本教材作为今后的备选教材，我们会及时为您邮寄送达！如果您不方便邮寄，也可以申请加入我社的**法学教师 QQ 群：436438859（申请时请注明法学教师）**，然后下载本问卷填写，并发往我们指定的邮箱（cruplaw@163.com）。

邮寄地址：北京市海淀区中关村大街 31 号中国人民大学出版社 806 室收

邮　　编：100080

再次感谢您在百忙中抽出时间为我们填写这份调查问卷，您的举手之劳，将使我们获益匪浅！

基本信息及联系方式：※

姓名：________ 性别：________ 课程：________________

任教学校：________________ 院系（所）：________________

邮寄地址：________________ 邮编：________________

电话（办公）：________ 手机：________ 电子邮件：________

调查问卷：※

1. 您认为图书的哪类特性对您选用教材最有影响力？（　　）（可多选，按重要性排序）

A. 各级规划教材、获奖教材　　B. 知名作者教材

C. 完善的配套资源　　D. 自编教材

E. 行政命令

2. 在教材配套资源中，您最需要哪些？（　　）（可多选，按重要性排序）

A. 电子教案　　B. 教学案例

C. 教学视频　　D. 配套习题、模拟试卷

3. 您对于本书的评价如何？（　　）

A. 该书目前仍符合教学要求，表现不错将继续采用

B. 该书的配套资源需要改进，才会继续使用

C. 该书需要在内容或实例更新再版后才能满足我的教学，才会继续使用

D. 该书与同类教材差距很大，不准备继续采用了

4. 从您的教学出发，谈谈对本书的改进建议：________________

____

____

选题征集：如果您有好的选题或出版需求，欢迎您联系我们：

联系人：黄　强　联系电话：010-62515955

索取样书：书名：________________________

书号：________________________________

备注：※ 为必填项。